한국 근대문화와 민족운동

한국 근대문화와 민족운동

최 기 영 지음

경인문화사

머리말

한말 신문에 관한 학위논문을 쓰고나서 상당 기간 그 사회에 주목하여, 신문·잡지·출판, 그리고 단체 등 계몽운동 연구에 진력하였다. 『대한제국 시기 신문연구』(일조각, 1991)와 『한국근대계몽운동연구』(일조각, 1997)가 그러한 결과였다. 이어 개인과 종교 등의 계몽사상을 살펴 『한국근대계몽 사상연구』(일조각, 2003)를 상재한 바 있다. 한말 계몽운동 연구와 더불어 일제강점기 사학사와 독립운동사를 살피는 기회가 잦아, 『식민지시기 민족지성과 문화운동』(한울, 2003)을 그 과정에서 출간할 수 있었다. 2000년 전후부터 독립운동사 연구가 우선하며 여러 차례 독립운동가 자료집의 편찬에 참여하였고, 전기를 출간하기도 하였다. 그렇지만 연구는 『중국관내 한국독립운동가의 삶과 투쟁』(일조각, 2015)을 묶는 데에 그치고 말았다. 이어 중국 관내와 짝하여 미주의 독립운동가들을 살핀 연구를 출간할 계획이었다.

미주 독립운동가 연구를 진행하던 중, 환갑을 한 달 앞두고 갑작스레 처음으로 입원하여 중환자실에서 며칠을 보냈다. 이후 40년을 계속해 온 술과 담배를 끊기까지 하였지만, 계획하던 연구들을 마무리하지 못하고 있다. 준비하던 글도 여러 해 동안 진척되지 않는 상황에서, 코로나로 2년째 익숙하지 않은 비대면 수업을 진행하다 보니, 정년을 맞게 되었다. 별다른 생각 없이 지내다가 막상 마지막 학기가 되자, 새롭게 연구한 성과를 모을 수 없는 처지에서 오래 따로 눠둔 논문들에 생각이 미쳤다.

하나의 주제로 맞추기는 쉽지 않지만, 『한국 근대문화와 민족운동』이라는 제목을 붙여 보았다. 이번에 정리한 논문들은 멀리는 20년 전에, 가까이는 10년 전에 발표한 것이다. 대개 학술회의나 기관 등의 청탁으로 작성되었으며, 한말과 일제강점기의 국내에서 수용된 근대문화 또는 민족운동의 측면이 포함된 주제들이었다.

법관양성소와 '국민'·'민족'이라는 용어를 다룬 연구를 한말 근대문화의 수용이라고 묶었다. 법관양성소는 전통사회와는 다른 법률체계를 수용하는 출발점이었으며, 한말 사회에서 논의된 '국민'과 '민족' 역시 전통적 용어들이 근대적 개념으로 전환하는 과정을 보여준다. 한말에 전개된 민족운동으로 신문들의 움직임과 함께, 이준과 최광옥의 경우를 검토하였다. 계몽운동의 여러 양상을 살필 수 있던 기회였다. 일제강점기의 국학 연구를, 1910년대의 동향과 정열모의 어문민족주의를 통하여 살펴보았다. 일제강점기의 국학 연구 전반에 대해서는 따로 다룬 적이 있었는데, 계속 관심을 가져야 할 분야이기도 하다. 마지막으로 개신교가 한국 사회에 정착되는 사례로 김구의 경우를 살펴보고, 뮈텔 주교의 한국 인식과 베네딕도회 관할의 연길교구에서 발간한 『가톨릭소년』을 통하여 천주교의 정착 양상도 찾고자 하였다. 외래종교의 정착이라는 주제로 묶었다. 새롭게 손을 보지 못하고, 발표된 거의 그대로 수록하였다.

돌아가신 은사님들을 기억한다. 정년을 맞기까지 헤아릴 수 없는 은혜를 입은 어른들을 오래 잊기도 하였다. 스물이 되기 전부터 역사뿐 아니라 삶의 방향을 가르쳐주신 길현익·이기백·이광린·길현모·전해종 선생님께서 멀리는 20년 전에, 가깝게는 몇 해 전에 세상을 뜨셨다. 또 신앙을 이끌어주신 안병태 신부님, 넓은 가르침을 주신 이근삼·김학동 선생님도 세상에 계시지 않는다. 독립운동사를 공부할 수 있게 끌어주신 조동걸·윤병석 두 선생님도 돌아가셨다. 다행히 건강하신 이보형·차하순 선생님께는 여전히 배움을 얻는다. 선생님들의 가르침으로 그나마 크게 부끄럽지 않게 대학에서의 생활을 마무리하는 것 같다.

학교를 떠난다고 선생님들을 기억하며 스스로를 돌아보니, 학문이나 생활 모두 부족하기 이를 데 없다. 게으르고 모자란 학문의 저자를 여러모로 보살펴 준 선배, 동료, 그리고 동학 분들에게 고마움을 다시금 느끼게 된다. 학문이나 성품 모두 부족함이 많은 선생으로 제대로 제자들과 함께 해왔는지 걱정이고, 특히 지도교수였던 이광린 선생님께 받은 학은을 생각하면 부끄러움뿐이다. 김혜정 선생과 그간 잘 견뎌준 제자들에게 새삼 고맙기만 하다.

자신에게는 너그럽기만 하고 남에게는 엄격하기 이를 데 없으면서 우리 사회를 이끌어 가겠다고 나선 '내로남불' 위인들의 행태를 보며 남의 눈의 티끌은 잘 보며 내 눈의 들보는 보지 못하는 스스로의 모습에 부끄러울 뿐이다. 남을 배려하고 함께 하는 일에 인색하였다. 상식을 벗어나지 않아, 주위에 폐가 되지 않는 나날이 되었으면 한다.

민폐임을 알면서도 부끄러움을 모르는 두꺼운 심보로 이 책의 출간을 부탁하자, 오랜 인연을 저버리지 못해 기꺼이 맡아준 경인문화사의 한정희 사장에게 감사드린다. 김지선 씨의 수고로 짜임새 있는 모습을 갖출 수 있었다.

구순의 어머니와 구순이 머지않은 장모님의 건강을 기원한다. 두 분에게 좋은 아들과 사위가 되지 못함을 죄송스럽게 생각한다. 무심한 가장이었는데, 잘 참아온 아내 이초희와 잘 커서 저희가 원하는 가정을 이룬 지원·진원에게 깊은 고마움을 전한다.

2021년 마지막 달에
최기영

목 차

머리말

제1부

한말 근대문화의 수용

법관양성소의 운영과 교육

1. 머리말

1895년 4월 법관양성소法官養成所라는 기관이 설립되었다. 박영효朴泳孝의 주도 아래 이른바 제2차 갑오경장이 진행되고 있던 시기에, '재판소구성법' 이 제정되면서 부분적이지만 사법권의 독립이 이루어지고 사법관의 충원이 시급하였기 때문에, 속성으로 법관을 양성하기 위하여 설립한 것이었다.

법관양성소는 1년 동안 운영되다가 몇 년간 존속되지 못하였으나, 1903 년에 재개소되어 1909년 11월 법학교로 개편될 때까지 유지되었다. 총 6회 에 걸쳐 200명이 넘는 졸업생을 배출한 이 기관은 근대법학을 처음으로 한 국에 소개하고 교수하였으며, 전문적인 사법관을 양성하였다는 점에서 그 의의를 찾을 수 있다.

따라서 법관양성소에 관한 검토는 단순한 제도사 연구에 국한되는 것이 아니라, 전통적인 사법체제의 변화와 함께 근대 서구 법학교육의 시행과 새 로운 법률가층의 형성을 살펴볼 수 있다. 그것은 전통적 유교사회가 근대사 회로 전환하는 모습을 이해하는데 작은 실마리로 삼을 수 있지 않을까 한다.

법관양성소에 관한 기존 연구는 제도적인 변천이나 법률교육 또는 관련 인물에 주목하여왔다.[1] 그 결과 법관양성소에 대하여 대체적인 지식은 가

---

1) 법관양성소에 관한 기왕의 연구는 다음의 것들이 있다.
   梁承斗, 「法官養成所에 관한 小考」, 『世林韓國學論叢』 1, 1977.
   崔鍾庫, 「開化期의 法學教育과 韓國法律家의 形成」, 『法學』 22-1, 1981.
   安基成, 「高等教育法制」, 『韓國近代教育法制研究』(高大 民族文化研究所, 1984).

질 수 있지만, 그 내용이 소략하고 부분적인 사실 규명에서부터 착오가 없지 않았다. 필자는 법관양성소와 법학교육의 전체적인 이해를 위하여, 먼저 법관양성소라는 기관 자체에 대한 법제적이고 외형적인 문제부터 정리하였다. 따라서『관보』와『대한제국관원이력서』, 그리고 규장각 도서 등을 비롯한 관변자료를 주로 이용하여, 제도적인 측면을 검토하였다. 그 설립과 운영, 교관과 교육·학생 등에 관련된 내용을 시기적으로 크게 셋으로 구분하였는데, 논의과정에서 약간의 중복도 있다.

2. 법관양성소의 설립: 1895~1896

갑오경장 이전 조선왕조의 사법제도는 사법권과 행정권, 민사와 형사의 구별이 없었다. 또 명확한 실제법 내지 절차법이 결여되었으며, 사형私刑이 자행되고 있었다. 따라서 근대적인 사법개혁을 이루기 위해서는 사법권을 행정권에서 분리하기 위한 재판기관의 구성과, 소송절차의 획일화, 그리고 근대적 사법제도의 운영에 대비할 법조인의 양성이 시급한 일이었다.

갑오경장의 전개 가운데 1895년 3월 25일자로 반포된 법률 제1호 '재판소구성법'은 근대적인 사법제도를 갖추기 위한 조치로 재판소를 지방재판소·한성 및 개항장재판소·순회재판소·고등재판소·특별재판소로 구성하여, 부분적이지만 사법권과 행정권을 분리하고자 하였다. 이어 4월 29일자로 공포된 민형소송규정民刑訴訟規定 등은 민사와 형사를 구분하고, 소송절차를 규정하고 있었다. 그리고 법관양성소의 설치는 바로 근대적 사법제도의 운영에 대비할 법조인 양성을 위한 조치였다.2)

金孝全,「韓國開化期의 法學敎育」,『漢林 鄭樹鳳總長華甲記念論叢』人文·社會科學篇, 1988.

朴秉濠,「韓國法學敎育의 起源」,『近世의 法과 法思想』(진원, 1996).

2) 朴秉濠,「開化期의 法制」,『近世의 法과 法思想』, 140~147쪽.

1) 설립

1894년 12월 16일 법무대신 서광범徐光範은 '법률학교를 설치하는 건'이라는 주본을 국왕에게 상주하였다.

> 設置法律學校 以爲培養人才 明習法律 庸備他日選補地方裁判官 且及時裁判官 並須就學 以行法律 而其經費 量宜打算 令度支衙門辦劃之意 謹奏[3]

즉 법무대신은 인재를 배양하고 법률을 익혀 후일 지방재판관에 쓰고 아울러 재판관의 교육을 위하여 법률학교를 설치해야 한다고 주장하여, 국왕의 재가를 받았다. 근대적 사법제도를 준비하고 있던 정부에서는 그것의 운영과 관련하여 사법관의 양성도 병행해야만 하였다. 따라서 법률학교에서 재판관 양성뿐 아니라 재판관으로 있는 관리도 취학시켜 근대법학을 교육시키겠다는 의지를 보였던 것이다. 실제로 반포된 재판소구성법에 의하면, 제14조에 "각 재판소의 판사 급 검사는 별정別定한 사법관시험규칙에 의ᄒ야 시험을 경經혼 자 중으로서 내각총리대신을 경ᄒ고 법부대신이 주천奏薦ᄒ야 대군주 폐하의 임명ᄒ시는 자로 홈"이라고 하였다. 하지만 그 부칙 제56조에는 지방재판소의 직원은 현금간 지방관이 겸임하고 또 시험규정에 의하지 않고 현금간 판사·검사에 임명이 가능하다고 규정하였다.[4] 따라서 정부에서 처음 법률학교를 설치하고자 할 때 사법관의 양성과 함께, 형편상 지방관을 사법관으로 임명해야 하는 조치를 염두에 두고 그들도 교육시키고자 하였던 것 같다. 그러나 실제로 설치되는 법관양성소는 사법관의 양성만을 목적으로 하고 있었다.

'법관양성소규정'은 1895년 3월 25일자 칙령 제49호로 반포되었다. 그

---

3) 宋炳基 외 편, 『韓末近代法令資料集』 1(국회도서관, 1970), 154쪽.
4) 『한국근대법령자료집』 1, 193·197쪽.

제1조에는

> 法官養成所ᄂᆞᆫ 速成ᄒᆞᆷ를 期ᄒᆞ고 生徒를 汎募ᄒᆞ야 規定ᄒᆞᄂᆞᆫ 學課를
> 敎授ᄒᆞ고 卒後에 司法官으로 採用ᄒᆞᆷ 可ᄒᆞᆫ 資格을 養成ᄒᆞᄂᆞᆫ 處라[5]

고 하여, 법관양성소 설립의 목적을 속성으로 필요한 학과를 교육하여 사법관의 자격을 갖춘 인물을 양성하는 것으로 밝히고 있었다. 아울러 생도는 20세 이상으로 입학시험에 합격하거나 현직관리로 하고, 한문작문·국문작문·조선역사 및 지지대요地誌大要를 시험과목으로 규정하였다. 또한 법학통론·민법·형법·민사소송법·형사소송법·기타 현행법률·(소송)연습이 교수과목으로 지정되었고, 6개월간 교육하여 졸업하면 사법관에 채용한다고 명시하였다. 특히 3개월에 1차 시험을 시행하여 우등생은 졸업시키는 조항도 있었다.[6] 기초적이지만 서구 근대법률 과목을 속성으로 교수하여 사법관으로 충원하겠다는 정부의 의지를 법관양성소규정에서 확인할 수 있다.

이와 함께 '법관양성소세칙'도 만들어졌다. 이 세칙에는 소장과 교수의 직무권한·후보생모집·과정급평의회·후보생수지·시험·벌칙 등 7장으로 되어 있는데, 특기할 것은 후보생을 2개월마다 모집한다는 것이었다.[7]

3월 29일에는 '각대신간 규약조건 21'에 '법관양성소를 설치하는 건'이 주청되었는데, 그 내용은

> 法部內에 法官養成所를 置ᄒᆞ야 米人 具禮 及 日人 日下部三九郎
> 等에게 法律學講義를 囑託ᄒᆞ며 又 法官의 養成은 公平無私 淸廉潔白
> 의 德義를 發揚케 ᄒᆞᆷ를 務ᄒᆞᆷ 可ᄒᆞᆯ 事[8]

---

5) 『한말근대법령자료집』 1, 216쪽.
6) 『한말근대법령자료집』 1, 216~218쪽.
7) 『法官養成所細則』(奎 21683 : 규장각도서).
8) 『한말근대법령자료집』 1, 279~280쪽.

라고 하였다. 미국인 고문 그레이트하우스Clarence Greathouse, 具禮와 일본
인 구사카베 산쿠로日下部三九郎 등에게 강의를 맡긴다는 것과, 법관양성에
공평무사·청렴결백을 강조하는 것이었다. 그레이트하우스는 미국 변호사
출신으로 1890년 정부의 외교·법률고문에 임명되었는데, 일본 요코하마橫
濱 총영사를 역임한 바 있었다.[9]

이러한 제도적 장치에 따라서 그 해 4월 10일자 『관보』에는 학원모집
광고가 게재되었다.

> 法部養成所의 應募生徒試取를 本月 十二日로 至十五日이온듸 試
> 取ᄒ기ᄂ 國文과 漢文과 歷史와 作文과 地誌 五條로 試驗홈

이 광고에는 법관양성소가 아니라 '법부양성소'로 표시되었다. 그리고 『관
보』 6월 5일자에 다시 학원모집 광고가 실렸다. 법관후보생 50명을 모집한
다는 것을 밝히고 연령 20세 이상으로 한문·작문·역사·지지를 시험과목으
로 제시하고 있었다. '법관양성소세칙'의 2개월마다 생도를 선발한다는 것
과 관련지어 보면, 법부에서 그만큼 사법관의 수요가 많을 것으로 파악하
고 있었음을 짐작할 수 있다. 그러나 그에 상응하는 제도적·실제적인 준비
가 갖추어진 것은 아니었다.

법관양성소의 소장에는 5월 19일자로 법부 참서관 피상범皮相範이 겸임
으로 임명되었다.[10] 피상범은 1882년 율과에 장원하고 율학에 관련된 관
직과 교수로 10년 넘게 있다가 갑오경장이 시작되면서 법무아문의 주사가
되었다. 1895년 4월에 법부 참서관으로 승진되었고, 5월에 법관양성소장에
겸임 발령되었던 것이다.[11] 즉 그는 율학 전문가로 중인 출신이었다. '법
관양성소규정'에 따르면, 소장은 법부 참서관으로 보임하고 교수는 수시로

---

9) 崔鍾庫, 「西洋人 法律顧問의 역할」, 『韓國法學史』(박영사, 1990), 189~198쪽.
10) 『관보』 1895년 5월 21일자 「敍任及辭令」.
11) 『大韓帝國官員履歷書』(국사편찬위원회, 1972), 682쪽.

임용할 수 있었는데,[12] 아마도 피상범을 소장에 임명하기 위하여 참서관으로 승진시킨 것이 아니었나 한다. 그리고 법학교육은 후술하겠지만 피상범과 외국인이 담당하였다. 특히 일본인 교사들이 고빙되었다.

이같은 사실은 사법관의 양성이 시급하다고 생각한 정부에서 법관양성소를 설치하였지만, 국내에서 근대적인 법학교육을 실시할 인원이 없었던 것을 알려준다. 또한 소장에 전문가이기는 하지만 율학교관 출신을 임명하였다. 결국 정부에서 과연 법관양성소를 어느 정도 중시하였는가 하는 점에 문제가 없지 않다. 비록 갑오경장으로 신분제가 폐지되었다고는 하지만, 기관장으로 중인 출신을 승진시켜 임명하였다는 사실은 정부가 사법관 양성의 중요성을 어떻게 인식하고 있었는가 하는 한 기준이 될 수 있지 않을까 한다.

2) 교육과 학생

제1회 입학생은 1895년 4월 16일에 입학하였다.[13] 4월 12일부터 15일까지 한문·작문·역사·지지地誌의 시험을 치르고 16일에 합격증서의 배부와 함께 입학하였는데, 인원은 50인이 넘었다.[14] 그해 11월 10일에 47인이 졸업하였다.[15] 교육기간은 거의 8개월에 가까웠는데, 그것은 수학기간 6개월이 수업일수로 계산되었기 때문이 아닌가 한다. 그리고 우등생을 3개월 만에 졸업시킨다고 하였으나 실제로는 모두 같이 졸업하였다. 제2회 입학생은 제1회보다 2개월 뒤인 1895년 6월중에 시험을 거쳐 입학하였다. 모집광고로 미루어 50인이 선발되었을 것이나, 1896년 4월 22일의 졸업에는 우

---

12) 『한말근대법령자료집』 1, 216쪽.
13) 『대한제국관원이력서』, 421쪽(咸台永), 524쪽(金翼熙), 898쪽(尹性普) 등 제1회 졸업생의 이력서에 4월 16일에 입학한 것으로 나타난다.
14) 『서울法大百年史資料集』(서울대학교 법과대학 동창회, 1987), 140쪽에 수록된 具健書의 합격증서는 개국 504년 4월 16일자였고, 제52호였다.
15) 『관보』 1895년 11월 13일자 「휘보」 '本月十日法部養成所候補生卒業試驗榜'.

등 5인 급제 33인으로 38인만이 하였다.[16] 언 듯 제2회 졸업생은 10개월 동안 교육을 받은 것으로 보이나, 그 사이에 태양력을 사용하게 되고 또 휴일이나 아관파천俄館播遷과 같은 정치적 사건 등을 고려한다면 제1회 졸업생과 수업일수는 비슷하였을 것이다. 수업은 월요일부터 금요일까지 10시부터 2시까지(12시-1시는 공강) 3시간, 토요일은 10시부터 12시까지 2시간 동안 있었다.[17]

법관양성소에서는 짧은 기간의 교육이었지만 근대 사법제도의 운용에 필요한 최소한의 과목들을 교수하였다. 『경국대전經國大典』 예전禮典의 '제과諸科'조에 따르면 율과에는 대명률大明律(배송背誦)·무원록無寃錄·당률소의唐律疏議·율학해이律學解頤·율학변의律學辨疑·경국대전(임문臨文)이 시험과목이었다. 후대에는 대명률·무원록·경국대전만을 시험보았다.[18] 그러나 법관양성소에서는 설립 초기 법학통론과 민법·형법·민사소송법·형사소송법, 그리고 현행법률 및 (소송)연습을 과목으로 교수하였다.[19] 민법과 형법이 제정되기 전이었지만, 근대법학의 이론적인 준비가 필요하였기 때문이었을 것이다. 그러나 현행법률을 제외한 과목을 강의할 수 있는 한국인이 없었으므로, 일본인 교사들이 그 과목을 담당하였다. 즉 민법·민사소송법·형사소송법은 다카다高田, 형법은 호리쿠치堀口, 법학통론은 구사카베가 맡았고, 소송연습은 3인이 공동으로 담당하였다. 현행법률은 피상범이 담당하였다.[20] 이미 개소에 앞서 일본인을 중심으로 교수진이 편성되었던 것이다.

이들 일본인 교사에 대한 정보는 아직 찾지 못하였지만, 1896년 9월에 호리쿠치와 구사카베가 귀국할 때, 그 귀국비용의 부족액을 탁지부에서 지

---

16) 『관보』 1896년 5월 2일자 「휘보」 '四月二十二日法部法官養成第二回候補生卒業榜'.
17) 『法官養成所細則』.
18) 崔鍾庫, 「朝鮮時代의 律學」, 『韓國法學史』, 19쪽.
19) 『한말근대법령자료집』 1, 218쪽.
20) 『法官養成所細則』.

출한 것으로 미루어,21) 법관양성소 외국인 교사로 초빙되었을 가능성이
크다. 일본인 교사는 1895년 법관양성소 개교부터 제2회가 졸업하던 1896
년 4월까지 약 1년 동안 강의를 맡았다. 그레이트하우스에게도 강의를 맡
길 것으로 결정되었는데 실제 강의를 하였는지, 또는 어떤 과목을 강의하
였는지는 알 수 없다. 그렇다면 결국 한국에서의 근대법학 교육은 일본을
통해서 이루어지고 있었다고 할 수 있을 것이다. 물론 이미 이보다 먼저
조선 후기부터 한역서를 통하여 근대 서구법학이 소개되었고, 개항 이후에
도 외국인 법률고문이 오래 활동하고 있었다.22) 그렇지만 법학교육이 본
격적으로 이루어지는 것은 일본인 교사들에 의해서였다.

'법관양성소세칙'에 따르면 생도들을 2개월마다 모집한다고 하였으므로,
1895년 8월 중에도 생도모집이 있어야 하지만, 실제로는 모집이 없었다.
그것은 정치적인 문제와 무관하지 않았을까 생각된다. 1895년 윤 5월에 이
른바 제2차 갑오경장을 주도하던 박영효가 실각하여 일본에 재차 망명하
였고, 또 8월 20일에는 명성황후시해사건明成皇后弑害事件이 일어났기 때문
이다. 이러한 와중에서 학도모집은 중지되었고, 이어 1896년 2월 11일 아
관파천으로 갑오경장 자체가 문제가 되는 상황에서 법관양성소 역시 계속
유지되기가 어려웠던 것으로 보인다. 갑오경장의 일환으로 일본 게이오의
塾慶應義塾에 파견되었던 유학생들을 역적에 의하여 파견된 것으로 인식하
고, 학비를 중단한 바 있던 반일적인 신정권은 일본인에 의하여 교육된 법
관양성소와 그 졸업생들에 대하여 경계하였을 것이다.

따라서 정부에서는 법관양성소의 문을 닫고 운영하지 않았던 것으로 보
인다. 그러나 이와 같은 조치는 영구적인 것은 아니었다. 1899년 5월 30일
자로 개정된 칙령 제26호 '법부관제 개정에 관한 건' 제8조에 "법부에 법
관양성소를 치寘ᄒᆞ야 법부대신의 직할에 속케 홀 사"라고 한 것으로 미루

---

21) 『서울法大百年史資料集』, 136-137쪽. 그러나 이들이 일본공사관 직원이거나, 외
    부나 법부의 고문관을 수행한 인물이었을 가능성도 배제할 수 없다.
22) 이에 관해서는 崔鍾庫, 『韓國의 西洋法受容史』(박영사, 1982) 참조.

어,23) 법관양성소가 법적기관으로는 유지되었으므로 그 자체를 폐지한 것은 아니었다. 그리고 법관양성소는 법부 법무국 법제과의 관할사항으로 규정되었지만,24) 운영은 되지 않았던 것이다. 법관양성소의 일본인 교사들이 1896년 9월에 귀국하게 된 것도 저간의 그러한 사정 때문이었을 것이다.25) 신정권에서도 법관양성소의 필요성은 인식하고 있었다.

법관양성소는 1895년 11월 10일자로 47인을 제1회 졸업생으로 배출하였는데, 우등 4인 급제 43인이었다.26)

咸台永	李麟相	李容成	徐寅洙	李容高	尹性普	李豊儀	具健書
洪鍾翰	李容福	鄭盡敎	柳志淵	金翼熙	李璿在	尹熙衡	柳學根
李兢洙	崔來鶴	鄭永澤	尹相直	李道相	李完榮	李徹承	李種雨
徐相喜	高殷相	洪龍杓	林炳應	鄭樂憲	朴斌秉	金勉弼	金丙濟
尹衡重	元容高	趙漢緯	韓鏞敎	吳世俊	兪鶴柱	鄭雲哲	韓成潤
曺世煥	權興洙	延浚	朴廷煥	李行善	鄭燮朝	權在政	

현재 이 가운데 19인의 이력서가 남아 있는데, 연령은 평균 1865년생으로 계산된다.27) 1895년 입학시 30세가 되는 셈인데, 1855년생부터 1876년생까지 넓게 분포되어 있다. 즉 입학시 40세부터 19세까지 연령차가 많았다. 출신지는 정확히 알 수 없다. 다만 수석 졸업을 한 함태영咸台永이 함경북도 무산茂山 출신이고, 뒤에 이준李儁으로 개명하는 이선재李璿在가 함경

---

23) 『관보』 1899년 6월 5일자 「칙령」 '法部官制改正에 關흔 件'.
24) 『관보』 1899년 6월 15일자 「휘보」 '法部分課規程'.
25) 『서울法大百年史資料集』, 136~137쪽.
26) 『관보』 1895년 11월 13일자 「휘보」 '本月十日法部養成所候補生卒業試驗榜'. 또 『法官養成所細則』에 편철되어 있는 「開國五百四年十一月初十日法官養成所第一回候補生卒業試驗得點表」를 통하여 졸업점수가 확인된다. 명단의 순서는 졸업점수 순서였다.
27) 이하 졸업생의 설명은 『대한제국관원이력서』를 중심으로 하고, 특별한 경우가 아니면 주는 달지 않는다.

남도 북청北靑 출신이라는 사실을 알고 있다. 출신도 잘 알 수 없다. 윤성
보尹性普는 1894년 진사가, 정영택鄭永澤은 1886년에 생원이 되었다. 이선재
는 1894년 순릉참봉純陵參奉에 제수된 적이 있었고, 윤형중尹衡重은 1893년
에 무과에 급제하였다. 이용성李容成의 부친은 전 부사府使였고, 정낙헌鄭樂
憲의 부친은 전 군수였으며, 윤형중의 부친은 무과에 급제하여 군직과 지
방관을 역임하고 있었다. 정영택의 부친은 한성사범학교 교관이었다. 대체
로 가숙家塾에서 유학을 공부한 것으로 나타난다.

　　제2회 졸업생은 1896년 4월 22일에 법관양성소를 마쳤는데, 우등 5인 급
제 33인으로 모두 38인이었다.[28]

金敦熙	金顯翼	高翊相	李源國	黃鎭菊	吳致吉	李東鎭	張然昌
張潤圭	孔冕周	金鍾應	李康浩	尹駏榮	李冕容	權鳳洙	金相參
金永默	洪鍾駿	李倖	李用冕	韓憲	洪肯爕	任胤宰	徐廷佐
柳文珪	金永洙	林炳璿	尹秉淳	鄭雲倬	金世鶴	鄭濟賢	徐丙星
李憲儀	許植	韓止淵	柳台永	尹榮駏	崔昌來		

이들 가운데 이력서가 남은 경우는 8인에 불과하다. 이들은 평균 1866년
생으로, 제1회 졸업생들과 별다른 차이가 없었다. 김돈희金敦熙는 의과 급
제 출신으로 1892년 주부主簿를 역임하였고, 이원국李源國은 무과 급제로
1894년 사과司果에 있었다. 서정좌徐廷佐는 1894년에 진사, 윤병순尹秉淳은
1894년에 초시에 합격하였다. 이원국의 부친도 무관 출신이었고, 서정좌의
부친은 비서원승이었다.

　　제1회와 제2회 졸업생을 통하여 짐작되는 사실이 있다. 우선 이들은 30
세 전후에 법관양성소에 입학하였는데, 유력한 가문 출신들은 없었던 것으

---

28) 『관보』 1896년 5월 2일자 「휘보」 '四月二十二日法部法官養成第二回候補生卒
　　業榜'. 역시 『法官養成所細則』에 편철되어 있는 「開國五百五年四月二十二日
　　法部法官養成所第二回候補生卒業榜」을 통하여 졸업점수가 확인된다.

로 보인다. 몇몇 인물은 어느 정도 행세할 수 있는 가문 출신이었겠지만, 대체로 그 출신은 미미하지 않았나 생각된다. 전통적인 양반 가문보다는 무관이나 중인계층에서, 갑오경장으로 신분 철폐가 이루어졌으므로 법관양성소를 관직에 나갈 기회로 삼고자 하였을 것이다. 현직 관리도 몇 있지만, 역시 무과나 의과 등을 통하여 관계에 진출한 경우이다. 특히 함태영이나 이선재의 경우로 미루어, 이들 가운데 상당수는 변방 출신이 아니었을까 한다. 그렇다면 법관양성소에 입학한 인물들은 조선왕조의 전통적인 지배계층이 아니라, '주변인marginal man'으로 이해해도 좋을 것 같다. 즉 이들은 문벌이 없던 중인·무관·향리들이 상당수였을 것이고, 아마도 변방 출신이나 서출들도 적지 않았을 것으로 짐작된다. 그것은 법관양성소의 설립이 사법관의 양성에 목적을 두었지만, 위정자들이나 지배계층에서는 그것을 전통적인 율학과 크게 차이를 두지 않은 것 같고, 학생들 또한 그들의 신분 상승·관직 진출의 방편으로 이해하고 있었던 것이 틀림없다.

제1·2회 졸업생들 가운데 졸업 직후에 관직에 나아간 경우는 그리 많지 않다. 제1회의 우등생인 함태영·이인상·이용성은 1896년 3월 5일자로 한성재판소 검사시보·법부 주사에 임명되었고, 진사 출신인 윤성보는 1896년 2월 10일자로 법부 주사에 임용되었다. 또 순릉참봉을 거친 이선재는 1896년 2월 3일자로 한성재판소 검사시보에, 이도상은 4월 1일자로 내각 주사의 발령을 받았다. 조세환曺世煥은 1896년 11월 1일자로 한성재판소 주사에, 그리고 홍용표洪龍杓는 1897년 5월에 법부 주사로 임용되었다. 특기할 것은 14등으로 급제한 이선재가 우등생들보다 먼저, 졸업생 가운데 처음으로 관직에 제수되었다는 사실이다. 그는 법부대신 장박張博과 연결되어 한성재판소 검사시보에 임용되었지만, 1주일 만에 아관파천으로 일본에 망명하고 말았다.[29]

---

29) 최기영, 「한말 李儁의 정치·계몽활동과 민족운동」, 『한국독립운동사연구』 29, 2007, 449~450쪽.

제2회 졸업생의 경우 수석졸업생인 김돈희가 1897년 8월에 궁내부 주사에, 이원국과 서정좌·황진국黃鎭菊이 1898년에 한성재판소와 법부의 주사에 임용되고 있었다. 그나마 일부는 아관파천 직전에 관직에 나설 수 있었다.

이러한 임용 상황은 졸업시험에 합격하면 사법관으로 임용하겠다던 본래의 취지와는 달리, 선별적으로 소수에 국한하여 관직을 제수한 셈이었다. 갑오경장 정권마저도 법관양성소 졸업생에 대한 수급계획을 전혀 가지고 있지 못하였던 것이다. 일시 재판소의 폐지가 있기는 하였으나, 사법관의 수요가 적지 않은 상황에서 이같이 적은 인원만을 임용한 것은 역시 반일적인 신정권이 이들을 친일분자로 인식하였기 때문이 아닐까 한다. 법관양성소 자체가 제2회 졸업생을 내고는 폐교상태에 놓인 마당에, 그 졸업생을 특별히 고려할 리가 없었을 것이고, 또 그들은 일본인 교사에게서 교육을 받았다. 따라서 아관파천 이후 정부에서는 법관양성소 졸업생을 친일분자로 인식하였을 가능성도 없지 않다.[30]

정부에서는 1898년 12월 8일자로 사법관은 법률학 졸업자 중에서 법부의 시험을 거쳐 임명하겠다는 규칙을 반포하였다.[31] 1900년에 역시 법률학교 졸업인 가운데 법부의 시험을 거친 자로 사법관에 임명하고, 사법사무에 능숙한 자는 졸업증서가 없어도 임명이 가능하다는 칙령을 반포한 바 있었다.[32] 아울러 국내 사립학교 중 법률학전문과를 졸업하면 법부의 인가를 받아 사법관 시험에 응시가 가능하게 되었다.[33] 그러나 이러한 사

---

30) 그러한 이유에선지 법관양성소를 마치고 다른 교육기관에서 수학하는 경우도 없지 않았다. 『대한제국관원이력서』에 따르면 제1회의 정영택은 한어학교에 진학하였다가 1904년에 법관양성소의 교관이 되고, 윤형중은 사립광성상업학교 부기과를 거쳐 일본 도쿄 岩倉철도학교 건설과를 마친 다음 1905년에 이르러서야 법관양성소 박사의 직임을 받는다. 제2회의 장윤규는 1898년 육군무관학교에 진학하여 육군연성학교 교관과 군법회의 議判士로 활동하였다.
31) 『관보』 1898년 12월 12일자 「칙령」 '奏判任官試驗及任命規則'.
32) 『관보』 1900년 4월 3일자 「칙령」 '武官及司法官任命規則'.
33) 『관보』 1900년 9월 18일자 「부령」 '法部令第二號'.

법관 임용원칙은 실제 지켜지지 않았다. 1900년 '법관양성소 후보생'들이 의정부에 청원서를 제출하여, 의정서리 조병식趙秉式이 법부의 조치가 있을 것이라는 '지령'을 내린 바 있었다.[34] 구체적으로 법관양성소 후보생이 누구를 지칭하는지 확인되지 않지만, 아마도 관직에 나아가지 못하고 있던 법관양성소 졸업생들이 정부에 청원서를 제출하였던 것으로 믿어진다. 그러나 이들에 대한 특별한 정부의 조처는 없었고, 후술하겠지만 대체로 이들은 러일전쟁 발발 이후인 1904·5년에 이르러 법관양성소의 박사나 교관을 비롯하여, 관계의 여러 분야로 진출하는 것을 볼 수 있다.

3. 법관양성소의 확장: 1903~1905

1) 재개소

1896년 4월에 폐지되었던 법관양성소가 다시 문을 연 것은 1903년 1월이었다. 1902년 12월 30일자로 정명섭丁明燮이 법관양성소의 교수로 발령되었고,[35] 1903년 1월 21일자로 서북철도국 감독 이인영李寅榮이 겸임으로 법관양성소장에 임명되었다.[36] 그리고 그 다음 날인 1월 22일자로 법관양성소규정이 개정되었다. '정오正誤'라는 표현으로 나타나지만, 실제로는 규정의 개정이었던 것이다. 즉 소장을 법부나 다른 부서의 법률 통효자인 칙임 혹 주임관으로 겸임케 한다는 것과, 수학기간을 6개월에서 3개년으로, 또 우등생은 3개월에서 1개년으로 한다는 등의 규정이 첨가되었다.[37] 이어서 법부에서는 2월 25일에 한문독서·작문과 국문독서·작문을 시험하여 학생을 선발한다고 『관보』에 모집광고를 냈으며,[38] 100여 인을 선발할 예

---

34) 『起案』(奎 17746-1).
35) 『대한제국관원이력서』, 538쪽.
36) 『관보』 1903년 1월 24일자 「서임급사령」.
37) 『관보』 1903년 1월 22일자 「正誤」.

정이었다.39)

소장에 겸임된 이인영은 이속 출신으로 불어에 능통하였고, 이용익李容翊의 막료였다고 한다.40) 아마도 이인영이 소장에 겸임발령이 된 것은 그가 불어에 능통하여 법률고문인 프랑스인 크레마지Laurent Crèmazy, 金雅始와 관계를 가질 수 있었으며, 이용익의 영향력이 발휘되었을 가능성이 크다. 그는 법부의 관리가 아니었지만, 법률에 정통한 인물로 인정받았을 것이다. 정명섭은 법부와 한성재판소의 주사를 거쳐 평리원 검사를 역임한 법률전문가였다.41)

정부에서는 법관양성소의 교육이 재개되기 이전에 법관양성을 위하여 공식적인 기구를 설치하지는 않았지만, 1900년 5월 법률고문으로 고빙된 크레마지에게 부분적으로 법학교육도 맡겼던 것으로 보인다.42) 1901년 3월부터 법어학교 출신 가운데 우수한 학도를 선발하여 크레마지에게 법학을 배우게 하였던 것이다. 법관양성소가 재개된 뒤 교수에 발령되는 최병옥崔炳玉은 1897년 법어학교에 입학하였고, 1901년 3월 법어학교를 우등으로 마치고 법부에 선발되어 법부 고문관에게 프랑스 법률을 교육 받았다.43) 역시 법관양성소의 교수가 되는 김정식金廷植과 정기학鄭基學 등도 마찬가지였다.44) 이러한 예로 미루어 정부에서는 불어에 능숙한 법어학교의 우등생들을 법부에서 선발하여 크레마지에게서 법률을 공부하도록 하였음을 확인할 수 있다. 1904년 4월 프랑스공사가 크레마지의 업적의 하나로 2년

---

38) 『관보』 1903년 2월 19일자 「광고」.

39) 『황성신문』 1903년 2월 24일자 잡보 「法學未定」.

40) 『統監府文書』 8(국사편찬위원회, 1999), 「韓官人ノ經歴一般」, 208쪽.

41) 『대한제국관원이력서』, 538쪽.

42) 크레마지에 대해서는 洪淳鎬, 「大韓帝國 法律顧問 L. Crèmazy의 任命過程 分析」, 『韓國文化研究院論叢』 36, 1981 및 崔鍾庫, 「西洋人 法律顧問의 역할」 참조.

43) 『대한제국관원이력서』, 676쪽, "以法語學校優等 被選于法部 受法國法律於法部顧問官".

44) 『대한제국관원이력서』, 520쪽(김정식)·554쪽(정기학).

간 프랑스 법률 교수를 지적한 것이,[45] 바로 법어학교 학도를 선발하여 법학교육을 시킨 사실을 의미하였다.

정부에서는 크레마지에게 사법관의 양성을 의뢰하면서도, 1902년 말까지 법관양성소 자체의 재개소에는 관심이 없었다. 그런데 어떠한 이유로 1903년 초에 법관양성소가 다시 가동되었을까. 직접적인 배경이 찾아지지 않지만, 1900년대 전반기 정부에서는 이른바 '광무개혁'으로 일컬어지는 국정 전반에 대한 개혁을 실시하거나 준비하고 있던 사실과 무관하지 않은 것으로 생각된다. 부분적이지만 사법권의 독립을 추진하는 과정에서 사법관의 지속적인 양성이 시급한 문제로 대두되었을 것이다.

아울러 혹시 크레마지의 권유가 있지 않았나 짐작되기도 한다. 법부에서는 1902년 말경에 크레마지에게 일임한 법학교육을 확장하고자 한 것 같다.

> 法部 法律敎師 法人 金雅始氏가 學員을 熱心 敎育ᄒ더니 近日 該部에서 繙譯 一員을 增設ᄒ고 敎課를 贊助ᄒ기로 確定ᄒ고 更히 峻秀ᄒ 子弟 二十四人을 選取ᄒ야 法律을 敎育ᄒ다더라[46]

실제로 법부에서는 1902년 12월 학생을 선발하여 크레마지에게 법학교육을 위임하였다가,[47] 갑자기 방침을 바꾸어 법관양성소를 다시 개소하고자 한 것으로 보인다. 정명섭을 1902년 12월 30일자로 법관양성소 교수 발령을 낸 것은 새로 법관양성소 업무를 준비하도록 한 조치였을 것이다. 이러한 방침 전환의 과정은 정확하게 알 수는 없지만 법부 법률고문인 크레마지의 역할이 어느 정도 있지 않았을까 짐작해 본다. 후술하겠지만 법관

---

45) 『法部來案』(奎 17795) 「照會 第三號」(1904. 4.16).
46) 『황성신문』 1903년 1월 13일자 잡보 「法徒教育」.
47) 『대한제국관원이력서』, 283쪽(宋台煥)·431쪽(任冕淳)·689쪽(李信宇)에는 1902년 11월 23일과 12월 7일, 12월에 법관양성소에 입학 또는 수업하였다고 이력서에 기재하였다. 특히 이신우는 법어학교 출신이었다. 이들이 바로 크레마지에게 법학교육을 받기 위하여 선발된 학도들이라고 생각된다.

양성소에 그가 직접 관여하고 있었으며, 프랑스 법률을 위주로 서양 근대
법학을 교수하였다. 특히 법관양성소장에 이인영이 임명된 것도 크레마지
의 역할을 살필 수 있는 일로 보인다.

2) 교관

1903년 3월 6일 법관양성소는 새롭게 발족하였다. 권필수權必壽·송태환
宋台煥·이신우李信宇·조세환·조용구趙容九·김정식·정기학·김계형金桂澄이 3
월 6일부터 교수로 봉직하였고, 6월과 7월에는 허정許定과 안택중安宅重도
참여하게 되었다.48) 이날부터 법관양성소의 회계도 시작되었다. 정명섭은
주임관 4등대우의 수반교수로 교육과 업무를 총괄하였고, 나머지 교수들
은 판임관 6등대우였다. 그런데 교수들은 한문교수 4인과 법문교수 4인으
로 구분되어 있었다.49) 이 사실은 법관양성소가 프랑스 법률을 매우 중시
하였으며, 그것은 크레마지의 영향과 직결된다고 할 것이다. 실제로 크레
마지는 법관양성소 내에 고문관 방을 배정 받고 있었다.50) 대체로 법어학
교 출신인 이신우·김정식·정기학 등이 프랑스 법률을 교수하거나 통역하
였을 것이다. 그리고 법부에서는 일부 교수를 법관양성소 졸업생으로 충원
할 계획을 세웠었는데, 실현되지 않게 되자 졸업생들의 청원도 있었다고
한다.51) 조세환이 법관양성소 제1회 졸업생이었는데, 혹 이러한 과정에서
교수로 발탁된 것인지도 모르겠다. 아울러 법부에서는 법관양성소 신설경
비 7,800원과 청사건축비 4,000원을 탁지부에 요청하여 의정부의 의결을
거쳐 예비비에서 예산이 지출되었다.52)

---

48) 『法官養成所會計冊』 1(서울대학교 중앙도서관 소장 필사본).
49) 『各部請議書存案』(奎 17715) 「法部所管法官養成所新設經費與廳舍建築費를
   豫算外支出請議書」(1903. 7.20) 참조.
50) 『法官養成所會計冊』 1.
51) 『황성신문』 1903년 2월 24일자 잡보 「法學未定」.
52) 『各部請議書存案』(奎 17715) 「法部所管法官養成所新設經費與廳舍建築費를 豫

1903년 9월 '법관양성소규정'이 개정되어 교관의 정원이 규정되었다. 교관은 12인으로 주임관 3인과 판임관 9인을 두되 법률 통효인通曉人, 즉 전문가로 한다고 하였다.[53] 그 직전인 1903년 9월 4일자로 법관양성소의 교수로 재임하고 있던 권필수·조세환·안택중·송태환·이신우·김정식·정기학·김계형·허정이 판임관 교관에 임명되었다.[54] 아마도 이들은 법부대신 사령의 교수로 발령을 받았다가 이때에 교관으로 임명되었던 것으로 보인다. 1904년 3월 현재 법관양성소의 교관으로도 이들이 재직하고 있었다.[55] 3월 19일자로 허정이 최병옥으로 교체되었다.[56] 그는 앞서 지적한 대로 법어학교 출신으로 크레마지에게서 법학을 배운 바 있었다. 대체로 교관진은 1905년 2월까지 정명섭을 실무 책임자로 하여, 이들을 중심으로 운영된 것이 아닌가 한다. 『법관양성소회계책』의 봉급 지급내역을 보면, 1903년 3월 이래 교관진이 변동이 거의 없는 것으로 나오고 있다. 이들 이외에도 교관과 겸임교관으로 발령이 난 경우는 많지만, 대체로 1개월 이내에 사임하는 경우가 많았다.[57]

1904년 6월 4일자로 법관양성소 소장을 겸임하였던 육군부령 이인영이 의원면겸임을 하고, 법부협판 심상익沈相翊이 소장에 겸임발령이 났다.[58] 그렇지만 그해 7월에 법관양성소에 소장 이외에 부장副長을 두고, 모두 칙임관 또는 중경법관으로 서임케 하는 등 규정의 개정이 있었다. 교관도 주

算外支出請議書」(1903. 7.20) 및 『宮內府去來文綴』(奎 17882) 「指令」(1903. 8.10).

53) 『관보』 1903년 9월 4일자 「正誤」.
54) 『관보』 1903년 9월 7일자 「서임급사령」.
55) 『관보』 1904년 3월 19일자 「서임급사령」.
56) 『관보』 1904년 3월 23일자 「서임급사령」.
57) 1903년 安致潤은 12월 13일자로 발령되었으나, 그 다음 날 '依願免本官'하고 있었다. 또 鄭學秀도 12월 8일자로 발령되었으나 12월 12일자로 면관되었다. 특히 1905년 2월을 전후하여 임명되었던 교관들의 대부분이 그렇다. 李康演·金秉璇·朴圭淳·金永九·裵東濂 등이 쉬운 예가 될 것이다. 『관보』 1903년 12월 12~18일자, 1905년 2월 1~9일자 「서임급사령」 등 참조.
58) 『관보』 1904년 6월 9일자 「서임급사령」.

임 5인·판임 12인으로 증원하고, 법관양성소 졸업인 혹은 법률통효인으로 수시 증감토록 하였다. 박사는 8인 판임관으로 교관과 같은 자격을 지정하였으며, 법관양성소의 수학기간은 3개년에서 다시 6개월로, 우등생 역시 1개년에서 3개월로 환원시켰다.59) 법관양성소의 소장에는 7월 5일자로 법부대신 이지용李址鎔이, 부장에는 협판 심상익이 임명되었다.60) 이는 법관양성소의 위상을 높이는 조치였지만, 수학 기간이 설립 시기로 환원된 점은 법학교육의 중요성에 대한 인식이 오히려 낮아진 것으로 보인다.

그러나 이 규정은 2개월 만인 10월에 소장은 법부협판의 예겸例兼으로, 부장은 폐지되고, 수학기간도 다시 3개년으로 확대하며 우등생은 1년으로 개정하였다. 또 법관양성소의 설립목적에서 속성으로 사법관을 양성한다는 부분을 삭제하였다.61) 교수과목의 증가에 따라 다시 수학기간을 확장하고, 관제도 정리한 것이었다. 이처럼 짧은 시기에 관제와 수학기간 등이 자주 개정된 것은 아직 법학교육에 대한 정부의 확고한 방침이 없었던 것으로 이해된다. 여전히 근대 법학교육을 통한 사법관의 양성을 과거 율학 정도로 인식한 까닭이 아닌가 싶다. 소장도 김규희金奎熙(1903.10.11.~1905. 2.21)·이근상李根湘(1905. 2.21~ 3. 7) 등 법부협판이 당연직으로 맡았다.62)

1905년 2월에 공포된 칙령 '법관양성소관제'는 소장을 법부 참서관으로 겸임하게 하고, 교관도 주임관 1인과 판임관 5인의 6인으로 축소시키고 있었다.63) 이에 따라 3월 7일자로 법부 참서관 김낙헌金洛憲이 겸임 법관양성소장에 임명되었다.64) 김낙헌은 1895년 법부 주사로 임용된 이래 법부 관리와 검사·판사로 계속 재직해 온 실무적인 인물이었다.65) 따라서 그는 비

---

59) 『관보』 1904년 7월 6일자 「正誤」.
60) 『관보』 1904년 7월 9일자 「서임급사령」.
61) 『관보』 1904년 10월 10일자 「서임급사령」.
62) 『관보』 1903년 10월 13일자·1905년 2월 24일자 「서임급사령」.
63) 『관보』 1905년 3월 1일자 「칙령」 '法官養成所官制'.
64) 『관보』 1905년 3월 10일자 「서임급사령」.
65) 『대한제국관원이력서』, 500쪽.

록 근대법률에 정통하지는 못하였겠지만, 법관양성소가 재개소된 뒤 전문 법률가로는 처음으로 소장에 임명된 셈이었다. 이와 함께 교관으로 주임관 정명섭과 판임관 정영택·고익상高翊相·조세환·윤태영尹泰榮·김종호金鍾護 가 발령되었다.66) 이들 판임관 교관은 모두 법관양성소 졸업생이었다. 즉 정영택과 조세환이 제1회, 고익상이 제2회, 그리고 윤태영과 김종호가 제3 회였다. 그리고 1905년까지 교관으로 재임하는 윤광보尹光普(3회)·구건서具 健書(1회) 역시 법관양성소 졸업생이었다.67)

3) 교육

1895년 공포된 법학양성소의 교수과목은 법학통론·민법·형법·민사소송 법·형사소송법·기타 현행법률·(소송)연습이었는데, 아마도 1903년 교육이 재개된 이후에도 이들 과목은 규정상 그대로 유지되었을 것이다. 1904년 7월 30일자로 공포된 법부령 제2호 '법관양성소규칙'에는 교수과목으로 법 학통론·민법·형법·민사소송법·형사소송법·헌법·행정법·국제법·상법·현 행법률·산술·작문·외국율례가 제시되고, 이들 과목은 시의에 따라 증감도 가능하다고 규정되었다.68) 헌법·행정법·국제법·상법·산술·작문·외국율례 가 추가되었다. 헌법이나 국제법·외국율례는 대외관계와 관련하여 외국의 사법제도를 의식한 것으로 짐작된다. 산술이나 작문과 같이 법률과 직접 무관한 과목도 교수되었는데, 혹 작문은 사법관의 서류작성과 관련된 것은 아닌지 모르겠다.

그러나 실제 규정된 교과목이 교수되었는지 잘 알 수 없다. 1904년 7월 에 시행된 하기시험과 졸업시험 과목은 무원록·대명률·발사跋辭·법문法 文·산술(하기시험)과,69) 대명률 강講·현행률문제·발사·법문(졸업시험)이었다.70)

---

66) 『관보』 1905년 3월 13일자 「서임급사령」.
67) 『관보』 1905년 4월 29일·5월 18일자 「서임급사령」.
68) 『관보』 1904년 8월 5일자 「部令」 '法官養成所規則'.

또 동기시험은 명률 면강面講·명률 문대問對·약장문대約章問對·법학문대·
강기講記 문대·외율外律 문대·공소·산술이었으며,[71] 1905년 하기시험은 명
률·형법·외율·법학·작문·산술 등이었고,[72] 졸업시험은 법학통론·산술·명
률·무원록·법국률·일본어였다.[73] 따라서 실제 시험을 본 과목은 법학·현
행법률··외국법률·형법·공소·(각국)약장 등도 포함되어 있었으나, 『대명률』
과 『무원록』(법의학)과 같은 전통 법률과목이 포함되어 있었다. 특히 『대명
률』의 경우에는 시험에 빠지지 않고 있어, 오히려 주가 되지 않았나 생각
된다. 1904년 하기시험의 경우에는 『무원록』을 상·중·하로, 『대명률』을
천·지·인으로 각기 삼분하여 평가하고 있었다. 또한 이들 서적은 법관양성
소에서 간행하여 교재로 사용하였다.[74] 『대전회통』·『대명률』·『무원록』이
여전히 재판에 사용되고 있었기 때문에,[75] 실제 법관양성소에서는 전통
법률과목을 중시하였던 것으로 짐작된다. 즉 그러한 현실은 1906년 3월 30
일자로 공포된 '법관양성소규칙'에 『대명률』과 『무원록』이 정식 교과목에
포함시키지만,[76] 이미 법학양성소가 재개소된 이래 이들 전통 법학과목은

---

69) 『司法稟報』 45(奎 17279) 「報告書 第六號」(1904. 7. 4).

70) 『司法稟報』 45 「報告書 第七號」(1904. 7.15).

71) 『公文接受』(奎 17277-23) 「報告書 第二號」(1905. 1.28).

72) 『公文接受』 「報告書 第三號」(1905. 7.11).

73) 『公文接受』 「報告書 第十一號」(1905.12.30).

74) 『各部請議書存案』 「法部所管法官養成所新設經費與廳舍建築費를 豫算外支出
請議書」(1903. 7.20)에 따르면, 1903년 7월에 의정부에 청구된 법관양성소의 예산
에는 『大典會通』·『大明律』·『各國約章』 등 서적 150질의 인쇄비와 『法國律例』
抄寫費로 2,400원이 책정되어 있어, 신설경비 7,800원의 1/3에 이르고 있었다. 『관
보』 1903년 8월 7일자에는 법부대신 李載克이 『대명률』 간행을 상주하였다. 또
『公文接受』 「報告書 第五號」(1904. 6)에는 1904년 6월에 법관양성소에서 『무원
록』 160질을 印出하였음이 확인된다.

75) 『司法稟報』 26(奎 17279) 「報告書 第五十七號」(1900. 8.30)을 보면 전라남도재판
소에서 법부대신에게 新舊 법전의 송부를 요청하고 있는데, 『대명률』·『大明律附
例』·『대전회통』·『무원록』 등이 포함되어 있었다.

76) 『관보』 1906년 4월 4일자 「부령」 '법관양성소규칙'.

중시되어 교수되었던 것이다.

그와 함께 프랑스 법률이 중시되었던 점도 주목된다. 법관양성소에서 법률고문 크레마지는 직접 학도들에게 형법을 가르치고, 법문교수로 지칭된 교관들에게 프랑스 법률을 계속 가르치고 있었던 것이다. 이미 언급한 대로 프랑스 공사가 1904년 4월 크레마지의 공로로 그 사실을 밝힌바 있다.[77] 교과목에 들어가 있던 '법문'은 단순히 프랑스어를 의미하지는 않았을 것 같다. 프랑스어도 포함해서 프랑스 법률이 중심인 과목으로 짐작되는데, 1903년 현재 법문교수가 한문교수의 수와 같았던 만큼 매우 강조되고 있었음을 알 수 있다. 크레마지가 직접 강의를 하는 경우에는 법문교수가 통역을 하였을 것이다. 그리고 프랑스 법률을 한문으로 번역한 『법국율례』 46권을 150질 초사抄寫한 것으로 미루어,[78] 이를 교재로 사용하였다고 생각된다. 뿐만 아니라, 1905년까지는 졸업시험에 '법문' 또는 '법국율'이 포함되어 있었던 점으로, 1903년부터 1905년까지 법관양성소에서 교수된 근대 서양법학은 프랑스 법률 중심이었음을 확인할 수 있다.

교육기간은 제1·2회 입학생들의 경우 6개월로 규정되어 있었고, 대체로 수업일수로 보면 6개월 교육을 받았다. 그러나 1903년 1월 수학연한을 3년으로 연장하는 규정이 만들어졌고,[79] 이 규정은 그 해 3월에 입학한 제3회부터 적용되어야 하였다. 그러나 제3회는 1904년 7월에 졸업하였으므로, 실제 교육은 1년 6개월을 받은 셈이었다. 법관양성소의 수업연한은 이미 언급한 대로 1904년 7월 6일의 개정으로 3년에서 다시 6개월로 환원되었다가 3개월만에 3년으로 연장되는 등, 정부의 방침에 일관성이 없었다. 교육기관의 규모며 교수과목, 교관·학생·시설·예산 등이 고려되어 수업연한

---

77) 『法部來案』(奎 17795) 「照會 第三號」(1904. 4.16).
78) 『各部請議書存案』「法部所管法官養成所新設經費與廳舍建築費를 豫算外支出 請議書」(1903. 7.20). 현재 서울대학교 법학도서관에 『法國律禮』의 필사본이 남아 있다.
79) 『관보』 1903년 1월 22일자 「正誤」.

이 결정되는 것이 아니라, 편의적으로 상황에 따라 바뀌었다.

학원 즉 학생의 자격은 20세 이상으로 입학시험에 통과하면 되던 1895년의 규정이 1896년 1월에 20세 이상 35세 이하로 바뀌었다.[80] 그러나 제1·2회 졸업생은 그 이전에 선발하였기 때문에 이 조항은 1903년 이후의 입학생에게 적용되었다. 입시과목도 제1·2회의 경우 한문·작문·역사·지지였으나, 1903년에는 한문독서·작문과 국문독서·작문으로,[81] 1904년에는 국문(독서·작문)·한문(독서·작문)·본국지지 문대·본국역사 문대로,[82] 그리고 1905년에는 여기에 산술 문대가 추가되면서 사범학교·중학교·외국어학교 졸업자나 현직관리는 면시免試되었다.[83] 1904년에는 입학을 매년 춘·추로 한다는 규정이 추가되었으나,[84] 실현되지는 않았다.

교육은 1903년도 입학생의 경우, 한문과 법문은 8개 반으로 나뉘어 이루어졌고, 산술은 전체를 대상으로 하였던 것 같다.[85] 전체 인원은 100인을 넘었으며, 교육 중 탈락자들도 있었다.[86] 1904년 입학생 역시 4반으로 학도수는 90명이 넘었으나, 1905년 7월에는 65명이었다.[87] 그러나 졸업은 매우 엄격하였던 것으로 보인다. 평균 50점을 넘어야 졸업할 수 있었기 때문이다. 실제로 1904년에 졸업한 제3회의 경우, 총 62인이 졸업시험에 응시하였으나 평균 50점을 넘긴 25인만이 졸업할 수 있었다. 대명률 강·현행률

---

80) 『서울法大百年史資料集』, 35~36쪽.
81) 『관보』 1903년 2월 19일자 「광고」.
82) 『관보』 1904년 9월 2일자 「광고」.
83) 『관보』 1905년 7월 21일자 「광고」.
84) 『관보』 1904년 8월 5일자 「부령」 '법관양성소규칙'.
85) 『公文接受』(奎 17277-23) 「報告書 第六號」(1903. 7.15).
86) 『황성신문』 1903년 3월 4일자 잡보 「養成所定俸」에는 90인이었다고 하였으나, 『관보』 1904년 8월 5일자 「부령」 '법관양성소규칙'에 따르면 학기 중에도 시험을 거쳐 입학이 가능하였다. 아마도 이러한 관례는 1903년부터 있었을 것이다. 『公文接受』 「報告書 第六號」(1903. 7.15)에는 학원이 117인이었고, 1904년 7월 졸업시험의 응시생은 62인이었다.
87) 『公文接受』 「報告書 第二號」(1905. 1.28)·「報告書 第三號」(1905. 7.11).

문제·발사·법문의 4과목 400점 만점 가운데 200점을 넘기지 못한 약 60%
의 학도들이 낙제한 것이었다.[88] 1905년 12월 25일에 시행된 제4회 졸업시
험도 응시자 25명 가운데 평균 50점 이상인 20명만이 급제하였다.[89]

4) 학생

제3회 졸업생은 1년 6개월 동안 교육을 받아 법률지식에 있어 제1·2회
에 비하여 상대적으로 우수하였으리라 생각된다. 1904년 7월 21일에 발표
된 제3회 졸업생은 25인으로, 우등 5인과 급제 20인이었다.[90]

尹泰榮　任冕淳　金鍾濩　安廷爕　尹光普　尹憲求　洪冕憙　洪祐爕
沈鍾大　盧鍾彬　具升會　成爕永　朴準性　柳龍均　尹達永　裵瑛均
李漢吉　柳泰珽　申正植　鄭雨興　南輔元　金正學　趙東蕭　權重瑾
李漢求

이들의 이력서는 17인이 남아 있어, 상당수가 졸업 이후 관직에 있었음
을 알 수 있다. 이들은 평균 1877·8년생으로 입학 당시 26세 전후였다. 이
점은 아마도 입학연령을 20세부터 35세로 조정한 것과 무관하지 않았을
것이다. 이들 가운데에는 입학에 앞서 일어학교(윤태영)·한어학교(정우
홍)·무관학교(정우홍)·고등소학교(김정학) 등을 거친 인물이 여럿이고, 낮
은 관직을 역임한 경우도 적지 않다. 소학교 교사(윤광보)·외부 주사(윤헌
구)·옥구감리서 주사(성기영)·외국어학교 부교관(정우홍) 등을 역임하였으
며, 진사(구승회)로 입학한 경우도 있었다.

1905년 12월 25일 졸업시험을 마친 제4회는 우등의 표시 없이 급제 20

---

88) 『司法稟報』45(奎 17279) 「報告書 第七號」(1904. 7.15)에는 400점 만점에서 300
　　점 이상을 우등, 200점 이상을 급제로 처리하였다.
89) 『公文接受』「報告書 第十一號」(1905.12.30).
90) 『관보』1904년 7월 21일자 「휘보」 '法官養成所卒業試取榜'.

인이었다.[91]

金哲鉉　金洛純　尹忠秀　權赫采　沈學根　沈在根　丁奎昇　卞榮晚
具滋景　宋泰顯　趙箕衍　洪淳瑢　陸源容　宋錫會　金奭鎬　南晟祐
李文世　李源禧　徐丙禼　李載榮

　　이들의 이력서는 5인만이 남아 있어 관련사항을 잘 알 수 없다. 1904년
9월에 입학하였다는 김낙순金洛純 1인을 제외한 권혁채權赫采·송석회宋錫
會·남성우南晟祐·이문세李文世 는 1903년 2월 입학하여, 1905년 12월 29일
또는 1906년 1월 6일에 졸업한 것으로 기재하고 있다. 그러나 사실은 서병
설徐丙禼·송석회·남성우·송태현宋泰顯·윤충수尹忠秀·심재근沈在根·권혁채·
구자경具滋景·정규승丁奎昇은 제3회 졸업시험에서 낙제하였고,[92] 육원용陸源
容·심학근沈學根·이문세는 제3회 졸업시험에 응시하지 않았었다. 따라서
이들은 2년 8개월 동안 교육을 받은 셈이었다. 다만『관보』1904년 9월 2
일자에 학원 모집광고가 나간 적이 있기 때문에, 나머지 졸업생들은 그때
입학하여 1년 6개월을 수학한 것으로 짐작된다.
　　제4회는 졸업시험의 응시자가 25인에 불과하였다. 70명 내외의 재학생 가
운데 1/3을 겨우 상회하는 인원만이 응시하였는데,[93] 그것은 후술하는 대로
법관양성소의 교관과 학생들이 졸업시험을 1개월도 남겨놓지 않은 시점에
서 이른바 을사조약의 강제체결에 반대하는 움직임을 전개하였기 때문이다.
　　제3회가 재학 중이던 1903년 9월에 법관양성소 박사제도가 만들어졌다.
"본소 졸업학원으로 순서서임ᄒᆞ얏다가 사법관으로 수용"하는 박사는 4인
으로 판임관이었다.[94] 그리고 1904년 7월에는 8인으로 증설되었고, "본소

---

91) 『관보』1906년 1월 6일자「휘보」'法官養成所第四回卒業試驗榜'.
92) 『司法稟報』45「報告書第七號」(1904. 7.15).
93) 『公文接受』「報告書 第九號」(1905.12.13).
94) 『관보』1903년 9월 4일자「正誤」.

졸업인 혹 법학 통효인으로 수시증감'으로 대상을 확대하였다가,[95] 10월
에는 그 이전 조항으로 환원되었다.[96] 박사가 어떠한 직임인지 확실하게
알 없지만, 1906년 3월 19일자로 개정된 관제에 따르면, 그 숫자도 명기하
지 않고 "명예로 임시서임호듸 본소 졸업인에 한흠이라"고 밝힌 것이 참
고된다.[97] 즉 박사는 판임관 대우를 받는 명예직이고 임시직임이었다.

법관양성소 박사는 1903년 9월 14일자로 판임관 6등에 구건서·김익희金
翼熙·이준우李俊宇·박성한朴聖漢이 임명되면서 시작되었다.[98] 그런데 이들
은 9월 18일자로 의원면관을 하고, 바로 같은 날짜에 이철승李徹承·고은상
高殷相·정낙헌·박빈병朴斌秉이 박사에 임명되고 있었다.[99] 이어 이철승 등
은 9월 23일자로 의원면관되고, 윤상직尹相直·이완영李完榮·원용설元容卨·정
섭조鄭燮朝가 그 뒤를 이었다가 9월 28일자로 의원면관되었던 것이다.[100]
윤상직과 이완영은 수륜원 주사에 임용되었지만, 그밖에는 모두 며칠 동안
박사직을 지녔을 뿐이다. 이들 가운데 이준우·박성한을 제외한 인물들이
법관양성소 제1회 졸업생이었다. 이처럼 법관양성소 졸업생에게 한시적으
로 관직 제수의 경력을 만들어주기 위한 조치가 아니었나 싶다. 판임관을
역임한 경력은 이후 관직에 나아가는 데 유리하였을 것이기 때문이다. 그렇
다고 해서 그것이 꼭 사법관으로 진출하는 것은 아니었다.

1904년 7월 26일자로 법관양성소 박사에는 윤태영·임면순任冕淳·김종
호·안정기安廷夔·윤광보·윤헌구尹憲求·홍면희洪冕憙·홍우기洪祐夔였는데, 7월
28일자로 의원면관되었다.[101] 이들의 후임인 심종대沈鍾大·노종빈盧鍾彬·구
승회具升會·성기영成夔永·박준성朴準性·유용균柳龍均·윤달영尹達永·배영균裵

---

95) 『관보』 1904년 7월 6일자 「正誤」.
96) 『관보』 1904년 10월 10일자 「正誤」.
97) 『관보』 1906년 3월 22일자 「칙령」 '法官養成所官制中改正件'.
98) 『관보』 1903년 9월 16일자 「서임급사령」.
99) 『관보』 1903년 9월 21일자 「서임급사령」.
100) 『관보』 1903년 9월 25·10월 2일자 「서임급사령」.
101) 『관보』 1904년 7월 28·30일자 「서임급사령」.

瑛均는 8월 1일자로 사임하였다.102) 8월 1일자로 박사에 임명된 권태정權泰珽·신정식申正植·정우홍鄭雨興·남보원南輔元·조동숙趙東肅·권중근權重瑾·이한구李漢求는 1905년 1월 13일자로 의원면관되었다.103) 이들은 모두 1904년 7월 21일자로 발표된 법관양성소 제3회 졸업생이었다. 그리고 박사 임관 순서는 졸업성적순이었다. 그 가운데 김정학金正學과 이한길李漢吉은 빠져 있지만, 그들도 이들보다 조금 늦게 박사 직임을 받은 바 있었다.104) 따라서 제3회 졸업생은 전원 법관양성소 박사직에 임관되었고, 그를 배경으로 관직에 정식으로 나아갈 수 있던 것이다.

  이후 1905년 1월 26일자로 박사에 임명되었다가 28일자로 사임한 박정환朴廷煥·권중선權重璿·연준延浚·권흥수權興洙·이연홍李然興·김영묵金永默·이면용李冕容·유문규柳文珪나,105) 그들을 이은 윤일영尹馹榮·공면주孔冕周·윤병순尹秉純·최창래崔昌來·허식許植·이종우李種雨·이용설李容卨·이한길의 경우,106) 권중준과 이연홍을 빼고는 모두 제1·2회 졸업생이었다. 이후에도 박사의 임명이 적지 않았으나 부분적으로 법관양성소와 무관한 인물들이 포함되어 있기는 하였지만 대개 법관양성소 제1·2회 출신이었다. 특히 1906년 3월에는 제2회 졸업생 유태영柳台永과 제4회 졸업생 20인 전원이 박사에 임명되었던 것이다. 이는 제3·4회에 대한 정부의 대우가 제1·2회와는 같지 않았음을 보여준다고 하겠다.

  그런데 1906년 10월 26일자로 '법관전고규정'과 11월 6일자로 '법관전고

---

102) 『관보』 1904년 7월 30·8월 3일자 「서임급사령」.
103) 『관보』 1904년 8월 3일자·1905년 1월 16일자 「서임급사령」. 정우홍은 鄭興雨로 1904년 8월 3일자에 기재되었으나, 8월 9일자에 정우홍으로 바로 잡고 있었다.
104) 『관보』에서 김정학의 박사 임명은 못찾았으나, 『大韓帝國官員履歷書』, 859쪽에는 그가 1904년 10월 20일자로 박사에 임명되었다고 한다. 『관보』 1905년 1월 16일자 「서임급사령」에는 김정학이 의원면관된 것을 확인할 수 있다. 그리고 이한길은 『관보』 1905년 2월 1일자 「서임급사령」 참조.
105) 『관보』 1905년 1월 28·2월 1일자 「서임급사령」.
106) 『관보』 1905년 2월 1일자 「서임급사령」.

세칙'이 반포되었다.[107) 각 재판소의 전임 판사와 검사를 임용하기 위한 시험을 치룬다는 것이었다. 그 응시자격는 여러 가지가 제시되었으나, 법 관양성소에서 만 2년 이상 과정을 졸업한 경우도 포함되어 있었다. 즉 법 관양성소 졸업생들에게 우선적으로 그 자격이 주어졌던 것이다. 그 시험과 목은 행정법의 대의·민법·민사소송법·형법·형사소송법·상법의 대의·국제 법의 대의·경제학의 대의였다. 1906년 12월 5일자로 발표된 합격자는 모두 12인이었는데, 안병찬安秉瓚을 제외하면 모두 법관양성소 출신이었다.[108) 김돈희만이 제2회이고, 김종호·윤헌구·이한길·박준성·홍우기·홍면희·심 종대는 제3회, 홍순용洪淳瑢·권혁채·변영만卞榮晩은 제4회였다. 법관양성소 출신으로 우수한 인물들은 이 제도를 통하여 관직에 나아갈 수 있었던 것 이다. 또 판사·검사 이외에 주사는 법관양성소에서 2년 미만의 과정을 졸 업한 자도 응시하게 되어 있었다. 전고위원장은 법부협판이, 위원은 국장 과 일본인 참여관이 임명되었으므로, 법관양성소 출신에게 유리하기도 하 였을 것이다.

5) '을사조약' 강제체결 반대운동

이른바 을사조약이 1905년 11월 강제체결되면서, 법관양성소의 교관들 과 학생들이 이에 반대하며 휴업하고, 상소 등을 올리는 사태가 일어났다. 12월 말로 졸업시험이 예정되어 있었지만, 교관과 학생들은 을사조약의 강 제체결에 항의하는 투쟁에 참여하였던 것이다. 정명섭·조세환·고익상·김 종호·윤태영·윤광보 등 교관들은 2차례에 걸쳐 황제에게 상소하였다.[109)

---

107) 『관보』 1906년 10월 31일자 「칙령」 '법관전고규정'·11월 14일자 「부령」 '법관전 고세칙'.
108) 『관보』 1906년 12월 13일자 「휘보」 '法官銓考所試驗入格榜'.
109) 『대한매일신보』 1905년 11월 24일자 잡보 「法官養成所教官丁明燮等疏本」·11 월 26일자 잡보.

그리고 권혁채·이호정·이재영李載榮·유지묵柳志默·안택수安宅洙 등 학생 70
여 인은 법부대신에게 질품서質稟書를 올렸던 것이다.110) 소장을 제외한
교관들과 대부분의 학생들이 을사조약의 강제체결을 반대하면서, 조약을
무효화하고 매국역적을 극형에 처할 것을 요구하고 있었다.

　이러한 법관양성소 교관과 학생들의 움직임에 대하여 법부에서는 이를
규제할 조치를 강구하였다. 즉 법부에서는 12월 4일자로 법부령 제5호 '법
관양성소 동독董督에 관한 규칙'을 공포하였던 것이다. 법관양성소 소장·
교관·학도의 정치관여 금지와 동맹휴학 금지, 그리고 소장을 경유하지 않
고는 법부대신에게 청원서를 제출하지 못한다는 내용이었다.111) 이를 위
반하거나 선동이 있을 경우에는 상당한 징벌에 처한다는 부칙도 규정되었
다. 사실 법부의 이런 조치에 앞서 학부에서 11월 28일자로 학부령 제1호
로 '학부 동독에 관한 규정'을 공포한 바 있었는데,112) 법부에서는 대신에
게 청원서를 제출한 문제를 추가하고 있었다.

　또한 법부에서는 소장 김낙헌을 경질하여 법부 참서관 이면우李冕宇를
12월 11일자로 겸임소장에 임명하였고, 아울러 황제에게 두 차례에 걸쳐
상소한 교관 조세환·고익상·윤태영·김종호·윤광보·정명섭을 1개월 수업
을 하지 않았다는 이유를 들어 12월 13일자로 해임하였던 것이다.113) 정명
섭은 1903년 법관양성소의 재개소 이래 업무를 책임져온 수석교관이었으
며, 정명섭을 제외하면 모두 법관양성소 졸업생 출신이었다.

　신임 소장 이면우는 12월 13일 법부대신에게 법관양성소의 사정을 담은
보고서를 제출하였는데,

　　　… 卽進本所ㅎ와 繫聞情形ㅎ온즉 自新條約成立以後로 學員은 長

110) 『대한매일신보』 1905년 12월 3·5일자 잡보.
111) 『관보』 1905년 12월 6일자 「부령」 '法官養成所董督에 關ㅎ 規則'.
112) 『관보』 1905년 12월 4일자 「부령」 '學校董督에 關ㅎ 規程'.
113) 『관보』 1905년 12월 15일자 「서임급사령」.

書於本部ᄒ고 教官은 聯名陳疏ᄒ고 專廢教科가 幾近一朔이라가 昨
終開學ᄒ얏스나 四班七十餘名學員이 擧皆渙散ᄒ고 上學之人이 不過
數十人이오니 設有可執之義라도 廢其教務가 實非事體ᄲᆫ더러 學員之
紛議를 苟能曉飭彈壓ᄒ고 塑時招集ᄒ야 開學勸業이면 豈有渙散之理
乎잇가 目下情形이 有養成之名而無養成之實ᄒ야 將至不廢而自廢之
境이온즉 以教官論之라도 不可無責이오며 渙散諸學員은 一幷招集ᄒ
야 俾卽上學이오되 如有不從令不現身者면 依章程黜學ᄒ야 懲前杜後
ᄒ엿깃습기 玆에 報告ᄒ오니 査照裁處ᄒ심을 爲望[114]

이라고 하였다. 즉 휴업상황을 보고하면서, 학생들을 소집하여 수업을 강
행하고, 이에 불응하는 경우에는 퇴학조치할 것을 건의하고 있었다. 을사
조약의 강제체결에 반대하는 질품서를 법부대신에게 올린 학생들이 70여
인이었다는 것은 학생 대부분이 참여하였다는 사실을 알려준다. 『대한매
일신보』 1905년 12월 3일자 잡보에 주도자로 명기된 권혁채·이호정·이재
영·유지묵·안택수 가운데 졸업한 경우는 권혁채와 이재영 2인이었다. 이
두 사람은 졸업시험에 응시하였던 것이다. 70여인 가운데 35%에 불과한
25인만이 졸업시험에 응시하였으며, 그 가운데 5인은 평균 50점을 얻지 못
하여 졸업하지 못하였다. 더욱이 이 일로 적지 않은 학생들이 타교로 옮기
거나 다른 관청 시험에 응시하는 등 수업이 이루어지지 않자, 법부대신은
각부 대신에게 재학생의 명단을 보내 이들을 법관양성소로 돌려보내 달라
는 공문까지 보낸 바 있었다.[115]

4. 일제의 법관양성소 장악: 1906~1909

을사조약의 강제체결 이후 1906년 통감부가 설치되어 일제의 내정간섭

---

114) 『公文接受』「報告書 第九號」(1905.12.13).
115) 『서울法大百年史資料集』, 135쪽.

이 본격화되었다. 일제는 일본인을 한국정부의 관리로 임용하고, 또 일본
유학생 출신 등 친일세력을 등용하여 각 기관을 장악하고자 하였다. 법관
양성소 역시 그러한 과정을 거쳤으며, 결국 1909년 법부가 폐지되면서 법
학교로 개편되기에 이르렀다.

1) 교관

을사조약 반대운동에 법관양성소의 교관과 학생들이 적극 동조한 책임
을 물어 법부에서는 소장과 교관을 경질하였다. 법부 참서관 이면우가 소
장으로 겸임발령된 뒤, 유문환劉文煥·석진형石鎭衡·유동작柳東作·윤헌구尹憲
求·나진羅瑨·홍재기洪在祺가 새로 교관에 임명되었다.[116] 그런데 소장을 포
함하여 이들의 대부분은 일본에 유학하여 법률학을 전공한 인물들이었다.
관립일어학교 출신인 이면우는 1895년 관비유학생으로 일본에 파견되어
게이오의숙을 거쳐 도쿄법학원(中央大學)에서 법률학을 전공하였다.[117] 유
문환은 이면우의 게이오의숙·법학원의 동기였고, 석진형은 일본 와부쓰법
률학교和佛法律學校(法政大學)를, 유동작과 나진은 메이지대학(明治大學)을, 그
리고 홍재기는 도쿄법학원을 졸업하였다.[118] 윤헌구만이 법관양성소의 졸
업생(3회)이었다. 외형적으로는 법학을 전공한 전문가들이 교관으로 포진하
여, 교관의 질이 크게 상승된 셈이었다. 이후에도 교관이나 겸임교관에 임
명된 인물들의 대부분은 일본 유학생 출신이었다. 김상연金祥演(東京專門學
校 정치과 ; 早稻田大學)·최진崔鎭(關西大學 법률학과)·장도張燾(도쿄법학원) 등이 그
들이었고,[119] 따라서 법학교육은 일본의 법학교육을 거의 그대로 답습하

---

116) 『관보』1905년 12월 15·16일자 「서임급사령」.
117) 『대한제국관원이력서』, 481쪽.
118) 『대한제국관원이력서』, 444쪽(석진형)·642쪽(유문환)·648쪽(유동작)·908쪽(홍재
    기)·926쪽(나진).
119) 『관보』1906년 6월 13·8월 28·10월 26일자 「서임급사령」.

였을 것이다.

1906년 6월 13일자로 겸임법관양성소장에 법부협판 민형식閔衡植이 임명되고,[120] 이면우는 6월 19일자로 겸임교관에 발령되었다.[121] 그러나 6월 30일자로 법부 형사국장으로 재임 중이던 김낙헌이 다시 겸임소장으로 임명되었다.[122]

1907년 12월에 칙령 제53호로 반포된 '법관양성소관제'는 그 직원으로 칙임 또는 주임으로 소장 1인을 비롯하여, 교수 3인(주임)·간사 1인(주임)·조교수 3인(주임 혹 판임)·번역관 2인(주임)·주사 2인(판임)·번역관보(판임)를 두게 되어 있었고, 이들은 모두 전임관이었다.[123] 번역관의 존재는 일본인 교관의 임용을 전제로 한 조치였다. 이에 따라 12월 27일자로 아키야마 유키에秋山幸衞가 조교수에 발령되고,[124] 이어 1908년 1월 1일자로 소장에 법부 참여관으로 있던 노자와 다케시노스케野澤武之助가, 간사에 이와마 마코토巖間亮가 임명되었다. 번역관으로는 김돈명金敦明이, 그리고 유문환과 석진형이 각각 교수와 조교수로 서임되고 있었다.[125] 또 2월 6일자로 아오키 고스케靑木好祐가 주사에,[126] 3월 18일자로 조 츠라츠네長連恒이 교수로 임용되어,[127] 점차 일본인에 의한 법관양성소의 장악이 이루어지고 있었던 것이다.

2) 교육과 학생

을사조약 강제체결 반대운동으로 인한 교관의 경질과 학생의 퇴학조치

---

120) 『관보』 1906년 6월 21일자 「서임급사령」.
121) 『관보』 1906년 6월 25일자 「서임급사령」.
122) 『관보』 1906년 6월 30일자 「서임급사령」.
123) 『관보』 1907년 12월 10일자 「칙령」, '법관양성소관제'.
124) 『관보』 1908년 1월 11일자 「서임급사령」.
125) 『관보』 1908년 1월 14일자 「서임급사령」.
126) 『관보』 1908년 2월 20일자 「서임급사령」.
127) 『관보』 1908년 4월 6일자 「서임급사령」.

가 있었지만, 법관양성소에서는 신입생을 예정대로 모집하였다. 즉 제5회 입학생을 1906년 1월 5일 국한문 독서와 작문·산술·내국역사와 내국지지의 문대問對라는 입학시험을 통하여 선발하고, 1월 9일 개학하였던 것이다.[128] 1906년에도 같은 과정으로 신입생을 선발하였다.[129] 사범학교·중학교·외국어학교 졸업생은 시험이 면제되었다. 수업연한은 1906년 3월에 3년제를 폐지하고 2년제로 개정하였다가,[130] 1908년 1월에는 다시 3년제로 환원하며 재학생은 구규칙을 적용한다고 규정하였다.[131] 따라서 제5·6회는 모두 2년 만에 졸업하게 되었다.

입학자격은 1908년 3월에 고시된 학칙에 17세 이상 35세 이하 남자로, 관립일어학교나 관립고등학교를 졸업하였거나 동등 이상의 학력소지자이고, 품행이 방정하며 신체가 장건한 자로 개정되었다.[132] 1908년부터는 법관양성소에 교육기한이 1년인 예과를 별도로 설치하였는데, 17세 이상 23세 이하의 남자를 대상으로 하였다. 예과는 독서(한문·국한문)·작문(국한문)으로 전형하여 100인을 선발할 예정이었다.[133] 즉 관립고등학교 졸업 등의 학력을 소지하지 못한 경우에는 1년의 예과를 거쳐 본과로 진입할 수 있게 만들었다. 이로 미루어 1908년 이후 법관양성소는 고등학교보다 상위의 고등교육기관으로 확고히 자리 잡아가고 있었다는 사실을 알 수 있다. 동시에 '품행 방정'이 입학조건으로 강조된 것은 일본의 통치에 적대적인 학생의 입학을 막기 위한 예비조치였을 것이다.

1906년 3월 30일자 법부령 제1호 '법관양성소규칙'에 명기된 교과는 1904년보다 더 증가하였다. 즉 교수과목은 형법대전·명률明律·무원록·법학통론·헌법·형법·민법·형법·상법·형사소송법·민사소송법·행정학·국제법·경

---

128) 『관보』 1906년 1월 4일자 「광고」.
129) 『관보』 1906년 12월 13일자 「광고」.
130) 『관보』 1906년 4월 4일자 「부령」 '법관양성소규칙'.
131) 『관보』 1908년 1월 25일자 「부령」 '法官養成所令'.
132) 『관보』 1908년 3월 24일자 「告示」 '法官養成所學則'.
133) 『관보』 1908년 4월 11일자 「고시」 '法官養成所學則中改正件'.

제학·재정학·외국어였다.[134] 1905년 4월에 제정된 『형법대전刑法大全』을 교수하면서 현행법률은 없어지고, 전통적으로 사용해 오던 『대명률』과 『무원록』을 추가시켰다. 이미 이들 과목은 1903년 이래 교수되어 오고 있었다. 그리고 경제학과 재정학도 포함되었으며, 외국어도 교수되었다. 외국어란 일본어를 지칭하는 것이었다.[135] 이것은 수업연한의 확대와 교관의 증가와도 관련이 되지만, 그만큼 법학교육의 질이 향상되었음을 의미한다. 그렇지만 1903년 이래 지속되어 온 프랑스 법률 위주의 서양 법학교육은 중지되지 않을 수 없었다. 일본 유학생 출신의 교관들은 당연히 일본 법률 체계를 기본으로 한 교육을 진행하였을 것이다. 그리고 1908년 3월에 고시된 학칙에는 법학통론·민법·민사소송법·형법·형사소송법·상법·국법학國法學·행정법·국제공법·국제사법·명률·이재학·실무연습·일본어·한문·수학·부기·체조가 교수과목으로 규정되어, 과목의 수는 더욱 증가하였다.[136] 뿐만 아니라 예과에서는 법학통론·논리학·역사·지리·수학·일본어·체조를 교수하고 있었다.[137] 이러한 교과목의 확대는 일본 법과대학의 교육과정을 모범으로 하여, 점차 법학교육이 실무적인 차원에 국한되거나 단순한 법률교육에 그치지 않고, 국내 최고의 고등교육기관으로 위치를 기대하였던 것으로 이해된다.

　　그러나 이러한 법학교육은 전통적 법체계에 대한 불신과 이해 부족의 상태에서 이루어졌다는 문제가 있었다고 보인다. 일시 『대명률』이나 『무원록』을 교육하기도 하였으나, 법관양성소의 교과목과 법학교육은 일본에 의하여 선별되고 굴절된 서구의 근대법체제를 무비판적으로 이식시키는 일이었다. 전통적 법체계가 현실적으로 유지되고 있는 상황에서, 근대 또는

---

134) 『관보』 1906년 4월 4일자 「부령」 '법관양성소규칙.
135) 이미 1905년 8월 29일자로 법부대신은 법관양성소장에게 일본어를 학과에 증설하라고 지령한 바 있었다. 『서울法大百年史資料集』, 133쪽.
136) 『관보』 1908년 3월 24일자 「고시」 '법관양성소학칙'.
137) 『관보』 1908년 4월 11일자 「고시」 '법관양성소학칙중 개정건'.

문명이라는 미명으로 근대법체계를 무조건 수용한 것이 아닌가 생각된다.

1907년 12월 25일에 결정된 제5회 졸업생은 우등 5인 급제 17인으로 모두 22인이었다.[138]

李基燦　李弼殷　金基賢　韓相羲　金應燮　安肯洙　李敬儀　李根國
南廷圭　金元培　閔衡基　趙良元　鄭㼒朝　林正圭　柳海昌　南春熙
宋柱學　趙台煥　權泰亨　金鍾協　李鍾淵　洪鍾國

이들의 이력서는 8인이 남아 있는데, 평균 1882년생으로 입학 당시 23·4세였다. 이들은 대개 1905년 12월 25일부터 1907년 12월 25일까지 법관양성소에 재학하였으므로 그 기간은 2년이었고, 졸업과 동시에 법관양성소 박사에 임명되었다가,[139] 1908년 3월 6일자로 '성법학사成法學士'의 학위를 받았다.[140] 이는 1908년 1월 1일자로 법관양성소 박사는 폐지되고,[141] 이미 1906년 3월 30일자로 개정된 '법관양성소규칙' 제12조에 따라 '성법학사'의 학위가 수여되었던 것이다. 연령으로 미루어 전통학문을 수학하고 별다른 교육이나 관직의 경험 없이 법관양성소에 진학하였으리라 짐작된다.

법관양성소의 명의로 마지막 졸업생이 되는 제6회는 1908년 12월 27일에 졸업하였는데, 54인이었다.[142]

李豊求　金淇正　盧興鉉　李煥奎　金思漢　金大經　李愚正　李祖遠

---

138)『관보』 1908년 1월 4일자「휘보」 '法官養成所第五回卒業試驗榜'.
139)『관보』 1908년 1월 4일자「서임급사령」.
140)『관보』 1908년 3월 17일자「휘보」 '學事'.
141)『대한제국관원이력서』, 145쪽(金應燮)·896쪽(趙良元)을 보면 1907년 12월 26일 법관양성소 박사에 임명된 뒤, 1908년 1월 1일조에 "作散 法官養成所官制改正時"라 하였다.
142)『관보』 1909년 2월 10일자「광고」 '法官養成所第六回卒業生廣告'.

李敦性　沈相直　盧載昇　李漢麟　申錫定　金亨淑　金瓚泳　文澤圭
李奭鎬　張錫驥　姜世馨　柳定烈　李春爕　安承馥　洪淳哲　金炳種
李中璜　柳國鉉　曹德承　洪明厚　洪淳項　吳熙鏞　李圭南　宋泰用
鄭志衍　權寧普　黃芑周　金鍾憓　朴容九　趙建鎬　金珏善　蘇東植
吉昇淵　安鍾洵　金鳳欽　卜榮鎬　柳根穆　趙載璿　兪爰溙　金永旭
朴容瑾　趙鍾哲　柳志衡　權轍相　安晩洙　趙世熙

법관양성소 졸업생 가운데 가장 많은 인원을 배출한 제6회도 2년의 과
정을 마쳤으나, 이들의 이력서는 확인이 되지 않는다. 그러나 제5회와 크
게 다르지는 않았을 것이다. 그런데 이들은 1908년 7월 23일자로 공포된
'문관임용령'에 의하여,[143] 판임관에 임용될 수 있었다.[144] 실제로 이들은
1909년 2월을 전후하여 재판소 서기로 판임관 3등 또는 4등에 임용되고 있
었다.[145]

그러나 이미 제5·6회 졸업생들이 교육받던 시기는 일제의 국권침탈이
본격화되어 통감부가 이른바 '차관정치'를 자행하고 있었다. 법관양성소의
교관들 역시 일본유학생 출신으로 충원되어, 일본식 법학교육이 이루어졌
다. 따라서 이들은 일본식 법학교육을 받았을 뿐 아니라, 일본의 지배하에
놓여 가는 정치적 현실에서 더욱 자유로울 수 없었다. 일제의 실질적인 통
치하에 한국인 사법관의 한계는 쉽게 짐작되는 일이었기 때문이다. 또 그
러한 상황에서 법관양성소를 졸업하였다는 것은 일제의 통치를 인정하고
관리등용을 전제로 한 일이었다고 생각된다. 특히 1909년 4월에는 '법관임
용령'과 '법관전형규칙'·'사법시험규칙'이 공포되어,[146] 법관양성소의 졸

---

143) 『관보』 1908년 7월 27일자 「칙령」, '문관임용령'.
144) 『관보』 1908년 12월 11일자 「고시」에 의하여 법관양성소는 판임관 임용이 가능
　　한 학교로 인정을 받았던 것이다. 다만 그 효력은 1906년 이전의 졸업생들에게는
　　소급되지 않는다는 단서조항이 있었다.
145) 『관보』 1909년 2월 1·3·5·7·11·17일자 「서임급사령」 참조.
146) 『관보』 1909년 4월 10일자 「칙령」, '법관임용령'·4월 26일자 「부령」, '법관전형규
　　칙'·'사법시험규칙'.

업자는 법관전형위원의 전형을 거쳐 판사·검사에 임용될 수 있었다. 이미 일제의 사법권 장악이 이루어지던 상황이었으므로, 사법관의 임용은 그들의 의사에 따라 움직이고 있었던 것이다. 제5회와 제6회 졸업생의 경우에는 그러한 일제의 정책과 관련하여 하위 관직에 쉽게 임용되었던 것 같다. 이들이 1910년 8월 '한일합병' 이후에 재판소의 판사나 서기로 근무하는 비율이 45%와 60%에 이르고 있었다.147)

3) 법학교로의 개편

일제는 한국의 식민지화를 획책하면서 국권을 침탈해 갔는데, 1909년 7월 12일에는 '사법 급 감옥사무개선'이라는 명목으로 사법권과 감옥사무를 한국정부에게서 위양委讓받는 형태로 장악하고, 11월 1일에 이르러 법부를 폐지하였다. 법관양성소는 이에 따라 소관이 학부로 옮겨지고, 명칭도 법학교로 바뀌었다.

즉 1909년 10월 28일자 칙령 제84호로 반포된 '법학교관제'는 그간의 법관양성소의 운영을 그대로 유지하는 것이었는데, "학부대신의 관리에 속ᄒᆞ야 법관될만ᄒᆞ 자를 양성"하는 것을 목적으로 하고 있었다. 직원으로 교장 1인·교수 3인·조교수 8인·학원감 1인·서기 2인을 설치하였고, 학원감은 조교수가 겸직하게 하였다.148) 법학교에는 3년의 본과와 1년의 예과를 설치하였으며, 인원은 본과 150명 예과 약 100명으로 규정하였다. 3학기제를 채택하였으며, 입학자격은 신체건전·품행방정한 자로 연령은 본과 18~35세, 예과 17~23세로 정하였다. 학력은 본과가 관립고등학교나 관립외

---

147) 安龍植, 『韓國行政史研究』 1·2(大永文化社, 1993·1994)에 따르면 제6회의 경우 전체 졸업생 54인 가운데 60%가 넘는 34인이 주로 일제의 사법관리로 재임 중이었음이 확인된다. 연령의 문제가 고려되어야겠지만 1910년 이후 사법관리로 재임 중인 숫자는 제1회 47인 중 11인(23%), 제2회 38인 중 7인(18%), 제3회 25인 중 11인(44%), 제4회 20인 중 5인(25%)이었다.
148) 『관보』 1909년 10월 29일자 「칙령」, '법학교관제'.

국어학교 졸업자 또는 동등이상 학력자로, 예과의 경우에는 국한문·일어·지리·역사 시험에 합격한 자로 하였다. 교과목도 법관양성소의 규정과 다르지 않았다. 그리고 졸업생은 '성법진사成法進士'의 칭호를 받게 되었다.[149]

그러나 사법권이 일본에 침탈 당한 상황에서 법관양성소에 재학하던 학생들은 크게 동요하고 반발하였다. 비록 일제의 한국통치에 적극적인 저항은 하지 못하고 있던 이들이었지만, 사법권마저 일본에 침탈 당하자 즉각적인 반응으로 학교를 자퇴하고자 하는 경우가 많았던 것 같다. 『대한매일신보』는 1909년 7월 27일자의 「법학생에게 고홈」이라는 논설에서, "사법권 위임의 조약이 체결된 이래에 각급 법학생이 대단 격앙ᄒ야 퇴학코ᄌᄒᄂ 자ㅣ 다多ᄒ다……법부폐지ᄂ 일시 사법권을 잠멸暫滅홈이나 제군 퇴학은 장래 사법권을 영멸永滅홈이니"라고 하여, 법학생들이 오히려 법학연구에 매진하고 자퇴는 불가하다고 강조한 바 있었다. 그러나 법관양성소를 비롯한 여러 법학교의 생도들은 9월 개학이 되어도 등교를 하지 않고 있었다. 이에 따라 『대한매일신보』는 9월 4일자에 「여법학생제군與法學生諸君」을, 『황성신문』은 9월 5일자에 「간고법학생제군懇告法學生諸君」을 논설로 실었다. 이 논설은 일제에 사법권을 위임한 상황일수록 더욱 법학연구에 매진하여 문명제도를 이용하고 새 국가를 건설해야 한다고, 분개하고 낙심하며 자포자기하는 법학생들을 권면하고 있었다. 그러나 법관양성소가 법학교로 개편된 1910년 신학기가 되어서도 이러한 분위기는 수그러지지 않았다. 즉 각급 학교의 입학시험이 계속되는데, 법학교의 지원자는 크게 감소하였던 것이다. 『황성신문』이 1910년 3월 17일자 논설 「인무원식人無遠識이면 불가이치원不可以治遠」에서 법학연구의 필요성을 강조하였던 것도 그러한 이유에서였다.

아무튼 법학교로 개칭된 1909년 11월 1일자로 법관양성소의 직원은 법학교의 직원으로 발령이 났다. 교장 노자와 다케시노스케, 교수 조 츠라츠네·

---

149) 『서울法大百年史資料集』, 151쪽.

석진형, 조교수 이와마 마코토·김돈명·양대경梁大卿·아키야마 유키에·오카
다 가쓰토시岡田勝利, 서기 아오키 고스케·임성호任性鎬의 구성이었다.150)
이 법학교는 1911년 3월 29명의 졸업생을 내고서, 11월 1일자로 다른 고등
교육기관인 성균관·관립한성사범학교·관립한성외국어학교와 함께 폐지되
었다. 그 대신 조선총독부에서는 조선인 남자에게 법률과 경제를 교수하는
경성전수학교京城專修學校를 칙령으로 설치하였다.151)

5. 맺는말

갑오경장 이후 한말까지 유지되었던 법관양성소에 대하여 살펴보았다.
그 논의된 내용을 정리하여 결론에 대신하고자 한다.

법관양성소는 근대사법제도의 수용과 관련하여 속성으로 사법관을 양
성하기 위하여 1895년 4월에 설립되었다. 여기에는 중인으로 율학교관을
역임한 피상범이 소장으로 겸임되었고, 일본인 교사들이 고빙되어 강의를
맡았다. 1895년 4월과 6월에 제1·2회 입학생을 선발하여 6개월간 교육하여
졸업시켰으나, 정국의 영향으로 더 이상의 학생을 선발하지 못하고 1896년
4월경 폐쇄되었다. 법관양성소는 운영되지는 않으나 법적 기관으로는
유지되었고, 1901년부터는 법률고문 크레마지에 의하여 법어학교 출신 일
부가 법학교육을 받기도 하였다.

법관양성소가 재개소된 것은 이른바 '광무개혁'의 전개과정과 관련된
것으로 짐작되며, 1903년 초 관제가 정비되고 소장이 임명되었으며 학생도
선발되었다. 제3·4회 입학생은 1년 6개월을 교육받았고, 1906년 이후의 제
5·6회는 2년을 교육받았다. 교관은 1904·5년경에 법관양성소 졸업생들을
배치하다가, 을사조약 강제체결 이후에는 일본 대학졸업생들을 주로 임용

---

150) 『관보』 1909년 11월 3·10일자 「서임급사령」.
151) 『朝鮮總督府官報』 1911년 10월 16일자 「칙령」, '京城專修學校官制'.

하였다. 1908년 이후에는 일본인 교관들이 증가하였다.

　정부의 법관양성소에 대한 교육방침 및 임용계획은 일관되지 못하였다. 수학 연한이 여러 차례 개정되었으며, 졸업생에 대한 관직 임용도 박사제도를 통하여 임시로 처리하였다. 교육은 1895·6년도에는 일본식으로 운영되었고, 1903년부터 1905년까지는 프랑스 법률이 교수되면서도 전통적인 법률과목이 중시되었다. 1906년 이후에는 대체로 일본 법과대학을 기준으로 삼아, 점차 법학교육에 그치지 않고 국내 최고의 고등교육기관으로 운영하고자 하였던 것 같다. 따라서 법학교육은 일본을 통한 서구 근대법학의 이식 양상을 보이며, 점차 전통법에 대해서는 관심을 보이지 않는 양상이었다.

　법관양성소의 학생들은 대체로 전통적인 지배층 출신이 아니라, 신분·지역·출신 등에 있어 '주변인'들이었다고 생각된다. 이들은 신학문을 이수하여 관직에 진출하고자 하였으며, 대다수는 일제의 국권침탈에 저항하기보다 현실에 적응하면서 관직에 나아가는 데 급급하지 않았나 짐작된다. 물론 이들 가운데 일부는 을사조약의 강제체결에 반대하는 단체행동을 보였고, 일제에게 사법권을 침탈당하자 자퇴를 불사하기도 하였다. 그러나 제대로 파악하지는 못하였지만, 이들 가운데에서 이준(제1회)·함태영(제1회)이나 홍면희(洪震, 제3회)·변영만(제4회)과 같은 민족운동가도 배출되었던 사실을 기억해야 할 것이다.

　그러나 졸업생의 상당수는 일제 사법기관 등의 중·하급관리로 식민지 지배에 직접 관여하였다.[152] 이러한 논의는 보다 많은 자료, 특히 국권피탈 이후 이력을 더 보완하고 검토의 기회를 가져야 가능할 것이다. 이와 함께 갑오경장 이후 중·하급관리로 진출하기 위하여 신교육을 이수하는

---

152) 安龍植, 『韓國行政史硏究』 1·2 등에 따르면 법관양성소 전체 졸업생 206명 가운데 병합 이후에도 관직에 있은 경우가 79명으로 약 34%에 달한다. 전체 졸업생의 1/3이 1910~1920년대에 일제의 중·하급관리직을 유지하였다는 통계는, 사망과 전직 등을 고려한다면 1/3 이상의 수치를 의미한다고 보아도 좋을 것이다.

계층에 대한 보다 천착된 연구의 필요성을 느끼게 된다. 아마도 성균관을 제외한다면, 의학교나 외국어학교 등 관립 고등교육기관이나 기타 사립 고등교육기관 모두 전통보다는 근대문명의 교육과 수용에 관심을 가졌기 때문에, 실력양성론이나 문명개화론에 몰입되었을 가능성이 크다. 교육기관의 사례를 검토하는 것도 그러한 점을 밝힐 수 있다고 믿기 때문이다. *

---

* 법관양성소 전반을 검토한 김효전, 『법관양성소와 근대 한국』(소명출판, 2014)이 간행되어 크게 참고할 수 있다.

한말 '국민'과 '민족'에 대한 인식

1. 머리말

한말에 널리 사용된 용어 가운데 가장 두드러진 것이 '국민'과 '민족'이었다. 두 용어는 영어의 'nation'을 번역한 것으로 대개 구별 없이 사용되었지만, 꼭 그렇지만은 않았다. 1890년대 전후에는 국민이, 1900년대에 이르러 국민과 민족이 함께 사용되었다. 두 용어는 일본과 중국을 통하여 수용되었으므로 그 개념이 다르게 사용되지는 않았으나, 한국의 정치현실과 관련되어 그 의미가 정착될 수밖에 없었다. 국민은 국가와의 관련에서 정치적 관념으로, 민족은 종족적인 관점에서 문화공동체인 관념으로 사용되었을 것이다. 따라서 국권을 상실한 1910년 이후에는 민족이라는 용어의 사용이 빈번할 수밖에 없었다. 물론 이들 용어와 함께 '백성'·'동포'·'인민'·'신민臣民' 등도 함께 사용되었지만, 점차 그 의미가 구별되면서 국민과 민족으로 정착되고 있었다.

이 글에서는 한말에 있어 국민과 민족을 어떻게 인식하고 있었는가 하는 문제를 다루고자 한다. 이미 이에 관한 개별의 연구도 없지 않지만,[1] 두 경우를 함께 살피는 작업도 필요하다고 생각된다. 나아가 한말 정치현

---

1) '국민'에 관해서는 김동택, 「近代 國民과 國家 槪念의 수용에 관한 硏究」, 『大東文化硏究』 41, 2002와 「『국민수지』를 통해 본 근대 '국민'」, 『근대계몽기 지식개념의 수용과 그 변용』(소명출판, 2004)가, '민족'에 관해서는 백동현, 「러·일전쟁 전후 '民族' 용어의 등장과 민족인식」, 『韓國史學報』 10, 2001과 박찬승, 「민족주의의 시대를 넘어서」, 『민족주의의 시대』(景仁文化社, 2007) 등이 있다.

실과 접목시키는 작업을 진행시킬 수 있다면, 이 시기를 이해하는 하나의
기준으로 삼을 수도 있지 않을까 짐작해 본다.

2. '국민'과 '민족'

1) 국민

국민이라는 용어가 사용되기 이전, 전통사회에서는 백성이나 국인國人이
라는 용어가 주로 사용되었다. 백성이나 국인은 국가의 구성원으로 주권자
라는 근대적 의미는 전혀 없고 군왕의 '적자赤子'라는 뜻이었다.

아마도 국민이라는 용어가 자주 사용되는 것은 갑오경장 이후였던 것
같다. 그 단적인 예가 학부 편집국에서 1895년 편찬한 『국민소학독본國民
小學讀本』이라는 교과서는 일본의 영향이 짙게 드러나는 것이었지만, 제목
으로 '국민'이라는 용어를 달고 있었다. 그러나 실제 이 교과서에는 국민이
라는 용어가 나타나지 않았다. 이와 관련하여 한성사범학교 교육에서 "존
왕애국의 지기志氣에 부富흠은 교원자의 중요흔 빅라 고로 학원으로 흐야
곰 평소에 충효의 대의에 명明흐며 국민의 지조를 진기振起흠을 요要흠"이
라 하여, 교사들이 존왕애국의 차원에서 충효와 지조를 북돋아야 한다는
지적은 국민에 대한 이해가 주권자로서가 아니라 충성의 주체를 의미하는
것이었다.[2] 그러한 점은 국민과는 다른 용어이지만 1895년 2월 국왕이 내
린 '교육조칙'에서 '신민'을 사용하고 있는 점에서도 확인할 수 있다.[3] 이
역시 일본의 '교육칙어'의 영향 아래 만들어졌지만, 군주와 신민의 구별로
신민 또한 충성의 주체였던 것이다.

유길준兪吉濬이 1895년에 간행한 『서유견문西遊見聞』에서는 '인민'이라는
용어를 사용하고 있었다. 그가 '인민의 권리'라는 절을 별도로 마련하여 설

---

2) 『관보』 1895년 7월 24일자 「部令」 '漢城師範學校規則'.
3) 『관보』 1895년 2월 2일자 「詔勅」.

명하고 있는데, 이는 정치적인 함의를 담은 국민과 같은 맥락에서 사용한 것으로 보인다. 그리고 그가 1896년 일본에 망명한 뒤 번역한 『정치학』에서는 '국민'을 쓰고 있었다.4) 일본 유학생들이 1896년 11월부터 1897년 4월까지 6차례 간행한 『친목회회보親睦會會報』에는 국민이 자주 등장하였다. 제목만 훑어봐도 제2호에 「국민의 희노」(신해영), 제3호에 「국민적 대문제」·「국민의 의무」(유창희)·「국민지원기소마방금대우환國民之元氣消磨方今大憂患」(김용제), 제4호에 「국민의 신용」(김용제), 제5호에 「교육에 대ᄒ야 국민의 애국상상」(원응상)·「애국심이 유ᄒᆫ 후 국민」(김성은) 등이 보인다. 특히 제1호에 수록된 임병구의 「분발론」에서는

　　… 富强之道 無他其要 先在敎育國民也 養成我國民 勇武之精神 鼓動我國民 忠愛之性質 鞏固王室基礎 …

라고 국민이라는 용어를 자주 사용하고 있었다. 『친목회회보』의 필자들 가운데에도 대개는 국민을 백성과 같은 뜻으로 쓰면서, 인민과 신민을 병행하였다.5) 국민의 사용빈도가 증가하면서도 기준을 가지고 특별히 분별해서 사용한 것은 아니었다.

　1896년에 창간되어 1899년까지 발간된 『독립신문』에는 국민이 많이 사용되지 않고 '백성'과 '인민'이 훨씬 자주 사용되었다.6) 이들 용어가 여전히 구별되어 사용되지 못하면서도, 적어도 국민이라는 용어가 백성과 인민보다 생경하였다는 의미로 해석할 수 있겠다. 아무튼 국민이라는 용어가 사용되면서 독립협회의 혁파를 기도하던 홍종우까지 국민회라는 명칭의 조직을 준비한 바 있었다.7) 이 경우의 국민회는 백민회와 만민회의 연결

---

4)　兪吉濬, 『政治學』(1896?), 『兪吉濬全書』 IV(一潮閣, 1971) 참조.
5)　金鎔濟, 「國民의 信用」, 『친목회회보』 4, 1897. 3 ; 元應常, 「敎育에 對ᄒ야 國民의 愛國想像」, 『친목회회보』 5, 1897. 9.
6)　김동택, 「『국민수지』를 통해 본 근대 '국민'」, 197쪽.

선상에서 논의되었다. 사실 독립협회와 『독립신문』은 민권운동을 전개하였고 의회설립도 내세웠지만, 주권자로서의 국민에 대한 논의는 미약하였을 뿐 아니라 제한적이었다. 『독립신문』에서 '내외 국민'을 가끔 언급한 것으로 미루어,8) 국민이 국적과 관련되어 사용되었다는 사실은 확인할 수 있다. 물론 '조선 인민'과 '외국 인민'으로 구별하는 경우도 자주 보인다.9) 따라서 국민과 인민의 구별을 지적하기는 쉽지 않다. 그러나 국민과 인민보다는 여전히 백성이라는 용어의 사용에 익숙하였다.

> … 우리들은 모도 대한 빅셩이요 우리들은 모도 황상의 젹ᄌ라 … 정부에서 우리 빅셩들을 불샹히 넉여 구대ᄒ여 주기는 고샤ᄒ고 도로혀 우리 빅셩들을 원슈ᄀ치 미워ᄒ야 … 우리 빅셩들은 다만 정부와 군인들믄 밋고 싱명직산을 보호밧아 사는 터에 … 우리 빅셩들은 밋을 곳도 업고 살 싸도 업다고들 ᄒ다더라10)

즉 『독립신문』도 '우리 백성'이라는 표현이 국민이라는 용어에 비해 자연스럽게 여겨졌던 것으로 생각된다.

국민과 인민, 그리고 백성이 같은 의미로도 사용되었지만, 꼭 그런 것은 아니었다. 『황성신문皇城新聞』 1900년 1월 19일자의 논설 「국민의 평등권리」와 같이, "국가의 국민 치평治平하는 의무는 국민의 권리를 균일히 보호ᄒ는데 재在홀 것이오 국민의 국권 복종ᄒ는 의무는 국가의 보호를 평등히 균수均受ᄒ는데 재홀지니"라고, 국민의 자격과 의무·권리를 논의한 경우가 없지 않았다. 또 정부를 유기체로 보고 국민 속에 정부와 인민을 포함시키기도 하였다.

---

7) 『독립신문』 1898년 12월 14일자 잡보 「국민회 쇼문」.
8) 『독립신문』 1896년 8월 15일자 잡보, 1897년 1월 5일자.
9) 예컨대 『독립신문』 1896년 4월 9일자 논설.
10) 『독립신문』 1898년 12월 16일자 잡보 「민졍 불울」.

> … 以爲國家之安危存亡이 只係政府人責任이오 了不關於人民이라
> ᄒ니 甚矣其蒙陋之極也여 政府ᄂ 其別人乎哉며 人民은 豈別種也哉
> 아 政府人民이 均是上帝慈乳的一般國民也어늘 特由來弊習이 有以拘
> 之也다 …11)

즉 대개의 경우 국민과 인민을 구별하지 않고 혼용하였지만, 국민과 인
민이 동일하게만 사용되지 않았음을 알 수 있다. 경우에 따라서는 국민은
분리되지 않는 한 단위로 쓰면서, 인민은 '상하인민'이라는 표현으로 미루
어 전통적인 백성의 의미를 더 지니는 것으로 이해한 것이 아닌가 한다.12)

그렇다면 1900년대를 전후하여 국민이라는 용어는 형체는 드러나지 않
지만, 부분적으로 인민이나 백성에 비하여 국가 또는 국적과 관련된 개념
으로 사용되는 경우가 찾아진다. 따라서 일부에서 인민·국민이라는 용어
가 주권자로서의 개념까지 이르는 경우가 없지 않았으나, 대체로 여전히
백성과 다르지 않은 의미로 병용되고 있었던 것이 일반적인 상황이었다.
1905년 전후의 사정도 비슷하였으리라 짐작된다. 바꾸어 말하면 그러면서
도 국민은 점차 백성보다는 정치적 함의를 포함한 진일보한 의미로 사용
되기 시작하였다는 지적은 가능할 것으로 생각된다. 그리고 그 용례도 증
가하고 있었다.

1905년 전후 국가와 관련된 계몽적인 용어와 개념이 자주 소개되었다.
러일전쟁 발발 이후 일제의 국권침탈이 본격화되어가는 과정에서 국가의
총체적인 위기를 극복하는 방안의 하나로 국가와 관련된 학문들, 예컨대
국가학·정치학·헌법학·국제법 등의 중요성이 부각되었기 때문일 것이다.
동시에 일본에서 정치학이나 법학을 수학한 유학생들이 증가하고, 보성전
문학교나 휘문의숙과 같은 고등 정도의 교육기관의 설치되어 이 방면에
대한 관심이 크게 확대되었다. 이러한 상황에서 국가의 구성요소를 토지(영

---

11) 『황성신문』 1902년 4월 4일자 논설 「政府亦國民」.
12) 「論民」, 『大朝鮮獨立協會會報』 14, 1897. 6, 7쪽.

토)·인민(국민·신민)·주권(국권·통치권·군주·권력·법률·정치·정치조직 등)으로 소개하며 인민·국민·신민을 동일하게 사용하고 있었다.[13] 특히 인민과 국민은 혼용되었는데,[14] 이러한 경우에는 백성과 같은 의미는 벗어나 있었다. 그러나 일반적으로는 여전히 국민·인민이 혼용되었고, 국민보다도 인민이 훨씬 더 많이 쓰이고 있었다.[15] 바꾸어 말하면 이 시기에 국민의 의무와 권리 등이 논의되기는 하였지만, 그것들마저 실재적인 주권자로서의 개념보다 관념적으로 사용되었다는 것이다. 국민의 자격을 국적이 같고 동일주권 하에 있는 경우로 이해한 것에서도 짐작되는 일이다.[16] 더욱이 국가의 총체적인 위기는 국권론적인 관점을 강화시켰고, 따라서 자유·평등·개인·인권 등의 민권은 무시되어 논의되기가 쉽지 않았으며, 국민도 관념적인 존재로 상정되어 제도화 작업이 등한히 되었다. 국민은 관념적인 권리에 실재적인 의무를 지닌 존재이면서 계몽의 대상이 되는 우민이기도 하였다. 더욱이 대한제국은 전제군주국 체제였으므로 주권재민의 논의 자체가 학술적으로 이루어지는데 그치기 쉬웠다.

이제 국민은 국가의 존재여부와 직결되는 의미로 강조되었다. 량치차오梁啓超가 국민을 국가의 유무로 그 존재를 파악한 것처럼,[17] 국민은 국가가 있어야 존재하고 국가가 없으면 국민도 없다는 것이었다.[18] 또 "무민無民

---

13) 국가의 구성요소를 언급한 잡지나 교과서의 논설을 살펴보면 쉽게 찾을 수 있다. 윤리학 교과서의 경우, 토지·인민·주권[申海永, 『倫理學教科書』 4(보성관, 1908), 2~3쪽], 토지·인민·정치[安鍾和, 『初等倫理學教科書』(廣學書舖, 1908), 43쪽] 등으로 설명하고 있다.

14) 南宮薰, 「國民의 義務」, 『大韓自强會月報』 10, 1906. 7이라든가 卞憲淵, 「國民과 政治의 關係」, 『大韓協會會報』 7, 1908.10 등이 국민을 제목으로 내세웠지만 본문에서는 인민으로 통용하고 있었던 것이다.

15) 김동택, 「近代 國民과 國家 槪念의 수용에 관한 硏究」, 378쪽 <표 1> 참조.

16) 尹孝定, 「國民의 政治思想」, 『대한자강회월보』 6, 1906. 7, 25쪽.

17) 梁啓超, 「政治學大家伯倫知理之學說」, 『飮氷室文集』 下(上海 : 廣智書局, 1905), 141쪽.

18) 卞憲淵, 「國民과 政治의 關係」, 『대한협회회보』 7, 30쪽.

이면 무국無國"이라 하여, 국민이 없으면 국가도 없다고 하였다.19) 국민이
국가와의 새로운 관계설정으로 주권자로서보다는 구성원으로서의 의미가
강조되었던 것이다. 따라서 국민을 "구획흔 일지방에 인민이 단취주거團聚
住居ᄒᆞᄂᆞᆫ 자"이면서,20) "일정흔 영토, 일정흔 주권, 일정흔 법률 범위 내
에 재在ᄒᆞ야 생명재산을 보전ᄒᆞ고 안녕질서를 유지ᄒᆞᄂᆞᆫ 자"21)로 규정하
였다. 국민은 "정치적 단결에 관흔 지각의 발달을 요"하는 것으로 이해되
고 있었다.22)

1905년 5월 헌정연구회라는 단체가 조직되는데, 이 단체에서는 『황성신
문』 1905년 7월 15일자부터 8월 3일자까지 10회에 걸쳐 「헌정요의憲政要義」
라는 논문을 연재하였다. 그 서두에 헌정연구회 평의원 양한묵梁漢默이 쓴
'서문緖文'을 보면,

> 近日 憲政研究會에서 憲政要義라ᄒᆞ 一小册子를 著述ᄒᆞ얏ᄂᆞᆫᄃᆡ 其
> 趣旨ᄂᆞᆫ 國民이 몬져 國家의 成立흔 要領을 覺悟흔 然後에 政治의 思
> 想이 始動ᄒᆞ고 政治의 思想이 動흔 然後에 憲政의 本意를 硏究코져
> ᄒᆞᄂᆞᆫ 理由로 著述흔 者ㅣ니 盖其編名을 國家의 本意와 國家及皇室의
> 分別과 國家及政府의 關係와 君主及政府의 權限과 國民及政府의 關
> 係와 君主의 主權과 國民의 義務와 國民의 權利와 獨立國의 自主民이
> 니 只此一書만 了解ᄒᆞ여도 可히 國事를 與議ᄒᆞ며 只此一書만 實行하
> 여도 可히 皇室의 大權과 國民의 幸福을 保維ᄒᆞ진져 有志大君의 一覽
> 흠을 供ᄒᆞ기 爲ᄒᆞ야 續續登載ᄒᆞ심을 爲要23)

라고 하여, 국민과 국가·정부 등의 관계와 국민의 의무와 권리 등을 소개
한 것임을 알 수 있다. 이 내용은 1906년 4월경 개인에 의해서 『국민수지國

---

19) 南宮薰, 「國民의 義務」, 『대한자강회회보』 10, 47쪽.
20) 南宮薰, 「國民의 義務」, 47쪽.
21) 張弘植, 「國家와 國民企業心의 關係」, 『太極學報』 6, 1906.2, 18쪽.
22) 羅瑨·金祥演 역술, 『國家學』, 1906 (민족문화, 1986 : 영인본), 31쪽.
23) 『황성신문』 1905년 7월 15일자 잡보 「憲政要義」.

民須知』라는 제목으로 비매품 출간된 이래, 1907년 국민교육회에서 다시
간행되었고 이어 현채玄采가 편찬한 『유년필독석의幼年必讀釋義』에 그대로
전재되었다. 또 광학서포廣學書舖에서도 같은 제목의 서적을 발행하고 있었
다. 내용의 일부는 『제국신문』 1907년 7월 21일자부터 8월 9일자까지, 16
회에 걸쳐 「국민의 수지」라는 제목으로 연재되었다.[24] 이처럼 『국민수지』
가 여러 차례 간행되고 소개된 것은 그만큼 '국민'에 대한 관심에서였을
것으로 짐작된다. 물론 그 내용은 국민이 알아야 할 지식들을 알려주고 있
지만, 정작 주권을 지닌 국민은 존재하지 않았다.[25] 그러나 1905년 전후
지식인들은 근대 국민국가 형성과 관련하여 국민 또는 인민을 자각하였고,
국민의 존재를 드러내야만 하였던 것이다.

지식인들은 국민의 의무를 어떻게 소개하였던가. 『국민수지』를 보면,
국가의 정당한 법률·명령에 복종해야 하는 국민의 의무로 납세의무와 병
역의무를 논의하고 있었다. 납세는 국가의 생활을 유지하기 위하여, 병역
은 국가의 안위를 보호하기 위하여 필요한 의무임을 설명하였다. 특히 병
역의무의 설명에서는 급료병역(雇兵)의 취약함을 지적하고, "금일곳흔 경
쟁세계에 처흐야 국가의 무력이 부족흐고 기 권리 급 이익을 보호흐기를
망望홀가 고로 국민이 일정 연한간에 병역에 취就홈은 천생天生흔 의무"라
하였던 것이다.[26] 경쟁의 시대에 군사력의 중요성을 병역의무를 통하여
강조한 것으로 보이는데, 3~4년 정도 징병제를 주장하고 있었다.

국민의 권리에 대해서는 천부인권설을 제시하고, 국가의 흥망이 바로
국민의 권리 보호에 있음을 지적하였다.

　　… 國家의 法律은 國民의 權利를 保護흐기 爲흐야 設홈이라 故로

24) 崔起榮, 「『國民須知』와 立憲君主論」, 『韓國近代啓蒙運動硏究』(一潮閣, 1997)
　　참조.
25) 김동택, 「『국민수지』를 통해 본 근대 '국민'」, 220쪽.
26) 『國民須知』(廣學書舖, 1907), 16쪽.

人의 權利를 侵犯ᄒᄂ는 者는 法律이 是를 禁防ᄒ느니 人間의 千罪萬
惡이 實皆權利를 侵홈이라 夫 國君의 失德과 官吏의 虐政도 其究竟
은 此一路의 不過홈이며 人民의 爭鬪攘奪도 其歸結은 此一路의 不出
홈이니 苛斂과 盜竊은 人의 財産權利를 犯홈이오 濫刑과 爭殺은 人의
生命權利를 侵홈이라 是以로 國의 興亡과 世에 治亂이 權利保護의 善
否에 繫ᄒᄂ라 …27)

국가의 법률이 국민의 권리를 보호하기 위해서 만들어졌음을 언급하고,
국가의 흥망과 사회의 안정여부가 권리보호에 있다고 하였다. 그러면서도
국민주권, 주권재민에 관한 논의가 없었던 것은 아직 국민이 관념으로만
존재하고 있었음을 보여준다. 그리고 여전히 인민과 백성에 비하여 자주
사용되지 않았다.

2) 민족

국민의 개념이 명확하지 않게 사용되는 상황에서 새로운 용어가 사용되
기 시작하였다. '민족'이 그것이었다. 이제 국민은 민족과 구별되지 않고
혼용되었다. 민족이라는 용어는 일본유학생 장호익이 1890년대 후반에 사
용한 바 있었다.

　… 故로 歐洲諸國은 競爭의 勢에 先覺ᄒ야 社會에 老ᄒᆫ 人類가 多
ᄒ며 邦境을 限ᄒ야 民族이 集ᄒ며 巧智進ᄒ야 武力이 長홀지라 如
此ᄒ고 隆暑洌寒의 地와 汚下剪劣의 位를 離ᄒ야 優高安榮의 地에
入홈은 民族의 固有ᄒᆫ 本心이오 自然의 趨勢라 …28)

일본에서 사용하던 민족이라는 용어를 유학생들은 쉽게 수용하였을 것

---

27) 『國民須知』, 16~17쪽.
28) 張浩翼, 「社會競爭的」, 『친목회회보』 6, 1898. 4, 57쪽.

이다. 비슷한 시기에 일본에 망명해 있던 유길준은 『정치학』이라는 미정고未定稿에서 '족민族民'이라는 용어를 쓰고 있었다. 즉 그는 일본어 서적을 번역한 『정치학』의 한 부분 「족민급국민族民及國民의 구별」에서,

> 族民과 國民은 其名義는 相似ᄒ되 其意義는 不同ᄒ니 族民은 種族 相同ᄒ 一定ᄒ 民衆을 云흠이오 國民은 同國內 住居ᄒ는 一定ᄒ 民種을 云흠이라 族民은 人種學上의 意義니 法人의 資格을 不有ᄒ고 國民은 法律上의 意義니 法人의 資格을 有ᄒ지라 故로 族民은 國家와 必其區域을 同케 흠이 無ᄒ야 一族民으로 數國家에 分處ᄒ기도 ᄒ며 一國家로 數族民을 包有ᄒ기도 ᄒ거니와 國民은 國家와 必其區域을 同케ᄒ야 國境內에 住居ᄒ는 民衆은 其種族을 不計ᄒ고 均是一國의 民이니 一國家가 數國民을 包有흠은 得지 못ᄒᄂ니라29)

라고 국민과 족민을 구별하였는데, 족민은 곧 민족을 의미하는 것이었다.

전통사회에서는 민족과 유사한 의미로 '동포'와 '아족我族'라는 용어가 오랫동안 사용되어 왔다.30) 동포는 『독립신문』에서도 가끔 쓰였지만,31) 1900년대 후반기에 발행되던 『대한매일신보』에서 국민보다도 자주 등장하고 인민의 사용빈도에 육박하는 수준이었다.32) 그 의미도 『독립신문』에서부터 단순히 국왕의 은혜를 입는 백성이 아니라, "이천만 동포들이 모두 충애의 목적을 가진 이들"로 인식되었던 것이다.33)

1890년대에 일본유학생이나 사용하던 민족이라는 용어는 국내에서도 1900년 전후 사용되기 시작하였다. 『황성신문』 1900년 1월 12일자 기서 「서

---

29) 兪吉濬, 『政治學』, 475~476쪽.
30) 박찬승, 「'민족주의의 시대'를 넘어서」, 392쪽.
31) 『독립신문』의 '동포'에 관해서는 權用基, 「『독립신문』에 나타난 '동포'의 검토」, 『韓國思想史學』 12, 1999와 권보드래, 「'동포'의 역사적 경험과 정치성」, 『근대계몽기 지식개념의 수용과 그 변용』 참조.
32) 김동택, 「近代 國民과 國家 槪念의 수용에 관한 硏究」, 378쪽 <표 1> 참조.
33) 권용기, 「『독립신문』에 나타난 '동포'의 검토」, 254~255쪽.

세동점西勢東漸의 기인起因」의 '동방민족'과 '백인민족'이라는 표현에서도
드러나듯이 인종과 민족을 동의어로 사용하였던 것이다.34) 1904년 러일전
쟁 발발 이후에는 동양인종이 아닌 공동운명체로 한국민족을 지칭하는
'민족'의 사용이 가능하였다.35) "사천여년 전수지민족傳守之民族"이라던
가,36) "이천만 동포 민족"이 그것이었다.37)

　　1904년 이후 본격적으로 사용되기 시작한 '민족'이 극성을 이루는 것은
1909년 이후라는 통계가 있다.38) 아무튼 1904년 이후 민족이라는 용어가
자주 사용되게 된 것은 량치차오의 영향 때문이었던 것 같다. 민족이라는
용어 자체는 일본에서 번역이 되었지만, 한국에서는 량치차오가「국가사
상변천이동론國家思想變遷異同論」(1901)과 「정치학대가백륜지리지학설政治學
大家伯倫知理之學說」(1903) 등에서 민족과 민족제국주의를 언급한 뒤 넓게 수
용되었다. 중국에서도 민족이라는 용어는 대개 1895·6년경부터 사용된 바
있었지만,39) 1900년 전후 량치차오의 저술을 통하여 널리 보급되었다.40)
그는「정치학대가백륜지리지학설」에서 독일의 저명한 국제법학자인 블룬
출리Johann K. Bluntschli의 학설을 빌어 국민과 민족은 다른 것이라고 밝혔다.
지리·혈통·형질·언어·문자·종교·풍속·생계(경제)가 같아 자연스레 타족他
族과 거리를 두면서 특별한 집단을 형성하고, 고유한 성질을 자손에게 전
하는 것을 민족이라고 하였다.41)

---

34) 백동현,「러·일전쟁 전후 '民族' 용어의 등장과 민족인식」, 163~164쪽.
35) 백동현,「러·일전쟁 전후 '民族' 용어의 등장과 민족인식」, 165~167쪽.
36)『황성신문』1904년 10월 7일자 논설「對淸國輿論宜加注意問題」.
37)『황성신문』1904년 11월 24일자 논설「警告同胞」.
38) 김동택,「近代 國民과 國家 槪念의 수용에 관한 硏究」, 378쪽 <표 1> 참조.
39) 韓錦春·李毅夫,「漢文'民族'一詞的出現及其初期使用情況」,『民族硏究』28,
　　1984, 36~39쪽.
40) 金天明·王慶仁,「'民族'一詞在我國的出現及其使用問題」,『民族理論和民族政
　　策論文選 1951-1983』(中央民族學院出版社, 1986) ; 韓錦春·李毅夫,「漢文'民
　　族'一詞的出現及其初期使用情況」 참조.
41) 梁啓超,「政治學大家伯倫知理之學說」, 141~142쪽.

1906년에 이르러 민족이 점차 사용되는 것은 민족성 문제와 혈통·문화적인 공동체 의식을 강조하는 경우가 많아졌기 때문이었다.[42] 혈통·문화적인 공동체의 보전, 곧 '민족보전'이 중요하다는 관점에서 민족에 대한 언급과 논의가 증가한 것으로 보인다. 쉽게 짐작되는 일이지만 러일전쟁 이후 일제의 국권침탈이 노골화하자, 일본에 저항하기 위하여 의병항쟁과 계몽운동이 크게 전개되면서 애국심과 민족정신이 고취되었던 점이 이와 무관하지 않았다. 한국은 일본과 종족적으로 다른 '단군과 기자의 후예'라는 민족적 정체성이 추구되었다.[43] 이른바 '민족경쟁'이 논의되면서 민족의 단결과 민족정신의 고취가 강조되지 않을 수 없었다.

그렇기는 하지만 대개 국민과 민족은 내용상으로 일정한 구분을 두고 구별해서 사용한 것은 아니었다. 즉 편의에 따라 국민·인민과 민족이 구별되지 않고 같은 의미로 사용되는 경우가 대부분이었다. 예외적으로『국가학』이라는 번역서에서 인민과 국민을 구별하고 있었는데, 인민을 "공통의 정신과 동일의 감각이 유有혼 인종"에서 비롯된다고 하여 민족의 뜻으로 사용하고 있었다.[44]

『서우西友』제11호(1907.10)에 수록된 박성흠朴聖欽의「국민의 특성」이라는 글을 보면, 각국 국민이 특성을 소개하고 있었지만 실제로는 민족의 특성이었다. 이러한 상황에서 한국의 국가적 위기를 극복에 관심을 두고 있던 지식인 가운데에서는 국민과 민족을 분리해서 사용해야 할 필요를 느끼게 되었다. 그들이 국권회복을 위하여 한국인에게 강조하고자 주제에 따라 국민과 민족의 사용에 차이가 있었다. 물론 그것은 유사한 내용이었을 것이지만, 국민이라는 용어는 애국심과 의무를, 민족이라는 용어는 민족정신과 단결 등을 강조하거나 타민족과의 관련을 언급하는데 편리하였던 것 같다. 따라서『대한매일신보』1908년 7월 30일자의「민족과 국민의 구별」

---

42) 예컨대 張志淵,「團體然後民族可保」,『대한자강회월보』5, 1906. 7 참조.
43) 백동현,「러·일전쟁 전후 '民族' 용어의 등장과 민족인식」, 167~169쪽.
44) 羅瑨·金祥演 역술,『國家學』, 30쪽.

이라는 논설이 그러한 관점을 대변하는 것이었다.

　　… 民族이란 者는 只是同壹혼 血統에 系ㅎ며 同壹혼 土地에 居ㅎ
며 同壹혼 歷史를 擁ㅎ며 同壹한 宗敎를 奉ㅎ며 同壹혼 言語를 用
ㅎ면 便是同壹혼 民族이라 稱ㅎ는 이어니와 國民 二字는 如此히 解
釋ㅎ면 不可홀지라

　　大抵 血統 歷史 居住 宗敎 言語의 同壹홈이 國民되는 要素가 아님
은 아니나 但只 此가 同壹홈으로 便是國民이라 云홈을 不得하나니 …
國民이란 者는 其血統 歷史 居住 宗敎 言語의 同壹혼 外에 又必同壹
혼 精神을 有ㅎ며 同壹혼 利害를 感ㅎ며 同壹혼 行動을 作ㅎ야 其內
部의 組織이 壹身의 骨絡과 相同ㅎ며 其對外의 精神이 壹營의 軍隊
와 相同ㅎ여야 是를 國民이라 云하나니 …

　대체로 민족은 혈통·역사·지리·종교·언어 등 혈통·문화적인 공동체로
서의 부분이 강조되었고, 국민은 민족의 구성요소에다가 동일한 정신·이
해·행동이 필요하다고 보았다. 민족이 아니라 국민에게 동일한 정신·이
해·행동이 필요하다는 것은 정치적인 결속을 의미하는 것으로 짐작된다.
즉 민족은 혈통·문화적인 부분이, 국민은 정치적인 부분이 더 강조되는 의
미로 해석되었다고 보인다. 국민을 국가적 단결로, 민족을 개화적 단결로
설명한 것도 그러한 구분에서 비롯될 수 있었다.[45]

　1890년대 후반부터 백성·인민·국민·신민·동포·아족·민족 등의 용어가
특별한 구별 없이 사용되었다. 전통사회부터 사용되던 백성은 1900년대에
이르면서 국민으로, 동포와 아족은 민족으로 정리되어가고 있었다. 그리고
국민과 민족도 구별하여 사용하고자 시도되었다.

---

45) 羅瑨·金祥演 역술,『國家學』, 25쪽. 이미 지적한 대로 이 번역서에서는 민족을
　　인민으로 표현하고 있었는데, 제5장「人民과 國民의 差別」에 그러한 논의가 상
　　세하다.

3. '신국민'과 '민족주의'

1) 신국민의 지향

1905년 전후 일제의 국권침탈이 노골화하자 지식인들은 국민의 애국심을 고취시켜 일제에 저항하고자 하였다. 국가가 존재해야만 국민이 존재할 수 있다는 논지로 국가 존립의 당위성을 강조하였던 것이다. '보국론保國論'이 제기된 것도 그러한 상황에서 비롯되었다. 『황성신문』은 1907년 5월 1일자에 논설로 「멸국신법론滅國新法論」을 싣고, 이어 5월 4일자까지 3차례에 걸쳐 량치차오의 「멸국신법론」을 번역하여 수록하였다. 열강의 약소국 침략의 새로운 방책으로 국채를 비롯하여 통상·대연병代練兵·고문顧問·통도로通道路·선당쟁煽黨爭·평내란平內亂·조혁명助革命 등을 소개한 것이었다. 이러한 논의는 한국의 현실에 비추어 모두 적용될 수 있는 방책이었다.[46] 이어 5월 6일자부터 10일자까지 논설로 「보국론」을 5회 게재하여, 국가를 보전하기 위해서 역사와 외국사례 등을 들며 근수면진勤修勉進·민지개발·민력충실·실업실력 등을 제시하였다. 이미 국가가 주도하여 국가보전을 도모하기에는 어려운 상황이었으므로, 그러한 움직임은 국민의 몫이었다.

보국론과 함께 인종 나아가 민족을 보전해야 한다는 '보종론保種論'이 제기되었으나, 보국의 중요성이 더욱 중시될 수밖에 없었다. 국가가 존재하지 못하면 인종 곧 민족이 보전될 수 없다는 관점이었다.

> … 保種保國은 一路라 二路가 아니며 一義라 二義가 아니며 一件이라 二件이 아니어늘 今彼保種論者의 言과 如ᄒ진딘 其國의 權利가 墜失되며 地位가 卑劣ᄒ고도 其種을 可保홀 줄노 誤解홈이니 是ᄂᆞᆫ 愚人也며 又 彼保國論者의 言과 如ᄒ진딘 鴟호의 口에 其雛가 已絶

46) 崔起榮, 「國譯 『越南亡國史』와 국권회복운동」, 『한국근대계몽운동연구』, 55~56쪽.

이면 瓢搖風雨에 鵲巢를 曷保며 虎狼의 腹에 其肉이 已充이면 寂寞山
阿에 免窟을 誰護아 人種이 旣絶이면 其國이 雖保라도 保之者가 自己
子孫이 아니라 他人也며 所保者가 爾國이 아니라 他人之國야니 保種
以外에 別般保國策이 有홀줄노 誤解ᄒ면 是ᄂ 狂人也라 愚人狂人의
蠻蜀是非ᄂ 五十步百步間이라 深辨홀 必要가 無ᄒ도다

　雖然이나 保種을 不思ᄒ고 保國만 是求ᄒ면 其國이 旣保에 其種이
自保ᄒ려니와 萬一保國은 不思ᄒ고 保種만 是求ᄒ랴다가ᄂ 其國이
不保에 其種이 隨亡ᄒ리니 二說中에 其近是者를 求홀진ᄃ 吾必保種
論을 捨ᄒ고 保國論을 從홀진져[47]

　이러한 논의과정에서 국민이 국가의 구성원이며 정치적으로 결속된 의
미로 사용되자, 지식인들은 그들이 지향하는 국민의 새로운 모습 곧 '신국
민'의 조성에 나섰다. 먼저 국가보전에 필요한 주의를 세워야 한다며, 분발
주의·겸실력주의(실력·정신)·자신주의自信主義를 내세웠다.[48] 스스로를 신뢰
하고 진취적으로 나아가는 것이 국가를 보전할 수 있는 방책이고, 아마도
그러한 관점에서 새로운 국민상을 찾고자 하였던 것 같다. 맹장적猛壯的·
용약적 국민을 강조하며,[49] 자비自卑의 국민을 자멸의 국민이라고 통렬히
비판한 것도 같은 맥락에서의 주장이었다.[50] 개인주의에 대한 비판도 다
르지 않았다.[51]

　1910년 2월 22일자『대한매일신보』에는 신채호申采浩가 쓴 것으로 보이
는 논설「이십세기 신국민」이 실리기 시작하여 3월 3일자까지 8회에 걸쳐
연재되었다. 이 논설은 당대 세계를 제국주의·민족주의·자유주의의 시대
로 보고 신국민이 되기 위해서 필요하다고 여겨지는 각오·도덕·무력·경
제·정치·교육·종교에 이르기까지 항목들을 나누어 세부적인 논의를 하고

---

47)『대한매일신보』1907년 12월 3일자 논설「保種保國이 元非二件」.
48)『대한매일신보』1909년 6월 18일자 논설「韓人의 當守홀 國家的 主義」.
49)『대한매일신보』1909년 6월 4일자 논설「韓國의 新國民」.
50)『대한매일신보』1909년 6월 13일자 논설「自卑의 國民은 自滅의 國民」.
51)『대한매일신보』1909년 11월 21일자 논설「個人主義로 生을 求치 말지어다」.

있었다.52) 그는 "이십세기의 국가경쟁은 기원동其原動의 력力이 일이인의
게 부재不在ᄒ고 기 국민 전체에 재在하며 기 승패의 과果가 일이인에게 불
유不由ᄒ고 기 국민전체에 유由"한다고 하여,53) 국가경쟁력이 국민 전체에
게 있음을 밝혀 국민이 정치적으로 공동운명체임을 강조하였다. 그리고 여
러 차례에 걸쳐 논의된 내용을,

　　　論을 此에 結ᄒ리로다 吾儕가 二十世紀新國民이라고 題ᄒ 第一日
　　부터 國民同胞에게 何言을 못ᄒ엿ᄂᆫ고 曰 吾儕가 國民의 覺悟를 論
　　ᄒ 時에 世界趨勢, 文明進步, 韓國地位를 論ᄒ엿스며 吾儕가 國民의
　　道德을 論ᄒ 時에 平等自由, 正義, 毅勇, 公共을 論ᄒ엿스며 吾儕가
　　國民의 武力을 論ᄒ 時에 精神界와 物質界의 武力發興을 論ᄒ엿스며
　　吾儕가 國民의 經濟를 論ᄒ 時에 勤勉, 進取, 國民經濟를 論ᄒ엿스며
　　吾儕가 國民의 政治를 論ᄒ 時에 尙武敎育·義務敎育을 論ᄒ엿스며
　　吾儕가 國民의 宗敎를 論ᄒ 時에 國家的 宗敎를 論ᄒ엿노니
　　　嗚呼라 同胞여 同胞ᄂᆫ 試ᄒ야 斯論을 聽ᄒ라 聽ᄒ야 斯論이 可하
　　거던 試ᄒ야 行ᄒ라 行ᄒ야 二十世紀 新國民이 될지어다54)

라고 정리하고 있었다. 물론 이러한 논의가 원칙적이고 피상적인 부분을
지니고 있지만, 결론적으로 신채호가 제시한 20세기의 신국민의 목표는 국
민적 국가, 바로 입헌국을 이루는 것이었다.

　　　… 今此 韓國은 三千里山河가 有ᄒ니 其國土가 大하며 二千萬 民
　　族이 有ᄒ니 其國民이 衆ᄒ지라 然則 國民同胞가 但只 二十世紀 新
　　國民의 理想氣力을 奮興ᄒ야 國民的國家의 基礎를 偉固ᄒ야 國力을
　　長ᄒ며 世界大勢의 風潮를 善應하야 文明을 擴하면 可히 東亞一方에

52) 신채호의 '신국민'에 대한 자세한 검토는 李萬烈, 『丹齋申采浩의 歷史學 硏究』
　　(文學과知性社, 1990), 176~188쪽에 상세하다.
53) 『대한매일신보』 1910년 2월 22일자 논설「二十世紀 新國民」.
54) 『대한매일신보』 1910년 3월 3일자 논설「二十世紀 新國民」.

乾立ᄒ야 强國의 基를 誇홀지며 可히 世界舞臺에 躍登ᄒ야 文明의
旗를 揚홀지니 嗚呼라 同胞여 엇지 奮勵치 아니ᄒ리오55)

즉 신채호는 입헌국을 이루어 국력을 기르고 문명화하여 강국을 만들어
야 한다고 하였다. 이점은 비록 그가 평등·자유·정의·의용毅勇·공공 등을
'국가와 도덕'에서 강조하였지만, 전체적으로 국권론적인 관점을 보이는
것이었다.56) 그리고 이러한 신국민에 대한 논의에는 량치차오의 「신민설
新民說」(1902)에 일정한 영향을 받은 것이지만, 량치차오의 논의보다 발전적
으로 근대국민에 관한 이론을 전개한 것으로 이해된다.57)

2) 민족주의의 대두

한말의 지식인들은 당시대를 '민족시대'로 이해하였다. 민족이 단결해서
부강한 국가를 이루는 시대라는 뜻이었다.58) 그만큼 민족이라는 용어의
사용도 빈번해질 수밖에 없었다. 이제 일제의 국권침탈에 대응하기 위하여
지식인들의 관심은 국민의 단결을 요구하지 않을 수 없었는데, 흔히 '단군
과 기자의 후예'로 이야기되던 공동체적인 단결이 강조되지 않을 수 없었
다. 즉 혈연적이고 문화적인 공동체 의식이 민족이라는 범주로 묶여지면서
공동운명체로서의 민족이 논의되기에 이르렀다. 1900년대 후반 민족이라
는 용어가 국민보다도 자주 언급되는 것은 바로 국가존립의 위기를 맞은
정치적 현실에서 비롯된 것이었다.

민족이 자주 언급되면서 민족성도 논의되었다. 한말 정치현실과 관련지
어 문약文弱·국가사상 박약·단결력 부족 등이 한국의 민족성으로 종종 이

---

55) 『대한매일신보』 1910년 3월 3일자 논설 「二十世紀 新國民」.
56) 박찬승, 「20세기 한국 국가주의의 기원」, 『한국사연구』 117, 2002, 206~207쪽에서
    한말 지식인들이 국권론을 강조한 이유를 설명하고 있다.
57) 李萬烈, 『丹齋申采浩의 歷史學 硏究』, 187~188쪽.
58) 『대한매일신보』 1910년 6월 1일자 논설 「新政黨의 行動」.

야기되었던 것 같다. 이에 대하여 『황성신문』은 한국역사에서 고구려 이후 무강武强을 드러낼 경우가 없었고, 참정권이 없었으며 대외경쟁이 없어 대내 단결이 어려웠다는 등의 변명을 통하여 부정적인 민족성 논의를 불식시키고자 하였다.59)

뿐만 아니라 민족의 범위가 1900년대 후반기에 와서는 크게 확대되고 있었다. 신채호는 「독사신론讀史新論」에서 동국민족을 선비족鮮卑族·부여족扶餘族·지나족支那族·말갈족靺鞨族·여진족女眞族·토족土族의 6종으로 보고, 부여족이 다른 종족을 흡수하여 우리 민족의 근간을 이루었다고 지적하였다.60) 이러한 민족이해는 한국사를 고구려-발해 중심으로 이해하고자 한 당시 역사가들의 견해를 대변해 주는 것이기도 하다. 『황성신문』도 1910년 4월 21일자 논설 「아민족의 신성역사」에서 중국의 설인귀薛仁貴나 아골타阿骨打 등이 한국 민족에서 출자出自하였다고 주장하였으며, 다른 논설에서는 중국에 이주한 단군 후손이 모두 같은 민족이라고 강변하였던 것이다.61) 따라서 민족의 정체성이 오히려 혼란되는 결과도 가져올 수 있었다.

1907년 '보종책'이 제기된 것도 이러한 민족의 보존문제와 관련된 것이었다. 사회단합·교육·식산과 기독교의 숭신이 한국인의 보종책으로 제기되었으며,62) "조국의 사상과 국민의 의무을 저사抵死토록 수이부실守而不失"해야 한국인종의 보전이 가능하다고 하였다.63) 사실 이 때 논의된 보종책은 보국책과 다를 바 없는 내용이었다. 민족과 국민이 여전히 다르게 이해되면서도 현실적으로 유사하게 인식되었음을 짐작케 한다.

그러나 점차 민족공동체를 강조할 수 있는 주제들이 자주 논의되었다. 국어와 역사를 비롯한 정신·문화적인 주제를 통하여 민족의 단결과 민족

---

59) 『황성신문』 1909년 8월 31일자 논설 「我民族의 歷代境遇」.
60) 『대한매일신보』 1908년 8월 27일자 文壇 「讀史新論」.
61) 『황성신문』 1910년 8월 10일자 논설 「我民族의 思想統一的 機關」.
62) 『대한매일신보』 1907년 7월 31일자 논설 「保種策」, 8월 1일자 논설 「保種策의 續論」.
63) 『황성신문』 1907년 9월 18일자 논설 「保種策」.

정신의 앙양이 언급되었던 것이다. 흔히 그러한 것을 '국수國粹'라 지칭하
였다.

> 國粹란 者는 自國의 傳來 宗敎·風俗·言語·歷史·習慣上 一切 粹美
> 흔 遺範을 指稱흔 것이라 國性이 國粹를 待ᄒ야 立ᄒ나니 質言ᄒ면
> 盖我가 我를 尊ᄒ며 我가 我를 愛ᄒᄂ 心이 國粹를 因ᄒ야 生ᄒᄂ빈
> 라 …64)

종교·풍속·언어·역사·습관이란 바로 민족공동체의 동질성을 확인하는
정신적이고 문화적인 주제였다. 특히 언어와 문자에 대해서는, "대저 언어
문자는 국가와 민족의 일 표준이니 언어문자가 변ᄒ면 국가와 민족의 표
준이 변ᄒ며 언어문자가 멸ᄒ면 국가와 민족의 표준이 멸흠이라"고 하
여,65) 국가와 민족의 한 표준이라 하였다. 아울러 민족의 특색을 언어의
상동相同에서 찾고 "민족지발달이 기 국성國性이 유有흠으로 유由ᄒ고 국
성지유지國性之維持가 기 국어가 유흠"이라고 밝히고, "국어는 기 국민지사
상을 교통ᄒᄂ 철도"라고 한 것도 그러한 관점을 보여준다고 하겠다.66)
따라서

> … 小學校에서는 自國之語와 自國之文으로 其 思想을 養成ᄒ며
> 其 心地를 培養ᄒ여 國家精神과 民族主義로 主張을 造ᄒ여 …67)

라는 언급에서 보이듯, 국어와 국문이 국가정신과 민족주의의 조성에 긴요
하다는 의미로 받아들여진다.

『황성신문』은 역사를 '국가의 정신'이라고 하였다.68) 또 박은식이 '국혼

---

64) 『대한매일신보』 1910년 1월 13일자 談叢 「國粹」.
65) 『대한매일신보』 1909년 3월 23일자 논설 「同化의 悲觀」.
66) 『대한매일신보』 1906년 4월 13일자 기서 「論日語敎科書」.
67) 『대한매일신보』 1909년 3월 2일자 논설 「語學議論」.

國魂'을 내세운 것은 잘 아는 일이다. 『황성신문』 1908년 3월 20일자의 논
설 「조선혼이 초초환래호稍稍還來乎」를 보면

　　　世界歷史에 何國을 勿論ᄒ고 其國民腦髓中에 國魂이 完全堅實ᄒ
　　면 其國이 强ᄒ고 其族이 盛ᄒᄂ 것이오 國魂이 消삭磨滅ᄒ면 其國
　　이 亡ᄒ고 其族이 滅ᄒᄂ니 個人의 性命으로 言ᄒᆯ지라도 魂이 存否
　　로써 其生死를 判ᄒᆯ지라 … 我韓은 建國이 四千年이오 其民族은 皆
　　檀君箕子의 神聖后裔오 其人文은 倫敎를 尊重ᄒ고 義理를 敦尙ᄒ던
　　風化가 固有ᄒ니 四千年 遺傳ᄒᄂ 朝鮮魂이 亘古亘今에 엇지 鎖삭磨
　　滅ᄒᆯ 理가 有ᄒ리오 …

라고 하여, 4천년을 계속해 온 국혼으로서의 조선혼을 주장하였던 것이다.
한국민족을 '사천년 신성민족'이라는 언급은 이미 1907년 초 장지연張志淵
도 한 바 있었다.69) 신채호가 쓴 「독사신론」 '서론敍論'의 첫 부분에도

　　　國家의 歷史ᄂ 民族 消長盛衰의 狀態를 閱敍ᄒ 者라 民族을 捨ᄒ
　　면 歷史가 無ᄒᆯ지며 歷史를 捨ᄒ면 民族의 其國家에 對ᄒ 觀念이 不
　　大ᄒᆯ지니 …70)

라고 하여, 역사와 민족의 중요성을 강조하였던 것이다. 그는 역사와 애국
심의 관계를 밝힌 글까지 발표하였다.71)
　　따라서 '국수'의 보전이 제기되지 않을 수 없었다.

　　　… 國粹者ᄂ 何오 則 其國에 歷史的의 傳來ᄒᄂ 風俗·習慣·法律·
　　制度等의 精神이 是라

---

68) 『황성신문』 1909년 1월 6일자 논설 「讀高句麗永樂大王(廣開土王)墓碑謄本」.
69) 장지연, 「團體然後民族可保」, 『대한자강회월보』 5, 1907. 1, 7쪽.
70) 『대한매일신보』 1908년 8월 27일자 文壇 「讀史新論」.
71) 申采浩, 「歷史와 愛國心의 關係」, 『대한협회회보』 3, 1908. 6.

夫此 風俗·習慣·法律·制度ᄂ 先聖昔賢의 心血의 凝聚ᄒᆞᆫ빅며 巨
儒哲士의 誠力의 結翥ᄒᆞᆫ빅며 其他 壹切 祖宗先民의 起居·動作·視
聽·言語·施政·行事等 諸般 業力의 薰染ᄒᆞᆫ빅니 … 苟或 破壞 二字를
誤解ᄒᆞ야 歷史的 習慣의 善惡을 不分ᄒᆞ고 一倂掃却ᄒᆞ면 將來 何에
基礎ᄒᆞ야 國民의 精神을 維持ᄒᆞ며 何에 根據ᄒᆞ야 國民의 愛國心을
喚起ᄒᆞ리오 外國文明을 不可不輸入ᄒᆞᆯ지나 但只 此만 依恃하다가ᄂ
螟蛉敎育을 成ᄒᆞᆯ지며 時局 風潮를 不可不 酬應ᄒᆞᆯ지ᄂ 但只 此만 趨
向ᄒᆞ다가ᄂ 魔鬼試驗에 陷ᄒᆞᆯ지니 重哉라 國粹의 保全이며 急哉라 國
粹의 保全이여 …72)

이러한 국수보전은 민족정신을 유지하는 방안이었다. 국수보전으로 국
민정신과 애국심을 유지할 수 있다고 본 것이었다. 그러나 국수보전만으로
민족이, 나아가 국권이 유지될 수 있는 실정이 아니었다. 그것은 당시 세계
가 영토와 국권을 확장하는 주의라고 정의한 제국주의의 활극장이어서,73)
제국주의를 극복하고 그에 맞서야 하였던 것이다. 그 제국주의에 저항할
수 있는 방안이 바로 민족주의였다. 다른 민족의 간섭을 받지 않는 주의라
고 정의한 민족주의에 대하여,

此 民族主義ᄂ 失로 民族保全의 不二的 法間이라 … 最高로 民族
主義가 膨脹的 雄壯的 堅人의의 光輝를 養ᄒᆞ면 如何ᄒᆞᆫ 極熱的 魁梧
的의 帝國主義라도 敢히 侵入지 못ᄒᆞ나니 要컨대 帝國主義ᄂ 民族主
義 薄弱ᄒᆞᆫ 國에만 侵入하나니라 …74)

고 하여, 결국 민족주의로 민족을 보전해야 한다는 것이었다. 이미 민족주
의에 관해서는 『황성신문』이 1907년 6월 20일자와 21일자의 논설 「민족주

---

72) 『대한매일신보』 1908년 8월 12일자 논설 「國粹保全說」.
73) 『대한매일신보』 1909년 5월 28일자 논설 「帝國主義와 民族主義」.
74) 『대한매일신보』 1909년 5월 28일자 논설 「帝國主義와 民族主義」.

의」에서 독립·자유·문명·진보 등이 모두 민족주의에서 발생하였다고 하
면서, 민족주의의 원리·변천·국가·인물·교육의 항목을 두고 설명한 바 있
었다. 이러한 민족주의에 대한 논의는 제국주의에 대한 저항이 민족을 보
전하는 일이고, 민족보전만이 국권회복이 가능하며, 그것이 바로 민족주의
라는 인식에서 비롯된 일이었다. 이 점에서 민족주의는 '20세기 신국민'과
다르지 않았던 것이다.

이제 민족은 나누어지지 않는 하나의 단위로 이해되면서, 지식인들은
민족주의라는 집단적 관점을 통하여 국권을 수호하고자 하였다. 민족주의
는 애국심과 다르지 않았으며, 국민정신으로 표현되기도 하였다. 국권의
유지가 어렵다고 생각되자, 정신적 국가가 논의된 것도 같은 맥락에서 이
해된다.

> 精神上 國家라 홈은 何를 爲홈인가 曰 其民族의 獨立홀 精神, 自由
> 홀 精神, 生存홀 精神, 不屈홀 精神, 國權을 保全홀 精神, 國威를 奮
> 揚홀 精神, 國光을 煥發홀 精神 等을 爲홈이니라 形式上 國家라 홈은
> 又 何를 爲홈인가 曰 疆土, 主權, 君主, 政府, 議會, 官吏, 軍艦, 大砲,
> 陸軍, 海軍, 等의 集合體를 爲홈이니라 … 故로 形式上 國家를 建立코
> 자 ᄒ면 몬져 精神上 國家를 建立홀지며 形式上 國家를 保全코ᄌ 하
> 면 몬져 精神上 國家를 保全홀지며 形式上 國家의 亡홈을 憂홀진대
> 몬져 精神上 國家의 亡홈을 憂홀지니라 …75)

국권을 잃게 되었을 때, 민족주의 사학자들이 정신을 강조한 것과 조금
도 다르지 않았던 것이다. 정신상 국가가 유지된다면 형식상 국가는 다시
건립할 수 있다는 의미였다. 이제 민족정신의 유무가 국민보다 더욱 중시
되지 않을 수 없게 되었다.

---

75) 『대한매일신보』 1909년 4월 29일자 논설 「精神上 國家」.

4. 맺는말

한말 국민과 민족에 대한 지식인들의 인식은 기본적으로 국민국가의 설립을 위한 전제였다. 일본과 중국의 영향 아래 전통적으로 사용되어온 백성이 국민, 동포가 민족이라는 용어로 정착되어가고 있었다. 국민은 국가 구성원이라는 정치적 함의가 우선되었고, 민족은 혈통·문화적인 관점이 강조되었다. 그리고 그것은 국권상실의 위기에서 국권회복을 위한 선동적인 용어로 사용되어, 민족은 나눌 수 없는 하나의 단위이며 개체로 이해되곤 하였다. 따라서 공동체적이고 국권론적인 요소를 강조하지 않을 수 없었다.

지식인들은 국가의 존립이 우선되어야 한다고 인식하고 국민의 애국심을 강조하였다. 국가가 없으면 국민도 없다는 논지에서 보국론이 논의되었으며, 새로운 국민상을 제기하였다. 신국민은 국민국가로 나아가는 길로 입헌국을 목표로 하였고, 정치적 공동체임을 내세웠다. 역시 문화공동체로서의 민족이 강조되면서 국수보전과 민족주의가 주목되었다. 사실 국민과 민족과 일정한 구별 속에서 언급되었지만, 궁극적으로는 국권회복을 위한 논의에서 종종 유사하게 사용되었다. '보국'과 '보종'이 둘이 아니라 하나라고 한 지적에서도 짐작되는 일이다. 그렇지만 국민이나 민족은 관념적으로만 사용되었다. 특히 근대국민국가의 주권과 관련시켜본다면 국민이 지니는 한계가 보다 명확하게 드러날 수 있다.

1910년 8월 국가를 잃게 되자 국가의 존재가 전제되어야 하는 국민이라는 용어는 사용될 수 없었고, 민족이 국민의 의미까지 대신하게 되었다. 그리고 국권론적이고 국수적인 민족의식이 내세워지며 민족지상주의의 모습이 드러났다. 한말에 와서야 비로소 사용된 민족이라는 용어는 오늘날까지도 여전히 논쟁의 중심에 서있는 것이다.

제2부

한말 민족운동의 전개

한말 신문의 구국투쟁

1. 한말 신문과 계몽운동

1905년 11월 을사조약이 강제로 체결되어 일제의 국권침탈이 본격화되자 이에 대한 한국민의 저항은 크게 두 가지 형태로 나타났다. 잘 알려져 있듯이 교육과 실업의 발전이라는 실력양성을 내세운 계몽운동과 직접적인 무장투쟁을 전개한 의병항쟁이 그것이었다. 대체로 을사조약을 전후하여 이러한 움직임이 두드러졌지만, 이미 1904년 2월에 발발한 러일전쟁 이후부터 그같은 움직임이 찾아진다고 하겠다. 특히 1904년 6·7월에 있은 일제의 황무지 개척권 요구를 통하여 일제의 궁극적인 목적이 국권침탈에 있음을 인식한 지식인들에 의하여 일제에 대한 저항이 두드러졌기 때문이다.

계몽운동은 여러 형태로 전개되었는데, 신교육운동·단체-학회운동과 함께 가장 대표적인 활동이 바로 언론투쟁이었다. 이미 1890년대 후반기부터 국내에서는 민간신문이 발간되기 시작하여 여론을 형성하고, 정부와 열강을 상대로 언론활동을 전개해 왔다. 1898년 12월 독립협회가 해산되고 황제의 칙령으로 민간단체의 결성이 금지된 이후, 국민계몽과 여론형성에 있어 신문의 중요성은 더욱 강조될 수밖에 없었다. 대체로 신문의 논조는 러일전쟁 이전까지 문명개화를 기치로 하였고, 러일전쟁 이후에는 점차 국권회복이 주된 주제로 전환하였던 것으로 생각된다.

그러나 모든 신문이 그러한 것은 아니었다. 그 발간 주체에 따라서는 포교를 목적으로 한 종교신문도 있었으며, 친일적인 색채가 두드러지는 신문도 있었다. 이 점은 을사조약의 강제체결 이후 나타나는 민간단체의 기관잡지나 개별잡지, 그리고 출판물의 경우도 다르지 않았다. 물론 한말 전 시기에 걸쳐 이들 언론의 기본적인 목표는 국민계몽을 통한 국권회복이었지만, 그 발간 주체에 따라 지향하는 바가 일치하지는 않았다는 의미이다. 특히 정치적인 면에서 그러하였다. 개항 이래 자주독립을 성취하기 위한 근대화에의 관심은 그것을 추구하는 과정에서 독립이라는 명제보다도 오히려 근대화의 논리 자체에 매몰되는 경우가 적지 않았다.

그러므로 일제의 국권침탈이 두드러지던 1900년대 후반기의 국권회복을 전제로 한 언론투쟁은 몇몇 민족언론의 활동을 중심으로 살피는 것이 효율적일 것 같다. 물론 잡지와 출판물 역시 같은 맥락에서 이해되지만, 두드러진 언론투쟁은 신문이 중심이었다. 따라서 1900년대 국내외에서 발행되던 신문의 개황과 특성을 논의한 뒤, 신문의 활동으로 국권회복운동의 양상을 살피고, 아울러 일제의 언론탄압을 정리하고자 한다.

1) 국내신문

일제의 국권침탈이 본격화되던 1900년대 중반에 한국인이 발행한 신문은 10종 안팎이었다. 그 가운데 1909년 10월에 진주에서 창간된 『경남일보』 하나를 제외하고는 모두 서울에서 발간된 중앙지였다. 그리고 몇몇 신문은 발행 기간이 겨우 1년 정도에 불과하였다. 한국인을 대상으로 일본인이나 구미인이 발행인이 되어 발행한 신문도 적지 않았지만, 일본인 발행신문은 일제의 식민지화를 도모하기 위한 것이었고, 구미인이 발행한 신문도 『대한매일신보』나 『경향신문』을 제외하면 종교적인 목적이 두드러지고 있었다. 러일전쟁이 발발한 이후 간행되고 있던 신문을 정리하면 <표 1>과 같다. 이 표에는 일본인 발행신문과, 개신교에서 발간한 순수한 종교신문, 예컨대 『그리스도신문』이나 『예수교회보』 등은 제외하였다.

〈표 1〉 한말 국내신문 발행현황(1904~1910)

번호	제호	창간	종간	지령(발행기간)	창간대표	문자	비고
1	『제국신문』	1898. 8.10	1910. 3.31	3,240호	이종일	국문	최강·정운복 사장
2	『황성신문』	1898. 9. 5	1910. 9.14	3,456호	남궁억	국한문	장지연·유근 사장
3	『대한매일신보』	1904. 7.18	1910. 8.28	1,461호	베 델	국한문/국문	영문판 별도/양기탁·신채호 관여
4	『국민신보』	1906. 1. 6	1910. 8.	4년 7월	이용구	국한문	일진회 기관지
5	『만세보』	1906. 6.17	1907. 6.30	293호	오세창	국한문	루비활자/천도교 기관지
6	『경향신문』	1906.10.19	1910.12.20	220호	드망즈	국문	주간/천주교 기관지
7	『대한신문』	1907. 7.18	1910. 8.31	3년 1월	이인직	국한문/국문	만세보 인수/이완용 내각 기관지
8	『대한민보』	1909. 6. 2	1910. 8.31	357호	오세창	국한문	대한협회 기관지
9	『경남일보』	1909.10.15	1915. 1	887호	김홍조	국한문	격일간/진주 발행/장지연 주필
10	『대동일보』	1909.10.19	?	?	장기세		주간에서 일간/친일지
11	『시사신문』	1910. 1. 1	1910. 5. 8	?	민원식	국한문	친일지
12	『대한일일신문』	1910. 6. 4	?	?	김동집	국한문	대동일보의 후신

<표 1>을 다시 보면, 1904년 7월 『대한매일신보』가 창간되기까지 『제국신문』과 『황성신문』만이 발행되고 있었음을 알 수 있다. 물론 1895년 일본인들이 창간한 한국어 신문으로 『한성신보漢城新報』가 존재하였으나, 그것은 일제의 한국침략을 위한 여론형성을 목적으로 하고 일본공사관의 지원을 받고 있었다. 또 『대한매일신보』도 실제 신문제작은 한국인들이 하였지만, 그 발행인이 영국인 베델E. Bethell, 裵說이었음은 잘 알려져 있다. 1898년에 최초의 일간신문인 『미일신문』을 비롯하여 여러 종류의 민간신문들이 간행되었지만, 1900년 이래 『제국신문』과 『황성신문』만이 각기 국문과 국한문으로 발행되고 있었다. 1906년에 이르러 일진회의 기관지로 『국민신보』가 발행되었고, 이어 천도교에서 『만세보』를, 천주교에서는 주간으로 『경향신문』을 창간하였다. 1907년 이후 발행된 신문은 『대한민보』를 제외하고는 기본적으로 친일신문이었다.

1908년 일제가 조사한 각 신문의 구독현황을 참고로 제시하면 <표 2>와 같다.

<표 2> 1908년도 각 신문의 구독현황[1)]

신문명	총 계	서 울	지 방	외 국				
				계	일본	미국	중국	기타
『제국신문』	2,057	589	1,390	78				78
『황성신문』	3,300	692	2,564	44	32	10	2	
『국민신문』	2,100	238	1,843	19	17		2	
『대한신문』	1,027	369	641	17	17			
『대한매일신보』(국한문)	5.523	1,685	3,838					
(국문)	2,500	1,563	997					
총 계	16,567	5,136	11,273	158	66	10	4	78

(1) 『제국신문』

『제국신문』은 1898년 8월 10일자로 창간되어 1910년 3월 31일자까지 10년 넘게 발간되었던 순국문신문이었다. 제호를 『뎨국신문』이라고 하다가 1903년 7월부터 『제국신문帝國新聞』이라고 고쳤다. 『황성신문』이 국한문체로 발행되어 양반이나 유림층을 대상으로 발행하였던 것과는 달리, 『제국신문』은 순국문으로 하층민과 부녀자를 주된 독자층으로 삼고 있었다. 따라서 한말에는 흔히 이 신문을 '암(雌)신문', 『황성신문』을 '숫(雄)신문'으로 불렀다고 한다. 『제국신문』은 1898년 8월 3일에 농상공부로 신문창간의 청원서를 제출하였는데, 국가의 개명을 도모하기 위하여 신문을 발간한다고 밝히고 있었다.[2)] 이 신문은 이종일李鍾一·유영석柳永錫·이승만李承晚 등과 이문사以文社라는 인쇄소의 관여자들이 신문을 발행하였는데, 창간 직

---

1) 이현종, 「구한말 정치·사회·학회·회사·언론단체 조사자료」, 『아세아학보』 2, 1966, 100~101쪽.
2) 『光武二年訴狀及題存檔』(우정박물관 소장).

후부터 이종일이 신문을 전담해야만 하였다. 옥중에 있던 이승만이 1901년부터 1903년까지 27개월 동안 논설을 집필하였다는 사실만으로도 그 어려움을 짐작할 수 있다. 더욱이 1899년 12월 화재로 인쇄시설이 전소된 이후그 재정상태가 매우 어려워, 결국 1903년 1월부터 군부 대판代辦 포병국장최강崔岡이 사장에 취임하여 신문사를 일신시키고자 하였다. 그러나 그해6월 최강은 일본에서 구입한 양무함揚武艦의 수뢰사건에 연루되어 신문사에서 손을 떼자 다시 이종일이 신문사를 맡을 수밖에 없었다.

『제국신문』은 만성적인 재정적자와 일제의 신문 사전검열을 위반하여10여 차례의 휴간을 하지 않을 수 없었다. 특히 1907년 5월『대한매일신보』의 국문판 간행에 맞서기 위하여 지면을 확장하고 정운복鄭雲復·이해조李海朝 등을 영입하여 새롭게 신문을 발간하였으나, 여기에서 야기된 재정난은 결국 9월 21일 폐간을 선언하는 지경에 이르렀다. 이로 말미암아 사회각처에서 기부금이 모집되어 10월 3일자로 속간할 수 있었는데, 그 결과10년 가깝게 신문사의 운영을 맡았던 이종일이 사임하고 정운복이 사장으로 취임하였다. 정운복은 한기준韓基準·선우예鮮于叡(鮮于日) 등 관서지방 출신들을 중심으로 신문사를 운영하였으나 계속 재정부족으로 곤란을 받았다. 그 발행부수는 일시 4,000부에 이르기도 하였지만 2,000부를 겨우 넘기도 하였으며, 대체로 3,000부 내외였던 것으로 짐작된다.

법률과 풍속개량에 의한 민지계발을 내세우고 창간된『제국신문』은 결국 그 목적은 국민계몽이었다. 따라서 국민에게 국문의 중요성을 일깨우고하층민의 지식계발을 실천하였으며, 국가발전과 국권수호를 위하여 국민의 실력양성이 시급하다는 점을 강조하였다. 당시 계몽론자들과 마찬가지로 신교육과 실업발달을 국권회복의 방편으로 인식한 것이었다. 이와는 달리 국권회복을 위한 무장투쟁, 곧 의병투쟁에 비판적이었던 것 역시 계몽론자들의 일반적인 견해와 다르지 않았다. 1907년 정운복이 신문을 맡은이후에도『제국신문』은 문명개화론적인 관심이 계속되어 오히려 그 이전

보다 계몽적인 내용의 연재물이 훨씬 많아지기도 하였으나, 동시에 친일적
인 경향을 보였다. 그것은 정운복이 통감부의 기관지였던 『경성일보京城日
報』의 국문판 책임자 출신이었고, 선우에 또한 그 기자 출신이었다는 사실
과도 무관하지 않았다.3) 그러나 『제국신문』은 결국 재정난으로 1910년 3
월 31일자를 발행하고 4월 1일부터 휴간에 들어가게 되었고, 이후 신문의
재간행은 이루어지지 않았다. 『황성신문』·『대한매일신보』 등은 '한일합
병'이라는 정치적 이유로 1910년 8월 말에 폐간 또는 개제되었으나, 『제국
신문』은 그와는 달리 재정난으로 일찍 폐간되었다. 지령은 대략 3,240호
정도였다.4)

(2) 『황성신문』

『황성신문』은 국문으로 발간되었던 『경성신문京城新聞』과 『대한황성신
문』을 계승하였지만, 국한문으로 발행되었다. 그것은 일반대중이나 부녀자
보다 전통적인 지배층인 유생들에 대한 계몽이 시급하다고 인식한 까닭으
로 짐작된다. 『황성신문』은 신문이 하정下情을 상달上達토록 하는 것이라
고 논의하여,5) 여론의 형성과 전달에 관심을 두었음을 알 수 있다. 황성신
문사는 신문발간과 기타 제반서류 인쇄를 목적으로 하고 설립되었으며, 10
년간 한시적으로 운영한 뒤에 존속을 결정하기로 하고 창간되었다. 신문사
의 자본금은 5,000원으로 1주당 10원씩 500주였으나, 필요에 의해 증자할
수 있게 하였다.6) 실제로 1904년 8월에 황성신문사에서는 300주를 증자하

---

3) 1909년 12월 4일에 있은 일진회의 합방청원 성명에 대하여 친일세력이 발간하는
   신문을 제외하고는 격렬하게 일진회를 성토하였으나, 『제국신문』은 아무런 논박이
   없어 여론의 질책과 의심을 받았다. 또 정운복의 친일내각 입각설이 있었고, 『제국
   신문』의 통감부 기관지 시도까지 있었던 것으로 알려졌다.
4) 이상 『제국신문』에 관해서는 崔起榮, 「『帝國新聞』의 刊行과 下層民 계몽」, 『大
   韓帝國時期 新聞硏究』(一潮閣, 1991) 참조.
5) 『황성신문』 1898년 9월 6일자 논설.
6) 崔起榮, 「『皇城新聞社規則』·『皇城新聞社會議錄』 해제」, 『한국근현대사연구』

여 총 800주가 된다.[7] 그러나 주주의 모집이 제대로 되지 않아 그 운영은
제국신문사와 다를 바 없이 어려웠다. 신문구독료가 제대로 들어오지 않아
재정은 계속 부족하였다. 1903년 초의 구독료 미수금이 7,000원에 이르러
정간의 위기까지 몰렸으나 2,000원의 의연금으로 위기를 넘기기도 하였다.
황제가 1904년 7월에 9,000원의 내탕금을 하사하여 사옥을 새로 얻고 활자
를 개량할 수 있었다. 사장직은 처음에 남궁억南宮檍이 맡았다가 1902년 8
월에 장지연張志淵이 뒤를 이었다. 장지연이 「시일야방성대곡是日也放聲大哭」
을 게재하여 경무청에 체포된 이후 1906년에는 2월에 남궁훈南宮薰이 사장
직을 맡았다가 5월에 김상천金相天이, 그리고 9월에 유근柳瑾이 인계하였다.
유근의 뒤를 이어 1910년 6월 성선경成善慶이 사장을 맡아 2개월간 재임하
였다. 황성신문사의 주주 또는 사원으로는 남궁억·나수연羅壽淵·홍재기洪
在箕·강화석姜華錫·김상연金祥演·남궁훈·장지연·유근·김상천 등 30명이 넘
었다. 『황성신문』의 주필로는 잘 알려진 대로 초기에 장지연이, 후기에는
박은식朴殷植이 뚜렷한 족적을 남기고 있었다.[8] 발행부수는 대개 3·4,000
부를 오르내렸다.

『황성신문』이 유학자계층의 계몽에 주된 관심을 두고 있었던 것과 관련
하여 그 내용은 창간 이후 1904년까지는 강역·제도·실학 등 전통문화에
대하여 주목하였던 것으로 보인다. 그것은 보수적인 유학자들에게 전통문
화를 새롭게 이해시키기 위한 것으로 풀이된다. 1904년부터 1907년까지는
주로 외국의 망국·독립·개혁사를 통하여 그러한 목적을 이루고자 하여, 베
트남이나 이집트와 같은 망국의 예와 일본·이탈리아·프랑스와 같은 독립·
개혁의 예를 소개하였다. 그러한 경향은 이들 국가의 경우를 통하여 유림
들이 한국의 정치적 상황을 인식하고, 그 상황을 타개해 나갈 수 있는 교
훈과 애국심을 기대하기 때문이었을 것이다.

3, 1995.

7) 『황성신문』 1904년 8월 16일자 사설.

8) 李光麟, 「『皇城新聞』 硏究」, 『開化派와 開化思想 硏究』(一潮閣, 1989) 참조.

1908년 이후에는 외국사기의 소개를 벗어나 한국사에 대한 긍정적 이해에 주목하였다. 단군숭배, 한국사의 고구려－발해 중심의 이해, 영웅과 국혼의 강조 등이 역사관계 기사를 통하여 찾아지는 구체적인 내용이었다. 유학자들에게 자국사에 대한 애착과 자긍심을 심어주고자 한 이러한 시도는, 바로 1900년대 후반기에 지식인들의 주도로 전개되던 이른바 애국계몽운동의 구체적 실천양상이기도 하였다. 동시에 1908년 이후『황성신문』은 유학자들에게 그 이전처럼 실학만을 강조한 것에 그치지 않고, 전통유학 자체에 대한 반성과 함께 새로운 변화의 추구를 촉구하고 있었다. 유교구신儒教求新이 그것이었다. 그러나 의병활동에 대한 비판으로 미루어, 의병활동과 무관하지 않던 보수적인 전통유학자에 대해서는 부정적으로 인식하고 있었음을 알 수 있다.9)

(3)『대한매일신보』

『대한매일신보』는 1904년 7월 18일자로 국문으로 창간되었다. 영국인 베델이 사장이었고, 양기탁梁起鐸이 책임을 맡고 있었는데, 그 간행에는 황실의 지원이 있었던 것으로 알려져 있다. 이 시기는 러일전쟁에서 일본이 우세한 시기로 국내에서 설치된 일본의 경무총감부에서 한국인 발행의 신문에 대한 사전검열이 준비되고 있었다. 황실에서 자금을 지원하며 외국인을 내세워 신문을 발행하고자 하였던 것은 바로 그러한 현실을 고려한 것이었다.『대한매일신보』가 국문으로 발행된 것은 하층민의 계몽이 시급한 것으로 이해하였기 때문인데, 더욱이 한 면은 영문판으로 구성되어 외국인들을 대상으로 하고 있었다. 이러한 편집은 크게 유용하지 못하였던 것으로 평가되었다. 따라서 신문사에서는 먼저 전통적인 지배층이고 지식층의 유학자 계층의 계몽을 전제로 하여 신문을 국한문판으로 전환시키고자 하

---

9) 崔起榮,「『皇城新聞』의 역사관련기사에 대한 검토」,『韓國近代啓蒙運動硏究』(一潮閣, 1997).

였다. 1905년 3월 10일자를 발행한 이후 5개월을 휴간한 것은 바로 그 준비 때문이었고, 드디어 그 해 8월 11일자부터 『대한매일신보』는 국한문체로 간행되기 시작하였다. 영문판 *The Korea Daily News*는 따로 발행하였으며, 하층민의 계몽에 대한 관심은 계속되어 1907년 5월 국문판을 별도로 간행하게 된다.

『대한매일신보』는 영국인을 발행인으로 하고 있었기 때문에 일제와 정부의 신문탄압에서 벗어날 수 있었다. 따라서 일제의 국권침탈과, 친일정권의 무능과 부패를 꺼리낌 없이 비판하였다. 통감 이토 히로부미伊藤博文가 1907년 초 일본에서 행한 연설에서

> … 現今 한國에서 發行ᄒᄂᆫ 一외國人의 每日報ᄂᆫ 確證이 有ᄒᆫ 日本의 제般惡政을 反對ᄒᆞ야 한人을 煽動홈이 連續不絶ᄒᆞ믹 此에 關흔 機會에 就ᄒᆞ야ᄂᆫ 統監이 難可受責이로다 …10)

라고 『대한매일신보』가 가장 반일적인 신문이라고 지적할 만큼, 일제의 한국침탈을 비판하였던 것이다. 일제가 베델의 추방작업을 1906년 7월부터 시작하였던 것도 그러한 이유에서였다. 특히 『대한매일신보』는 의병활동에 대해서 다른 신문들에 비하여 호의적이었다. 『황성신문』이나 『제국신문』은 의병투쟁이 국권회복을 위하여 현실적이지 않다는 이유에서 비판적이었던 것과는 사뭇 다른 입장이었다. 신문사는 양기탁의 책임하에 운영되었는데, 특히 신채호申采浩·장도빈張道斌 등이 논설기자로 활동하였다. 임치정林蚩正·옥관빈玉觀彬·설태희薛泰熙·변일卞一·강문수姜文秀·이교담李交倓·이장훈李章薰·황희성黃義性·유치겸兪致兼·김연창金演昶 등도 신문사에 재직하였다. 그 발행부수는 한말 발행되던 신문 가운데에서는 가장 많아, 국한문판이 8,143부, 국문판이 4,650부, 영문판이 463부로 모두 13,256부으로

---

10) 『대한매일신보』 1907년 2월 12일자 잡보 「伊藤演說」.

나타났다.[11] 또 <표 2>의 조사에서는 『대한매일신보』의 국한문판과 국문판의 발행부수가 『제국신문』·『황성신문』·『국민신보』·『대한신문』의 합계가 비슷하게 나타났다.

통감부는 『대한매일신보』의 국권회복활동을 방해하기 위하여 베델의 추방을 계속 추구하여, 베델은 1908년 6월 영국 고등법원에서 3주간의 금고와 보증금의 납부라는 판결을 받아 상하이上海로 가서 금고형을 치렀다. 이 일로 건강이 나빠진 베델은 1909년 5월 사망하고 말았다. 또 통감부는 1908년 7월 양기탁을 국채보상금의 횡령혐의로 구속하였지만, 영국정부의 항의로 9월에 석방하지 않을 수 없었다. 베델은 1908년 5월부터 그의 비서 맨함A. Marnham, 萬咸에게 그 경영을 맡겼으나, 그는 베델이 죽은 후 통감부의 회유로 1910년 6월 신문사를 이장훈에게 인계하고 말았다. 『대한매일신보』는 1910년 8월 29일 국권피탈 뒤 총독부 기관지가 되어, 제호를 『매일신보每日申報』로 바꿔 계속 간행되었다.[12]

(4) 『만세보』·『경향신문』·『대한민보』·『경남일보』

『만세보』는 1906년 6월 17일자로 창간되었는데, 천도교회에서 발행한 것이었다. 그 해 1월 일본에서 체류하다가 귀국한 천도교 교주 손병희孫秉熙와 문명개화에 관심을 두고 있던 그의 측근 권동진權東鎭·오세창吳世昌 등이 국내 기반의 확대와 천도교에 대한 국민의 부정적 시각을 변화시키는 것이 그 발간목적이었다. 주필 이인직李人稙의 명의로 내부에 제출한 신문발간 청원서에는 "국민의 풍화風化를 고발鼓發 호며 지식을 보도補導 호기 위호야" 신문사를 설립한다고 하였다.[13] 천도교에서는 국민계몽을 내걸고

---

11) 『統監府文書』 2(국사편찬위원회, 1998), 148~150쪽 「大韓每日申報社 / 現況」.
12) 『대한매일신보』에 관해서는 李光麟, 「『大韓每日申報』 刊行에 대한 一考察」, 『韓國開化史의 諸問題』(一潮閣, 1986)와 鄭晉錫, 『大韓每日申報와 裵說』(나남, 1987)을 참고할 것.
13) 『萬歲報』 上(亞細亞文化社 영인본, 1985) 수록문서.

교육사업과 출판사업에도 관심이 있었다. 국한문으로 발행된 이 신문은 한자 옆에 루비활자를 달아 국문만을 아는 계층도 독자로 확보하고자 하였다. 천도교는 1906년 8·9월경 정교분리를 내걸고 일진회와 대립하여 결별하게 되는데, 이후 교회의 재정이 어려워져 신문사도 재정난을 겪지 않을 수 없었다. 결국 1907년 6월 30일자의 호회를 마지막으로 폐간되고 만다. 이 신문은 정부에 매각되어 친일 이완용李完用 내각은 그해 7월 18일자로 기관지『대한신문大韓新聞』을 창간하였으며,『만세보』의 주필이던 이인직이 사장에 취임하였다.『만세보』는 천도교에서 발간하며 드러나지 않게 교회의 홍보 기능을 하였고, 천도교 교리서도 자주 연재하였다. 대략 2,000부를 발행하였던 것으로 보이는 이 신문은 실력양성론에 입각하여 지식계발과 풍속개량에 관심을 두고 있었으며, 정치적으로 민감한 문제에 대해서는 불간섭을 취한 것으로 보인다.14)

　천주교회에서도『경향신문』을 1906년 10월 19일자로 창간하였다. 순국문의 주간지였던 이 신문은 국민계몽과 아울러, 천주교인의 권익보호, 그리고 교회 자체의 기관지 필요성으로 발간되었던 것 같다. 또한 개신교회의 교세확장과 신문발간에 대한 대응이라는 측면도 있었다. 그러나 그 형태는 순수한 종교신문이 아닌 일반시사신문이었다. 따라서 비신자들을 독자층으로 인식하여 교세확장을 기대하기도 하였다. 그 제작에는 드망즈F. Demange, 安世華 신부와 김원영金元永 신부가 관여하였고, 이건수李建洙가 실무책임자였다. 외국인 신부가 책임자로 임명된 것은『대한매일신보』와 마찬가지로 외국인 명의의 신문은 통감부의 사전검열에서 제외되었기 때문일 것이다. 교회의 예산으로 발간되었으므로 재정은 풍족하였고, 발행부수도 4·5,000부에 이르렀다.『경향신문』은 정교분리의 원칙에 의하여 정치불간섭주의를 내세워, 현실정치에는 소극적으로 대처하였고 일본의 한국지

---

14)『만세보』에 관한 전반적인 이해에는 崔起榮,「天道敎의 國民啓蒙活動과『萬歲報』의 發刊」,『대한제국시기 신문연구』가 참고된다.

배를 인정하는 현실 수긍적인 자세를 보였다. 실정법을 중시하였으나 정치적인 법령에는 무관심하고 주로 민생에 관련된 부분을 강조하였다. 정신적인 개화와 교육을 중시하였으며, 호교적인 문제에 관심이 많았다. 특히 개신교 선교사를 많이 파견한 미국에 비우호적이었다. 그 폐간은 '한일합병' 이후 총독부의 강요로 일반시사신문으로의 발행이 어려워지자, 『경향잡지』라는 순수종교잡지로 전환하고 말았다.[15]

『대한민보』는 대한협회의 기관지로 발행된 것이었다. 1907년 11월 윤효정尹孝定·장지연 등에 의하여 발기된 대한협회는 1908년 4월부터 1909년 3월까지 모두 12회에 걸쳐 『대한협회회보』라는 기관지를 발행하다가, 1909년 6월 2일자로 『대한민보』를 창간하였다. 국민의 사상을 통일하고 국민의 행동을 일치하게 하여 자강으로 국운의 발전을 도모하는 것을 신문 발간의 목적으로 삼고 있었다. 대한협회는 일간지의 발행을 이미 1909년 초부터 계획하여, 재정적으로 어려웠던 『제국신문』을 매수하고자 하였으나 실현되지 않자 별도의 신문을 발행하게 된 것이었다. 『대한민보』 역시 창간 이후 재정부족으로 곤란을 받았으면서도, 한 때 6,200부나 발행하였다고 알려졌다. 사장은 오세창이 맡았으며, 장효근張孝根·최영목崔榮穆·이종린李鍾麟 등 천도교인들이 신문사에 관여하였다. 특히 『대한민보』의 두드러진 특징은 1면 중앙에 게재되었던 삽화, 시사만평이었다. 주로 이완용 내각과 일진회를 풍자하거나 우국충정을 보이는 것이었는데, 화가로 이름 높던 이도영李道榮이 담당하고 있었다.[16]

한말 유일한 지방신문으로 진주에서 발행되던 『경남일보』가 있었다. 이 신문은 가장 문명개화가 늦었다고 논의되던 경남의 유지들이 출자하여 설립한 것이었다. 그 주도적인 인물은 김홍조金弘祚·김영진金榮鎭·김기태金琪

---

15) 『京鄕新聞』에 관해서는 崔起榮, 「天主教會의 『京鄕新聞』 刊行」, 『대한제국시기 신문연구』를 참조할 것.
16) 金項勻, 「大韓協會(1907~1910) 硏究」, 단국대 대학원 사학과 박사학위논문, 1992, 162~180쪽.

部 등이었고, 경남관찰사 황철黃鐵도 크게 지원하였다. 주필에는 황성신문 사장을 역임한 장지연이 초빙되었으며, 직접 신문에 관여한 인물들은 주로 하급관리를 역임한 경남의 지주와 자산가들이었다. 1909년 10월 15일자로 창간된 국한문의 『경남일보』는 국민계몽이 양반·유림층부터 이루어져야 한다고 믿었다. 2,000부 정도가 발행되었으나, 재정적으로는 어려웠다. 그 주된 관심은 실업장려와 민지개발이었는데, 특히 정치문제에는 간섭하지 않을 것을 천명한 바 있었다. 따라서 그 내용도 국가의 위기에는 무관심하고 오히려 친일적인 경향까지 보이기도 하였다. 또 지방신문으로의 역할을 중시하였으며, 유교적인 입장이 강조되었다. 1910년 8월 이후 『대한매일신보』가 총독부 기관지인 『매일신보』로 개제되고 중앙의 나머지 신문들이 모두 폐간되었지만, 『경남일보』만은 폐간되지 않았다. 대신 사설이 없어지고 사전검열을 계속 받았다. 본래 일간으로 출발하고자 하였으나 실제로는 격일간으로 발행되었다.17)

(5) 친일신문

『제국신문』·『황성신문』·『대한매일신보』·『만세보』·『경향신문』·『대한민보』 등은 일제의 한국침략에 적극적으로 저항하거나, 아니면 소극적으로나마 저항하고자 한 신문들이었다. 그러나 이 밖의 『국민신보』·『대한신문』·『대동일보大同日報』·『시사신문』 등은 친일세력들에 의하여 일제의 국권침탈을 합리화하기 위한 여론형성을 목적으로 간행된 것들이었다. 실제로 1904년 8월 이후 한국인 명의로 발간되는 신문들은 일제의 언론규제에서 벗어날 수 없었다. 즉 8월 20일 일본군사령부에서 『황성신문』과 『제국신문』의 주무원을 불러 군사상 사항의 신문게재 금지와 신문의 사전검열을 통고하였다.18) 사전검열은 1906년 2월 이후 경무고문부警務顧問部가 개

---

17) 『경남일보』에 대한 전반적인 내용은 崔起榮, 「晉州의 『慶南日報』: 唯一의 地方紙」, 『대한제국시기 신문연구』에서 구할 수 있다.

설되자 그곳으로 이관되었다. 1906년 이후 창간된 신문들은 외형적으로 농
상공부의 허가를 받아야 했지만, 일제의 통감부와 경무고문부가 관여하였
음을 쉽게 짐작할 수 있다. 따라서 1906년 이후 창간된 신문들은 그 대부
분이 비록 종교신문이 아니라 일반신문이라도 종교기관이나 친일세력에
의하여 발행된 것들이었다. 1906년 1월 6일자로 창간된『국민신보』은 바
로 친일세력인 일진회의 기관지였다. 일진회는 잘 알려진 대로 1904년 8월
일제가 한국침탈에 필요한 한국민의 여론을 만들어내기 위하여 송병준宋秉
畯 등을 내세우고, 그해 12월 동학의 조직인 진보회와 합동한 친일정치단
체였다.『국민신보』가 일제의 여론조작에 필요한 언론기관으로 출발하였
음은 자명하다.

2) 국외신문

　1900년대 후반기, 일제의 국권침탈이 본격화하던 시기에는 국내뿐 아니
라 국외의 교포사회에서도 신문이 발간되었다. 1860년대 이래 러시아령 지
역과, 1900년대 전반기부터 노동이민이 시작된 미주지역에 교포사회가 형
성되어 있었다. <표 3>은 바로 해외에서 발행된 교포신문을 정리한 것이다.

〈표 3〉 한말 해외교포신문의 발행현황(1904~910)

발행지역	제 호	창간일	종간일	발행인	간행 구분	형태	발행처
하와이 (호놀룰루)	『신죠신문』	1904. 3.27	14개월	최윤백	격주	등사판	
	『한인시사』	1905. 6.10	15개월	최윤백	격주	등사판	감리교
	『합성신보』	1907.10.22	1909. 1.25	홍종표	격주/ 주간	등사/ 활판	한인합성협회
	『신한국보』	1909. 2.15	1913. 8. 6	홍종표	주간	활판	대한인국민회 하와이총회

18)『대한매일신보』1904년 8월 23일자 잡보「신문검열」.

미주본토 (샌프란시 스코)	『공립신보』	1905.11.22	1909. 1.27	송석준	격주/ 주간	석판/ 활판	공립협회
	『대동공보』 (大同公報)	1907.10. 3	1908. 4. 9	문양목	주간	석판/ 활판	대동보국회
	『신한민보』	1909. 2.10		최정익	주간	활판	대한인국민회 북 미총회
러시아령 (블라디보 스토크)	『히죠신문』	1908. 2.26	1908. 5.26	최봉준	일간	활판	
	『대동공보』 (大東共報)	1908.11.18	1910. 9. 2	유진률	주 2회	활판	

해외교포신문으로 처음 발행되었던 것은 하와이에서 1904년 3월 27일자로 창간된 『신죠신문』이었다. 잘 알려진대로 1902년 12월에 하와이로의 노동이민이 시작된 이래, 하와이에 형성된 한인사회를 대상으로 격주간의 『신죠신문』 등이 발간되었던 것이다. 미주 본토에서는 1905년 4월에 교포단체로 샌트란시스코에서 공립협회共立協會가 조직되었는데, 그 기관지 『공립신보』가 그 해 11월 22일자로 창간되었다. 교포신문의 특징은 모두 국문으로 발행되었다는 것이다. 이것은 활자문제를 포함하여 이민자들의 교육정도와도 무관하지 않았을 것으로 짐작된다.

교포신문들은 경제적인 이유로 이민한 교포들의 계몽과, 거주국에서의 권익신장을 목적으로 하고 있었다. 동시에 일제에 의하여 국권을 침탈당하던 고국의 정치적 현실에 대한 논의도 빠뜨리지 않았다. 특히 이들 교포신문은 국내에도 유입되었는데, 검열을 받지 않았으므로 일제 국권침탈의 부당성과 국권회복론 등 강렬한 항일 논조를 유지하고 있었다. 1908년 4월의 신문지법 개정이 바로 이들 교포신문에 대한 압수도 목적으로 하고 있었음은 잘 알려진 일이다. 실제로 1908년과 1909년의 경우, 교포신문들은 175회의 압수처분으로 약 18,000부가 압수되었던 것으로 일제가 조사한 바 있었다.[19] 교포신문의 발행은 대부분 교육을 받거나 유학을 목적으로 이주한 인물들에 의하여 이루어지고 있었다. 다만 교포신문의 재정은 매우

---

19) 崔起榮, 「光武新聞紙法 硏究」, 『대한제국시기 신문연구』, 285~288쪽.

취약하였는데, 미주의 경우에는 교포들의 의연이, 러시아령의 경우에는 유
력한 교포의 출자가 주된 수입원이었다.

(1) 하와이

하와이에서 발행된 대표적인 신문은 하와이내 교포단체의 통합으로
1907년 10월 22일자로 창간된『합성신보』와, 그것을 이은『신한국보』였다.
이미 하와이에서는 1904년『신죠신문』과 1905년『한인시사』가 격주로 발
간되었으며, 또『전흥협회보電興協會報』나『자신보自新報』등의 잡지도 발
간된 바 있었다. 1907년 하와이에 병립해 있던 교포단체들이 통합되어 한
인합성협회를 결성하자 그 기관지로『합성신보』가 발간되었다. 그러나
1909년 2월 미주 본토의 공립협회와 한인합성협회가 통합되어 국민회를
결성하면서 각기 기관시의 명칭을 바꾸어 발행하게 되었다.『합성신보』는
1909년 2월 15일자로『신한국보』로 개제되었고,『신한국보』는『합성신보』
의 발행일을 창간기념일로 삼아 그 전통을 계승하였던 것이다.

『신한국보』는 홍종표洪宗杓(洪焉)·한재명韓在明·박상하朴相夏·강영소姜永
韶·이항우李恒愚 등이 관여하였으며, 논설·시사·전보·제국시보·국민회보·
기서·번역 등으로 구성되었다. 다른 교포신문과 마찬가지로『신한국보』는
국권회복과 교포계몽, 그리고 교포 권익증진을 목적으로 언론활동을 전개
하였다. 대한인국민회 하와이총회의 기관지였던 만큼 국민회에 관련된 사
항들이 적지 않았고, 신문사의 경비나 임원들 역시 국민회와 무관하지 않
았다. 대한인국민회 북미총회의 기관지로 샌프란시스코에서 발행된『신한
민보』와 그 성격을 같이 한 것이었다.

특히 노동이민이 주를 이루었던 하와이 교포들을 대상으로 하였기 때문
에 노동조건과 교육, 실제 학문과 실천을 강조하고, 게으름과 사치를 비난
하는 논설을 많이 싣고 있었다. 또 국내에서 발행되었던『국민수지國民須知』
나, 신채호의「독사신론讀史新論」을 연재하기도 하였다.『신한국보』는 1913

년 8월 6일자로 총250호가 발행되다가, 8월 13일자부터『국민보國民報』라는 이름으로 발행되었다.[20]

(2) 미주 본토

미주에서 간행된『공립신보』와 그것을 계승한『신한민보新韓民報』에 관해서는 비교적 잘 알려져 있다.『공립신보』의 창간사에 의하면 교포사회에 있어 애국심의 고양과 계몽, 그리고 본국과 교포사회의 실상을 알려 서로 깨닫게 한다는 목표를 확인할 수 있다. 즉 교포사회의 계도와 본국과의 연계를 신문을 통하여 이루고자 하였던 것이다. 초기의 교포신문들은 석판 또는 등사판으로 발행되다가 활판으로 바뀌었다.『공립신보』의 경우, 석판과 등사판으로 30호가 발행된 뒤, 1907년 4월 26일자부터 활판으로 발간되어 1909년 1월 27일자까지 총 118호가 발행되었다.

1909년 2월 1일 하와이의 교포단체인 한인합성협회와 공립협회가 국민회로 통합되었다. 각 기관지였던『공립신보』와『합성신보』가『신한민보』와『신한국보』로 개제되었다. 또 1910년 2월 10일 국민회는 대동보국회大同保國會와 통합하여 대한인국민회로 확대되었는데,『신한민보』가 역시 그 기관지였다. 대동보국회에서도『대동공보大同公報』라는 주간지를 발간한 바 있었다. 교포신문들의 재정은 매우 빈약하였지만, 교포단체의 가장 중요한 사업으로 인식되었으며 교포들의 성원과 지원으로 재정부족을 겨우 메꾸어 나가면서도 신문을 발행하였다. 대한인국민회는 일본의 국권침탈과 식민정책을 적극적으로 반대하고, 독립운동을 지원하며 교포들의 권익향상을 위하여 진력한 미주의 대표적인 단체였다. 따라서『신한민보』의 논조도 반일적이면서 교포의 지위향상을 위한 것이었고, 민족 전체의 대표기

---

20) 하와이에서 발행된 교포신문과 잡지에 관해서는 車培根,「布哇韓僑新聞史略攷」,『新聞學報』13, 1980과 이덕희,「하와이의 한글 언론, 1904-1970」,『미주한인의 민족운동』(혜안, 2003)을 참조할 것.

관으로 자임하였다. 주로 주간 4면으로 발행되었던 『신한민보』는 1910년 국권침탈 이전에는 국내에도 유입되어 적지 않은 영향을 미쳤으나 이후 국내유입이 불가능하였고, 하와이·멕시코·원동遠東 등지에는 배포되었다. 1910년 현재 3,000부를 간행하는 것으로 나타났으며, 발간비용의 상당 부분을 교포들의 기부금에 의존하고 있었다. 편집은 최정익崔正益·정재관鄭在寬·이항우·강영대姜永大 등 공립협회나 국민회의 간부진이 담당하였던 것으로 나타난다. 국문의 세로쓰기로 간행되었고, 논설을 비롯하여 대한인국민회 관련 사항, 국내와 재미교포 및 원동 등지의 교포에 관한 소식, 그리고 소설이나 번역·투고 등이 실렸다.[21]

　1910년 대한인국민회로 합류할 때까지 공립협회와 대립하고 있던 대동보국회에서도 『대동공보』를 발간하였다. 1907년 10월 3일자로 창간된 이 신문은 7호까지 석판으로 발행되다가, 이후 활판으로 1908년 4월 9일자까지 모두 25호가 발행되었다. 신문 발간에 관여한 문양목文讓穆·최운백崔雲伯·백일규白一圭·이학현李學鉉 등은 모두 대동보국회의 임원들이었다. 이 신문은 재정난으로 폐간되었는데, 발행부수도 2,000부가 되지 않았다. 『대동공보』는 그 사명을 보국保國에 두고 있다고 하였는데, 군주 중심의 국권회복을 지향한 것으로 짐작된다. 신문에도 본국의 의병에 관한 보도가 빠지지 않았고, 교포와 대동보국회에 관한 기사가 중심을 이루었다. 그러나 『대동공보』는 그 발행기간이 6개월에 지나지 않아 그 영향력이 크지는 않았다.[22]

　(3) 러시아지역

　미주에 이어 러시아령에서도 교포신문이 발간되었는데, 그 효시는 『히죠

21) 『共立新報』와 『新韓民報』에 관해서는 崔起榮, 「美洲僑胞의 反日言論 : 『共立新報』·『新韓民報』의 刊行」, 『대한제국시기 신문연구』 참조.
22) 崔起榮, 「美洲 大同保國會의 국권회복운동」, 『한국근대계몽운동연구』, 250~256쪽.

신문』이었다. 1908년 2월 26일자로 창간된 이 신문은 최봉준崔鳳俊이 사장을 맡고 있었다. 최봉준은 함북 경흥 출신의 러시아 귀화인으로 러시아령 교포 가운데 대표적인 자산가였다. 연해주 지사의 허가를 얻어 발간한 이 신문은 '해삼위海蔘威(블라디보스토크)에 거주하는 조선인 신문'이라는 의미에서 『히죠신문海朝新聞』이라고 하였다. 이 신문은 비록 3개월밖에 간행되지 못하지만, 활판으로 인쇄한 일간신문이었다.

『히죠신문』의 창간을 주도한 것은 정순만鄭淳萬이었다고 알려져 있다. 그는 국내에서 보안회輔安會 활동에도 참여하고 상동청년회尙洞靑年會의 부회장도 역임하였는데, 1906년 블라디보스토크로 망명하여 최봉준과 협력하여 신문발행을 추진하였다. 그 발간 취지서를 보면 신문을 통하여 교포를 계몽하여 실력양성을 도모하고, 국민정신을 배양하며 국권회복을 주장하겠다는 목적을 밝히고 있었다. 이는 결국 노령교포의 구제와 국권회복을 위하여 신문을 발간한다는 것이었다. 특히 신문제작을 위하여 국내에 있던 전 황성신문사장 장지연을 주필로, 이강李剛·김하구金河球 등을 편집·기자로 초빙하였다. 이 신문은 국문 4면으로, 일요일과 부활절 다음 날만을 제외하고 매일 발행되었는데, 러시아가 러시아 정교를 국교로 하고 있던 사실과 관련이 있었다. 발행부수는 400~500부에 지나지 않았다.

『히죠신문』의 내용은 국권회복과 노령교포의 계몽으로 크게 나눌 수 있다. 국권회복을 위하여 망국인이 되지 않도록 고국을 생각하여야 한다는 것이 그 단적인 예라 할 수 있을 것이다. 그러나 국권회복에 관심을 집중시킨 나머지 노령교포들의 이익을 대변하는 역할에는 소홀하여, 당시 교포들의 생존문제에 대한 관심은 별반 드러나지 않았다. 다만 교포들의 교육에 대해서는 자주 논의하였다. 이처럼 국권회복에 대한 논의는 일제의 반발을 사게 되어, 일제는 국내와 무역을 하던 최봉준에게 압력을 가하여 결국 1908년 5월 28일자 제75호를 마지막으로 폐간하지 않을 수 없었다.[23]

---

23) 박환, 「재러한인 민족운동의 태동과 『히죠신문』의 간행」, 『러시아한인민족운동사』

러시아령의 교포사회에서는 『히죠신문』의 폐간 직후부터 새로운 신문의 창간이 준비되었다. 이때까지 러시아지역에서는 교민단체가 활발하지 않아, 신문은 교포사회 지도자를 중심으로 발행되고 있었다. 해조신문사의 인쇄시설을 구입하여 1908년 11월 18일자로 창간된 것이 『대동공보大東共報』였다. 노령동포들의 문명개화와 국권회복을 목적으로 한 이 신문은 발행인으로 러시아인을 내세우고, 사장에 차석보車錫甫가 취임하고 유진율兪鎭律·이강·정순만 등이 참여하였고, 최재형崔在亨·이상운李尙雲·정재관鄭在寬·한형권韓馨權 등도 뒤에 관여하였다. 주 2회, 1,500부 가량 발행된 『대동공보』는 국내의 의병활동을 대대적으로 보도하면서도 동포들의 계몽운동을 지원하여 민족의식과 애국심을 고취시키며, 일제의 국권침탈과 만행을 규탄하였다. 아울러 러시아 거주 한국인의 생활개선과 권익보호에 앞장서 교포신문으로서의 역할을 담당하였다.

특히 『대동공보』는 안중근安重根의 이토 히로부미 포살사건과 직접적인 관련을 맺고 있었다. 안중근은 이 신문사의 탐방원으로 연추煙秋 지방의 지국을 운영하기도 하였는데, 이토의 포살을 대동공보사의 관여자들과 협의한 것으로 알려졌다. 1909년 한 해에만 국내에서 압수된 『대동공보』가 57건, 2,235부였던 것만으로도, 이 신문이 일제의 침략에 저항하며 국권회복에 진력하였음을 짐작할 수 있다. 그러나 1910년 7월 '한일합병' 직전, 러시아는 일본과 협약을 맺어 러시아 내에서 한국인의 활동을 규제하기로 하였다. 이에 따라 대동공보사에서는 폐간 압력에 대처하기 위하여 1910년 8월 18일자로 『대동신보大東新報』라고 제호를 바꾸기도 하였으나, 결국 지령 250호인 9월 1일자로 폐간하지 않을 수 없었다.[24)]

유진율 등은 이후 1911년 『대양보大洋報』와 1912년 『권업신문勸業新聞』을 발행하여, 계속 국권회복과 국민계몽을 내세운 독립운동을 전개하였다.

_____

(탐구당, 1995) 참조.

24) 慎鏞廈, 「『大東共報』解題」, 『大東共報』(國家報勳處, 1993) 및 박환, 「『대동공보』의 간행과 재러한인 민족운동의 고조」, 『러시아한인민족운동사』를 참조할 것.

이들 신문은 권업회의 기관지로 발행되었다.

2. 한말 신문의 국권회복운동

1) 일제의 국권침탈에 대한 저항

한말의 민족언론은 일제의 한국침략, 즉 국권침탈에 저항하고 있었다. 1904년 2월 발발한 러일전쟁 이후 일제의 한국식민지화 기도가 명백해지고, 특히 그해 6월 황무지 개척권 요구가 있자 신문들은 이에 대하여 적극적으로 반발하며, 그 반대운동의 선봉에 섰던 보안회의 활동을 지속적으로 보도하였다. 『황성신문』이 황무지개척권을 한국민에게 허가할 것을 주장한 것도 일제의 경제침략에 대한 저항이었다.25) 일제가 보안회의 움직임을 빌미로 군사경찰을 실시하며 8월부터 한국인 발행의 신문에 대한 검열을 시행한 것도 그러한 까닭에서였다. 이 시기에 한국인의 명의로 발행되던 신문은 『황성신문』과 『제국신문』 뿐이었다.

1905년 11월 이른바 을사조약의 강제체결은 민족언론의 지향이 무엇인가를 보여주는 계기가 되었다. 이미 11월 초 일진회의 보호청원이 발표되자 『제국신문』·『황성신문』·『대한매일신보』는 이를 반박하였으며, 을사조약이 강제체결되자 『황성신문』은 11월 20일자에 「시일야방성대곡」을 검열을 거치지 않고 게재하여 정간되고 말았다. 이 논설은 잘 알려진 대로 한국민의 반일의식을 크게 고양시켰다. 이와 함께 『대한매일신보』가 11월 21일자에 「황성의무皇城義務」를 실어 『황성신문』을 지지하였고, 11월 27일자로 이 문제에 대한 호외를 발행하기도 하였다. 앞면에 한문으로 「한일신조약 청체전말請締顚末」을 싣고, 뒷면에는 「시일야방성대곡」을 영문으로

---

25) 예컨대 『황성신문』 1904년의 경우, 「論山林澤認准說」(6.20), 「請質政府諸公」(6.29), 「開墾陳荒宜認許我民」(7.4) 등의 논설에서 확인된다.

번역하여 수록한 이 호외는 전국에 배포되었다. 또『대한매일신보』는 1906
년에 계속하여 을사조약의 강제체결에 반대하여 자결한 민영환閔泳煥·조병
세趙秉世·송병선宋秉璿 등에 관련된 기사를 게재하였으며, 1907년 1월 16일
자에는 고종이 을사조약에 조인하거나 동의하지 않았다는 밀서를 사진으
로 게재하여 일본을 당혹하게 만들었다.26) 다만『제국신문』은 을사조약의
강제체결에 대하여 11월 22·23일자에 걸쳐「한 씩 분흠을 참으면 빅년 화
근을 면흠이라」는 논설로, 국민에게 후일을 대비하여 실력양성이 필요함
을 강조하며 자중할 것을 촉구하였다.

  1904년 8월 이후 일제의 사전검열로 한국인 명의로 발간되던『황성신문』
이나『제국신문』, 그리고 1906년에 창간된『만세보』등은 직접 일제의 국
권침탈에 대하여 비판하고 저항하기가 어려웠다. 따라서 이들 신문은 부분
적으로 통감부의 정책을 비판히거나 일제의 주구로 알려진 일진회와 친일
정권·정부 고관들을 공격하였다. 동시에 한국이 처한 위치를 설명하고 실
력양성을 강조하여 한국민의 애국심과 국권회복의식을 고양시키는 등 간접
적으로 일제침략에 저항하고 있었다. 1906년 한 해 동안 사전검열로 삭제된
기사가『제국신문』이 13건,『황성신문』이 7건,『만세보』가 6건이었는데,27)
그 내용은 대체로 간접적으로 일제의 국권침탈을 비판한 것이었다.

  이러한 한국인 명의의 신문과는 달리 영국인 명의로 발행된『대한매일
신보』는 일제의 사전검열을 받지 않았으므로 직접 일제의 국권침탈을 비
판하였다. 1907년 초 통감 이토는 일본에서 행한 연설에서『대한매일신보』
가 가장 반일적인 신문이고, 그 영향력이 지대함을 시인한 바 있었던 것도
그러한 이유에서였다.28) 또 당시 신문관계자가 독자들이 사전검열을 받지

---

26) 이 옥쇄가 찍힌 밀서는 1906년 1월말 영국 *The Tribune*의 특파원 스토리D. Story에
   게 전달되었던 것으로, 1906년 12월 1일자의 *The Tribune*에 실린 사진을 복사하여
   『대한매일신보』에 실었던 것이다.『대한매일신보』1907년 1월 23일자 논설「스토
   리氏受書」와 1월 24일자 논설「更論스토리氏受書」참조.
27) 岩井敬太郞 편,『顧問警察小誌』(韓國 內部 警務局, 1910), 125~128쪽.

않던 『대한매일신보』만을 신뢰한다고 토로하기도 하였다.29) 따라서 그러한 점을 고려하여 『대한매일신보』를 중심으로 일제의 국권침탈에 대한 민족언론의 저항을 살펴보자.

『대한매일신보』는 의병항쟁에 대해서 다른 신문들에 비하여 매우 호의적이었다. 『황성신문』이나 『제국신문』・『만세보』가 의병투쟁이 국권회복에 현실적이지 않다는 이유에서 비판적이었던 것과는 사뭇 다른 입장이었다. 『대한매일신보』도 1906년 5월 30일자의 논설 「의병」에서 의병투쟁이 때와 힘을 살피지 않은 폭거라고 규탄한 바 있었다. 그러나 일제의 국권침탈이 계속되고 의병항쟁이 격화하자, 의병항쟁을 지지하였다. 예컨대 1909년 7월 28일자부터 8월 1일자까지 5차례에 걸쳐 「의병총대장 이인영李麟榮의 약사」를 게재하였고, ‘지방소식’을 비롯하여 ‘의병소식’・‘의병상보’・‘의병정형’ 등의 고정란을 만들어 의병활동을 상세히 소개하였다. 또 통감부의 조사에 따르면 의병들 가운데 『대한매일신보』를 읽고 비분강개하여 의병에 가담한 인물들이 적지 않았다고 하였다. 『황성신문』과 『제국신문』도 의병들의 활동을 보도하고 있었으나, 실력양성을 우선으로 삼고 있던 만큼 호의적이지는 않았다. 그러나 『대한매일신보』는 실력양성을 중시하면서도 의병항쟁을 적극 지지하고 있었다.

그뿐 아니라 일진회나 친일대신 등 친일파에 대한 비판도 끊이지 않았다. 1908년 4월 2일자에 「일본의 삼대 충노忠奴」와 같은 논설을 게재하여, 당시 대표적인 친일파였던 송병준宋秉畯(일진회)・조중응趙重應(동아개진교육회)・신기선申箕善(대동학회) 등을 비판한 것이 그 한 예라고 할 수 있다. 『대한매일신보』가 을사조약의 강제체결을 반대하고 매국대신을 통렬히 비난하며 통감부의 식민지화 정책 등을 비판하는 등 반일적인 논조를 견지하자, 일진회의 기관지 『국민신보』나 이완용 내각의 기관지 『대한신문』 등이 이를

28) 『대한매일신보』 1907년 2월 12일자 잡보 「伊藤演說」.
29) 『제국신문』 1907년 4월 9일자 잡보 「丸山顧問과 各新聞記者」.

비난하였다. 이에 대하여『대한매일신보』는 친일세력의 신문에 대한 논박
도 계속하였다.30) 반대로 일제의 한국침략에 비판적인 헐버트H.B. Hulbert나
맥켄지F.A. McKenzie의 활동과 일본정책의 비판은 널리 알리고자 하였다. 친
일적인 외교고문 스티븐스D. W. Stevens 포살사건이나 안중근의 이토 히로부
미 포살사건, 이재명李在明의 이완용 살해미수사건 등에 관해서도『대한매일
신보』는 적극적으로 보도하며 일제의 대한정책을 비난하였다. 일제 침략
의 선두에 섰던 인물들에 대한 의열투쟁을 국민에게 널리 알려 국권회복
의식을 고양시키고자 한 것이었다. 1908년 3월 6일자부터는『관보』의 게
재를 일시 중지하였는데, 일본인의 한국 관직 임명으로 한국의『관보』가
일본인의『관보』에 지나지 않게 되었음을 강조하여 일제의 보호정치를 정
면으로 비판하였다.31)

　이러한『대한매일신보』의 반일 국권회복활동이 계속되자 통감부에서는
일찍부터 베델의 추방공작으로 강경하게 대처하고자 하였다. 영국인을 발
행인으로 하고 있던 이 신문에 대해서는 일제의 규제가 미치지 못하였기
때문이었다. 통감부에서는 신문지법의 제정과 개정으로『대한매일신보』의
규제를 시도하면서, 베델을 1907년 10월 9일 영국 총영사관에 기소하였다.
『대한매일신보』와 Korea Daily News가 공중평화를 방해하고 인민을 정부
에 반대하여 봉기하도록 격려하는 내용의 기사를 게재하였다는 이유에서
였다.32) 10월 14일의 재판 결과 10월 15일 베델은 유죄가 인정되어 6개월

30) 예컨대『대한매일신보』1907년 9월 10·11일자 논설「討國民新報」를 비롯하여,
　　12월 17일자 논설「爲國民·大韓兩新聞招魂」, 12월 18~22일자 논설「大韓新聞
　　魔記者아 一覽」, 1908년 10월 9일자 논설「休矣休矣魔報여」, 1909년 5월 21·22
　　일자「國民魔記者아」, 5월 23일자 논설「國民·大韓兩魔頭上各一棒」등이 그러
　　한 예라 할 수 있다.
31)『대한매일신보』의 반일언론에 대해서는 李光麟,「『大韓每日申報』刊行에 대한
　　一考察」, 268~276쪽 참조.
32) 구체적으로는 1907년 9월 18일자의 논설「地方困難」과 10월 1일자의 논설「貴重
　　흔 줄을 認ᄒ여야 保守홀 줄을 認ᄒ지」, Korea Daily News 9월 21일자 "Where

의 근신과 보증금의 공탁을 명령받았다. 그러나 추방은 이루어지지 않았으며,『대한매일신보』의 논조는 더욱 반일적이 되어 한국민의 국권회복의식을 고취시켰다. 통감부에서는 다시 베델의 추방공작을 진행시켜, 1908년 5월 27일 베델을 영국의 청·한고등재판소에 고소하였다. 1908년 4월 17일자의 잡보「수지분포살상보須知分砲殺詳報」등을 비롯한 기사와 논설이 질서문란·폭동격려·치안방해의 혐의가 있다는 이유에서였다. 6월 15일부터 17일까지 개정된 재판에서 베델은 유죄처분을 받아 3주간의 금고와 보증금의 납부라는 판결을 받았다. 그는 상하이로 가서 금고형을 치르고, 이 일로 건강이 악화되어 신문사를 사임하였고 1909년 5월 사망하고 만다.

이처럼『대한매일신보』가 중심이 된 민족언론은 국권회복운동을 전개하였다. 한국인 명의로 발행되던 신문들은『대한매일신보』에 비하여 현실적인 제약이 많았고 제국주의에 대한 불철저한 인식 등이 문제가 되었지만, 국권회복의 의지는 뚜렷하였던 것으로 보인다. 특히 신문은 논설과 기사를 통하여 국민여론을 형성하고 국민계몽을 주도할 수 있었다는 점에서 더욱 그 중요성을 확인할 수 있다.

2) 국채보상운동 주도

국채보상운동은 1907년 1월 29일 대구의 광문사廣文社라는 출판사에서 김광제金光濟·서상돈徐相敦 등에 의하여 발기되었다. 민간에서 이 운동이 전개되었던 것은 1904년 8월 제1차 한일협약의 체결로 일본인 재정고문이 고빙된 이래 급증한 일본으로부터의 차관도입과 관계가 있었다. 특히 일제는 1906년 통감부를 설치하고 한국의 시정개선이라는 명목으로, 실제로는 한국침략에 필요한 경비를 고율의 국채를 기채하여 일본차관으로 조달하

---

is the Master of Ceremonies?" 등의 기사가 소요를 일으키거나 조장시켜 공안을 해친다는 내용으로 제시되었다.

였다. 1907년 초 한국정부의 대일차관은 1,300만 원에 이르렀는데 그 액수
는 정부의 1년 예산과 맞먹는 정도였다. 따라서 정부에 의한 국채보상은
사실상 불가능한 상태였다. 김광제 등은 이러한 상황에서 2천만 동포가 3
개월 동안 금연하여 모금한 돈으로 민간에서 국채를 보상하자고 주장하였
다. 대구에서 시작된 이 운동은 곧 전국적인 규모로 확대되어 갔다. 2월 말
서울에서 국채보상기성회가 조직된 것을 비롯하여, 국채보상을 목적으로
한 단체들이 전국에서 결성되었다.33)

이처럼 국채보상운동이 전국적으로 빠른 시간에 전개될 수 있었던 것은
신문 활동에 크게 힘입었기 때문이다. 당시 국내에서 발간되던 『대한매일
신보』를 비롯하여 『황성신문』·『제국신문』·『만세보』 등은 2월 광문사에서
국채보상을 결의한 사실을 보도한 이래 이 운동의 확산에 진력하였다. 즉
「국채 일천삼백만원 보상취지서」·「국채보상기성회 취지서」 등을 소개하
고, 논설로 국채보상운동의 중요성과 함께 그 참여를 촉구한 것이었다. 『황
성신문』과 『만세보』는 즉각 신문사에 모금처를 설치하며 적극적으로 이
운동에 동참하였으나, 『제국신문』과 『대한매일신보』는 그러한 움직임을
찬양하면서도 현실적으로 그것이 불가능함을 들어 의연금의 수납을 하지
않고자 하였다. 즉 『제국신문』은 1907년 2월 28일자부터 3월 5일자까지 5
차례에 걸쳐 「국치보상금모집에 관흔 수정」을 게재하고, 3월 2일자 잡보
에는 「수금사절이유」를 밝힌 바 있었다. 또 『대한매일신보』도 3월 1일자
에 「한인 충애忠愛」를, 3월 6일자에 「국채보상」이라는 논설을 싣고, 3월 5
일자부터 광고로 의연금을 수납하지 않는다고 하였다. 그러나 보내오는 의
연금은 명단과 금액을 신문에 수록하고 있었다. 결국 이들 신문들도 계속

---

33) 국채보상운동 전반에 관해서는 愼鏞廈 외, 『日帝經濟侵略과 國債報償運動』(亞
細亞文化社, 1994)을 참조할 것. 국채보상운동의 전개에 있어서 언론의 역할은
崔埈, 「國債報償運動과 프레스 캠페인」, 『白山學報』 3, 1967 ; 『韓國新聞史論攷』
(一潮閣, 1976)와 鄭晉錫, 「國債報償運動과 言論의 역할」, 『日帝經濟侵略과 國
債報償運動』에 상세하다. 이하의 논의는 이들 연구를 주로 참조하였다.

확대되는 국채보상운동의 열기를 방관하지 못하고 적극적으로 이 운동을 주도하지 않을 수 없었다. 바로 신문사내에 모금처를 설치하고 신문이 그 참여를 촉구하였으며, 기성회 등의 취지서와 의연금 납부자의 명단을 게재하는 등 적극적인 홍보에 나섰다.

국채보상운동에는 고관이나 양반·부유층뿐 아니라 노동자와 농민, 부녀자로부터 상인·군인·학생·기생·승려에 이르기까지 참여하지 않은 계층이 없었다. 여성들의 참여도 놀라워, 찬 값을 절약하거나 비녀와 가락지 등을 의연품으로 내놓기도 하였다. 일본 유학생들과 미주와 노령의 교포들도 의연금을 보내 왔고, 일부 외국인들도 참여하였다. 황제와 정부대신들도 금연을 하고 이 운동에 참여하였다.

국채보상운동은 전국민의 전폭적인 호응으로 모금이 시작된 지 3개월 뒤인 5월에는 약속된 모금액이 20만 원에 달하였다. 『대한매일신보』는 여러 차례 부록을 발행하면서까지 의연금 납부자의 명단과 금액을 보도하였다. 그러나 1907년 말부터 모금은 크게 진척되지 않았다. 바로 일제의 방해 때문이었다. 일제는 국채보상운동이 그 발기 직후부터 성공적으로 이루어지자 이를 방해하기 위하여 여러 가지의 공작을 전개하였다. 즉 국채보상 관련 기구의 지도부에 압력을 가하였으며, 이 운동을 주도하고 있던 『대한매일신보』에 대한 탄압을 시도하였다. 그 발행인 영국인 베델의 추방공작을 전개하면서, 1908년에는 양기탁에게 국채보상금을 횡령하였다는 혐의를 씌워 구속하였다. 이 사건을 계기로 국채보상운동은 매우 위축되었는데, 양기탁은 재판에 회부되었으나 증거불충분으로 무죄를 선고받았다. 그러나 이후 국채보상운동의 지도부는 모금보다도 모금액의 보관과 조사, 감독에 관심을 쏟게 되었다. 모금된 의연금의 처리를 위하여 1909년 국채보상금처리회가 조직되어, 그 기금을 교육사업에 쓰자고 논의하기도 하였다. 실제로 모금된 금액은 대략 20만 원 내외였던 것 같다.

국채보상운동에 있어 신문의 역할을 단적으로 보여주는 것은 그 의연금의 대부분이 신문사를 기탁처로 삼고 있었다는 사실이다. 즉 1909년 7월 일본군 헌병대에서 조사한 의연금 총액은 다음과 같았다.[34]

대한매일신보	36,000여 원
신보사내 총합소	42,308원 10전
황성신문	82,000여 원
제국신문	8,420원 6전
만세보-대한신문	469원
국채보상기성회	18,700원 22전 7리
총 계	87,787원 38전 7리

이 자료의 정확성은 차치하고서라도, 전체 모금액의 90%가 신문사 또는 신문사 내의 모금처로 납부되었다는 사실은 신문이 국채보상운동을 수도하고 있었음을 상징적으로 나타낸다고 할 것이다.

3) 국민계몽과 애국심의 고취

한말 신문들은 국민계몽을 그 주된 목적으로 삼고 있었다. 국가가 일제의 식민지로 전락할 위치에 놓이게 되자, 국민계몽은 국가의 부국강병이라는 지향보다 국권회복을 위한 준비라는 차원에서 강조되었다. 따라서 국권회복을 위한 국민계몽이 민족언론들의 중요한 관심이었다. 1905년을 전후하여 전개된 이른바 애국계몽운동을 주도한 것이 신문이던 만큼, 신문은 교육개발과 실업발전을 내세우며 실력양성을 주창하였다.

국민계몽을 위하여 신문들은 전국적으로 전개되던 신교육운동을 적극 지지하였고, 지원하였다. 『대한매일신보』의 경우, 1904년부터 1910년까지

---

34) 『統監府文書』 4(국사편찬위원회, 1999), 355쪽 「國債報償會의 募會에 대한 '베델'의 立場에 관한 件」.

논설의 50% 이상이 국내문제에 관한 것이었고, 그 가운데 가장 많이 논의
된 것이 교육문제였다.35) 이것은 『대한매일신보』에 국한된 것이라기보다,
당시 신문들의 공통적인 경향이었다. 실제 신문들은 국력이 교육의 발달
정도에 좌우되며, 국권회복을 위하여 가장 시급한 일을 교육으로 인식하고
있었다.36) 『황성신문』은 1906년 3월 27일자 논설 「대신관찰홍학훈련對申觀
察興學訓令 경고실행警告實行」에서 현금 한국의 급무는 민지개발이고, 그 방
안은 '홍학교興學校·독신문讀新聞'뿐이라고 주장한 바 있었다. 모두 교육을
당시 가장 시급한 일로 이해하였음을 보여주는 것이었다. 따라서 신문에서
는 교육을 목적으로 설립된 학회들의 창립을 지지하고, 교육에 적극적인
인물과 단체를 찬양하였다.37) 신문에 별도로 교육관계의 기사만을 소개하
는 고정란을 두기까지 하였다.38) 반대로 신교육에 관심이 적던 지방에 대
해서는 신교육의 실천을 권고하여 학교의 설립을 촉구하였다.39)

  여성교육과 여권신장을 비롯한 풍속개량에도 관심을 집중시켰다.40) 복
장·위생·관습·미신 등의 개량 또는 타파를 주장하여, 근대적 생활방식을

---

35) 유재천, 「大韓每日申報의 민족주의적 성격」, 『한국 언론과 이데올로기』(文學과
  知性社, 1990), 101~103쪽.
36) 『황성신문』1905년 3월 8일자 논설 「國力振興在敎育」 ; 『대한매일신보』1906년 1
  월 6·7일자 논설 「務望興學」 ; 『공립신보』1907년 12월 20일자 논설 「보통교육
  이 문명의 근본」 등 이러한 견해는 쉽게 발견된다.
37) 몇 개의 예를 들어보면 『황성신문』의 경우, 「聞峴山學校作興 賀襄陽人士」(1906.
  10.4), 「賀長薰學校長李根培氏」(10.18), 「牛山學校의 有志人士」(11.21), 「畿湖學
  會의 三個人」(1908.10.15.), 「李禹珪·金容鎭 兩氏의 高義」(10.22·23), 「偉哉三氏
  의 高義」(10.29), 「金容鎭氏를 爲ᄒ야 又一拜」(1909. 8.21) 등 많이 나타난다.
38) 한말 신문과 잡지들의 교육 관련기사만을 정리한 것으로 李吉相 외 편, 『韓國敎
  育史料集成』 I~IX(韓國精神文化硏究院, 1990~1994)가 참고된다.
39) 한 예로 『황성신문』은 경상도 지역이 가장 개화에 부진함을 들어 1908년 6월 27
  일자의 논설로 「警告嶠南人士」를 실어 비판한 바 있었다.
40) 예컨대 『제국신문』의 경우 崔起榮, 「『帝國新聞』의 刊行과 下層民 계몽」, 48~56
  쪽 참조. 『만세보』의 경우, 崔起榮, 「天道敎의 國民啓蒙活動가 『萬歲報』의 發
  刊」, 100~111쪽 참조.

소개하고 실천하도록 권장하였다. 아울러 신문에 국가학·정치학·국제정치·역사 등 국민계몽에 필요하다고 인식한 분야나 농업·상업·공업 등 실제 생활에 필요한 기사를 계속 연재하고 있었다.

『대한매일신보』와 『황성신문』 등은 국민의 애국심 고양을 위하여 외적의 침입을 격퇴한 국내외 영웅들의 전기를 연재하였다. 또 독립·혁명·혁신, 그리고 망국에 대한 외국사기에 관심을 가졌다. 한국인의 지식개발에 역사가 긴요하고, 흥망득실의 사적을 감계鑑戒로 삼아야 한다고 한 점으로도 그러한 관심을 설명할 수 있을 것이다.41) 특히 외국사기는 량치차오梁啓超의 번역이나 저작을 번역한 것이 많았다. 『황성신문』은 「일본유신삼십년사」(1906. 5. 1.~12.31)·「독讀월남망국사」(1906. 8.28.~ 9. 5)·「독의대리건국삼걸전」(1906.12.18.~12.28)·「사파달소지斯巴達小志」(1907. 4. 5.~ 4.16)·「멸국신법론滅國新法論」(1907. 5. 1.~ 5. 4) 등을 연재하였고, 『대한매일신보』는 「파란말년전사波蘭末年戰史」(1905. 8.27.~10.13)·「세계역사」(1910. 6. 3~ 8.28) 등을 실었다. 한국사에의 관심과 자긍심도 촉구되었는데, 『대한매일신보』에서는 신채호가 「독사신론」(1908. 8.27~12.13) 등의 사론과 함께 국난극복의 영웅으로 「수군제일위인 이순신」(1908. 5. 2.~ 8. 8)과 「동국거걸東國巨傑 최도통崔都統」(1909. 12. 5.~1910. 5.27)과 같은 전기를 연재하여 민족정신을 고취시키기도 하였다. 『대한매일신보』와 『황성신문』은 한국사를 고구려 - 발해 중심으로 이해하는 모습을 보여주었다. 특히 「독사신론」은 역사서술상의 주체를 '민족'으로 설정하고, 왕조 중심의 전통사관을 극복하여 민족주의 사학의 출발을 알리는 것이기도 하였다. 사실 한말 신문에 역사에 관련된 글들이 많이 실렸던 것은 당대 대표적인 역사가라고 할 수 있던 장지연·신채호·박은식 등이 모두 신문사에서 활동하였기 때문이다.

한말 신문은 국민계몽을 통하여 여론을 주도하였다. 비록 신문관여자들이 국민대중을 계몽의 대상으로 인식하였지만, 국민대중이 여론형성의 주

---

41) 『대한매일신보』 1905년 10월 20일자 「歷史槩要」.

체가 되었다는 사실은 신문발행이 가져온 주목되는 점이다. 따라서 한말 신문은 보도도 중시하였지만, 그보다 계도적인 기능이 매우 강조되었다. 그것은 신문관여자들이 국민대중을 계몽의 대상으로만 파악하는 우민관愚民觀을 확인시켜주는 점이기도 하나, 신문은 지배층뿐 아니라 국민대중에게까지 영향을 미쳐 여론형성의 기반이 되었다. 국채보상운동이나 신교육운동, 신문화운동이 전개되는 중요한 단서가 바로 신문에 있었다. 그리고 신문체제와 형태의 기본적인 골격이 비록 일본의 영향을 많이 받았지만, 이 시기에 이루어졌다. 또 일제에 대한 언론투쟁은 이후 한국 신문의 저항 민족주의의 형성에 많은 영향을 미쳤다. 동시에 이에 대한 일제의 언론탄압 방법도 이후 한국사회의 어두운 일면으로 남아 있다. 따라서 한말 신문은 정보의 대중화와 여론형성을 실현하며 문명개화와 민족주의의 당위 등을 강조하여, 신문매체의 중요성을 국민대중에게 인식시킬 수 있었다. 그렇지만 아직 한말의 신문은 대중적인 기반 위에 서 있던 것은 아니었다.

3. 일제의 신문규제

1) 사전검열

일제의 언론규제는 1904년 2월에 발발한 러일전쟁 이후부터였다. 일본은 군사관계의 내용과 외교문서의 신문 게재금지를 외부를 통하여 여러 차례 요청한 바 있었다.42) 그뿐 아니라 1904년 4월에는 신문검열관의 설치를 한국정부에 요구하기까지 하였다.43) 이미 1900년대 초기부터 정부에 제기된 신문규제 문제가 일본과 직결된 적이 적지 않았는데,44) 그것은 일본의 한국

---

42) 鄭晉錫, 「民族紙와 日人經營新聞의 對立」, 『韓國言論史硏究』(一潮閣, 1983), 25~27쪽.
43) 고려대학교 亞細亞問題硏究所 편, 『日案』7(高麗大出版部, 1972), # 7957 「韓國新聞의 日軍行動揭載의 禁止 및 同檢閱官撰任要求」.

침략 기도를 한국 신문들이 예리하게 인식하였음을 보여준다고도 하겠다.

　일제는 러일전쟁 이후 군사력을 동원하여 한국인 명의로 발간되던 신문들에 대한 사전검열을 1904년 8월 20일 『제국신문』과 『황성신문』의 주무원을 불러 군사상 사항의 신문게재 금지와 신문의 사전검열을 통고하였다.45) 이보다 일찍 7월 20일자로 한국주차 일본군사령관은 서울시 내외에 일본군사경찰의 실시를 일방적으로 외부에 통고하였는데, 그 가운데에 "집회 또는 신문이 치안에 방해된다고 인정되는 것은 정지시키고 관계자를 처분할 사. 단 신문은 발행전에 미리 군사령부의 검열을 받게 함을 요함"이라고 하여 치안방해로 인정되는 신문의 정지 및 관계자의 처벌과 사전검열을 명시한 바 있었다.46) 이 일본군사경찰의 실시는 그해 6월 말 일제가 한국정부에 황무지개척권을 요구한 것에 대하여, 7월에 한국민이 보안회를 결성하여 그 반대운동을 전개하는 과정에서 비롯된 것이었다.47) 즉 일제는 일본군사경찰의 실시를 한국정부에 일방적으로 통고한 뒤, 한 달만에 한국인 명의로 발행되는 신문에 대한 사전검열을 시행한 것이었다. 당시 『제국신문』과 『황성신문』 이외에 『대한매일신보』가 발행되고 있었으나, 『대한매일신보』의 발행인은 치외법권을 누리고 있던 영국인 베델이었기 때문에 사전검열에서 제외되었다. 그런데 10월 9일자 일본군의 '군정 시행에 관한 내훈'에서도 7월 20일의 내용이 반복되고 있었음이 확인된다. 즉 "집회 혹은 신문 잡지 광고 등의 치안에 방해가 있다고 인정되는 것은 이를 해산 또는 금지시킬 사"라고 한 것이다. 이같은 내훈이 있던 10월 9일 『제국신문』이 일본군 헌병사령부에 의하여 정간처분을 받았다. 『제국

---

44) 鄭晉錫, 「民族紙와 日人經營新聞의 對立」, 24~25쪽.

45) 『대한매일신보』 1904년 8월 23일자 잡보 「신문검열」.

46) 『日案』 7, #8226 「京城內外 日本軍事警察實施通告」 ; 金正明 편, 『朝鮮駐箚軍歷史』(巖南堂書店, 1967), 211~212쪽.

47) 이에 관해서는 尹炳奭, 「日本人의 荒蕪地開拓權要求에 대하여」, 『歷史學報』 22, 1964와 愼鏞廈, 「구한말 輔安會의 창립과 민족운동」, 『한국사회운동의 기반과 새 경향』(문학과지성사, 1994)에 상세하다.

신문』1904년 11월 9일자 논설 「본신문 뎡지ᄒᆞ얏던 ᄉᆞ졍」을 보면,

> … 거월(10월) 구일 일요일에 신문을 방쟝 발간홀 즈음에 하오 ᄉᆞ시
> 량에 일본헌병ᄉᆞ령부 위관 일인과 하ᄉᆞ 일인과 헌병 오인과 통변 일인
> 이 와서 ᄉᆞ령부 명령으로 말ᄒᆞ기를 본월 칠일 뎨국신문 논셜 ᄉᆞ의가
> 일본군ᄉᆞ샹에 방ᄒᆡ요 한일량국교졔에 방ᄒᆡ요 치ᄋᆞᆫ에 방ᄒᆡ되ᄂᆞᆫ 말을
> 늬얏스니 신문을 뎡지ᄒᆞ라 ᄒᆞ고 방쟝 졀반즘 인쇄ᄒᆞ던 신문과 긔계고
> 동을 ᄶᅢ서 고봉ᄒᆞ고 가ᄂᆞᆫ지라 …

고 하였다. 이 논설에 따르면 신문의 사전검열이 일본군의 통고가 있은 8
월부터 시행되었던 것 같지는 않다. 정확하게는 알 수 없지만 10월 이후가
아니었나 짐작된다. 그리고 그 내용은 기사의 삭제와 정간처분이었다.

1904년 하반기부터 일제에 의하여 자행된 사전검열은 1905년 2월 이후
경무고문부로 이관되어 계속되었다. 경무고문부는 1905년 2월 4일 마루야
마 시게토시丸山重俊가 경무고문에 취임하면서 개청한 것으로, 일본군사령
부의 사전검열 업무를 인계받았다. 일제는 신문의 반일기사로 한국민의 반
일의식 확산을 우려하여, 반일적인 기사를 원천적으로 봉쇄하였던 것으로
보인다. 사전검열의 과정은 『제국신문』1906년 3월 21일자 논설 「정보停報
와 해정解停」에 잘 나타나 있다.

> 신문을 ᄆᆡ일 편즙ᄒᆞ야 박힐 ᄯᅢ에 경무고문실에 가서 검열을 것친 후
> 에야 인쇄ᄒᆞᄂᆞᆫ되 만일 검열ᄒᆞᄂᆞᆫ 일인이 그ᄃᆡ로 인가ᄒᆞ면 그ᄃᆡ로 박히
> 고 무삼 귀졀이던지 늬지 말라고 살을 쳐주면 부득이 ᄒᆞ야 그 귀졀은
> 그 ᄌᆞ를 뒤집어 박히ᄂᆞᆫ되 만일 그 ᄌᆞ리에 다른 말을 치우랴면 ᄯᅩ 검
> 열을 밧아야 홀 터인데 ᄆᆡ양 날은 져물고 치울 멀도 업서서 남이 알아
> 볼 슈 업시 되ᄂᆞᆫ 것인되 … 글ᄌᆞ를 뒤집어 놋ᄂᆞᆫ ᄯᅢ에 혹 뒤집어 노키
> 도 ᄒᆞ고 혹 그져 두기도 ᄒᆞ야 …

즉 사전검열은 인쇄한 신문 대장을 경무고문부에 가지고 가 검열을 받고, 검열에 걸리면 그 부분은 활자를 뒤집어 인쇄하거나 공백으로 인쇄하였다. 이른바 '벽돌신문'이었다. 사전검열에 대하여 독자층은 일본신문에 게재된 내용을 실어도 한국신문에서는 검열로 삭제된다고 하여, 『대한매일신보』밖에 볼 것이 없다는 반응을 보였다.48) 독자층의 신뢰 감소 또는 불신은 신문의 재정난을 가중시키기도 하였다. 이러한 사전검열과 행정처분은 러일전쟁이 진행되던 1904·5년에 국한되지 않고 있었다. 1907년 7월 '신문지법'의 제정은 이같은 규제를 법제화한 것이기도 하였다.

1906년 7월에 이르면 경무고문부뿐 아니라 한국정부에서도 신문규제를 시도하였다. 중추원에서 신문조례를 심의하여 곧 반포할 것이라는 소문이 팽배하였던 것이다.49) 그것은 신문이 정부의 무능과 부패, 친일정권과 관련된 정치문제와 관리들의 비행을 폭로하였기 때문에 한국성부에서 신문규제법을 준비하였다고 생각된다. 그러나 이 신문규제법은 반포되지 않았다.50)

2) 신문지법의 제정

1907년 4월부터 통감부에서는 신문규제법의 제정문제를 논의하기 시작하였다. 통감 이토 히로부미는 한국 정부대신들과의 정례모임에서 신문규제법의 제정이 필요함을 강조하였다. 아마도 통감부에서 신문규제의 필요성을 절감한 것은 국채보상운동의 주도를 비롯한 민족신문의 국권회복운동과 무관하지 않았으리라 짐작된다. 실제 통감부와 친일정권에서는 『대한매일신보』의 적극적인 반일활동과 정부 비판에 대하여 신경을 집중하고 있었다. 통감부에서는 1906년부터 비밀리에 베델의 추방공작을 획책하고 있었으나 영국정부와의 교섭이 잘 이루어지지 않았다. 더욱이 『대한매일

---

48) 『제국신문』 1907년 4월 9일자 잡보 「丸山顧問과 各新聞記者」.
49) 『萬歲報』 1906년 7월 6일자 잡보 「新聞條例制定說」.
50) 崔起榮, 「光武新聞紙法 硏究」, 255~257쪽.

신보』는 1907년 1월 16일자에 고종이 을사조약에 동의하지 않았다는 내용의 밀서를 게재하여 일본의 입장을 곤란하게 만든 바 있었다. 따라서 이토는 1907년 5월 30일에 한국 정부대신들과 가진 '한국 시정개선에 관한 협의회'에서 한국인이 발행하는 신문뿐 아니라 일본인 및 영국인이 국내에서 발행하는 신문에 대해서도 규제할 수 있는 신문규제법이 필요함을 강조하였고, 6월 18일의 같은 모임에서는 법안의 초안을 한국정부에 전달하였다.[51] 신문규제법의 초안은 주로 일본의 신문지조례에 기초한 것으로 체형과 벌금, 행정처분과 사법처분을 포함하였던 것으로 짐작된다. 신문규제법이 한국정부의 발의로 법안이 작성된 것이 아니라, 일방적으로 통감부에서 법안을 제시한 것이었다.[52]

법률 제1호 '신문지법'은 1907년 7월 24일자로 반포되었다. 7월 24일은 흔히 '정미 7조약'이라 불리우는 한일신협약이 체결되어, 고문정치라고 불리던 일제의 내정간섭 형태가 차관정치로 옮겨 가던 시기였다. 바로 7월 18일에 있은 고종의 황태자 양위가 7월 20일 일제에 의하여 고종의 퇴위로 바뀌면서 한국의 정국이 혼란에 빠진 직후였다. 7월 27일자로 법률 제2호 보안법이 반포되고, 8월 1일 군대해산이 이루어졌다.

신문지법은 부칙 3개조를 포함하여 모두 38개조로 되어 있었다. 제1조부터 제10조까지는 신문발행의 수속과 관련된 일반규칙이었다. 발행허가 절차·신문사 임원의 자격·보증금·발행사항 변경·납본納本 등을 규정하였다. 제11조부터 제16조까지는 신문게재를 금지하는 사항이 언급되었고, 제17조부터 제20조까지는 필수 게재사항이었다. 제21조부터 제35조까지는 법률위반 시 처벌조항이었으며, 제36조부터 제38조까지는 부칙조항이었다. 그 중요한 내용을 보면, 먼저 신문의 발행은 내부대신의 허가를 받아야만 한다는 것이었다. 그뿐 아니라 내부대신은 안녕질서安寧秩序·풍속괴란風俗

51) 『日韓外交資料集成』 6-上(巖南堂書店, 1964), 488, 525~526쪽.
52) 이에 관해서는 崔起榮, 「光武新聞紙法 硏究」, 257~268쪽 참조.

壞亂이라는 막연한 범위로 신문에 대한 발매·반포의 중지와 압수, 발행의 정지와 금지를 행정처분으로 명령할 수 있었다. 이로 미루어 신문지법이 신문을 정부의 통제하에 두고자 제정되었음을 쉽게 확인할 수 있다. 보증금 300환의 납부 또한 재정이 취약한 한국인 발행신문을 간접적으로 탄압하는 조항이었다. 한국정부에서도 이 조항이 과중함을 인식하여 통감에서 그 수정을 건의하였으나,[53] 받아들여지지 않았다. 사전검열을 의미하는 납본은 이미 언급한대로 1904년 10월경부터 실시되고 있었다. 신문 게재금지 사항은 황실존엄 모독·국헌문란國憲紊亂·국제교의 저해의 내용이었는데, 구체적으로는 반일관계기사의 게재를 금지한 것이었다. 또 보도관제조항에는 기밀에 관한 공문서와 기사가 해당되었다. 신문지법의 규정을 위반할 경우의 처벌은 관련자의 벌금형과 체형 혹은 인쇄기계의 몰수 등과 신문의 압수·정간 등 가혹한 행정처분이 주를 이루었다.[54] 신문지법의 대부분 조항은 일본의 신문지조례(1883년 제정, 1887·1897년 개정)를 그대로 번역하거나 수정한 것이었다. 특히 허가제나 내부대신의 행정처분권과 같은 조항 등은 신문지조례의 개정에서 삭제되었던 부분인데, 신문지법에는 포함되어 있었다. 즉 신문지조례에 설정된 적이 있던 조항 가운데 신문탄압과 직결되는 강력한 조항은 일본에서의 완화와는 달리 우선 포함시켜, 법 제정의 목적이 무엇이었는가를 쉽게 짐작케 한다.[55]

신문지법의 제정에 대하여 민족신문들의 반발은 『황성신문』이 법령 반포 전인 7월 12일자에 「신문조례에 대흔 감념感念」을 싣고, 이어 10월 11일자의 논설로 「신문속박의 조례」에서 "오배吾輩는 정부에서 차등此等 조례를 속히 격쇄繳鎖ᄒ던지 경히 산정刪定ᄒ야 인민의 언론자유를 허ᄒ고 속박적 주의를 제거ᄒ야 개명의 전도를 발달케 흠을 희망ᄒ노라" 하여 그

---

53) 『日韓外交資料集成』 6-上, 556쪽.
54) 崔起榮, 「光武新聞紙法 硏究」, 266~277쪽 참조.
55) 일본 신문지조례와 신문지법의 비교는 崔起榮, 「光武新聞紙法 硏究」, 274~276쪽 참조.

폐지나 개정을 요구하였다. 신문지법에 대한 여론은 "이제 더러케 싸다로 온 법을 마련ᄒᆞ엿스니 신문이 엇지 정부관리의 득실과 일반인민의 션악을 의론ᄒᆞ리오 이졔ᄂᆞᆫ 신문긔쟈 노릇ᄒᆞᆯ 슈도 업슬 것이오 신문이라고 볼 것도 업스리라"는 반응이었다.56)

3) 신문지법의 개정

통감부에서 한국정부로 하여금 신문지법을 제정하고자 한 본래의 목적은 『대한매일신보』의 규제에 있었다. 그러나 신문지법은 한국인의 명의로 발행하는 신문에만 적용되었다. 이미 이들 신문에 대해서는 사전검열과 정간조치로 규제하고 있었으므로, 실제 신문지법은 그것을 명문화한 것에 지나지 않았다. 일본인 발행의 신문은 1907년 7월 24일자로 개정된 별도의 보안규칙의 적용을 받게 되었으나,57) 그 밖의 외국인에게는 적용되지 않았다. 『대한매일신보』를 발행하던 영국인 베델을 지목하여 신문지법의 제정이 논의되었으나, 실제 반포된 법령에는 그 적용에 대하여 언급이 없었다. 아마도 일제는 영국측과 외교교섭이 진행 중이고, 고종의 퇴위라는 급작스런 한국정세의 변화 때문에 신문지법의 반포를 서둘렀던 것 같다. 그러나 신문지법은 오히려 『대한매일신보』의 성가를 더욱 높여준 셈이었다. 따라서 통감부에서는 『대한매일신보』를 주된 목적으로 신문지법의 개정을 시도하지 않을 수 없었다.

신문지법의 개정에는 『대한매일신보』와 함께 국외에서 발행되어 국내에 유입되던 교포신문에 대한 규제도 계획되어 있었다. 미주 본토 샌프란시스코에서 발행되던 『공립신보』와 그것을 계승한 『신한민보』, 하와이에서 발행되던 『합성신보』와 그것이 개제된 『신한국보』, 그리고 러시아아령 블라디보스토크에서 발행되던 『ᄒᆡ죠신문』과 『대동공보』는 1908·1909년에

---

56) 『제국신문』 1907년 8월 8일자 논설 「신문지법을 평론홈」.
57) 『統監府公報』 1907년 7월 27일자.

걸쳐 상당수 유입되어 국민들에게 영향을 미치고 있었다. 이들 신문은 국
외에서 발행되었기 때문에 일제의 사전검열을 받지 않아, 반일적인 내용이
주를 이루었다.

『대한매일신보』와 교포신문의 규제를 목적으로 한 통감부의 신문지법
개정의 움직임은 1908년 4월 20일자의 법률 제8호 신문지법 개정으로 드
러났다. 친일정권에게 신문지법을 개정하게 한 일제의 목적은 제 34조에
명확하다.

> 外國에서 發行흔 國文 或 國漢文 又는 漢文의 新聞紙와 又는 外國
> 人이 內國에서 發行흔 國文 或 國漢文 又는 漢文의 新聞紙로 治安을
> 妨害ㅎ며 又는 風俗을 壞亂흠으로 認ㅎ는 時는 內部大臣은 該新聞
> 紙를 內國에서 發賣頒布흠을 禁止ㅎ고 該新聞紙를 押收흠을 得흠58)

즉 이 개정은 교포신문과 국내에서 외국인이 발행하는 신문에 대한 규
제였음을 쉽게 알 수 있다. 국내에서 외국인이 발행하는 신문이란 일본인
이 발행하는 신문이 1908년 4월 30일자로 반포된 '신문지규칙'으로 신문지
법에서 제외되었으므로,59) 천주교와 개신교의 선교사들을 발행인으로 하
고 있던 신문과 『대한매일신보』 뿐이었다. 종교계에서 발행하는 신문은
부분적으로 『경향신문』이 문제가 되기도 하였지만, 『대한매일신보』를 규
제대상으로 삼았음이 명약관화하다고 하겠다. 그러나 신문지법의 개정에
의해서도 『대한매일신보』에 대한 사전검열은 불가능하였다. 『대한매일신
보』가 이후에도 여전히 일제의 국권침탈을 비판할 수 있었던 것은 내용과
논조에 따라 압수만이 가능하였던 것과 무관하지 않다. 압수처분은 이미
상당 분량의 신문이 배부된 뒤에야 이루어질 수 있었기 때문이다.

신문지법 개정의 전후부터 『대한매일신보』와 교포신문의 압수처분이

---

58) 『관보』 1908년 4월 29일자 「법률」 '新聞紙法 改正에 關한 件'.
59) 『統監府公報』 1908년 5월 2일자 「府令」 '新聞紙規則'.

줄을 이었다. 국교저해·폭도선동·질서문란·국권회복·흉행[兇行] 선동 등이
압수의 이유였다. 1908·1909년 신문의 압수상황을 정리하면 다음의 <표 4>
와 같다.

<표 4> 1908·1909년 신문압수상황[60]

연도	신문	『대한매일신보』		『공립신보』 『신한민보』	『합성신보』 『신한국보』	『히죠신문』 『대동공보』 (大東共報)	『대동공보』 (大同公報)	계
		국문	국한문					
1908	A	5	8	19	10	20	3	65
	B	4,936	6,727	10,264	542	1,569	668	24,706
1909	A	7	7	35	31	57		137
	B	3,592	12,722	1,217	1,181	2,235		20,947
계	A	12	15	54	41	77	3	202
	B	8,528	19,449	11,481	1,723	3,804	668	45, 653

　『대한매일신보』 국한문판은 15회의 압수처분에 매회당 1,300부 정도가
압수되고 있었으며, 『공립신보』와 『신한민보』의 경우를 보면 거의 매호가
압수처분을 받고 있었음을 알 수 있다.

　이와 아울러 통감부에서는 『대한매일신보』의 관여자, 즉 사장 베델과
총무 양기탁을 사법처분하고자 시도하였다. 앞서 언급한 바 있지만, 이미
통감부는 1907년 10월 9일 서울 주재 영국 총영사에게 베델을 고소하였으
나 추방에 실패하였다. 일본은 이에 굴복하지 않고 1908년 5월 27일자로
다시 베델을 질서문란과 폭동격려, 그리고 한국의 정부와 국민을 이간하여
치안을 방해하였다는 죄명으로 고소하였다. 그 결과 베델은 3주간의 금고
와 보증금의 납부라는 판결을 받아, 상하이로 가서 금고형을 받았다. 통감
부는 이에 만족하지 않고 베델이 상하이에서 복역중이던 1908년 7월 양기

---

60) 『統監府施政年報』 해당연도분과 『警察事務槪要』 등을 참고로 재작성. A는 발
　　행·반포금지 횟수 B는 압수 신문부수를 의미한다.

탁을 국채보상금의 횡령혐의로 구속하였다. 국채보상운동의 저지와 『대한
매일신보』에 대한 규제를 목적으로 하였음은 자명한 일이었다. 그러나 양
기탁의 구속사건은 영국정부가 항의하여, 양기탁은 2개월이 지난 9월 29일
에 석방되었다.[61]

　결국 일제는 신문지법의 제정과 그 개정으로 한국에서의 반일언론을 법
적으로 규제할 수 있도록 제도화하였다. 일제가 이처럼 신문규제에 집착한
것은 신문의 국권회복운동이 그만큼 한국민들에게 영향을 미치고 있었기
때문일 것이다. 단적으로 국채보상운동의 전개와 확산은 신문의 활동에 힘
입고 있었다.[62] 따라서 일제가 신문의 어떠한 내용에 주목하였는가를 살
펴본다면, 당시 언론이 지향하던 바를 어느 정도 짐작할 수 있을 것이다.
장황하지만 『대한매일신보』 1910년 5월 14일자의 논설 「소위신문압수처
분所謂新聞押收處分」을 인용한다.

　　邇來로 內部에서 動첩 治安妨害 四字에 藉하야 本報 及 海外韓人
同胞의 발행ᄒᆞᄂᆞᆫ 新紙를 押收ᄒᆞ기에 吾儕ᄂᆞᆫ 彼의 治安妨害라 云ᄒᆞ
ᄂᆞᆫ 範圍의 廣狹이 如何ᄒᆞᆫ지 不知ᄒᆞ야 甚訝ᄒᆞ며 甚鬱ᄒᆞ엿더니 今에
內部 警務局에서 발행ᄒᆞᆫ 隆熙三年 警察事務槪要의 中에 右各紙 押收
된 內容을 揭載ᄒᆞ얏ᄂᆞᆫᄃᆡ 左와 如ᄒᆞ니
　　國權回復의 名을 藉ᄒᆞ야 日本保護를 反對ᄒᆞ야 反旗를 揭흠을 鼓吹
ᄒᆞᆫ 者
　　日本의 保護를 目ᄒᆞ야 韓國을 幷合흠이라고 誣ᄒᆞ야 一般韓民의 反
感을 起케ᄒᆞᆫ 者
　　無根의 流說을 傳ᄒᆞ야 人心을 惑亂케 ᄒᆞ고 又ᄂᆞᆫ 事를 誇大히 布張
하야 國民을 憤慨케 ᄒᆞ야 官의 施設을 妨碍ᄒᆞ고 社會의 秩序를 擾亂

---

61) 이에 관해서는 崔埈, 「軍國日本의 對韓言論政策」과 「梁記者拘束을 에워싼 英·
　　日 간의 外交交涉」, 『韓國新聞史論攷』 및 鄭晉錫, 『大韓每日申報와 裵說』을
　　참고할 것.
62) 이 문제에 관해서는 崔埈, 「國債報償運動과 프레스 캠페인」과 鄭晉錫, 「國債報
　　償運動과 言論의 역할」을 참조할 것.

혼 者

　國權回復은 國民의 共同一致를 要혼다 ㅎ야 團體의 組織을 獎勵혼 者

　國權回復은 國民의 文明을 要혼다 ㅎ야 新敎育의 普及을 唱導혼 者

　海蔘威地方으로써 韓國人의 國權回復團體의 근據지 合기를 鼓吹

혼 者

　暗殺者를 義士라 ㅎ야 此思想을 鼓吹홈을 努力혼 者

　暴徒를 言ㅎ야 國歌에 忠혼 者라 ㅎ야 此에 聲援을 與혼 者

　…

　噫라 團體組織의 獎勵도 治安妨害라 ㅎ며 新敎育普及의 唱導도 治

安妨害라 홈은 果然 不可思議의 一奇法이로다 然則 團體를 渙散케

홈이 治安이며 新敎育을 沮碍홈이 治安인가 其心中에 此思想이 有홀

지라도 엇지 如此히 和盤托出ㅎㄴ뇨 …

일제가 '치안방해'라는 명목으로 민족언론을 탄압한 경우는 기본적으로
국권회복과 국민단결에 관련된 논의였다. 구체적으로는 국권회복을 내건
일본의 보호 반대, 단체조직과 신교육의 지원, 의열투쟁의 찬양, 의병 옹호
등이 일제가 문제로 삼은 내용이었다. 그것으로 일제가 한국의 식민지화에
반대하는 조그마한 저항이라도 봉쇄하고자 하였던 사실과, 신문이 주도한
민족언론의 저항이 국권회복 의식과 애국심을 고취하는 논조로 다양하게
계속되었음을 확인할 수 있다.

이준의 정치·계몽활동과 민족운동

1. 머리말

　일성一醒 이준李儁(1859~1907)은 1907년 7월 네덜란드 헤이그에서 개최된 제2차 만국평화회의에 고종의 특사로 파견되었다가 순국한 인물로 널리 알려져 있다. 추념행사도 해방 직후부터 계속되고, 현재 헤이그에는 '이준평화박물관'이 운영되고 있다. 정부에서는 이준에게 1962년 건국훈장 대한민국장을 추서하였으며, 그 유해도 1963년 헤이그에서 서울 수유리로 이장하였고, 1964년에는 장충단공원에 동상도 건립하였다. 그러나 의외로 그의 전반적인 생애와 활동에 대해서는 그리 알려지지 않고, 그간 학문적으로도 별다른 관심이 없었다.[1] 연구자 대부분이 해방 뒤 그의 사위 유자후柳子厚가 쓴 『이준선생전李儁先生傳』(동방문화사, 1947)을 이용해 왔는데,[2] 이 전기는 많은

---

1) 이만열, 「이준 열사의 생애와 국권회복운동」, 『역사에 살아 있는 그리스도인』(한국기독교역사연구소, 2007)과 이민원, 「광무황제와 헤이그특사 이준」, 『한국 전통사회의 재인식』(경세원, 2006)이 역사학계에서 이준에 대한 구체적인 연구이다. 그리고 이상설과 관련하여 윤병석, 「李相卨의 遺文과 李儁·張仁煥·田明雲의 義烈」, 『한국독립운동사연구』 2, 1988이 있고, 기독교와 관련해서는 윤춘병, 「이준 열사의 민족운동과 기독교 신앙」, 『상동교회를 중심으로 활동한 나라와 교회를 빛낸 이들』(상동교회, 1988)가 있다. 법학계에서는 崔鍾庫, 「一醒 李儁」, 『司法行政』 1983년 4월호와 金孝全, 「李儁과 憲政研究會」 I·II, 『東亞法學』 5·7, 1987·1988이 참고가 된다. 그밖에 洪曉民이 『永生의 密使』(治刑協會, 1949)라는 소설을 쓴 바 있다.
2) 이를 저본으로 하여 헤이그 使行 부분을 다룬 柳子厚, 『海牙密使』(一醒李儁先生紀念事業協會, 1948)가 간행되었고, 李善俊, 『一醒李儁烈士』(世運文化社, 1973 ; 을지서적, 1994)도 역시 『이준선생전』을 저본으로 삼았다. 『해아밀사』에는 이준의

자료와 증언이 포함되어 유용한 점도 많으나 부정확한 부분이 적지 않다는 지적이 있었다.3) 최근 이 전기를 보충하고 새로운 사실을 더한 이계형의 『고종의 마지막 특사 이준』(역사공간, 2007)이 발간되어 참고할 수 있다.

이준에 대한 당대인의 기록으로는 짧지만 장지연張志淵과 송상도宋相燾가 저술한 「이준전」이 알려져 있다.4) 박은식朴殷植도 『이준전』(1918)을 저술하였다고 알려져 있는데, 아직 수집되지 못하였다. 그리고 관변기록이나 신문 등에서 찾아지는 자료의 대개가 그의 정치 활동이 두드러진 1904년대 이후의 것이어서, 이준을 주목한 연구들도 대체로 1904년 이후의 활동에 집중될 수밖에 없었다.

필자는 헤이그특사 파견 100주년을 맞아, 이준의 생애와 활동에 대하여 검토하고자 한다. 그동안 선학들의 연구로 이준의 전반적인 생애와 활동은 알려져 있다. 그럼에도 여전히 검토될 부분이 없지 않다. 그간 필자는 이준과 관련되는 법관양성소나 공진회共進會·헌정연구회憲政硏究會·국민교육회國民敎育會 등의 기관이나 단체에 관하여 관심을 가져왔다.5) 아울러 독립기념관에서 간행된 『헤이그특사 100주년 기념 자료집』을 편집한 바 있다. 따라서 산견되는 자료를 중심으로 이준의 생애와 활동을 복원하고자 한다.

유고라는 「韓國魂의 復活論」이 실려 있다. 본고에서는 이 「韓國魂의 復活論」을 이용하지 않았다. 그 이유는 1947년에 간행된 『이준선생전』에는 언급되지 않다가, 1948년의 『해아밀사』에서 강조되어 소개되기 때문이다. 『이준 열사와 제2차 만국평화회의』(이준열사순국백주년기념사업추진위원회, 2007)에도 이 글이 수록되어 있는데, 1948년까지 이준의 아들 李鏞이 소장하였다고 주기하였다. 이 자료에 대해서는 보다 깊은 검토가 필요하다고 생각된다.

3) 다행히 정숭교, 「이준(李儁)의 행적과 고종의 특사로 발탁된 배경」, 『백년 후 만나는 헤이그 특사』(태학사, 2008)가 발표되어, 중요한 부분을 바로 잡고 있다.

4) 張志淵, 『韋庵文稿』(국사편찬위원회, 1956) ; 宋相燾, 『騎驢隨筆』(국사편찬위원회, 1955). 『위암문고』의 초고본은 『張志淵全書』 10(단국대 동양학연구소, 1989)에 영인되어 수록되었다.

5) 崔起榮, 「共進會와 反一進會 운동」·「憲政硏究會의 설립과 立憲君主論의 전개」·「國民敎育會의 설립과 基督教」, 『韓國近代啓蒙運動硏究』(一潮閣, 1997) ; 崔起榮, 「한말 法官養成所의 운영과 교육」, 『한국근현대사연구』 16, 2001.

다만 그의 초·중년에 관한 자료가 거의 없을 뿐 아니라, 이준의 역사적 위
상이 사관仕官 이후의 다양한 활동에 있으므로, 그 부분에 주목하고자 한
다. 그리고 필자의 주된 관심은 헤이그특사로 순국에 이르는 과정보다 국
내에서의 활동에 있음을 먼저 밝혀둔다.

2. 성장과 교육

이준은 함경도 북청군 속후면俗厚面 중산리中山里에서, 조선 태조 이성계
李成桂의 형인 완풍군完豊君 이원계李元桂의 후손으로 1859년 12월 18일(음)
에 태어났다. 초명을 성재性在로 쓰다가 선재璿在로 개명하였고, 1900년대
전반기부터 준儁이라는 이름을 사용하였다. 그의 성장이나 초기 교육에 관
해서는 별다른 자료가 없지만, 전통적인 유학교육을 이수하였을 것이다.
그가 1887년 1월 1일 '등도천登道薦', 즉 향시에 합격하였던 사실로 미루어
도 짐작되는 일이다.[6] 그런데 그가 이원계의 18세손이었지만, 완풍군의 방
계로 크게 현달한 가계는 아니었다. 그의 가계는 완풍군의 4세 후손까지
봉군封君되고 고위관직에 오른 이후, 3대가 포의 또는 하위 문반직을 역임
하다가 3대가 무관직에 나아갔다. 그 후 이준의 부친대까지 7대가 전혀 벼
슬에 오르지 못한 토반土班이었던 것이다.[7] 그리고 근기近畿 주도의 사회
에서 함경도 출신이었다는 사실은, 비록 완풍군의 후손이었지만 누대에 걸
쳐 벼슬을 하지 못한 방계였으므로 크게 행세할 수 있는 위치가 아니었다.
이러한 환경은 경제상태 또한 그리 대단하지 못하였을 것을 알려주고 있
다. 더욱이 이준은 조실부모하여 조부와 숙부의 슬하에서 자라났고,[8] 처가

---

6) 『大韓帝國官員履歷書』(국사편찬위원회, 1972), 481쪽.
7) 『全州李氏完豊大君派世譜』1(전주이씨완풍대군파세보편찬위원회, 1981), 4~5, 67~
   68쪽 ; 2, 175~177쪽 ; 5, 715~716쪽.
8) 『全州李氏完豊大君派世譜』5, 715~716쪽에 따르면 부친 秉瓘과 모친 淸州 李氏
   는 이준이 5세 때인 1863년에 닷새 간격으로 사망하고, 친조부 命爕은 1881년, 숙

신안 주씨新安朱氏 가문도 역시 토반 정도였던 것 같다.9)

그렇지만 이준은 일찍부터 출세에 관심을 두고 있었던 것으로 보이는데, 그가 벼슬에 나아가기 전에 보수적인 색채가 강하면서도 개량적이던 세도가인 김병시金炳始의 문객으로 서울에 10여 년 체류한 것도 그러한 관심을 드러내는 것이라 하겠다.10) 그리고 이준은 성격이 매우 급하고 의협심이 강한 성품이었던 것으로 보인다.11) 『이준선생전』에 의하면, 이준은 12세에 주만복朱萬福의 딸을 초취하였고, 35세인 1893년 이일정李一貞을 재취한 것으로 나타난다.12) 부인 주씨는 이준보다 5세 연상이었는데, 그 사망시기는 알려지지 않았다.13) 따라서 이일정과의 결혼이 주씨의 사후에 이루어진 것인지, 아니면 축첩에 해당하는지는 모르겠다.14)

1887년 향시에 합격한 뒤 과거를 보지 않았던 이준은 1894년 8월 7일자로 순릉純陵 참봉에 제수되었다.15) 순릉은 함경도 함흥 근처에 있는 태조의 조모릉이었다. 그가 순릉 참봉에 임명된 것은 그의 가계나 김병시가 갑오경장에 관여한 것과도 무관하지 않았겠지만, 후술하는 대로 당시 갑오경장을 주도하던 함경도 세력과 깊게 관련되었던 것으로 생각된다.

그러나 이준은 순릉 참봉직을 7개월만인 1895년 3월 10일에 사직하였다.16) 그가 순릉 참봉을 사직한 것은 법관양성소에 입학하기 위해서였다.

부 秉夏는 1900년에 사망하였다.
9) 柳子厚, 『이준선생전』, 11~12쪽.
10) 張志淵, 『위암문고』, 278~279쪽. 柳子厚, 『이준선생전』, 18~21쪽. 김병시에 관해서는 金昌洙, 「金炳始의 經濟論과 民族意識」·「金炳始의 經世論과 民族意識」, 『韓國近代의 民族意識 硏究』(同和出版公社, 1987)를 참조할 것.
11) 張志淵, 『위암문고』, 279~280쪽 ; 宋相燾, 『기려수필』, 117쪽.
12) 柳子厚, 『이준선생전』, 11~12, 36쪽.
13) 『全州李氏完豊大君派世譜』 5, 716쪽.
14) 일본 가쿠슈인대학 소장 한성부호적(1906. 6 ; 安國坊 小安洞 安峴 11통 6)에는 이준이 '妻 牛峰李氏'와 딸과 같이 거주하는 것으로 표기되어 있다. 이때 '妻'라는 표현으로 보면, 副室이 아니었을 가능성도 크다. 그런데 족보나 『이준선생전』에는 이일정의 본관을 '平東'이라고 하였는데, 평동이씨는 확인되지 않는다.
15) 『대한제국관원이력서』, 481쪽.

그의 이력서에 따르면 1895년 4월 16일 법관양성소 제1회로 입학하여 그
해 11월 10일에 졸업하였다. 그리고 1896년 2월 3일 한성재판소 검사시보
로 주임관 6등 관직에 임명되었다.[17] 그가 법관양성소를 졸업한 1895년 11
월 10일은 아직 태음력을 사용하던 시기였고, 11월 17일을 1896년 1월 1일
로 하는 태양력을 사용하였던 사실을 기억하면, 이 임관은 졸업 후 1개월
이 조금 지나 이루어진 일이었다. 그런데 이 임용은 특별한 일이었다. 그것
은 법관양성소 제1회 졸업생 가운데 수석인 함태영咸台永이나 2등인 이인
상李麟相이 미처 임관되지 않은 상태에서, 14등으로 졸업한 이준이 먼저 한
성재판소 검사시보와 같은 요직에 임명되었기 때문이다.[18] 장지연은

> … 日淸戰役起 國政改革 法部協辦金學羽素善儁 薦爲平理院檢事
> 試補 仍受法律學于張博 …[19]

라고 하여, 김학우金鶴羽와 장박張博이 이 인사에 관여한 것으로 언급하였
다. 그러나 김학우는 이미 1894년 10월 대원군파에 의하여 암살당하였으므
로,[20] 이준을 추천할 수 없었다. 오히려 이준이 순릉참봉에 임명되었던 것
이 혹 김학우의 천거에 의한 것이 아니었나 짐작된다. 그리고 이준이 한성
재판소 검사시보에 임명될 수 있었던 것은 법부의 인사를 장악하고 있던
법부대신 장박의 영향력 때문이었을 것이다. 김학우는 함경도 경흥 출신이
고, 장박은 종성 출신이었다. 김학우는 갑오경장이 진행되는 동안, 군국기

---

16) 『대한제국관원이력서』, 481쪽.
17) 『관보』 1896년 2월 5일자 「敍任及辭令」 ; 『대한제국관원이력서』, 481쪽.
18) 이준의 졸업시험 성적은 73점으로 전체의 1/3에 드는 상위권이기는 하였다. 『法官
   養成所細則』(규장각도서 21683) 수록 「開國五百四年十一月初十日法官養成所
   第一回候補生卒業試驗得點表」 참조.
19) 張志淵, 『위암문고』, 279쪽.
20) 李光麟, 「舊韓末 露領 移住民의 韓國政界 進出에 대하여」, 『韓國開化史의 諸
   問題』(一潮閣, 1986), 196~197쪽.

무처軍國機務處의 회의원으로 또 법부협판으로 유길준兪吉濬과 함께 주도적
인 역할을 한 인물이었다. 장박 또한 1894년 이후 법부아문의 참의와 국장,
협판을 거쳐 법부대신으로 유길준과 함께 개혁을 주도하였다. 아무튼 이들
함경도 출신 고관들과의 연결이 이준이 중앙정계에 진출하는데 중요한 계
기가 되었음이 틀림없다. 곧 이준은 함경도 출신으로 법부를 맡고 있던 장
박의 주선으로 법관양성소에 진학하였고, 졸업 직후 임관될 수 있었다.

그런데 이준이 한성재판소 검사시보에 임명된 지 1주일 뒤인 2월 11일
아관파천俄館播遷이 일어났다. 친일정권이 붕괴되고 친러·친미정권이 수립
된 것이다. 3월 5일자로 이준은 면관되었는데, 그 이유는 "거조擧措가 해홀
駭忽ᄒ기" 때문이었다.21) 뒤에 밝혀진 그 내용은 "무고히 십여개일을 부진
不進"이었다.22) 이준은 10여 일 동안 관청에 나가지 않았던 이유로 면관되
었던 것이다. 장지연은 이준이 검사시보로 임명된 지 얼마 되지 않아 개혁
운동이 실패하여 일본으로 피했다고 하였고, 송상도는

> 乙未(高宗三十二年) 除法部主事 冬十二月 上播俄公館 密令殺諸賊
> 於是(金)弘集·(鄭)秉夏皆殺死 時張博爲法大 偏知禍迫 與博越宮墻而
> 走日本 後四年歸國 …23)

이라고 하였다. 곧 이준이 아관파천으로 당시 법부대신 장박과 화를 피하
기 위하여 궁궐을 넘어 일본으로 망명하였다가 4년 뒤에 귀국한 것으로 설
명되어 있다. 아관파천의 과정에서 이준이 한성재판소 검사시보에서 면직
되자, 그 자리에 법관양성소 제1회 수석졸업생인 함태영이 임명되었다.24)

일본에서의 이준의 활동에 대한 구체적인 기록은 없다. 그는 1897년 10월
현재 도쿄시東京市 간다구神田區 우라사루가쿠정裏猿樂町에 거주하고 있었

---

21) 『議奏』 4(서울대학교규장각, 1994), 399쪽 「免官案」.
22) 『관보』 1906년 2월 22일자 「敍任及辭令」.
23) 宋相燾, 『기려수필』, 117쪽.
24) 『관보』 1906년 3월 7일자 「敍任及辭令」.

고, 오사카大阪을 거처 질병 치료차 에히매현愛媛縣 미츠三津의 온천에 가기
도 하였다.25) 망명 중이던 박영효 등과도 일정한 관계를 맺고 있었던 것으
로 보이는데, 특히 1898년 9월 박영효 등이 귀국을 협의할 때에도 동참하
였던 것 같다.26) 아무튼 현재 알려지기로는 이준이 와세다대학早稻田大學의
전신인 도쿄전문학교東京專門學校에서 법학을 공부하였다고 한다.27) 어떤
과정에서 어떻게 공부를 하였는지 정확히는 알 수 없으나, 그가 전공한 법
학을 청강을 하는 수준이 아니었을까 짐작된다. 그는 법관양성소에서 일본
인 교수에게 법학을 배운 경험이 있었고,28) 일본측의 조사도 그가 일본어
에 능숙한 것으로 파악하고 있었다.29)

　이준의 귀국이 언제 이루어졌는지는 알려진 바가 없다. 앞서 언급한 대
로 1898년 9월 박영효 등 망명객 등이 귀국을 논의할 때, 이준도 참여하였
던 것으로 보인다. 다만 그가 1898년 후반기에 귀국하였을 가능성이 있다
고 짐작되는 일은, 몇몇 자료에 그가 독립협회에 관여한 것으로 언급되
고,30) 또 그가 크게 신세를 졌던 김병시가 그 어간에 별세하였기 때문이
다.31) 박영효 등의 망명객들이 귀국을 결행하지 못하였지만, 혹 이준만이
귀국하였다면 시기적으로는 그 가능성을 점칠 수 있다. 그러나 이준이 독
립협회에 관여한 사실을 확인할 수 있는 당시의 자료가 찾아지지 않는다.
그러한 점에서 이준의 독립협회 참여는 잘못 알려진 것으로 보이지만, 헤
이그 특사로 파견된 뒤에 황제가 이준을 독립협회 회원이었다고 언급하기

---

25) 『要視察韓國人擧動』 1(국사편찬위원회, 2001), 186쪽.
26) 『요시찰한국인거동』 1, 234쪽.
27) 柳子厚, 『이준선생전』, 41~42쪽.
28) 崔起榮, 「한말 法官養成所의 운영과 교육」, 45~46쪽.
29) 『요시찰한국인거동』 1, 186쪽.
30) 張志淵, 『위암문고』, 279쪽 ; 宋相燾, 『기려수필』, 117쪽 ; 柳子厚, 『이준선생전』,
　　46~58쪽. 다만 『기려수필』에서는 독립협회라고 언급하지만 내용은 그렇지 않다.
31) 『관보』 1898년 9월 23일자 「宮廷錄事」. 이계형, 『고종의 마지막 특사 이준』, 78쪽
　　에 이준이 김병시의 사망으로 귀국하였다고 언급하고 있다.

도 해 그 가능성을 전혀 도외시할 수만은 없을 것 같다.[32] 사실 그가 장박을 따라 일본에 망명하였지만, 정치적으로 망명할 만큼 중요한 위치에 있지 않았다. 따라서 그의 귀국이 대단한 위험을 수반하는 일은 아니었을 것이다. 장박이 1907년 고종황제의 양위가 이루어진 뒤에야 유길준 등과 귀국할 수 있었던 사실과는 비교할 수 없다.[33]

자료에서 이준이 다시 등장하는 것은 후술하는 대로 러일전쟁 직후였다. 그런데 1904년 2월 일본 내무성 경보국장의 보고서 가운데, 당시 일본에 망명해 있는 한국인 명단에 이선재 즉 이준이 포함되어 있다.[34] 만일 이것이 사실이라면 이준은 1904년 2월 러일전쟁이 발발한 직후에 귀국한 것이 된다. 따라서 이준의 귀국은 1898년 후반기일 가능성이 없지 않으나, 그렇지 않았을 가능성이 더욱 큰 것으로 보여 앞으로 더 밝혀야 할 부분이다.[35] 1898년 후반기에 이준이 귀국하여 독립협회에서 활동하였다는 주장이 확인되지 않는다면, 이준의 귀국이 언제 이루어졌는지는 알 수 없다.

1898년경 이준이 귀국하였다 하더라도, 이후 이준의 활동을 알려주는 공적인 기록은 찾아지지 않는다. 민영환閔泳煥·이상재李商在 등과 이른바 개혁당 활동을 하였다고 하지만,[36] 1902년 이른바 개혁당사건으로 체포된 인물 가운데 이준은 없었다. 그리고 개혁당이라는 비밀결사의 존재 자체가 언급되는 것은 유자후의 『이준선생전』이 유일하다. 1902년 6월 이상재·이

---

32) 『日韓外交資料集成』6－중(巖南堂書店, 1964), 604쪽의 「內謁見始末」에 헤이그 특사인 이준을 황제가 독립협회 회원이었다는 발언을 하고 있다.
33) 그는 1907년 9월 6일자로 을미사변 관여자들의 복권시 복권된다. 『관보』1907년 9월 9일자 「宮廷錄事」.
34) 『要視察韓國人擧動』3(국사편찬위원회, 2002), 3쪽. 이선재는 특별히 주의를 요하지 않는 그룹에 포함되어 있다. 다만 이 명단에는 이미 귀국해 있던 玄濟昶도 포함되어 있어, 이선재가 그때까지 일본에 있었다는 확증으로 삼기에는 부족하다고 생각한다.
35) 宋相燾, 『기려수필』, 117쪽에는 4년 만에 귀국하였다고 하는데, 그렇게 계산하면 1899년 전후가 된다.
36) 柳子厚, 『이준선생전』, 59~77쪽.

승인李承仁 부자와, 이원긍李源兢·유성준兪星濬·홍재기洪在箕·김정식金貞植이
고발되어 체포된 것은 사실이었다.[37] 이들의 대부분은 독립협회에 관여하
였던 인물들이었는데, 뒤에 이상재 등 관련자의 판결과 관련된 질품서質稟
書에 따르면, 이들은 일본에서 조직된 조선협회와의 관련을 의심받았던 것
으로 나타나고 있다.[38] 유성준은 그의 형인 유길준이 일본에 있으면서 국
내 관련세력과 시도한 쿠데타 미수사건에도 연루된 혐의를 받고 있었다.[39]
이들은 증거도 없이 국사범이라는 죄명으로 투옥되었던 것이므로,[40] 개혁
당으로 알려진 사건은 당시 황제권 강화를 위하여 경주하던 경위원警衛院
총관 이근택李根澤에 의한 과잉 또는 조작사건이었을 가능성도 크다.[41] 이
일에 이준은 연루된 것 같지 않고, 이준이 이 시기에 체포되었다는 언급은
혹 다른 일과 관련이 되었을 가능성이 있다.[42]

3. 러일전쟁 이후의 재야 정치활동

1904년 2월 러일전쟁이 발발한 뒤 이준의 움직임이 공식적으로 포착된

---

37) 『관보』 1902년 6월 28일자 「彙報」 ‘司法’.
38) 『관보』 1904년 3월 28일자 「彙報」 ‘司法’ ; 『司法稟報(乙)』(奎 17279) 質稟書 제
 2호(1904. 3.11). 이에 대해서는 정숭교, 「李儁의 행적 및 고종의 특사로 발탁된 배
 경」, 88~91쪽에 설명이 있다.
39) 『관보』 1904년 3월 28일자 「彙報」 ‘司法’ ; 兪星濬, 「밋음의 動機와 由來」 속,
 『基督申報』 1928년 7월 4일자. 이 사건에 관해서는 尹炳喜, 「日本亡命時節 兪
 吉濬의 쿠데타 陰謀事件」, 『한국근현대사연구』 3, 1995를 참조할 것.
40) 金貞植, 「信仰의 動機」, 『聖書朝鮮』 1937년 5월호, 5쪽.
41) 李光麟, 「舊韓末 獄中에서의 基督敎 信仰」, 『韓國開化史의 諸問題』(一潮閣,
 1986), 224쪽에는 정부가 警部를 설치하는 등, 정치범 문제에 예민하였음을 지적
 하고 있다.
42) 『황성신문』 1902년 4월 17일자 잡보 「誣告自服」와 5월 31일자 잡보 「誣告反坐」
 에 따르면, 1902년 북청 출신 李膺禮 등이 李禧永이라는 이의 무고를 받아 일시
 체포되었다가 곧 석방된 일이 있었는데, 그 가운데 ‘李璇在’라는 인물이 있었다.
 북청 출신이라는 점에서 혹 李璇在가 李璿在이었을 가능성이 있다.

다. 그는 3월 20일경 이현석李玄錫·정순만鄭淳萬·유종익柳鍾益 등과 동지의연
소, 즉 적십자회라는 단체를 조직하여 일본군 부상병의 휼병비를 모금하고자
하다가 3월 23일 경무청에 체포되었다.43) 만약 그가 2월에 귀국하였다면, 귀
국하자마자 일본군을 지원하는 활동을 전개한 것이었다. 이와 관련한 평리원
의 보고서를 보면, 이준의 본거는 여전히 북청으로 되어 있고, 그가 한성재판
소 검사시보를 역임한 이선재라는 사실이 드러났다. 또 그의 죄목이 '외탁충
애外托忠愛 내격인심內激人心'을 내세운 협잡으로 이해되었음도 알 수 있다.44)
그런데 특기할 것은 이 죄목으로 이준 등이 체포되어 평리원에서 태笞 80이
선고되었으나, 이준은 이에 대하여 법적 이유를 들어 불복하고 있었다는 사
실이다.45) 그가 법학을 공부하였던 전직 검사시보라는 점에서 주목된다.

그리고 1904년 러일전쟁이 발발한 시기까지 이준의 국제정세 인식이나
독립의식이 어떠하였는가를 이해하는 단서를 찾을 수 있다. 즉 적십자회를
조직하면서 그 취지서에,

維我大韓帝國의 獨立은 甲午年에 日本이 淸國과 戰爭혼 後에 獨立
이 頒布되야 尙今不振하다가 甲辰年에 至하야 日本이 쏘 俄國과 戰爭
을 始하야 韓淸兩國의 獨立을 尊重홀 事로 大義를 聲明하야 列國에
公布하고 巨款과 大軍을 發하야 懸軍萬里이 生命을 不惜하고 肝腦塗
地하야 激戰勝捷하난 時를 當ㅎ야 凡我韓人民은 엇지 晏然默然하야
越視秦瘠하난 것과 갓치 하리오 玆이 同知勸告文을 發하야 一般國民
의 獨立을 愛하고 誠하는 力으로 日本國에 對ㅎ야 感情을 表諾ㅎ기
益安홈 이라46)

43) 『황성신문』 1904년 3월 23일자 잡보「義捐設所」, 3월 25일자 잡보「四人被捉」.
44) 『司法稟報』(乙) 42, 보고서 제26호(1904. 4. 4).
45) 『司法稟報』(乙) 42, 보고서 제29호(1904. 4. 5), 제35호(1904. 4.21), 제59호(1904.
    6. 4).
46) 『황성신문』 1904년 3월 23일자 잡보「義捐設所」; 鄭喬, 『大韓季年史』下(국사
    편찬위원회, 1955), 130쪽.

고 하였다. 즉 일본을 한국의 독립을 가져다 준 은인으로 인식하고, 재정과
군사를 내어 러시아와 전쟁을 벌이는 마당에 한국인들이 가만히 있을 수
없다는 취지에서 일본에 대하여 감사의 뜻을 표해야 한다고 내세웠다. 나
아가 그는 일본에 대한 후원을 국민의 의무로까지 언급하였다. 즉 4월 4일
자 판결선고서를 보면,

> … 被告 李儁은 供稱하되 矣等이 每見新聞ㅎ오민 各國人이 義助
> 日本之大義를 聲明ㅎ고 或自願助戰ㅎ며 或婦人輩는 組織赤十字會
> ㅎ야 治療陳中傷兵ㅎ야 使人感情ㅎᄂ되 我國人民은 此等義擧가 無
> 故ㅎ기로 羞愧痛憤홈을 不勝ㅎ야 國民의 義務를 表善코ᄌ ㅎ야 作此
> 同志勸告文ㅎ야 待其自願出義之人而已라 ㅎ며 …47)

라 한 것으로 알 수 있다.

일본이 한국의 독립을 유지하고 백인종의 침략을 막기 위하여 러시아와
전쟁을 한다는 이른바 아시아연대론이 당시 지식인들에게 상당한 호응을
받았던 점을 기억한다면,48) 이준의 이러한 현실인식이 특별한 것은 아니
었다.

아무튼 1904년 3월 23일 경무청에 체포된 이준은 한성감옥에 수감되었
는데, 당시 한성감옥에는 많은 국사범들이 수감되어 있었다. 이상재·유성
준·이원긍·김정식·홍재기 등 1902년 조선협회 관련혐의자나 유길준 쿠데
타 미수사건의 관련자들과, 이승만李承晩·이동녕李東寧·안국선安國善·양기
탁梁起鐸·신흥우申興雨·이종일李鍾一 등이 여러 가지 사건으로 한성감옥에
수감 중이었다.49) 감옥 안에는 이승만의 노력으로 도서실이 설치되고 학

---

47) 『國權恢復運動判決文集』(총무처 정부기록보존소, 1995), 115쪽. 이 내용은 『司
法稟報』(乙) 42, 제29호(1904. 4. 5)에도 한문으로 기록되어 있다.
48) 李光麟, 「開化期 韓國人의 아시아連帶論」, 『開化派와 開化思想 研究』(一潮閣,
1989) ; 김도형, 「대한제국기 계몽주의계열 지식층의 '삼국제휴론'-'인종적 제휴
론'을 중심으로」, 『한국근현대사연구』 13, 2000 참조.

교가 운영되고 있었다.[50] 이준은 3월 27일 감옥도서실에서『신학휘편新學彙編』을 빌려 읽고 바로 반납하였으며, 다시『공법편람公法便覽』을 빌려 다음날 반납하였다. 그리고 4월 한 달은 도서실 이용이 없다가 5월 1일에『자서조동自西徂東』을 대출하여 다음날 반납하고, 7일『신정책新政策』을 빌려 당일로 반납하였다.[51] 이준은 서양 근대학문, 곧 신학에 관련된 도서들에 관심을 가졌음을 알 수 있다.『공법편람』과 같은 법률서적을 읽은 것은 혹 판결에 불복하기 위해서였을 가능성도 있을 것 같다. 실제 그는 검사가 공법을 마음대로 적용하여 양민을 핍박하였다고 주장하여, '왕법枉法'이며 '위례違例'라고 판결에 불복하였다.[52]

당시 감옥도서실에는 기독교 서적이 많이 소장되어 있었고, 그 서적들을 읽은 국사범들의 상당수가 감옥에서 기독교로 개종하였다. 그 결과 1904년 중 석방된 국사범들이 집단적으로 연동교회에서 세례를 받았다. 김정식의 회고에 따르면, 1904년 2월 말 출옥한 그는 10월 23일 연동교회에서 세례를 받았다고 한다.[53] 적십자회 일로 함께 수감되었던 이현석과 정순만은 감옥에서 기독교 서적을 여러 차례 대출하였는데,[54] 이준은 기독교에 흥미를 느끼지 못하였는지 기독교 관련서적을 대출하지 않았다. 이준은 1904년 6월 경에 출감하였는데,[55] 아마도 출감 직후 기독교에 입교하지

---

49) 李光麟,「舊韓末 獄中에서의 基督敎 信仰」, 218~224쪽.

50) 李光麟,「舊韓末 獄中에서의 基督敎 信仰」, 225~231쪽.

51)『監獄署圖書貸出簿』.

52)『司法稟報』(乙) 42, 보고서 제29호(1904. 4. 5), 제35호(1904. 4.21), 제59호(1904. 6. 4).

53) 金貞植,「信仰의 動機」, 7쪽, 옥중개종자들의 입교에 대해서는 李能和,『朝鮮基督敎及外交史』(朝鮮基督敎 彰文社, 1928), 203~204쪽 ; 崔起榮,「國民敎育會의 설립과 基督敎」, 215~218쪽. 다만 이능화는 이들이 석방되자 곧 세례를 받은 것처럼 묘사하였는데, 아마도 교리학습을 받고 세례를 받았을 것이다.

54)『監獄署圖書貸出簿』.

55)『司法稟報』(乙) 42, 제59호(1904. 6. 4)에는 이준 등이 '本院在囚'라고 언급된 것으로 미루어, 이때까지는 평리원에 수감되었던 것으로 짐작된다.

는 않았을 것이다.

　이준이 감옥에서 석방되었을 즈음, 정국은 일본의 황무지개척권 요구문제로 시끄러웠다. 보안회가 조직되어 일본의 요구를 반대하는 시위와 상소가 계속되었던 것이다. 이준이 보안회에 참여하였다가 협동회로 개편되자 그 회장을 맡았다는 『이준선생전』의 언급이 있지만,[56] 당시 자료에서는 확인되지 않는다.

　적십자회에 이어 나타나는 이준의 재야 정치활동은 1904년 12월 공진회에 참여하여 회장으로 활동한 것이었다. 공진회는 친일단체로 그해 8월에 조직된 일진회에 대항하기 위하여 보부상 세력을 배경으로 결성된 단체였다. 그 지도부는 독립협회 관련자들이 맡았고, 회원의 주류는 보부상이었다. 처음에는 보부상 계열의 나유석羅裕錫이 회장을 맡아 상민회商民會로 출발하여 진명회進明會로 고쳤다가, 12월 3일 공진회로 개명하였다.[57] 이준이 언제부터 나유석과 관련이 있었는지 확인되지는 않지만, 1904년 4월 전후 감옥에 있을 때 나유석 역시 감옥에 있었는데, 늦어도 이때부터는 일정한 관계를 맺고 있었으리라 짐작된다.[58] 이준은 12월 10일에 있은 공진회의 임원개선에서 회장으로 선임되었다.[59]

　이준은 12월 6일 공진회에서 연설하였는데, 그 내용이 당시 신문기사에 전한다.

　　… 쏘 회원 리쥰씨가 출석ᄒᆞ야 몬져 동서양대세를 설명ᄒᆞ고 지금 일본이 대병을 동ᄒᆞ야 로국과 기쟝ᄒᆞ기는 청국 만쥬와 우리 대한강토

56) 柳子厚, 『이준선생전』, 102~110쪽.
57) 崔起榮, 「共進會와 反一進會 운동」, 121~122쪽.
58) 『司法稟報』(乙) 보고서 23호(1904. 4. 1). 나유석은 2월 한일의정서 체결 반대시위로 체포되었다. 『皇城新聞』 1904년 2월 27일자 잡보 「觀光雲屯」 ; 鄭喬, 『大韓季年史』 下, 121~122쪽.
59) 『帝國新聞』 1904년 12월 12일자 잡보 「任員組織」 ; 『大韓每日申報』 1904년 12월 14일자 잡보 「공진회긔」.

보전ᄒ기를 위ᄒᆷ인즉 우리 동포도 쌜니 분발ᄒ야 리용후싱을 발달ᄒ
야 문명의 디경에 나가기를 바란다 ᄒ엿고 …60)

이준은 일본이 러일전쟁을 일으킨 것이 만주와 한국을 보호하기 위해서
라고 하였다는 것이다. 이러한 이준의 현실인식은 적십자회를 조직하던
1904년 초와 크게 다르지 않았던 것으로 보인다. 바꾸어 말하면 반일진회
활동을 전개하던 공진회 시기에도 이준의 일본인식은 기본적으로 일본 주
도의 인종주의적 동양평화라는 문제에 집착하고 있었다고 하겠다.

이준이나 나유석, 그리고 윤효정尹孝定 등 공진회 지도부는 외형적으로
는 일진회와 크게 다르지 않은 강령을 내세우고 있었지만, 법치주의의 실
현을 강조하고 있었던 점은 주목된다. 공진회에서는 국민의 정치적 권리에
대해서는 별다른 관심이 없었지만, 국민의 생명·재산권에 관해서는 특별
한 관심을 내보였다. 특히 불법적인 재산권 피해에 따른 대국민 법률구조
사업을 실시하겠다는 의지를 보인 바 있었다.61) 공진회에서 법치주의에
대하여 이처럼 적극적인 의지를 보인 것은 이준과 무관하지 않았을 것으
로 보인다. 이준은 당대에 보기 드물게 서양 근대법학을 이해한 인물이었
기 때문이다.

공진회의 궁극적인 목적은 일진회의 해산이었던 것 같다.62) 그러한 목
적을 이루기 위해서 공진회에서는 1904년 12월 24일 숙청궁금肅淸宮禁을
내세우고 이유인李裕寅 등 고위관리를 강제로 붙들어 평리원에 재판을 요
구한 사건을 일으켰고, 이 움직임에 일진회를 끌어들이면서 구체화되었다.
즉 이 일로 12월 25일 이준·나유석·윤효정이 체포되자 공진회는 그 석방
을 위한 시위를 전개하였는데, 점차 일진회가 이 일에 적극적으로 참여하

---

60) 『대한매일신보』 1904년 12월 8일자 잡보 「공진회연설」.
61) 『제국신문』 1904년 12월 20일자 잡보 「共進會告示」.
62) 崔起榮, 「共進會와 反一進會 운동」, 149쪽. 그러나 정숭교는 「李儁의 행적과 고종
    의 특사로 발탁된 배경」, 96~97쪽에서 이에 대해서 부정적인 견해를 보이고 있다.

면서, 정부에서는 일진회를 탄압하며 해산을 명령하였다. 그러나 이를 기화로 오히려 일본군은 서울의 치안이 동요하고 있다는 명목 아래, 일진회를 보호하며 군사경찰을 실시하여 서울의 치안을 장악하고 말았다. 평리원에서는 12월 28일 이준과 윤효정에게는 종신징역을, 나유석은 교교絞에 처하기로 선고하였다. 1905년 1월 법부대신은 이들을 감 1·2등하기를 상주하였으나, 황제는 감 3등하여 유배에 처할 것을 명하여, 나유석은 유流 5년, 이준과 윤효정은 유 3년으로 결정되었다. 유배지는 황해도 철도鐵島로 정해졌다. 공진회에서는 이러한 결정에 반발하여 정부에 여러 차례 이들의 석방을 요구하였지만, 이들은 1월 19일 유배지로 출발하였다. 그러나 2월 12일 황제의 조칙으로 특사방면되어, 사실상 유배는 1개월도 되지 않았다. 황제는 이들에게 유배를 지시하였다가, 즉각 사면하였다.[63)]

　이준의 공진회의 활동을 통하여 두 가지 점이 주목된다. 하나는 이준이 일진회의 매국적인 친일활동에는 반대하였지만, 아직 반일적인 단계로 나아간 것은 아니었다는 사실이다. 이미 언급한 바 있지만, 1905년 11월 을사조약이 강제체결되기 이전까지 한국의 지식인들에게 아시아연대론이 상당하게 영향을 미치고 있었다. 즉 동양평화와 한국독립의 유지와 관련하여 일본의 역할을 긍정적으로 평가한 것은 이준에게 국한된 일이 아니었다. 오히려 동양평화를 위한 일본의 역할을 인정하였지만, 그런 이유에서 일본이 한국의 독립을 유지하게 해야 한다고 이해한 지식인들이 주를 이루었던 것으로 보인다. 적어도 일본이 을사조약의 강제체결을 통하여, 한국의 국권을 장악하고 식민지화를 획책하는 것이 명백해지기까지 아시아연대론이 일정하게 지지를 받았다. 따라서 이들은 일본이 황무지개척권 양여 등을 요구하며 한국에서의 세력 확대를 기도하는 상황에 대하여 반발하였겠지만, 그것이 일본의 식민지화 정책의 단계적인 실현임을 정확하게 인식하지 못하였던 것 같다.

---

63) 崔起榮, 「共進會와 反一進會 운동」 참조.

다른 하나는 이준를 비롯한 공진회 세력이 황실과 연결되고 있었다는
사실이다. 나유석은 보부상의 대표적인 지도자로 1898년 황국협회의 활동
부터 황실과 관련되었던 것으로 짐작된다. 또 윤효정은 황실에서 국사범으
로 일본에 송환을 요구하던 명성황후시해사건의 관여자인 우범선禹範善의
암살사건에 연루되어 있었기 때문에, 황실과 관련을 맺을 수 있던 것으로
보인다.[64] 이준이 황실과 연계될 수 있던 구체적인 내용은 알 수 없지만,
적어도 공진회의 활동을 통하여 황실과 일정한 연관을 맺을 수 있었던 것
같다. 황제의 조치로 공진회의 지도부가 유배로 감형되었다가, 곧 특사방
면된 것이 그러한 사실을 보여준다고 하겠다. 당시 시정에서는 공진회가
일진회를 반대하여 설립되었고, 황실에서 공진회를 지원하였다는 소문이
돌았다고 한다.[65]

이준이 황실과 연계되어 공진회를 이용하여 일진회를 해산시키고자 하
였으나 실패로 돌아갔지만, 이 사건은 이후 이준의 위상과 정치활동에 큰
영향을 미쳤던 것으로 보인다. 공진회건으로 유배되었다가 석방된 이준은
곧 헌정연구회憲政硏究會의 설립을 주도하였다. 1905년 5월에 창립된 이 단
체에는 공진회의 주류를 이루었던 보부상을 제외한 지도부가 이른바 개신
유학자들과 제휴하고 있었다. 그 가운데에는 기독교인과 동학교인들도 포
함되었으며, 전직 중·하급 관리가 적지 않았다. 이준은 부회장을 맡았다.[66]

헌정연구회는 입헌군주제의 실시를 위한 헌정의 연구를 내세웠지만, 그
목적은 공진회와 마찬가지로 일진회의 타도였다고 보인다. 이 단체가 국민
에게 헌정에 관련된 문제들을 계몽한다는 목적과 관련된 사업들을 전개하
였는데, 기본적으로 전제군주국인 대한제국의 체제를 보전하기 위하여 공
화제의 위험을 제시하고 입헌정치의 필요성을 강조하고자 하였다. 1905년
11월에 헌정연구회에서는 그 주의가 군치헌정君治憲政이라고 밝힌바 있

---

64) 崔起榮, 「共進會와 反一進會 운동」, 131쪽.
65) 『황성신문』 1904년 12월 27일자의 논설 「共進會」.
66) 崔起榮, 「憲政硏究會의 설립과 立憲君主論의 전개」, 161~168쪽.

다.67) 곧 흠정헌법欽定憲法의 실시로 국권을 군주가 장악하고, 국민으로 하여금 독립을 행하게 하는 것이 헌정연구회의 목적이었던 것이다. 아마도 이러한 점이 이른바 개신유학자들이 헌정연구회에 참여할 수 있던 배경이었을 것이다. 헌정연구회에서 이준의 활동이 잘 드러나지 않지만, 개신유학자들과의 문제 때문에 중도에서 사퇴하였을 가능성이 있다.68) 그러나 이준이 헌정연구회에서 시도한 것은 대한제국의 입헌군주화였지, 황제권의 약화는 아니었던 것으로 생각된다. 그가 공진회 이래 황제와 연계되었고, 이후 헤이그 특사로 발탁되는 점에서도 그렇다.

　1905년 11월 일본은 을사조약을 강제로 체결하여 한국의 외교권을 박탈하고 보호국화하였는데, 이 때 이준은 상동교회에서 있은 일군의 지사들과 함께 한 것으로 나타난다. 즉 김구金九의 『백범일지白凡逸志』를 보면,

　　… 其時 尙洞에 會集된 人物노 말하면, 全德基·鄭淳萬·李儁·李石
　　東寧·崔在學 … 金龜 等이 會集한 結果 上疏하기로 하고 疏文은 李儁
　　이 作하고 第一回 疏首는 崔在學이고 外 四人을 加하야 五人이 民代
　　表의 名義로 署名한 것은 一回 二回하로 繼續할 作定이라. 鄭淳萬의
　　引導로 會堂에서 盟禱하고 大漢門 前에 齊進앞하야 署名한 五人만 闕
　　門 外에서 形式上으로 開會하고 上疏 議決하엿스나 疏狀은 벌서 別監
　　들의 內應으로 벌서 上監께 入覽된 지라.69)

라 하고 있다. 이준이 전덕기全德基가 주도하는 상동교회 혹은 상동청년회尙洞青年會에 참가하였으며, 을사조약을 반대하는 상소문을 작성하였다는 것이다. 이준은 상동청년회에 준회원 정도의 자격으로 관여하였던 것 같다.70) 이와는 달리 유자후에 따르면, 이준이 을사조약 강제체결 전에 민영

---

67) 『대한매일신보』 1905년 11월 15일자 잡보 「却之廓如」 및 동일자 『황성신문』
　　잡보 「憲會繳書」.
68) 崔起榮, 「憲政硏究會의 설립과 立憲君主論의 전개」, 186쪽.
69) 金九, 『白凡逸志』(나남출판, 2002), 138쪽.

환과 협의하여 일본 도쿄에 가서 박영효 등을 만나고, 11월 초 중국 상하
이로 가 이용익·헐버트 등과 한미공수동맹을 위하여 노력하다가 민영환의
자결 소식을 듣고 귀국하였다고 한다.71) 시간적인 조건을 보면 잘 연결되
지 않지만, 적어도 도쿄에는 다녀온 것으로 보인다. 그 시기는 을사조약 강
제체결 전후의 어느 시기였던 것으로 짐작된다.

> 당시 정객들이 만히 망명하여 잇섯고 또 류학생들도 다 각기 정치가
> 연하야 그들의 일동일정이 모두 정치적이오 영웅적이엇지마는 그가 중
> 학생 시대에 바든 인상으로 아직도 이처지지 안는 것은 의암 손병희(義
> 庵孫秉熙)씨와 해아(海牙)사건으로 자문한 리준(李儁)씨에 대한 인상으
> 로서 을사년인 듯하다 당시 평리원 검사(平理院檢事)로 잇든 리준씨가
> 법부대신 리근택(李根澤)을 탄핵한 관계로 면직되야 동경으로 건너온
> 때인데 의암은 그때 일진회 류학생 사십여 명을 모혀노코 일개의 검사
> 로서 대신을 탄핵한 기품이야말로 우리가 모범할 바라 하야 그를 상야
> 정양헌(上野精養軒)에 초대하고 환영 만찬회를 열기로 되야 류학생 사
> 십 명도 그 자리에 참여하게 되엿다 …72)

도쿄에서 이준이 손병희와 만났던 사실을 이광수가 회고한 것이다. 회
고한 내용이 시기와 내용이 사실과 부합되지 않기도 하지만, 적어도 하나
확인되는 것은 1905·6년을 전후하여 이준과 손병희가 도쿄에서 만났다는
사실이다.73) 동학의 3대 교주인 손병희는 1905년 12월 1일자로 동학을 천
도교로 개편하며 교당을 건축하겠다는 광고를 국내 신문에 게재하고,74)

---

70) 韓圭茂, 「尙洞靑年會에 대한 연구, 1897~1914」, 『歷史學報』126, 1990, 81쪽.
71) 柳子厚, 『이준선생전』, 169~171쪽.
72) 『朝鮮日報』1937년 1월 4일자 「그들의 靑年學徒時代」 3(李光洙). 柳子厚, 『이준
   선생전』, 43쪽에는 이준과 손병희가 일본망명 시절에 만난 것으로 서술하고 있다.
73) 이준은 후술할 1907년의 평리원 검사 재임중 발생한 赦典 관련사건으로 이름이
   널리 알려졌다. 이광수는 이 일을 그 이전 사실로, 또 이근택과 관련해서 회고하
   였다. 그러나 그 시차나 내용은 회고라는 면에서 크게 문제되지 않는다.

1906년 1월 말 귀국하였다. 이미 1904년 12월 동학세력인 진보회가 일진회와 통합되자, 이준이 공진회에서 반일진회 활동을 지휘한 바 있었는데, 바로 이준과 동학 교주가 만났던 것이다. 그리고 동학은 천도교로 개편하면서 교당 건축과 같은 공개활동을 하고자 하였고, 교주가 귀국할 수 있었다는 사실은 황실이나 정부와 일정한 타협이 이루어지지 않으면 어려운 일이었다. 특히 손병희와 함께 국사범으로 망명 중이던 권동진과 오세창이 귀국하였을 뿐만 아니라, 그들은 귀국 후 중추원 부참의에 임명되었다. 이후 황실에서는 천도교당의 건립부지와 천도교에서 운영한 만세보사萬歲報社에 지원금을 하사하였다.75) 이러한 사실로 미루어 천도교와 황실 사이에 제휴가 이루어졌다고 보아도 좋을 것이다. 이준이 도쿄에서 손병희를 만난 것은 바로 그러한 역할을 맡아서가 아니었나 짐작된다. 다만 그 시기가 언제인지는 불확실하다. 1905년 12월 1일 동학이 천도교로 개편된 광고를 게재하기 이전이라면, 을사조약이 강제체결되기 이전인 10월이나 11월 상순 정도였을 것이다. 아무튼 이준은 황제의 밀명으로 동학세력과의 제휴를 시도하는 임무를 맡아 성공시킨 것으로 보아도 좋지 않을까 한다.

따라서 이준이 아시아연대론을 배격하고 반일로 정치적 전환을 한 시기는 을사조약의 강제체결 이전이었을 것이다. 정확한 시기는 확인되지 않지만, 아마도 1905년 초 공진회 활동으로 황실세력과 연결되면서 그러한 전환이 이루어지지 않았을까 짐작된다.

4. 계몽활동과 평리원 검사

을사조약 강제체결 이후 이준의 활동은 두 가지로 나타났다. 그 하나는 국민계몽활동에 적극적으로 나서는 일이었고, 다른 하나는 평리원 검사로

---

74) 『대한매일신보』 및 『제국신문』 1905년 12월 1일자 광고.

75) 崔起榮, 「동학의 천도교로의 개편에 관한 검토」, 『한국근대계몽사상연구』(일조각, 2003), 251쪽.

재임하며 법률의 공정집행을 위하여 진력한 것이었다.

먼저 그는 1906년 4월 경 국민교육회의 회장에 선임되었다. 국민교육회는 1904년 8월 감옥에서 기독교인이 된 전직 관리들이 주도하여 연동교회를 중심으로 운영되었던 단체였다. 회장은 이원긍이 맡았다가, 그가 1906년 3월 14일자로 삼화감리三和監理에 임명되어 부임하게 되자 이준이 회장에 선임되었던 것 같다.76) 이준이 언제 국민교육회에 참여하였는지는 확인되지 않지만, 적어도 1905년 9월에는 국민교육회에서 교육의 중요성과 재정문제를 주제로 연설하였다.77)

국민교육회와의 관련 속에서 살펴보아야 할 것은 이준의 기독교 입교 문제이다. 그는 1905년 1월 1일에 기독교에 입교한 것으로 1907년 3월 현재 연동교회의 사찰査察 명단이 실린 『백농실기白農實記』에 기록되어 있는데,78) 그 시기는 그가 공진회사건으로 체포되어 있던 상황이었다. 1904년 적십자회사건으로 감옥에 있던 두어 달 동안 많은 정치범들과는 달리, 그는 기독교 서적을 읽지 않았었다. 따라서 다른 국사범들처럼 감옥에서 개종을 한 뒤에, 출감하여 교회를 다니다가 세례를 받지는 않았던 것 같다. 아마도 공진회사건이 마무리된 1905년 2·3월 이후에 세례를 받았을 것으로 보이는데, 몇 개월 동안 교리 등을 학습하지 않았을까 짐작된다. 그리고 그러한 변화의 전기가 무엇이었는지는 알려지지 않았다. 그가 1907년 3월 현재 연동교회의 사찰을 하고 있었던 것으로 미루어, 기독교에 입교한 뒤에는 교회에 깊게 관여한 것으로 믿어진다.

그리고 이준이 역시 기독교와 관련된 상동청년회에서 활동하였던 것으로 알려져 있는데, 앞서 살핀 『백범일지』와 3·1운동 뒤에 작성된 「조선독립운동의 근원朝鮮獨立運動の根源」이라는 일본 정보자료가 그러한 사실을 보여준다.79) 여러 정황을 살펴보면 상동청년회에 관여한 인물로는 전덕

76) 崔起榮, 「國民教育會의 설립과 基督教」, 204쪽.

77) 『황성신문』 1905년 10월 2일자 잡보 「親睦盛會」.

78) 趙昌容, 『白農實記』(독립기념관 한국독립운동사연구소, 1993), 42쪽.

기·정순만·최재학·박용만朴容萬·이승만·이동녕·조성환曹成煥 등 직접 관
여하였고, 민영환·이상설·이회영李會榮·이시영李始榮·이준 등이 직간접으
로 후원 또는 관여하였던 것으로 짐작된다고 한다.80) 이준은 이미 1904년
3월 정순만과 함께 적십자회를 조직하려다가 체포되었던 적이 있었다. 그
러한 점에서도 상동청년회에 일정하게 관련을 맺었을 것이고, 김구의 회고
대로 을사조약 강제체결 반대상소를 작성하였을 것이다.

　아무튼 이준은 국민교육회와 상동청년회와 같은 기독교 단체에서 활동
하면서, 황성기독교청년회에도 관여하였다. 예컨대 그는 '인人의게 천여天
與ᄒ신 권權이 유오有五'와 같은 연설을 황성기독교청년회에서 한 바 있었
다.81) 이러한 점으로 미루어, 윤효정·이원긍·김정식·정순만 등과는 오래
단체활동을 하였던 것으로 나타난다.

　이준의 계몽활동은 교육 관련사업에서 두드러졌다. 본인이 국민교육회
를 주도하는 것과도 무관하지 않았지만, 여자교육회의 찬성원으로 여성교
육에도 깊은 관심을 가지고 있었던 것으로 보인다.82) 부인 이일정이 광동
학교의 교감으로 활동하는 점도 그러한 일단을 보여준다.83) 그리고 종교
의숙·장훈학교와 같은 사립학교의 찬성회 등에 관여하였으며,84) 휘문의숙
의 개교식에도 참가하여 교육이 국가동량의 기초가 된다는 연설도 하였
다.85) 또 단지동맹斷指同盟을 한 일본유학생들을 지원하기 위한 모임의 발
기에도 빠지지 않았다.86) 그리고 무엇보다도 1906년 10월 함경도 인사들

79) 이 자료에 의하면 이준은 상동청년회의 외교부장을 하였던 것으로 언급되어 있다.
　　『齋藤實文書』9(고려서림, 1990), 358쪽.
80) 韓圭茂, 「尙洞靑年會에 대한 연구, 1897~1914」, 84~85쪽.
81) 『萬歲報』1906년 11월 13일자 잡보 「靑會演說」.
82) 『만세보』1906년 8월 12일자 잡보 「女子敎育會開會」.
83) 『만세보』1907년 5월 8일자 잡보 「婦人設校」.
84) 『만세보』1906년 11월 17일자 잡보 「贊成會新設」;『황성신문』1907년 2월
　　5일자 잡보 「長薰校贊成會」.
85) 『대한매일신보』1906년 10월 16일자 잡보 「徽文開塾盛況」.
86) 『만세보』1907년 2월 1일자 잡보 「大開演說」.

이 주도한 한북흥학회漢北興學會의 발기에 적극 참여하였고,[87] 1907년 3월
에는 회장에 선임되었다.[88]

이러한 계몽활동을 전개하던 중, 1906년 6월 18일자로 이준은 '면징계免
懲戒'를 받아, 평리원 검사로 임명되었다.[89] 그 해 7월 31일자로 특별법원
검사의 겸직발령도 났다.[90] 1896년 한성재판소 검사시보로 1주일동안 근
무한 지, 10년 만에 다시 검사에 임명되었던 것이다. 그는 매일 평리원의
나아가면 감옥에 들러 죄수들을 효유하고 병자들을 치료케 하며, 맡은 사
건은 빨리 처리하였다.[91] 검사로서 이준이 명성을 얻은 것은 1907년 2월
황태자비 관례冠禮에 따른 대사령이 내리자, 은사恩赦 집행과정에서 법부의
고관들과 마찰을 빚어 검사 신분임에도 기소되고, 재판을 받아 결국 파면
된 사건 때문이었다. 이 사건은 이준이 을사오적을 처단하려던 기산도奇山
度 등을 사면하려고 은사안을 만들었는데, 형사국장 김낙헌金洛憲이 이들을
제외시키고 이유인 등을 석방한 것으로 알려져 있다.[92] 그런데 당시 신문
기사를 보면, 이준은 기결수 가운데 곡산민우사건谷山民擾事件 관련자 3인,
모살 미수사건 김일제金一濟 등 10인과, 미결수 가운데 민요사건, 늑표勒票
사건 관련자 등을 은사안에 포함시켰는데 형사국장이 이들을 빼고, 무고죄
인 이유인·장지원張志遠·김준식金準植 등을 넣었다.[93] 이 가운데 모살미수
사건 관련자 김일제 등 10인이 바로 을사오적을 처단하려고 한 지사들이
었다. 『이준선생전』에서는 나인영·오기호 등을 언급하였지만, 실제로는

---

87) 『대한매일신보』 1906년 10월 30일자 잡보 「혼北學會發起」·「漢北興학會趣旨」.
88) 『황성신문』 1907년 3월 30일자 잡보 「漢會任員」.
89) 『관보』 1906년 6월 22일자 「敍任及辭令」.
90) 『관보』 1906년 8월 3일자 「敍任及辭令」.
91) 『대한매일신보』 1907년 2월 20일자 잡보 「法官慈善」.
92) 黃玹, 『梅泉野錄』(국사편찬위원회, 1955), 404쪽 ; 柳子厚, 『이준선생전』, 223∼
  226쪽.
93) 『대한매일신보』 1907년 2월 12일자 잡보 「法官起訴」 ; 『황성신문』 1907년 2월 18
  일자 논설 「法不可私」 ; 『관보』 1907년 2월 22일자 「彙報」 '司法'.

군부대신 이근택을 처단하려다가 자상刺傷에 그친 기산도·김일제 등이 사
면 대상자였던 것이다.[94]

이준은 은사전의 불공평을 시정해 달라는 청원을 법부에 올렸으나, 문
서과장 이종협李鍾協이 이를 거부하자 법부대신 이하영李夏榮 등에게 항의
하였다. 사건이 해결되지 않자 이준은 계속 이를 문제화하였고, 결국 이준
은 검사임에도 불구하고 기소되어 수감되었다가 하루 만에 석방되었다. 이
에 이준은 즉각 평리원 수반검사·형사국장·문서과장 등의 처벌을 청원하
였고, 또 형사국장과 문서과장을 평리원에 고소하였다.[95] 결국 재판에서
이준은 태 100이 선고되었다. 판결서에는 이준의 죄목을

> 被告(이준)가 以赦典奏本不公平ᄒ 쥴노 法部大臣及協辦을 彈劾ᄒ
> 야 法部大臣에게 起訴狀을 送投ᄒ 엿스며 拿審之場에 法部文書課長의
> 通牒을 扯裂ᄒ 其事實은 被告의 陳供과 該証據物에 証ᄒ야 明白ᄒ지
> 라 被告 李儁을 刑法大全 第二百七十九條 自己訴冤을 除ᄒ 外에 本
> 管官을 告訴ᄒ 者律과 第四百十八條 官司의 文書를 棄毀ᄒ 者律노
> 第百二十九條 二罪以上이 冬時에 俱發된 境遇에ᄂ 其各等ᄒ 從一科
> 斷文에 照ᄒ야 笞 一百에 處ᄒ노라[96]

라고, 상관을 고소한 죄와 문서를 훼손한 죄를 들어 태 100이 선고되었다.
이 처벌은 황제의 배려로 태 70으로 감형되었다. 태 70은 이준이 검사직을
유지할 수 있는 형량이었지만, 법부에서는 3월 14일자로 그를 면관시키고
말았다.[97] 법부대신 이하영이 이준의 면관 주본을 참정대신의 연서도 받

---

94) 『國權恢復運動判決文集』, 134쪽 ; 鄭喬, 『大韓季年史』 下, 210쪽.
95) 『만세보』 1907년 2월 28일자 잡보 「檢事李儁供案」.
96) 『國權恢復運動判決文集』, 124~125쪽.
97) 『대한매일신보』 1907년 3월 14일자 잡보 「法相無法」, 이 과정은 柳子厚, 『이준선
    생전』, 220~262쪽 ; 이계형, 『고종황제의 마지막 특사』, 170~176쪽과 金孝全, 「李
    儁과 憲政研究會」 Ⅰ에 상세하다.

지 않고 상주하자 황태자가 보류시켰는데, 면관이 공포되는 바람에 황제가 진노하여 그 내용을 조사하라고 명을 내렸다는 보도가 있었다.98) 이준 또한 3월 16일자로 참정대신 박제순朴齊純에게 청원서를 제출하였지만,99) 아무런 효과도 없었다.

이 사건으로 여론이 크게 비등하였다. 신문과 사회 각 단체는 이준을 지지하며, 법률의 공정한 집행을 요구하였던 것이다. 2월 25일에는 연합연설회가 개최되어, 법관과 법률문제에 대하여 10개의 주제로 연설이 있었다.100) 연일 신문마다 이 사건의 진척이 보도되면서, 법부대신 이하영은 사임 압력을 받았으며, 이준은 강직한 인물로 각인되고 명성이 널리 알려졌다. 『만세보』 1907년 3월 20일자 논설 「축척명예인逐斥名譽人」에서는 "항직亢直한 명예가 소저素著한 인씨人氏"라고 표현하였다. 그가 4월 초 국채보상연합회의소 소장에 선임된 것도 그러한 면과 무관하지 않으리라 생각된다.101)

이 사건을 통하여 확인되는 사실은 이준이 법률이론에 정통해 있었고, 동시에 법률을 공정하게 적용해야 한다는 원칙을 준수하였다는 점이다. 그가 재판과정에서 보인 법률해석은 당시 법관들과는 달리 매우 이론적이었다. 이미 1904년 적십자회사건 때에도 그는 법률 적용에 불복한 바 있었다.102) 이러한 점에서 그가 일본 망명시절 전후부터 일정하게 법률학에 대한 공부를 해왔음이 짐작된다.

관직을 그만두게 된 이준은 다시 계몽운동에 투신하였다. 3월말 한북흥학회의 회장을 맡아 재경 함경도 인사와 함경도의 계몽을 주도하게 되었

---

98) 『대한매일신보』 1907년 3월 15일자 잡보 「憾情必逞」, 3월 17일자 잡보 「天日難蔽」.
99) 『請願書』(규 17848-3);『萬歲報』 1907년 3월 21일자 잡보 「李氏請願」.
100) 『대한매일신보』 1907년 2월 24일자 잡보 「聯合演說」, 이후 각 신문에 연설의 내용들이 연재되었다.
101) 『황성신문』 1907년 4월 8일자 잡보 「任員組織」.
102) 『司法稟報』(乙) 42, 보고서 제29호(1904. 4. 5), 제35호(1904. 4.21), 제59호(1904. 6. 4).

고, 이어 국채보상연합회의소 소장을 맡아 국채보상운동의 선두에 나섰
다.103) 그리고 4월 20일 그는 대한자강회에서 '생존의 경쟁'이라는 연설을
하였다.104) 하지만 이때에는 이미 헤이그 특사의 임무를 맡은 뒤였다. 황
제의 위임장이 4월 20일자로 되어 있었고, 4월 22일 러시아를 향해 출발하
였다.105) 그가 국내에서 마지막으로 행한 연설이 생존경쟁에 관한 내용이
었다는 점은, 그가 당시 지식인들의 대부분과 마찬가지로 사회진화론에 기
초한 실력양성론을 주장하였음을 알려준다.

5. 헤이그특사와 순국

이준이 헤이그특사로 발탁될 수 있었던 것은, 그가 알려지지 않은 황제
의 측근이었다는 것과 무관하지 않다고 생각된다. 그가 1904년 12월 공진
회 활동을 전개하면서, 일진회 해산을 시도하던 황제와 연결되었던 것으로
보인다. 아울러 1905년 말에 일본에 가 동학세력과 황실세력의 제휴를 이
룰 수 있었던 것으로 생각되는데, 이미 이 시기에 이르면 황제와 일정한
비선을 가지고 연결되었으리라 짐작된다. 그리고 1907년 2월 평리원 검사
로 있으며 전개된 일련의 사건을 통하여, 황제는 더욱 이준을 신뢰하게 되
었을 것이다. 황제가 직접 평리원의 판결을 즉각 감형하고,106) 또 법부대
신의 면관 움직임에 진노한 것도 그러한 관계를 살피는데 증거가 될 수 있
지 않을까. 무엇보다도 황제가 특사를 발탁할 때에, 자신이 잘 알고 신임하
지 않는 인물이 논의될 수는 없었을 것이다. 정순만의 역할을 강조한 주장
도 있지만,107) 적어도 황제의 의사가 가장 중요하였으리라 생각된다. 이준

---

103) 柳子厚, 『이준선생전』, 215쪽에는 국문으로 발표된 '국채보상연합회의소취지서'
　　가 수록되어 있다. 유족이 소장하고 있던 자료로 생각된다.
104) 『대한매일신보』 1907년 4월 20일자 잡보 「自强開會」.
105) 柳子厚, 『이준선생전』, 343~345쪽.
106) 『만세보』 1907년 3월 9일자 잡보 「李氏事件裁下」.
107) 정숭교, 「李儁의 행적과 고종의 특사로 발탁된 배경」, 106~106쪽.

은 그러한 조건을 충족시킬 수 있었다는 점을 기억해야 할 것이다.

아마도 3월 중이나 4월 초에 이준은 헤이그에서 개최되는 제2차 만국평
화회의에 특사로 파견한다는 황제의 밀명을 받았으리라 짐작된다. 물론 그
과정이 『이준선생전』에 드러난 것과 같은지는 알 수 없다. 그는 4월 22일
서울을 떠나 4월 말에 블라디보스토크에 도착하였는데, 그와 동행한 인물
은 나유석이었다.108) 공진회 활동을 함께 한 나유석은 1898년 황국협회 시
절부터 황실과 관련된 인물이었다. 그리고 이준은 5월 중에 이상설李相卨을
만나 5월 21일 현지의 차석보車錫甫와 함께 시베리아 철도로 러시아의 수
도 페테르부르크를 향하여 출발하였다.109)

6월 중순 페테르부르크에 도착한 특사들은 전 주러시아 공사 이범진李範
晉의 아들 이위종李瑋鍾과 합류하였다.110) 이들은 전 주한러시아 공사 베베
르 등의 도움을 받고자 하였으나, 여의치 못하였다. 6월 25일 헤이그에 도
착한 특사들은 시내의 융Jung 호텔에 숙소를 정한 뒤, 호텔에 태극기를 게
양하고 활동을 시작하였다. 이들의 목적은 을사조약 강제체결의 불법성과
일제의 침략상을 폭로함으로써 국권회복에 열강의 후원을 얻는 것이었다.
헐버트가 이들을 지원하러 헤이그에 왔고, 미국에서 윤병구尹炳求와 송헌
주宋憲澍도 도착하였다.

헤이그특사들은 먼저 만국평화회의에 공식적인 한국대표로 참석하기
위한 활동을 전개하여, 의장인 러시아 대표 넬리도프 백작과 네덜란드 외
무대신 후온데스를 방문하여 협조를 요청하였다. 그러나 넬리토프는 형식
상의 초청국인 네덜란드에 그 책임을 미루었고, 후온데스는 이미 각국 정
부가 이른바 을사조약을 승인하여 한국정부의 자주적인 외교권을 인정할
수 없다고 회의 참석과 발언권을 거부하였다. 특사들은 미국이나 프랑스,

---

108) 『요시찰한국인거동』 3, 180~181쪽.
109) 『요시찰한국인거동』 3, 185쪽.
110) 이하 헤이그특사의 활동은 尹炳奭, 『增補 李相卨傳』(一潮閣, 1998)의 내용을
    정리한 것이다.

독일 등 열강 대표들에게도 협조를 구하였으나, 한국의 대표권을 인정받지 못하였다. 결국 특사들은 일본의 침략과 한국의 처지를 알리는 '공고사控告詞'를 의장과 각국 대표들에게 비공식적인 경로로 보내고, 그 글을 『평화회의보』에 발표할 수밖에 없었다. 다행히 7월 9일 각국 신문기자단의 국제협회에 참석하여 발언할 수 있는 기회를 얻었다. 이 자리에서 이위종은 세계의 신문기자들에게 한국의 비참한 실정을 알리고 주권회복의 지원을 요청한 '한국의 호소(A Plea for Korea)'라는 연설을 하여 감동을 주었다. 그 결과 그 자리에서 한국의 처지를 동정하는 결의안이 만장일치로 채택되었고, 현지 신문에도 크게 보도되었다.

그러나 이러한 노력에도 불구하고 만국평화회의 참석이 좌절되자, 7월 14일 울분에 차 있던 이준은 순국하고 말았다. 국내에서는 『대한매일신보』가 외신을 인용하여 헤이그특사의 활동을 알려오다가, 이준의 순국도 보도하였다. 즉 『대한매일신보』는 1907년 7월 18일자로 국한문과 국문의 호외를 발행하였는데, 황제의 섭정 추천 등을 각의에서 상주한 내용과 함께 「의사자재義士自裁」(국한문), 「의ㅅ가 ㅈ결」이라는 기사를 실었다. 국문판을 보면,

전 평리원 검ㅅ 리쥰씨가 현금 만국평화회의에 한국 파견원으로 갓던 일은 세샹 사름이 다 알거니와 작일에 발흔 동경 뎐보를 거흔즉 히씨가 츙분흔 ㅁ음을 이긔지 못ㅎ야 이에 ㅈ결ㅎ야 만국 ㅅ신 압헤 피를 쑤려서 만국을 경동케 ㅎ엿다더라

고 보도하였다. 이 기사가 이른바 이준이 만국평화회의 석상에서 할복자살하였다는 논의의 출발이 되었다. 『매천야록』을 보면,

… 旣至海牙 瑋鍾歷陳我韓倭變首尾數萬言 會者以韓人無外交權 靡之不諦聽 儁不勝憤冤 自割其腹 掬熱血 灑于座曰 如是而猶不足信乎

血瀝瀝飛墜 衆大驚 相顧嘖嘖稱曰 天下烈丈夫 日本儘無狀哉 …111)

라고, 회의장에서 할복하여 피를 뿌렸다고 하였다. 그리고 이러한 이야기
가 오래 회자되었다. 이준의 사인에 관해서는 여러 논의가 있지만, 순국이
라는 표현으로 정리될 수 있을 것이다.112)

　이준의 유해는 뉴버 에이끈다위는(Nieuwe Eykenduynen) 공동묘지에 매장되
었다. 나머지 특사들은 영국과 미국을 거쳐, 다시 헤이그로 돌아와 9월 6일
이준의 장례를 치루고, 구미 각국을 순방하며 한국의 독립지원을 요청하였
으나 외면당하였다. 헤이그특사의 활동은 국내정국에도 큰 영향을 미쳤다.
일본은 이 사건을 기화로 고종을 강제로 퇴위시키고, 병합에 경주하였다.
이른바 정미신조약이 체결되었으며, 신문지법과 보안법이 제정되고 7월 31
일에는 군대해산령이 내렸던 것이다. 독립을 유지하기 위하여 파견된 헤이
그특사의 현실적인 결과는 일본의 한국침략을 촉진시키고, 대한제국을 무
력화시키는 상황을 가져왔다. 그러나 헤이그특사의 노력으로 세계 각국은
일본의 폭력적인 한국침략에 대하여 보다 정확하게 인식할 수 있었다. 일
본의 압력으로 정부는 궐석재판에서 수범首犯 이상설은 교형에, 종범 이준
과 이위종은 종신징역을 선고하였다. 죄목은 『형법대전』 제352조 "사명을
승承흔 관인이라 사칭흔 자"가 적용되었다.113)

　이준은 함경도 출신으로 중앙정계에 진입하여, 1905년까지는 일본의 아
시아연대론에 호응한 인물이었다. 그러나 을사조약 강제체결 전후에 일본
의 한국침략 의도를 명확하게 깨닫고 반일활동에 나섰던 것으로 보인다.
그는 계몽활동을 통하여 국권회복을 시도하는 한편, 법률의 공정한 집행을

---

111) 『매천야록』, 420쪽.
112) 이민원, 「광무황제와 헤이그특사 이준」, 576~579쪽 참조. 이준의 사인에 대해서
　　는 국사편찬위원회에서 『李儁烈士死因調査資料』라는 자료를 1962년에 간행한
　　바 있다.
113) 『관보』 1907년 8월 12일자 「彙報」 '司法'.

실천하고자 하였다. 이준은 1904년 말 공진회를 조직하여 활동할 때부터
황제와 연결되었고, 이후 1905년 을사조약 강제체결 전후에도 황제의 밀명
으로 황실과 동학세력과의 제휴를 이루어냈던 것 같다. 1907년 헤이그특사
로의 활동 역시 그러한 배경에서 가능하였다.

최광옥의 교육활동과 국권회복운동

1. 머리말

1935년 11월 28일자 『동아일보』에는 「고최광옥선생묘비제막식故崔光玉先生墓碑除幕式」이라는 제목의 기사와 사진이 실려 있다.

> 고 최광옥 선생은 우리 조선서 신교육의 풍조가 들어오기 시작할 때에 동경고등사범을 나와 경성, 평양, 황해도, 평북 각지에서 육영사업에 전력하는 동시에 일방으로 민중지도에 주력하다가 거금 二十五년 전에 황해도 백천서 별세하여 그 땅에 안장하엿든바 거금 육년 전에 그 묘지가 그 땅 공원에 편입케 되어 부득이 이장케 되어서 평양으로 이장하엿든 바이다. 선생의 생전 친지들이 발긔하여 묘비 건설을 계획하고 잇든바 그 일이 일전에 준공되어 지난 二十六일 오전 十一시에 평양 서장대 묘지에서 제막식을 거행하엿다.

세상을 떠난 지 25년이 지난 뒤에, 생전의 친지들이 묘비 제막식을 갖는 것이 심상한 일은 아니다. 신문기사에는 최광옥崔光玉이라는 인물이 한말 교육과 계몽에 진력한 선각자로 묘사되어 있다. 사실 그는 1906년 7월 일본 유학에서 돌아와 1910년 7월 국권피탈 직전에 사망하기까지 만 4년 동안 주로 관서지방을 중심으로 활동한 교육자였다. 그 몇 해의 활동이 25년 뒤에도 기억되고 있었다는 점에서 주목된다.

최광옥은 한말 관서지방의 구국계몽교육의 전개에 적지 않은 영향을 끼

친 바 있다. 안창호安昌浩나 김구金九와 같이 그와 함께 활동한 지도자들이
그의 활동과 역할을 잊지 못하였던 점에서도 짐작되는 일이다. 최광옥은
교육뿐 아니라 국권회복을 목적으로 신민회나 청년학우회의 조직에도 깊
게 관여하고 있었다. 따라서 그의 활동기간은 짧았지만, 그의 족적은 길었
다고 하겠다.

　그간 최광옥에 대한 논의가 없던 것은 아니지만, 자료의 부족으로 깊은
연구는 이루어지지 않았다.1) 필자 역시 부족하지만 알려져 있는 자료를
다시 한번 검토하여, 국권회복운동에서의 최광옥의 위상을 살펴보고자 한
다. 기존의 논의를 재정리하는 것에 지나지 않으나, 몇 가지 새로운 사실도
밝혀낼 수 있을 것으로 생각된다.

2. 근대학문 수학과 기독교

　최광옥은 1877년 8월 15일 평남 중화中和에서 최윤조崔允祚와 이순문의
외아들로 태어났다.2) 그의 가문이 어떠하였는지는 알려지지 않았으나, 뒤
에 일본 유학까지 다녀올 수 있던 만큼 경제적으로는 여유가 있었던 것 같
다. 아마도 1900년 9월에 신설된 숭실학당崇實學堂의 중학부에 입학하기 전

---

1) 崔以權, 『崔光玉略傳과 遺著問題』(동아출판사, 1977)가 대표적인 업적이다. 다만
　이 저자는 최광옥의 2女(고 白樂濬 전 연세대학교 총장의 부인)이기 때문에 객관
　성의 문제가 부분적으로 제기될 수 있을 것이다. 그리고 李明花, 「韓末 崔光玉의
　生涯와 救國運動의 性格」, 『韓國人物史研究』 5, 2006과 이명화, 『근대화의 선각
　자 최광옥의 삶과 위대한 유산』(역사공간, 2006)이 최광옥의 전기적 연구로 크게
　참고 된다.
2) 白永燁, 「民族의 主體性을 가르친 스승 崔光玉 선생」, 『崔光玉略傳과 遺著問題』,
　55~56쪽. 그러나 최광옥의 생년에 대해서는 1879년으로 표기된 경우가 많다. 최이
　권은 부친이 1877년에 태어났음을 밝히고 향년이 33세였다고 하였고(1, 30쪽), 안
　창호보다 1살 위였다는 곽림대의 언급으로 미루어 그의 생년은 1877년이었다고
　생각된다. 곽림대, 『안도산』, 『島山安昌浩全集』 11(島山安昌浩先生紀念事業會,
　2000), 467쪽.

까지는 서당에서 전통교육을 이수하였을 것이고, 숭실중학의 입학에 요구되던 근대적인 초등교육을 받았거나 그만한 실력을 갖추었을 것으로 짐작된다.[3] 1897년 10월 또는 1898년 가을 숭실중학의 전신으로 운영되던 학당에서 학생모집이 있었는데, 확인되지는 않지만 혹 그때부터 근대교육을 받았을 가능성도 있다. 결혼은 1900년 이전에 한 것으로 짐작된다.[4]

아무튼 최광옥은 1900년 9월 숭실중학 입학 전후에 기독교 북장로회에 입교하였을 것으로 생각된다. 그리고 정확한 시기는 알 수 없으나 이 즈음 집안 전체가 기독교에 입교하였던 것 같다.[5] 숭실중학과 관련지어 보면 그는 북장로회 마페트S. A. Maffett, 馬布三悅 목사가 설립한 널다리교회, 즉 뒤의 장대현교회章臺峴敎會에 출석하였을 것이다. 그리고 교회를 통하여 안창호와의 교분이 맺어진 것 같다. 안창호는 1894년 서울 민로아 학당에 입학하고 기독교에 입교한 뒤 1898년경 학교를 마치고 독립협회 평양지회에서 활동하였는데, 널다리교회에 출석하고 있었다. 독립협회가 해산되자 안창호는 1899년 강서에 탄포리교회와 점진학교를 설립하였다.[6] 특히 최광옥이 숭실중학에 재학하며 점진학교의 교사로 활동하였다는 사실로도,[7] 두 사람의 교분을 짐작할 수 있다. 그들의 관계가 밀접하였던 것은 점진학교 관련뿐 아니라, 안창호의 여동생인 안신호安信浩나 장인인 이석관李錫寬과의 관계에서도 알 수 있다. 즉 최광옥은 안신호의 혼사문제에 이석관과

---

3) 그 점은 1900년 최광옥과 함께 숭실중학에 입학한 金斗和가 중학과정에 정식으로 입학하지 못하고 1년을 수학한 뒤, 정식으로 입학하였다는 점에서도 확인된다. 『숭실대학교 100년사』 1(숭실대학교, 1997), 80, 133쪽.

4) 최이순, 「언니를 바라보며」; 최이권, 『사랑 반세기』(전망사, 1981), 251쪽에 의하면 최광옥의 장남 崔以諾은 1900년 생이었다.

5) 崔以權, 『崔光玉略傳과 遺著問題』, 6쪽. 최이순, 「어린 시절과 농촌 생활」, 『증보판 살아온 조각보』(修學社, 1990), 4~5쪽에는 최광옥의 부친을 초대 교회 장로라고 하였고, 기도와 성경이 삶의 원칙이었다고 회고하였다.

6) 최기영, 「안창호의 기독교 신앙」, 『한국근대계몽사상연구』(일조각, 2003), 326~331쪽.

7) 곽림대, 『안도산』, 467쪽; 「도산언행유습」, 『續篇 島山 安昌浩』(三協文化社, 1954); 『島山安昌浩全集』 11, 173쪽.

상의하여 직접 나서기까지 하였다.[8]

다만 최광옥이 독립협회 평양지회에서 활동하였는지는 확인되지 않으나, 1898년 전후 안창호와 교분이 있었다면 독립협회에 참여하였을 가능성이 크다. 더욱이 근거가 밝혀져 있지는 않지만, 안창호가 최광옥과 이강李剛 등으로 지회를 설치하게 하였다는 증언이 있다.[9]

숭실중학의 교육은 대체로 성경·한국어 문법·한문·수학·과학(물리·화학·생물·생리학·위생학 등)·지리·역사·음악·미술·체육 등에 걸쳐 광범위하게 이루어졌다. 한문으로 된 교과서를 사용하였으며, 한국인 교사도 1명 있었으나 주로 선교사들에 의하여 수업이 이루어졌다. 선교사들은 복음만을 전한 것이 아니라 근대 서양문물을 소개하여 중등교육에 필요한 여러 과목들을 교수하였던 것이다.[10] 따라서 최광옥은 숭실중학에서 근대 서양문화를 받아들일 수 있었다.

1904년 5월 최광옥은 차리석車利錫·노경오盧敬五와 함께 숭실학당 중학부(숭실중학)를 제1회로 졸업하였다.[11] 그는 졸업 후 숭실중학의 교사로 재임하였던 것 같다.[12] 그리고 그 해 여름 평양에서 기독교 주최로 개최된 사범강습회에 그가 참여하였던 것으로 보인다. 이 때의 사정을 김구는『백범일지白凡逸志』에서 이렇게 회고하였다.

---

8) 金九,『白凡逸志』(나남출판, 2002), 133~134쪽.
9) 蔡弼根 편,『韓國基督敎 開拓者 韓錫晉牧師와 그 時代』(大韓基督敎書會, 1971), 95쪽. 그런데 이강은 안창호가 행한 독립협회 평양지회에서의 연설을 기억하고 있었다(「도산언행유습」, 162~165쪽).
10)『숭실대학교 100년사』1, 80~84쪽.
11)『숭실대학교 100년사』1, 115~116쪽.
12) "Progress at the Academy: From Personal Report of Dr. W. M. Baird, September, 1904," p.229 ; 옥성득,「백범 김구의 개종과 초기 전도 활동」,『한국기독교역사연구소소식』47, 2001, 31쪽에 소개된 '자료 B' "숭실학당 진보 : 1904년 9월 베어드 박사 개인보고서"에는 "숭실학당을 올해 졸업하고 학교 교사로 있는 최광옥"으로 설명되었다. 그리고 졸업 전에도 숭실중학의 조교로 일하였던 것 같다.

平壤에서 耶敎主催로 所謂 先生工夫 卽師範講習이라 夏期에 各地
敎會學校 職員과 敎員들의 講習할 時機에 나도 先生工夫를 갓다 平壤
邦牧師基昌 집에서 留宿하는 즈음에 崔光玉 當時 崇實中學生으로 敎
育과 愛國의 熱誠이 學界와 宗敎界와 一般社會에 名聲이 錚錚한 同志
라 崔君과 親密히 交際하며 將來事를 議論하든 中에 …13)

김구는 최광옥이 숭실중학에 재학 중인 것으로 기억하였으나, 그는 이
미 졸업하고 교사로 활동하고 있었다. 그가 이 때에 벌써 교육과 애국의
열성이 학계·기독교계·사회에 널리 알려져 있었다는 것이다. 김구는 황해
도 은율군 장련長連의 갑부 오인형吳寅炯의 도움으로 광진학교 교사로 있으
며 장련읍교회에서 전도하고 있던 때였다. 김구와 함께 사범강습회에 참석
한 오순형吳舜炯은 오인형의 동생으로 숭실중학에 재학하고 있었다. 아마
도 김구와 최광옥의 교분은 오순형이 매개가 되었을 가능성이 크다. 이들
은 최광옥에게 장련에 함께 가서 전도할 것을 부탁하였고, 최광옥은 이를
수락하여 장련에 머물며 열성적으로 전도하였다. 당시 사정을 숭실중학 교
장이던 베어드W. M. Baird, 裵偉良 목사는

… (장련에) 가는 길에 (최광옥은) 배에 탄 사람들에게 전도하였다.
이 때 신천에서 온 두 사람이 그리스도를 영접하였다. 장련 집에 도착
하여 최씨는 매일 저녁 사랑방에서 전도하고, 모인 신자들의 믿음을 강
하게 하였다. 얼마 후 그는 평양으로 돌아왔는데, 오씨의 형 집안사람
다섯 명이 새로 믿기로 결심하였다는 기쁜 소식을 전해 주었다.14)

고 밝혔다. 최광옥이 교육자로만 알려진 것이 아니라, 기독교 전도에도 열
심이었고 능력을 보였음을 확인할 수 있는 증언이다.

---

13) 金九, 『白凡逸志』, 133쪽.
14) "Progress at the Academy: From Personal Report of Dr. W. M. Baird, September,
    1904," p.229 ; 옥성득, 「백범 김구의 개종과 초기 전도 활동」, 31쪽.

1904년 9월 평양군민들이 평양군수 彭翰周팽한주의 부정부패에 대한 처벌을 요청하는 소장을 평리원에 제출하자, 10월 평안남도관찰부에서 군수를 조사를 한 일이 있었다. 이에 팽한주가 군교 수십 명을 보내 소장을 제출한 대표자들을 난타하고 4명을 체포하여 여론이 들끓었다.15) 최광옥은 이 때 군교들에게 중상을 입고 체포된 인물의 하나였다.16) 이미 1904년에 이르면 그가 평양에서 군민을 대표하는 인물로 부상되어 있었던 것이다.

확인되지 않지만 1904년 11월경에 평양에서 조직된 '면학회'에도 최광옥이 참여하였을 것으로 생각된다. 『대한믹일신보』 1904년 12월 15일자 잡보 「평양리신」을 보면,

　　… 평양 성닉 청년 유지흔 사름 몟십명이 면학회를 창립흔 지 슈삼 삭에 회원이 빅여인이요 믹 목요일 오후 칠시에 회동기회ㅎ고 학문상 유조흔 말로셔 권면ㅎ눈뒤 대단이 발달되며 일셩즁 인민이 면학회를 대단이 앙모ㅎ고 …

라 하였는데, 이 면학회를 최광옥이 주도하였을 가능성이 크다. 뒤에 그가 안악의 면학회를 발의하는 사실에서도 그렇게 생각된다. 그리고 1904년 8월 일진회가 조직되었을 때, 최광옥이 서기로 참여하였다가 그 배후를 알게 되어 관계를 끊었다는 증언이 있다.17) 그런데 최광옥은 1904년 여름에 장련에서 전도하였고, 이어 9·10월에는 평양군수를 규탄하던 시기였으므로 서울에서 일진회에 적극 참여하기는 어려웠을 것으로 생각된다.

---

15) 『대한매일신보』 1904년 9월 13일자 잡보 「서민등소」, 10월 20일자 잡보 「평슈불법」.
16) 『司法稟報』(乙) 45, 「평안남도재판소에서 평양군수 팽한주의 탐학과 횡포에 대한 처벌을 청함」.
17) 金敏洙, 「『大韓文典』攷」, 『서울大學校論文集』 5, 1957 ; 『國語文法論硏究』(通文館, 1960), 309쪽. 이 내용은 전 경신중·고등학교장 徐丙浩의 증언이라고 한다. 그런데 경신학교를 막 졸업한 서병호가 일진회의 간부로 활동하기에는 문제가 없지 않다.

1905년 4월, 최광옥은 일본 유학을 단행하였다.[18] 교육과 애국의 열성이 평양의 학계·기독교계·사회에 널리 알려져 있던 교사였지만, 더 깊은 학문적인 열망을 느꼈기 때문이었을 것이다. 그가 숭실학당의 대학부가 설치되기에 앞서 일본 유학에 나선 것은 기독교 교육만으로는 당시 사회에서 필요한 분야의 지식이 부족하다고 생각한 것은 아닌지 모르겠다. 특히 그는 교육에 관심이 높았기 때문에 일본유학에서 교육학을 체계적으로 공부하고자 하였던 것 같다. 그가 도쿄고등사범학교東京高等師範學校에서 수학한 것은 그러한 이유에서였으리라 짐작된다. 안창호가 미국 유학의 목적을 교육학 연구에 두었던 점도[19] 최광옥의 유학과 일정한 관련이 있었을 것 같다. 아무튼 그는 1905년 5월 현재 메이지학원明治學院에 재학하는 것으로 나타나고 있다.[20] 그러나 메이지학원에 재학한 기간은 얼마되지 않았던 것 같다. 그것은 1905년 봄 도쿄 혼고구本鄕區 소재의 히카츠관日勝館이라는 하숙에서 그와 함께 유숙하던 문일평文一平의 기억에,

　　… 이 때 나는 日勝館에서 崔光玉氏 와 한 방에 同留하면서 가르침을 받았고 그 이웃 방에는 張膺震氏가 寄宿하고 있었는데 崔氏는 正則學校에서 英語와 數理를 專攻하였으며 張氏는 東京物理學校에서 역시 數理를 專攻하던 것이다. …[21]

라고 한 것에서 알 수 있다. 히카츠관은 평안도·황해도, 즉 관서 출신 유학생들이 주로 이용한 하숙이었던 것 같은데, 이 때 최광옥은 예비학교인 세이소쿠학교正則學校에서 영어와 수리를 전공하였다는 것이다. 그리고 그는 세이소쿠학교도 얼마 다니지 않고 도쿄고등사범학교로 옮겼다.

---

18) 『제국신문』 1905년 6월 6일자 기서 「깃버하난 가온듸 눈물 흘님」(최광옥).
19) 「도산선생 심문기」, 『續篇 島山 安昌浩』, 135쪽.
20) 『제국신문』 1905년 6월 6일자 기서 「깃버하난 가온듸 눈물 흘님」(최광옥).
21) 文一平, 「나의 半生」, 『湖岩全集』 3(朝鮮日報社出版部, 1939), 490쪽.

　　(1905년) 日本 와서 多少間 準備를 더해가지고 高等師範 數理科에
入學을 햇습니다. 高等師範에도 朝鮮사람으로는 내가 처음이엿습니다.
平壤의 崔光玉氏가 그 째 나와 갓치 入學이엿는데 …22)

　그와 함께 도쿄고등사범학교에 진학한 장응진張膺震의 회고이다. 숭실중
학을 졸업하였고 서른이 다 된 나이였지만, 관비유학생도 아닌 그가 잠깐
세이소쿠학교에서 수학하고 정식으로 도쿄고등사범학교에 입학할 수는 없
었을 것이다. 아마도 청강생이 아니었을까 짐작되는 일이다. 그가 '메이지
사범학교'에서 수학하였다는 기록도,23) 메이지대학 사범과에서 청강하였
음을 알려주는 것이다.24) 즉 최광옥은 길어야 1년 6개월 정도 일본에 체류
하였지만, 정식 등록생이 아니라 메이지학원과 세이소쿠학교를 거쳐, 도쿄
고등사범학교와 메이지대학의 청강생으로 유학하였다고 하겠다. 그가 무
슨 학과를 전공하였는지 확인되지 않지만, 대체로 영어와 수리 부분에 관
심을 가졌던 것 같다. 이미 숭실중학에서 일정한 수준의 영어와 수리를 이
수하였기 때문에 생소한 과목도 아니었을 것이고, 세이소쿠학교에서 그 과
목을 준비한 것도 깊이 공부하고자 한 조치였으리라 믿어진다. 아울러 교
육학에 대한 관심이 적지 않았을 것이다. 그가 귀국한 뒤에『교육학』이라
는 번역서를 출간할 수 있던 것도, 일본에서 교육학을 체계적으로 공부할
수 있었기 때문이 아닐까 한다.

　최광옥이 청년의 각성을 요구하며 교육을 강조한 글을 작성하여 국내의
『제국신문』에 투고한 것도 그러한 과정에서 나왔으리라 짐작된다. 즉 그
는 1905년 6월 6일자에「깃버ᄒ난 가온디 눈물 흘님」을, 1906년 3월 26일
자에「낙심 말고 나오시오」라는 글을 싣고 있었다.

---

22) 張膺震,「中學도 師範도 내가 처음 點心갑 타가며 學校에 다녓소」,『別乾坤』
　　1927년 3월호, 18쪽.
23) 『대한매일신보』1907년 10월 25일자 잡보「崔氏講說」.
24) 崔以權,『崔光玉略傳과 遺著問題』, 8쪽에는 최광옥의 유품에 메이지대학 청강생
　　증과 메이지대학에서 발행한 출판물이 있었다고 한다.

　최광옥은 일본에 있는 동안 학문연구와 함께 태극학회의 설립을 주도하
였고, 도쿄기독교청년회 활동에 진력하였다. 태극학회는 관서 출신의 유학
생들이 조직한 단체였다.25) 이 단체는 1905년 9월에 창립되었는데, 자세한
활동은 나타나고 있지 않지만 그는 총무원으로 학회 창립 이래 회무를 맡
았던 것이다.26) 특히 그는 1905년 태극학교의 설립을 주도하였다.

　　　… 現我大韓之太極學校가 設立於日本之東京ᄒ니 卽光武九年에 平
　　安道留學生　崔光玉·金東元·金永祚·鄭寅鎬·朴永魯·金鉉軾·郭龍周
　　諸氏가 醵金創設者라 該校目的은 我韓人士之初渡日本者가 不解言語
　　則就學之地에 有岨ᄂ難入之端 故로 使初渡者로 先學日語于此校ᄒ야
　　以爲留學之初導也니 其有資於初學者가 豈不甚便乎哉아 …27)

　유학생의 일본어 교육을 목적으로 태극학교를 설립하였는데, 그 공로자
의 처음에 그의 이름이 실려 있었던 것이다.
　기독교 관련활동도 몇 가지 드러난다. 먼저 최광옥은 일본에 유학하며
『그리스도신문』에 유학생 기독교인들의 활동을 소개하였다.

　　　… 일본에서 류학ᄒᄂ 쟈 가온듸 예수씨의 일홈을 놉히ᄂ 쟈 십여
　　명이 잇서 미 쥬일 례빅 보고 서로 ᄉ랑ᄒ고 서로 권면ᄒ며 … 탄일
　　오후 일시에 명치학원으로 모혀 탄일을 축샤ᄒ고 밋지 안ᄂ 쟈의게 전
　　도ᄒ엿ᄂ듸 그날 ᄉ십 명이 ᄒ가지로 모혀 예수씨의 말슴을 반가히
　　듯고 그 즁 네 사룸이 니러서서 말ᄒ기를 나ᄂ 오ᄂ지 예수 밋ᄂ
　　사룸을 뮈워ᄒ엿더니 지금이야 비로소 내가 죄지은 줄노 아ᄂ이다 ᄒ
　　며 다른 사룸의게도 예수를 밋자고 권면ᄒᄂ지라 … 이 편지 보시ᄂ
　　형뎨ᄌ민여 외국에 나아가 잇ᄂ 쟈라고 멀니 보시지 마시고 ᄒ 가지로
　　예수씨의 품 안에 잇ᄂ 줄 아시고 일본 잇ᄂ 류학ᄉ을 위ᄒ야 긔도 만

25) 金祥起, 「韓末 太極學會의 思想과 活動」, 『嶠南史學』 1, 1985 참조.
26) 『太極學報』 1(1906. 8), 50쪽.
27) 『대한매일신보』 1906년 3월 31일자 기서 「海外學校」(崔在學).

히 ㅎ시기를 ㅂㄹㄴ이다28)

아마도 그는 유학생 기독교 집회를 인도하였던 것 같다. 또 1905년 12월 성탄에는 메이지학원에서 40여 명이 모여 예배를 보아 4명이 새로 입교하기도 하였다. 아울러 그는 한국의 신자들에게 유학생에 대한 기도 부탁을 잊지 않았다. 그리고 그는 1906년 6월 24일 도쿄기독교청년회에서 개최된 한국유학생환영회를 주관하여, 일본인 간사와 황성기독교청년회 질레트 총무, 일본감리교회의 해리스 감독 등을 초청하여 연설회를 가진 바 있었다. 이 자리에는 250명이 모였다고 한다.29) 기독교가 최광옥에게 있어 많은 영향을 끼쳤으리라는 사실은 이러한 사실을 미루어도 짐작할 수 있을 것이다. 그렇지만 귀국한 뒤, 그는 주로 기독교 학교에 재직하면서도 제도교회가 지향하던 '내세'에 깊은 관심을 두지 않고 '현세'에 주목하는 것으로 드러난다.

유학 중에 최광옥은 폐결핵을 앓았다. 이 병으로 그는 결국 일본에 유학한 지 2년도 채 되지 않던 1906년 7월 16일 김홍량金鴻亮 등과 조기 귀국을 하게 되었다.30)

3. 관서지방에서의 교육활동

1906년 7월 신병으로 귀국한 최광옥은 황해도 안악읍 연곡리燃谷里 연등산 중턱에 있는 연등사燃燈寺에서 휴양을 하였다. 그의 귀국은 김홍량의 주선으로 이루어진 것 같다. 김홍량은 안악 부호 김효영金孝英의 장손으로 일본에 유학하고 있다가 방학이 되자 그와 함께 귀국하여, 그가 연등사에서 정양할 수 있도록 조치하였던 것이다.31) 그러나 최광옥은 연등사에서 오

---

28) 『그리스도신문』 1906년 1월 18일자 「교회통신」(일본어학싱 최광옥).
29) 『皇城新聞』 1906년 7월 2일자 기사.
30) 『太極學報』 1, 1906. 8, 50쪽.
31) 金善亮, 「海西 新敎育의 先驅 崔光玉 선생」, 『崔光玉略傳과 遺著問題』, 66쪽.

래 정양하지 못하고, 은율의 구월산 정곡사停穀寺로 옮겼다가 9월경에는 평양의 본가에서 정양하였던 것 같다.[32]

최광옥은 1904년 여름 김구 등의 요청으로 장련에서 전도한 경험도 있었는데, 마침 안악에서 정양할 때 김홍량의 소개로 최명식崔明植·김용제金庸濟 등 안악의 계몽운동가들과 연결될 수 있었다. 최광옥은 그들에게 권유·지도하여 1906년 12월경 민지계발·교육장려·산업증진 등을 목적으로 한 안악면학회安岳勉學會를 조직하게 하였다.[33] 이 면학회는 곧 양산학교楊山學校의 설립을 주도하였고, 1907년 봄 면학서포勉學書舖를 설립하였으며, 1907년부터 1909년까지 매년 여름방학에 사범강습을 실시하여 널리 알려졌다.

귀국한 뒤 건강이 채 회복되기도 전에, 최광옥이 관심을 집중한 것은 교사양성이었다. 전국적으로 교육구국운동이 전개되는 상황에서 가장 시급한 것이 교사양성이었기 때문이다. 그가 귀국 직후 평양군민회의 교육부 임원을 맡은 것도 그러한 이유였다. 1906년 9월 그는 민회 교육부 임원 자격으로 당시 평안남도 관찰사 이시영李始榮을 방문하여 사범강습의 중요성을 논의한 바 있었다. 그 결과 1907년 1월부터 민회와 서우학회가 합동으로 평양에 사범강습소 설치에 진력할 수 있었다.[34]

平壤郡民會와 西友學會가 協同ᄒᆞ야 義務敎育을 實施ᄒᆞᆷ은 各新聞

---

32) 『황성신문』 1908년 1월 10일자 잡보 「平壤學務會歷史」 ; 崔明植, 『安岳事件과 三一運動과 나』(兢虛傳記編纂委員會, 1970), 15~16쪽.
33) 崔明植, 『安岳事件과 三一運動과 나』, 15~17쪽. 『대한매일신보』 1907년 7월 23일자 잡보 「師範講習」에는 "安岳郡 來信을 據ᄒᆞᆫ 즉 昨年에 本郡 有志紳士 宋鍾昊·楊星鎭·김庸濟·鄭明哉·崔明植·林澤權 諸氏가 敎育·産業을 發達ᄒᆞ기 爲ᄒᆞ야 勉學會를 組織하고 熱心注意러니 …" 라고 하였다.
34) 『황성신문』 1908년 1월 10일자 잡보 「平壤學務會歷史」. 최이순, 「어린 시절과 농촌 생활」, 15쪽에 이시영이 최광옥을 회고하였다는 내용 가운데 평양성내의 청년들을 모아 연설하였다는 기록이 있는데, 이 시기의 일일 것이다.

에 揭載흔 바어니와 本月 十一日에 師範講習所에 開校式을 擧行ᄒᆞ얏 ᄂᆞ듸 美國에 多年 遊學ᄒᆞ든 安昌호氏가 該校에 趣旨를 說明ᄒᆞ고 學 問大家 崔光玉氏가 祝辭를 랑讀ᄒᆞᆷᄋᆡ 辭意之懇切이 諸生 腦髓에 貫徹 흔지라 當日 入學흔 師範學生이 六十餘名에 達흔지라 將來 國家獨立 의 호矢가 될 것은 吾必以關西로 爲証ᄒᆞ로다[35]

1907년 3월 11일 개교한 평양 사범강습소는 3개월 뒤인 6월 12일 졸업 식을 가졌고, 졸업생 61명은 향리에 돌아가 학교를 설립한다고 하였다.[36] 최광옥은 사범강습소의 교사로 활동하였는데,[37] 그 개교식에 미국에서 귀 국한 지 얼마 되지 않는 안창호가 참석하였던 것이다. 안창호 또한 교육에 뜻을 지니고, 곧 평양에서 대성학교大成學校의 설립에 진력하였다.

안악면학회에서는 최광옥의 발의로 1907년 7월 하기사범강습회를 개최 하였다. 이 강습회는 하기방학동안 1개월을 예정으로 3개년에 걸쳐 계획되 었으며, 민지계발운동의 일꾼을 양성하기 위한 것이었다.[38] 당시 신문보도 에서도,

… 全國에 小學校敎師가 完전치 못ᄒᆞᆷ을 慨嘆ᄒᆞ야 邑中에 師範講習 所를 設立ᄒᆞ고 博學敎師 최光玉시를 雇聘ᄒᆞ야 爲션 學徒 七十餘名을 募集ᄒᆞ고 今 初三日에 開所式을 擧行홀시 …[39]

라고 하여, 최광옥의 역할을 소개하였다. 또 강습소 설치가 부족한 소학교 교사 양성을 위한 것이었음을 알려주고 있다. 이 강습회는 3년간 여름방학 에 이루어졌다. 최광옥이 주도한 사범강습회는 평양과 안악에서만 이루어

---

35) 『대한매일신보』 1907년 3월 16일자 잡보 「西京師範」.
36) 『황성신문』 1907년 6월 21일자 잡보 「師範講習所卒業式」.
37) 『황성신문』 1908년 1월 10일자 잡보 「平壤學務會歷史」.
38) 崔明植, 『安岳事件과 三一運動과 나』, 19쪽.
39) 『대한매일신보』 1907년 7월 23일자 잡보 「師範講習」.

진 것이 아니었다. 그가 의주 양실학교에 재임하던 1909년 초에도

> 義州府 養實學院 中学部 講師 崔光玉시의 敎育上 熱心흠은 一般학
> 界에서 稔知ㅎᄂ 바이어니와 冬期放学을 乘ㅎ야 陰明年 正月 三日부
> 터 城村及隣邑 各處 小学校 敎師 數百員을 請邀하야 壹週日間 師範
> 講習을 太開ㅎ고 敎授方法과 其他科学上 必要者를 撰擇ㅎ야 傳習흔
> 다더라[40]

고 한 것에서 알 수 있듯이, 겨울방학을 맞아 소학교 교사들을 모아 1주일
간 강습을 예정하고 있었다.

최광옥은 사범강습의 주된 대상을 현직 사립학교 교사들로 삼아, 재교육
의 성격이 강한 것으로 나타났다. 당시 사립학교가 급격히 증가되자 일정한
수준의 교사들을 확보하기가 어려웠다. 따라서 교사들의 수준이 높지 않았
고, 또 부적격자가 적지 않았다. 그러한 현실에서 그는 사범강습회를 열어
짧은 기간에 교사들의 수준을 향상시키는 재교육이 필요한 것으로 인식하
였다. 따라서 점차 강습회의 시기는 방학기간으로 집중되었다. 이미 그가
1904년 여름 평양에서 개최되었던 기독교 교사 강습회 경험에 주목할 필요
가 있다. 비록 그것이 기독교 학교에 국한된 사범강습회였지만, 최광옥은
그 모임에서 일정한 역할을 하였을 것이다. 그가 귀국하자마자 사범강습회
를 발의하고 주도한 것은 그러한 경험이 있었기 때문에 가능하였으리라 믿
어진다.

안악면학회 주최 사범강습의 내용을 좀더 보면,[41] 3년 계획으로 매 여
름방학마다 양산학교에서 개최되고 있었다. 1907년 7월의 사범강습소의
경우, 소장은 안악군수가 맡고, 교사는 최광옥과 최명식이 맡았다. 당초 강

---

40) 『대한매일신보』 1909년 1월 8일자 잡보 「崔氏光玉」.
41) 이 부분은 崔明植, 『安岳事件과 三一運動과 나』; 趙顯旭, 「安岳地方에서의 愛
　　國啓蒙運動」, 『한국민족운동사연구』 28, 2001 ; 최기영, 「한말 김구의 계몽운동」,
　　『한국근대계몽사상연구』 등을 참고할 것.

습생을 70여 명 모집하였지만 개소식에는 방청인만 수백 명에 이르렀다.[42)
최광옥은 국어·생리학·물리학·경제원론·식물학을, 최명식은 산수를, 그밖에 고정화高貞華와 이보경李寶鏡(이광수)이 각기 한국사와 서양사를 가르쳤다고 한다.[43) 최광옥이 자연과학 과목과 국어·경제를 교수하였던 것이다.

제2회 강습회는 1908년 7월에 개최되었다. 참가자는 300여 명이었고, 방청까지 합하면 그 숫자가 남녀 4·500명에 이르렀다. 역시 군수를 소장에 추대하고, 최광옥·김두화金斗和·최형래崔亨來(체조교사)와 김낙영金洛泳(서양사)이 강의를 맡았다.[44) 체조교사까지 초빙한 것으로 미루어 병식체조도 수업하였을 것이다. 수업은 갑·을·병반으로 나누어 진행되었으며, 1개월 강습 뒤 시험급제생 130명에게는 수업증서를 분급하였다.[45) 이때 최광옥은 교수비도 받지 않고 교육하여 칭송을 받았다고 한다.[46)

1909년 7월의 제3회 강습회에는 700명이 수강하였는데, 최명식과 김두화 이외에 교사가 보충되었고, 장응진과 옥관빈玉觀彬이 계몽강연을 하였다.[47) 이 마지막 강습회에는 최광옥이 강사로 참석하였다는 기록이 보이지 않는데, 아마도 건강과 무관하지 않았던 것이 아닌가 한다. 아무튼 3개년 계획으로 진행된 안악의 사범강습회는 전국적인 관심을 받으며 종료될 수 있었다. 그만큼 최광옥의 역할이 돋보였다고 하겠다. 김구는 사범강습

---

42) 『大韓每日申報』 1907년 7월 23일자 잡보 「師範講習」.
43) 崔明植, 『安岳事件과 三一運動과 나』, 20쪽.
44) 『대한매일신보』 1908년 7월 17일자 잡보 「師範開學」 ; 崔明植, 『安岳事件과 三 一運動과 나』, 21~22쪽.
45) 『대한매일신보』 1908년 8월 26일자 잡보 「安郡講習試驗」에는 급제생이 30인이라고 하였는데, 같은 날 국문판 『대한매일신보』의 잡보 「안악강습소시험」에는 130명이라고 하였다. 국문판 기사가 맞을 것으로 생각된다.
46) 『대한매일신보』 1908년 7월 19일자 잡보 「崔氏高義」에 "講師 崔光玉시는 敎授 費도 不受ᄒ고 名譽로 熱心敎育하니 崔시의 高義는 實로 敎育界에 第壹大方 家라고 人皆稱訟ᄒ다더라"고 하였다.
47) 崔明植, 『安岳事件과 三一運動과 나』, 23~25쪽 ; 『대한매일신보』 1909년 7월 16일자 학계 「師範開學」.

회와 최광옥을 이렇게 언급하였다.

> … 黃海 平安 兩道에 敎育界로나 學生界로나 平壤에 崔光玉이 第
> 一 信望을 가진 靑年임으로 崔光玉을 延聘하야 楊山學校에서 夏期 師
> 範講習을 設하고 黃海道에서 敎育의 從事하는 人士는 村中 私塾訓長
> 까지 召集하고 南北 平安에 有志敎育者들과 京畿 忠淸道에까지 講習
> 生이 와서 …48)

　그리고 1907년 봄에 면학회에서 설립한 면학서포는 교육에 필요한 서적을 발간할 계획이었다. 면학서포의 명의로 간행된 서적은 두 권이었다. 즉 1907년 11월 최광옥이 일본서적을 역술한 『교육학』과, 1908년 1월 최광옥 명의의 『대한문전大韓文典』을 서울 보성사普成社에서 인쇄하여 출판하였다. 면학회에서 최광옥의 지식과 역할을 신뢰하였음을 짐작할 수 있고, 그가 그만큼 안악을 포함한 관서지방 교육운동에 있어 지주적인 위치를 차지하였음을 확인할 수 있다.

　『교육학』은 교사들의 참고서적으로 사용되었을 것인데, 특히 박은식朴殷植이 교열하고 서문을 썼다. 이 서문은 서적이 간행되기 직전 『대한매일신보』에 실리기도 하여, 널리 소개되었다.49) 『대한문전』은 이상재李商在의 교열과 서문으로 간행되었는데, 국어문법 교과서로 널리 사용되었다.50) 최광옥과 박은식은 특별한 관계였던 것으로 생각되지 않으나, 이상재와는 기독교 관련으로 잘 아는 사이였다.51) 면학회에서는 이 서적을 평양의 태극

48) 金九, 『白凡逸志』, 141쪽.
49) 『대한매일신보』 1907년 10월 11일자 「敎育學序」(謙谷生).
50) 『大韓文典』이 최광옥의 저작이 아니라 兪吉濬의 저술이라는 견해는 金敏洙, 「『大韓文典』攷」 참조. 그러나 이 저술이 한 개인의 저술이라기보다 계몽을 목적으로 널리 유포되어 있던 문법서라는 견해도 제기되어 있다(韓在永, 「兪吉濬과 『大韓文典』」, 『語文硏究』 32-1, 2004).
51) 『예수교신보』 1907년 11월 13일자 「련동중학교기학」, 12월 25일자 「련동례비당 락성흄」.

서관과 보성중학교普成中學校의 서적과 교환하여 서점을 운영하여, 그 이익금을 면학회의 운영자금으로 사용하였다.[52] 두 서적은 경향 각 서점에서도 판매되었는데, 특히『교육학』의 판권란을 보면 서울의 광학서포廣學書舖와 평양의 야소교서원이 총판을 맡았던 것으로 나타난다. 서적광고에서는 평양의 대동서관大同書觀과 야소교서원, 서울의 광학서포와 경신학교, 그리고 안악 면학서포가 발매소로 나오고 있다.[53]

『대한문전』의 저자문제가 제기되어 있지만, 그가 국어문법에 관심이 있었음은 재론할 필요가 없다.『대한문전』은 국어교육, 특히 민족교육의 가장 중요한 국어의 위치를 그가 어디에 두고 있었는가를 보여주는 단적인 예가 될 것이다. 민심이 단합하지 못하는 것을 문장과 언어의 같지 않음에 있다고 한 이상재의 서문에서 보이듯,[54] 최광옥은 한국민의 단합을 이루기 위하여 국어의 통일에 목적을 두고 있었다. 따라서 그가 국어과목을 교수한 것은 당연한 일이었다.

면학회는 사범강습회와 함께 춘계연합대운동회를 개최하였다. 1907·8년에 걸쳐 두 차례 개최된 운동회는 안악 뿐 아니라 인근 군의 학교들이 참여하여 성황을 이루었다.[55] 당시 다수 학교가 공동으로 참여하는 연합대운동회는 전국적으로 개최되었고, 관·사립 공동 또는 여학교, 기독교 학교만의 운동회도 있었다. 특히 1908년 4월 15일에 면학회가 주최한 제2회 춘계연합운동회에는 연설회까지 있었다. 이 때 최광옥은 '사람'이라는 주제로 연설하였다. 미국에서 귀국한 김성무金成武는 최광옥의 초청으로 '생활'이라는 제목을 가지고, 쿤스E. Koons, 君芮彬 선교사는 '대한독립'이라는 주제로 연설하였고 있었다.[56] 선교사가 연사로 나온 것으로 미루어 이 운동

52) 崔明植,『安岳事件과 三一運動과 나』, 18~19쪽.
53)『대한매일신보』1908년 3월 8일자 광고.『예수교신보』1907년 12월 11일자 광고.
54) 李商在,「大韓文典 序」,『大韓文典』(安岳勉學會, 1908), 1~2쪽.
55)『대한매일신보』1908년 4월 2일자 잡보「학생運動會」. 崔明植,『安岳事件과 三一運動과 나』, 21쪽.
56)『대한매일신보』1908년 4월 24일자 잡보「運動盛況」. 崔明植,『安岳事件과 三

회는 기독교 학교가 주도한 모임이었던 것 같다.[57] 최광옥은 '사람'의 뜻
을 풀어서 설명하였다고 한다.

　　우리말의 '사람'은 살았다는 뜻이고 활동한다는 뜻이 되는 것이며 중
국말의 '人'은 두 다리를 바짝 세워 '차렷'해 서면서 글자 모양 그대로 獨
立不屈 하는 뜻이라는 점, 그리고 일본말의 '히도'는 빛이라는 뜻이 되는
것으로서 요컨대 사람은 우주만물의 長이다. 그러니 사람은 산 것이요,
활동해야 되고 독립불굴 해야 되고 사람은 만물의 빛이 되어야 된다[58]

　또 면학회에서는 여성교육도 추진하였다. 즉 1908년 6월 14일(음력 5월 15
일)부터 여자 소학교 교사와 여자 중학교 예비생들을 대상으로 부인강습소
를 열었던 것이다.[59] 여자 소학교가 아니라, 소학교를 마친 여성을 대상으
로 한 학교였다. 김낙희金樂姬·방신영方信榮이 강사였던 것 같다.[60] 김낙희
는 바로 최광옥이 1908년 4월 제2회 춘계연합운동회에 초청하여 연설한
김성무의 여동생이었다.[61] 그리고 방신영은 그가 경신학교 교사 재직할
때 배운 학생의 여동생으로 정신여학교에서 수학한 바 있고, 그는 종종 이
집에서 식사대접을 받았었다.[62] 방신영의 회고에 따르면, 최광옥은 여자교
육의 필요성을 크게 강조하였다고 한다.[63] 따라서 여학교의 설치도 최광

　　一運動과 나』, 20~21쪽과 白南薰, 『나의 一生』(新現實社, 1973), 86~88쪽에도 이
　　내용이 나오는데, 이들은 이를 제1회 즉 1907년 봄의 일로 기억하였다.
57) 白南薰, 『나의 一生』, 87쪽에는 '예수교학교 연합대운동회'라고 하였다.
58) 崔明植, 『安岳事件과 三一運動과 나』, 20~21쪽.
59) 『대한미일신보』 1908년 5월 17일자 광고.
60) 金九, 『白凡逸志』, 142쪽.
61) 「안창호가 이강에게 보낸 편지」(1914. 4. 7), 『島山安昌浩全集』 1, 303쪽. 김낙희
　　는 1914년 도미하여 1916년 白一圭와 결혼하였다(『신한민보』 1914년 5월 7일자
　　「동포리도」, 1916년 6월 8일자 「빅김량씨의 셩혼」).
62) 方信榮, 「나의 갈 길을 가르쳐 주신 崔光玉 선생」, 『崔光玉略傳과 遺著問題』,
　　62~63쪽.
63) 方信榮, 「나의 갈 길을 가르쳐 주신 崔光玉 선생」, 62~63쪽.

옥이 주도하였을 것으로 생각된다. 이와 관련해서 『대한매일신보』 1909년
2월 21일자에 실린 「여자의 교육이 즉 사범교육이라」는 기서는 안악의 정
나헬이라는 16세 소녀의 글인데, 안악에 설치된 여학교와 관련지어 이해할
수 있을 것 같다.

> … 슬프다 小學 敎育도 밧지 못흔 人이 엇지 中學科를 勘當ㅎ리오
> 家庭에 한 가지 빈흔 빅 업는 兒童을 高尙흔 道德으로 培養ㅎ며 諸般
> 普通知識으로 敎授ㅎ들 以上에 記흔 境遇를 엇지 免ㅎ리오 故로 家
> 家에 家庭敎育을 設ㅎ되 其敎師될 이는 婦人들인 故로 各處에 女학
> 校도 並立ㅎ는 所以라 如此 則女子敎育이 則師範敎育인줄노 確實히
> 知ㅎ나이다 남에 母가 되며 家庭에 先生될 우리 女학徒들아 이 뜻을
> 三復ㅎ여 到底히 힘을 쓰시며 아직 入학치 못흔 兄弟는 ㅎ로밧비 入
> 학ㅎ여 家庭에 先生될 資格 닥그시기를 千萬 바라옵나이다

이 글이 최광옥의 직접적인 영향을 받은 것인지는 확인할 수 없지만, 적
어도 안악에 설립된 여학교와 무관하지 않은 것은 알 수 있다. 그렇다면
최광옥과도 연결시킬 수 있으리라 생각된다. 여성교육이 사범교육이라는
관점은 가정교육의 중시에서 비롯되었다고 하겠다. 그가 비록 번역이지만
『교육학』에서 강조한 것도 학교교육과 함께 가정교육이었다. 방신영이 뒤
에 『조선요리제법朝鮮料理製法』(광학서포, 1917)을 출간할 수 있던 것도, 최광
옥이 방신영에게 그 모친의 조리방법을 기록하게 한 결과였다.64) 가정교
육의 한 방법이었다고 할 수 있다.

  1908년 8월 이전에 면학회의 주도로 해서교육총회海西敎育總會가 양산학
교에서 조직되었다.65) 해서교육총회는 안악을 주대상으로 한 면학회와는
별도로 황해도 전체의 교육을 증진시키기 위하여 만들어진 단체로, 각 면

---

64) 方信榮, 「나의 갈 길을 가르쳐 주신 崔光玉 선생」, 62~63쪽 ; 방신영, 『우리나라
    음식 만드는 법』(獎忠圖書出版社, 1960), 「머리 말」.
65) 『대한매일신보』 1908년 8월 26일자 잡보 「海西敎育總開會」.

마다 소학교의 설치를 당면목표로 세웠다.66) 이 단체 역시 최광옥이 중심이 되어 조직되었다.67) 해서교육총회의 회장에는 송종호宋鍾昊가, 고문에는 노백린盧伯麟과 장의택張義澤이, 그리고 학무총감에는 김구가 선출되어 최광옥과 협력하였다.68)

최광옥은 이처럼 황해도 지역을 중심으로 한 교육운동의 중심에 있으면서도, 그 활동범위가 황해도에 국한되지 않고 있었다. 1907년 10월 현재 그는 서울 '연동 교회중학교' 즉 경신학교의 교사로도 재임하였던 것이다.69) 그는 서울에서 경신학교 교사로 있으며 황성기독교청년회에서도 일정한 역할을 한 것으로 보인다. 사경회査經會를 이끌기도 하고 설교를 맡았던 것이다.70) 그가 이 시기에 일시 황성기독교청년회의 종교부 간사를 맡았다고도 한다.71) 아무튼 그는 1907년 후반기를 서울에서 종교활동과 교육활동을 하고 있었다. 이 어간에 그가 의주 양실학교에서 교수하였다는 기록도 있으나,72) 양실학교에는 1908년 정도부터 재임한 것 같다. 1905년 의주읍교회에서 여자 중등학교로 설립한 이 학교는 1906년에 남녀 중등·고등·심상부를 설치하고, 1907년에 더욱 확장하였다고 한다.73) 그는 1909년 1월에 양실학교 중학부 강사로,74) 8월에는 양실중학 교장으로 나타나고 있다.75)

---

66) 崔明植, 『安岳事件과 三一運動과 나』, 20~21쪽.
67) 白南薰, 『나의 一生』, 87쪽.
68) 崔明植, 『安岳事件과 三一運動과 나』, 22쪽 ; 金九, 『白凡逸志』, 146~147쪽.
69) 『대한매일신보』 1907년 10월 25일자 잡보 「崔氏講說」 ; 『예수교신보』 1907년 11월 13일자 「련동중학교기학」.
70) 『대한매일신보』 1907년 10월 25일자 잡보 「崔氏講說」 ; 『황성신문』 1907년 10월 25일자 잡보 「靑會講說」, 11월 27일자 잡보 「靑年開會」.
71) 전택부, 「남기고 싶은 이야기들」, 11, 『中央日報』 1973년 11월 16일자. 그러나 이후 황성기독교청년회에 관련된 전택부의 글에는 이러한 내용이 언급되어 있지 않다. 다만 崔以權, 『崔光玉略傳과 遺著問題』, 11~12쪽에는 YMCA의 보고서에서 그 사실을 확인하고 있다.
72) 車載明 편, 『朝鮮예수教長老會史記』 上(基督教彰文社, 1928), 224쪽.
73) 車載明 편, 『朝鮮예수教長老會史記』 上, 176~177, 224쪽.
74) 『대한매일신보』 1909년 1월 8일자 잡보 「崔氏光玉」.

그렇게 보면 최광옥은 1907년부터 여름 방학기간에는 안악에서 사범강
습회를 주관하면서, 서울의 경신학교와 의주의 양실학교에서 교수하고 있
었다고 할 수 있다. 동시에 면학회와 해서교육총회의 일도 맡았다. 그리고
후술하겠지만 1907년부터 신민회의 조직과, 1909년에 이르면 청년학우회
의 일까지 함께 하였다. 신민회나 청년학우회의 일은 안창호가 주도하였다
면, 사실 관서지방에서의 교육사업은 최광옥이 주도한 일이었다. 그러한
점에서 관서지방을 중심으로 한 다양한 국권회복운동의 중심에 안창호가
서있으면서도, 일정한 일의 분리가 진행되었던 것으로 보인다.

최광옥은 주로 기독교 학교에 봉직하고 황성기독교청년회의 일도 일시
맡았으나, 교육현장에 있어서 기독교를 강조한 것 같지 않다. 제자인 백영
엽白永燁은 그가 종교적인 덕성을 지니고 있었지만 억압적이고 강제적인
종교교육을 실행하지 않았고, 성경수업도 축소시켰다고 증언하였다.76) 신
앙과 교육을 구별할 수 있었던 것이다. 이러한 점에서 기독교가 1907년 평
양을 중심으로 전개한 대부흥운동이나, 1909·1910년에 있던 '백만구령운
동'에 그의 참여가 찾아지지 않는 점을 주목할 필요가 있다. 특히 선교사
들이 한국의 국권을 장악해 나가던 일제와의 마찰을 피하기 위하여, '정교
분리'를 내세우며 '현세'보다 '내세'에 깊은 관심을 두고 있던 사실과 그의
관점은 비교될 만한 것이었다. 안창호가 내세만을 강조한 선교정책을 비판
하였던 것과 맥을 같이 하는 것으로 생각된다.77) 그렇다고 최광옥이 교회
에 적대적이지는 않았다.

따라서 그는 조화를 중시하였던 것으로 보인다. 교육에 있어서도 지·
덕·체의 균형을 중시하고, 교육목적도 개인주의와 국가주의의 조화를 강
조하였던 것 같다. 그것은 그가 번역한 『교육학』이 그러한 관점을 드러내
는 내용이었고, 그가 『교육학』을 번역한 것도 교사들에게 조화를 강조하

75) 『대한매일신보』 1909년 8월 17일자 잡보 「靑年界喜信」.
76) 白永燁, 「民族의 主體性을 가르친 스승 崔光玉 선생」, 56~57쪽.
77) 최기영, 「안창호의 기독교 신앙」, 337~340쪽.

는 교육관을 심어주기 위한 것이 아닐까 짐작해 본다. 그러면서도 그가 주로 갓을 쓰고 한복을 착용하였다는 사실은 그의 교육이 민족적 관점에 서 있었다는 사실을 다른 모습으로 알려준다고 하겠다.78)

그런데 관서지방에서 교육가로 명성이 높던 그였지만, 중앙에서는 널리 알려져 있지 않았던 것 같다. 1909년 9월 의진사義進社라는 출판사가 창립 1주년을 기념하여 그 출판사 발행서적에 투표지를 첨부하고 "사회에 중망이 유흔" '아국 교육대가 명예표창 투표'를 3개월간 실시한다고 하였는데,79) 최광옥은 여기에 추천되지 못하였던 것이다. 가장 많은 점수를 얻은 안창호와, 중간 점수를 얻은 이동휘李東暉를 제외한 20명이 서울 소재 학교 관계자이거나 고위관직자였다. 물론 이 투표가 객관성이나 정확성을 지니고 있다고는 할 수 없지만, 적어도 안창호와 이동휘는 교육자로 전국적인 명성을 누리고 있었던 것에 비하여 최광옥은 그만큼 명성을 얻지 못하였음을 알 수 있다.

4. 신민회와 청년학우회

1906년 7월 일본에서 귀국한 뒤 최광옥은 교육활동과 함께 서우학회를 비롯한 단체활동에도 참여하였다. 1906년 10월에는 서우학회에 가입하였고,80) 서북학회로 통합 후인 1909년 3월에는 일시 의주지역 학사시찰위원을 맡은 적도 있었다.81) 그러나 그는 서우학회·서북학회에 크게 관여하지 않고, 면학회나 해서교육총회의 일에 열심이면서 안창호와 함께 새로운 단체결성에 진력하였던 것 같다. 신민회와 청년학우회가 바로 그것이었다.

---

78) 白永燁, 「民族의 主體性을 가르친 스승 崔光玉 선생」, 55쪽.
79) 『황성신문』 1909년 9월 19일자 광고. 12월 15일까지 진행한다고 하였으나, 실제로는 『황성신문』 1909년 11월 3일자 광고가 마지막이었다.
80) 『西友』 3, 1907. 2, 42쪽 ; 『西友』 6, 1907. 5, 49쪽.
81) 『西北學會月報』 11, 1909. 4, 51쪽.

잘 알려진 대로 신민회는 1907년 중 결성된 국권회복을 위한 비밀결사로, 관서지방 기독교인들이 중심이 되었던 조직이었다. 1911년 말 일제의 조작으로 이른바 '105인사건'이 일어나 해체되기까지 이 단체는 국권회복을 위한 다양한 활동을 전개하고 있었다.[82] 1920년 12월 안창호는 신민회가 일본에 대항하기 위하여 인재·금전·단결력을 양성하기 위하여 조직되었다고 회고한 바 있다.[83]

최광옥은 신민회의 창립부터 관여한 것으로 짐작되는데, 신민회가 비밀결사였던 관계로 자세한 내용을 알기는 힘들다. 안창호는 신민회 창립에 공헌한 인물로 이승훈李昇薰·안태국安泰國·양기탁梁起鐸·이갑李甲을 거명하면서, 최광옥을 거명하지 않고 있었다.[84] 그러나 실제로는 그가 신민회의 창립 이후 가장 시급하던 회원 확보에 중요한 역할을 한 것으로 보인다. 그는 신민회에서 평안·황해도 지방의 책임을 맡아,[85] 1907년부터 1909년에 걸쳐 최소한 8명 이상을 회원으로 가입시켰다고 한다.[86] 이 시기에 10명 내외를 가입시킨 인물은 없었다.[87] 따라서 그가 신민회의 회원 확보에 있어 가장 영향력을 발휘한 인물이었다고 하겠다. 그는 주로 평양과 의주 지역의 인물들을 포섭하였는데, 그 가운데에는 대성학교의 학감 장응진과 교사 차리석, 숭실학교 교사 변인서邊麟瑞 등이 포함되어 있었다. 장응진의

---

82) 신민회에 관해서는 愼鏞廈, 「新民會의 創建과 그 國權恢復運動」, 『韓國民族獨立運動史研究』(乙酉文化社, 1985)와 尹慶老, 『105人事件과 新民會 研究』(一志社, 1990)를 참고할 것.

83) 安昌浩, 「本團歷史」, 『島山安昌浩全集』 8, 52쪽.

84) 安昌浩, 「本團歷史」, 52쪽.

85) 『韓民族獨立運動史資料集』 3(국사편찬위원회, 1987), 299쪽.

86) 尹慶老, 『105人事件과 新民會 研究』, 195쪽. 『韓民族獨立運動史資料集』 3, 206쪽의 「金時漸 신문조서」에는 4명이 김시점의 소개로 최광옥에 의하여 신민회에 입회하였다고 한다. 그러나 그 가운데 李根宅(李英烈)은 최남선이 입회시킨 것으로 보인다. 『韓民族獨立運動史資料集』 4(국사편찬위원회, 1987), 76쪽.

87) 尹慶老, 『105人事件과 新民會 研究』, 195~196쪽에 의하면 이승훈은 13명을 입회시켰지만, 그 절반이 1910년 말에 이루어진 것이었다.

경우는 함께 일본 유학을 하였고, 차리석은 숭실중학의 동기생이었으며, 변인서는 후배였다. 사실 장응진이나 차리석은 안창호와 교분이 깊었던 인물들이었던 만큼, 최광옥이 신민회에 입회시켰다는 표현은 형식적인 입회절차의 과정에 지나지 않았을 것이다. 그러나 회원을 확보하기 위해서는 무엇보다도 신민회가 추구하는 목표에 대하여 정확하게 인식해야만 하였을 것인데, 그러한 관점에서 그가 누구보다도 이 점에서 뛰어났다고 볼 수 있지 않을까 한다. 아무튼 비밀결사의 회원 확보가 가장 중요한 시기에 그가 그 일을 진력하고 있었다.

　양기탁은 안창호가 1910년 초 망명하면서 최광옥에게 신민회 일을 위임한 것으로 들었다고 공판장에서 언급하였다.[88] 물론 105인사건으로 신민회원들이 일제에 체포되자 이미 사망한 최광옥에게 많은 책임을 미룬 것도 사실이고, 안창호가 망명할 시기에 최광옥은 건강이 좋지 않았다. 그러나 적어도 그러한 논의가 없지 않았을 만큼, 그가 신민회 활동에서 중요한 위치를 차지하고 있었던 것은 틀림없다.

　최광옥의 신민회 활동으로, 안악면학회 주도세력의 서간도 지역 시찰도 지적될 수 있다. 1909년 9월경 최광옥은 안악면학회 주도세력에게 "서간도에서 영농하고 있는 동포들의 실태를 시찰·파악하여 장차 그곳에 이주할 것을 도모함이 좋지 않겠는가"라는 의견을 제시하여,[89] 찬성을 받았다. 그 결과 최명식이 1909년 10월에 안악을 떠나 봉천·북경·안동·환인 등지를 거쳐 1910년 4월 초에 귀국하였다.[90] 그런데 결국 최광옥이 제안한 서간도 시찰 및 만주 이주는 그 개인만의 의견이 아니라 신민회의 독립군기지 창건운동의 일환이었다.[91] 더욱이 그것은 신민회가 1910년에 들어 본격적으로 서간도 지역에 독립군기지 후보지를 선정하고자 한 것과 비교한다면,

88) 『韓民族獨立運動史資料集』 1(국사편찬위원회, 1986), 310쪽.
89) 崔明植, 『安岳事件과 三一運動과 나』, 26~27쪽.
90) 崔明植, 『安岳事件과 三一運動과 나』, 27~36쪽.
91) 慎鏞廈, 「新民會의 創建과 그 國權恢復運動」, 109~110쪽.

선구적인 일이기도 하였다. 아마도 이 일은 안창호와 최광옥 등이 신민회의 공식결정이 있기 전에 독립군기지 창건을 고려하는 과정에서 이루어진 것이 아닌가 한다.

1909년 8월 신민회에서는 외곽 청년단체로 청년학우회를 조직하였다.[92] 윤치호尹致昊·장응진·최남선崔南善·최광옥·차리석·안태국·채필근蔡弼近·이승훈·이동녕李東寧·김도희金道熙·박중화朴重華·전덕기全德基가 발기인으로 참가하였다.[93] 그 상당수가 학교와 관련된 인물이었던 점을 주목할 수 있다. 신민회에서는 여러 사업을 추진하면서, 적임자들에게 그 일을 맡겼던 것으로 생각된다. 태극서관이나 평양자기제조주식회사는 실업가라고 할 이승훈·안태국이 주도한 것이 그러한 예라 하겠다.[94] 청년학우회는 안창호와 최광옥, 그리고 최남선이 주도하였다.

안창호는 뒤에 청년학우회에 관해서, "남방으로 최남선, 북방으로 최광옥 제씨를 경經하야 삼백 이상의 청년이 드러왓소"라고 회고하였는데,[95] 그만큼 최남선과 최광옥이 중심이었던 것이다. 설립위원들로 최남선은 중앙의 총무 일과 기관지라 할 수 있는 『소년』을, 최광옥은 지방연회 인가를 평가하는 시찰원을 맡았다.[96] 최광옥이 건강악화로 시찰원 임무를 못하자, 최남선이 그 일을 대신하는 것도 그들의 역할을 살피는 예가 된다.[97]

비정치적인 수양단체로 '유지청년의 일대 정신단'을 내세운 청년학우회는 무실역행懋實力行·정의돈수情誼敦修를 행하고, 지·덕·체 삼육을 연구한다고 밝혔다.[98] 특히 이탈리아의 '청년이태리' 운동 등을 모범으로 삼은

92) 청년학우회에 대한 전반적 설명은 愼鏞廈, 「新民會의 創建과 그 國權恢復運動」, 91~100쪽을 참조할 것.
93) 『대한매일신보』 1909년 8월 17일자 잡보 「靑年界喜信」.
94) 愼鏞廈, 「新民會의 創建과 그 國權恢復運動」, 85, 87쪽.
95) 安昌浩, 「本團歷史」, 52쪽.
96) 「靑年學友會報」, 『소년』 1910년 3월호, 70~71쪽 ; 愼鏞廈, 「新民會의 創建과 그 國權恢復運動」, 77, 98쪽.
97) 「靑年學友會報」, 『소년』 1910년 4월호, 63쪽.

이들은 일본의 보호국이 된 한국에 "진실한 민족의 혼의 자각으로서 진실한 독립국가를 찾자는 것"을 목적으로 하였고, 따라서 청년들에게 비분강개와 언변·형용形容보다 진실과 내용을 존중하는 무실역행을 강조하였다.99) 그런데 안창호는 이러한 요구에 부응할 수 있는 청년의 모범으로 최광옥을 삼고 있었다고 한다.

> 崔光玉은 아직 靑年이었으나 基督敎人으로 操行이 甚히 깨끗하고 愛國志士요 또 國語를 硏究하야 우리나라에서 最初의 文法을 著作하였으며 文才도 言辯도 있었고 島山의 民族向上思想과 方策에 全幅的으로 共鳴하였다. 島山의 생각에 崔光玉으로써 靑年學友會의 人格者의 模範을 삼으려하였다.100)

최광옥에 대한 이러한 평가는 애국지사이며 교육자인데 그치지 않고, 청년들이 추구해야 할 덕성을 지닌 인격자였다는 면에서 중시된다. 사실 청년학우회가 조직되는 1909년에 최광옥은 서른이 넘은 나이였지만, 안창호는 그를 청년들이 본받아야 할 모범으로 인식하였다. 그런데 이러한 최광옥에 대한 평가는 안창호 개인에 그치는 것이 아니었다. 당시 사회에서도 그를 그렇게 인식하고 있었다.

> 平壤郡居 崔光玉氏는 品行이 端潔ᄒ고 思想이 高尙ᄒ야 靑年界의 模範이 되는 故로 一般社會에 信用이 風著ᄒ더니 …101)

---

98) 「靑年學友會趣旨書」·「靑年學友會設立委員會議定件」,『소년』1909년 9월호, 14~15쪽 ;「靑年學友會의 主旨」,『소년』1910년 5월호, 73쪽.
99) 崔南善,「眞實情神」,『새벽』1954년 9월호 ;『島山安昌浩全集』13, 565쪽.
100) [李光洙],『島山 安昌浩』(島山安昌浩先生記念事業會, 1947) ;『島山安昌浩全集』12, 60~61쪽.
101)『황성신문』1910년 7월 22일자 잡보「蘭摧蕙折」.

즉 최광옥을 가리켜 품행과 사상이 청년계의 모범이 된다고 하였던 것이다. 안창호는 미국에서 수양단체로 홍사단興士團을 1913년에 조직하였는데, 홍사단을 청년학우회의 연속으로 이해하고 있었다. 최광옥이 1900년대 중반부터 면학회를 통한 인재양성에 관심을 두어왔다는 점을 고려한다면, 사실 청년학우회 역시 그러한 그의 관심이 보다 폭넓게 확장된 것으로 이해할 수 있을 것이다. 그가 청년학우회의 중심에 위치하였던 것도 그러한 이유가 없지 않았으리라 믿어진다.

아무튼 최광옥은 1910년에 이르기까지 관서지방의 여러 곳에서 교육구국활동을 전개하며, 신민회와 청년학우회를 통하여 국권회복운동을 전개하고 있었다. 그가 일본유학에서 귀국한 이유가 폐결핵 때문이었는데, 건강은 제대로 회복되지 못하였던 것 같다. 특히 그는 많은 활동으로 말미암아 "신경쇠약병으로 다년 신음"하면서 고생하고 있었다.[102] 특히 1910년에 들어 최광옥의 병세가 악화되어 갔던 것으로 보인다. 이미 1909년 7월의 면학회 주최 제3회 사범강습회에도 참석하지 못하였지만, 1910년 2·3월경에는 서울에 있으며 청년학우회 한성연회의 설립 인가에 관여한 바 있었다. 그러나 3월 평양연회 인가를 위한 예정된 시찰은 하지 못하였다.[103]

그러한 상태에서 최광옥의 가족들이 평양에서 안악으로 이사하는 일이 있게 되었다. 1910년 5월 그의 부모와 부인, 1남 2녀 등 6명의 가족들은 안악 유지들의 지원을 받아, 서간도를 시찰하고 귀향하던 최명식의 안내를 받아 배편으로 안악에 이주하였다.[104] 그동안 그는 황해도 배천군수 전봉훈全鳳薰의 초청을 받아, 하기강습소에 관여하며 교육사업에 애쓰고 있었다. 건강을 돌보지 않고 교육에 진력하던 그는 1910년 7월 19일 오후 5시 10분, 전봉훈의 사랑에서 생애를 마감하고 말았다.[105]

---

102) 『황성신문』 1910년 7월 22일자 잡보 「蘭推蕙折」.
103) 「靑年學友會報」, 『소년』 1910년 3월호, 71쪽 ; 1910년 4월호, 63쪽.
104) 崔明植, 『安岳事件과 三一運動과 나』, 35~36쪽. 최명식은 3녀 崔以順도 함께 이사한 것으로 기억하였지만, 최이순은 遺腹女였다.

배천에서는 7월 22일 오전 12시 공동묘지인 남산에 매장하였는데, 장례식에는 경기·관서·해서의 인사들과, 부근 남녀학교의 임원과 생도가 참석하여 수천 명에 이르렀다고 한다.106) 그리고 24일 열린 추도회에도 역시 수천 명이 참석하였다고 하였다.107) 최광옥이 세상을 뜬 지 1개월 뒤, 대한제국은 국권을 일제에 빼앗기고 만다.

5. 맺는말

최광옥은 일제에 국권침탈이 본격화되던 시기에, 국권회복을 위하여 교육운동과 신민회 활동을 전개한 지도자의 한 사람이었다. 그의 활동범위는 관서지방과 서울에 국한되었고, 활동시기도 오랜 것은 아니었다. 그러나 그가 국권회복운동에서 맡은 역할은 지역이나 시기를 뛰어넘는 것이었다. 논의된 내용을 요약하여 결론에 대신하고자 한다.

최광옥의 여러 활동에서 중요한 사상적 기저가 된 것은 기독교였다. 북장로회 신자였던 그는 숭실중학에서 근대교육을 접하였고, 이어 일본유학을 통해 보다 깊은 학문을 지니게 되었다. 그러나 그는 주로 기독교 학교에서 교수하면서도 제도교회에서의 활동이 두드러지지 않고, 오히려 민족적인 관점에서 교육의 임무를 다하였다. 그는 1907년의 대부흥운동이나 1909·1910년의 '백만구령운동'에 별다른 관심을 보인 것 같지 않다. 특히 그가 평양에 거주하며 기독교 관련 일에도 참여한 점에서 이러한 사실은 크게 주목된다.

그가 전개한 국권회복운동이 안창호와 직접적으로 관련되었던 점도 지

---

105) 『소년』 1910년 8월호, 63쪽 광고 ; 全武吉, 「우리의 한아버지」, 『別乾坤』 1932년 1월호, 15쪽.
106) 『소년』 1910년 8월호, 63쪽 광고 ; 『황성신문』 1910년 7월 26일자 잡보 「埋玉 南山」.
107) 『황성신문』 1910년 7월 26일자 잡보 「崔氏追悼」.

적할 만하다. 그는 개인적으로도 안창호나 그 집안과 친밀한 사이였고, 확인되지 않지만 독립협회 평양지회에서부터 신민회와 청년학우회에 이르기까지 안창호와 협조하였다. 안창호는 그를 청년들의 모범으로 생각할 정도였다. 더욱이 안창호와 국권회복활동을 함께 전개하면서도, 최광옥은 교육의 확대에 보다 적극적이었던 것이다.

특별히 사범교육을 중시하였던 최광옥은 가정교육과 여성교육에도 관심을 두고 있었다. 가정교육·여성교육이 사범교육의 한 부분이라는 인식을 지녔던 것이다. 그는 안악면학회를 비롯하여 여러 곳에서 사범강습회를 주도하였는데, 자격이 부족한 교사들의 재교육을 목적으로 하였다. 『교육학』을 번역한 것도 그러한 관심의 소산이었다. 그는 자연과목 과목과 국어·경제 등을 교수하였다. 동시에 그는 민족교육에 깊은 관심을 보였다. 『대한문전』의 간행이 바로 그 단적인 예가 될 것이다. 그리고 그가 갓을 쓰고 한복을 주로 착용하였다는 점에서도 그렇게 생각할 수 있다.

신민회와 청년학우회에도 그는 적극적으로, 그리고 주도적으로 참여한 바 있었다. 신민회에서는 초창기 가장 중요한 일의 하나인 회원 확보문제를 담당하였고, 독립군기지 건설문제도 일찍부터 관여하였다. 청년학우회에서는 지방연회의 허가와 관련된 업무를 맡았다.

따라서 최광옥이 비록 일찍 사망하여 오랜 기간 국권회복운동에 참여할 수는 없었지만, 적어도 관서지방에 있어 교육운동과 국권회복운동에서는 탁월한 지위를 차지할 수 있을 것이다. 특히 그는 황해도 지역의 교육확대에 지대한 공헌을 하였다. 안창호나 김구와 같은 지도자들이 오랫동안 그를 추모한 것도 그러한 그의 위상을 알았기 때문이라고 생각된다.

제3부

민족문화의 연구

1910년대 국내외 국학 연구의 동향

1. 머리말

갑오경장 이후 한국사 교육이 제도화되고, 한말 계몽운동이 전개되면서 교과서나 전기를 비롯한 적지 않은 한국사 관련서적들이 간행되었다. "애국심을 배양흠에는 본국사를 불가불독不可不讀이며"라는 표현대로,[1] 한국사에 대한 관심은 국권수호를 위한 애국심 배양의 한 방법이었다. 한국사뿐만 외국의 독립이나 망국을 다룬 역사서나 전기 등이 널리 읽힌 것도 그러한 까닭이었다. 또 민족의 흥망과 언어·문자의 성쇠가 무관하지 않다고 본 지식인들은 국권수호와 민족발전을 위해서 국어의 연구와 보급이 중요하다는 것을 자각하였다. 따라서 한말 지식인들은 국권유지와 애국심 고취를 위하여 한국사와 한국어를 연구하고 교육해야 한다고 생각하였고, 그러한 관점에서 국학國學 연구가 이루어지기 시작하였다. 물론 고전의 간행이나 지리나 사상, 제도 등 한국에 관련된 저술도 적지 않았으나, 한국사와 한국어 연구가 국학의 큰 축을 이루었다. 국학의 범위나 내용이 넓지만,[2] 이글에서는 국학민족주의의 대표적인 분야라고 할 수 있는 한국사와 한국어를 중심으로 살펴보고자 한다.

1910년 국권피탈 이후 국학 연구는 어떻게 진행되고 있었을까. 식민지

---

1) 『대한매일신보』 1908년 7월 16일자 논설 「世界近世史를 不可不覽」.
2) 국학의 성립과 관련해서는 이만열, 「국학의 성립 발전과 그 과제」, 『동방학지』 100, 1998과 임형택, 「국학의 성립과정과 실학에 대한 인식」, 『실사구시의 한국학』 (창작과비평사, 2000)을 참조할 것.

라는 현실적 조건이 국학 연구에 한계로도 작용하였겠지만, 동시에 한국문화 연구가 민족적 자각을 가져오는 역할도 하였을 것이다. 1920년대에 이르면 국학 연구가 일정한 수준을 이루고, 1930년대에 조선어학회나 진단학회, '조선학운동' 등으로 발전되게 되는 것도 그러한 점에서 납득되는 일이었다. 1920·30년대의 다양한 국학 연구는 잘 알려져 있으나, 그에 비하여 1910년대의 움직임에 대해서는 널리 알려진 것이 없다. 하지만 1910년대는 1920·30년대 국학연구를 위한 준비의 기간이었을 것임은 쉽게 짐작된다. 그간 이 시기의 움직임으로 조선광문회의 활동이며 국어학자들의 움직임, 그리고 국외로 망명한 민족주의사학자들의 연구가 주목을 받아왔다. 최근 1920년대 국학 발전에 앞서, 그 형성과정으로서의 1910년대를 몇몇 국학자를 검토하는 경우도 보인다. 다만 그러한 내용들이 개별적으로 언급되면서, 1910년대 전체를 조망하지는 못하였던 것으로 생각된다. 이글에서는 그러한 연구들을 정리하는 수준에서 일본인이나 서양인의 국학 연구는 제외하고,3) 한국인에 의하여 1910년대에 출판된 서적과 논설류를 중심으로 국학 연구의 동향을 살펴보고자 한다.4) 아울러 국학 연구의 논의에 있어서도 필자의 전공과 관련하여 한국어 연구의 부분은 소략할 수밖에 없었던 점을 먼저 밝힌다.

2. 국내 국학 연구의 동향

1910년대는 무단통치기로 이야기될 만큼, 일제는 한국에 대한 식민통치

---

3) 특히 일제의 한국통치와 관련하여 식민사학을 비롯한 일본인에 의한 한국학 연구가 1910년대 국학 연구의 동향을 살피는데 중요하지만, 이글에서는 한국인의 연구만을 대상으로 삼았다. 19세기 후반 이래 일본인에 의한 한국사 연구 전반에 관해서는 이만열, 「19세기 말 일본의 한국사 연구」·「일제 강점기 일본인의 한국사 연구」, 『한국근현대 역사학의 흐름』(푸른역사, 2007)을 참고할 것.

4) 일제하 국학 연구와 활동 전반에 대해서는 박걸순, 『국학운동』(독립기념관 한국독립운동사연구소, 2009)이 참고된다.

를 정착시키기 위하여 무력과 탄압으로 일관하였다. 언론·집회·결사의 자
유를 봉쇄하여 정치활동을 금지시켜, 한국인의 근대적 정치의식의 성장을
막고 민족의식의 말살을 기도하였던 것이다. 일제는 1911년 8월 조선교육
령을 공포하여 충량한 일본신민을 양성하며, 일본어 보급·보통교육·실업
교육을 추진하였다. 즉 각급 학교에 한국의 역사와 지리 과목을 폐지하고,
한국어교육을 수업을 축소하며 일본어교육을 강조하는 동화정책이 전개되
었던 것이다. 국문으로 발행되던 신문도 총독부 기관지인 『매일신보』를
제외하고는 지방의 『경남일보』만을 남겨두고 모두 폐간시켰다. 학회를 해
산시켰으며, 종교잡지와 아동잡지들이나 겨우 간행될 수 있었다. 출판물에
대한 통제로 민족의식을 담은 한국 관련서적의 간행도 거의 불가능하였다.
1910년대 중반기 이후에는 『청춘』과 같은 대중계몽잡지와 외형적으로 민
족의식을 드러내지 않는 국학 관련서적의 출판이 겨우 이루어지는 수준이
었다.

　뿐만 아니라 일제는 한국침략을 정당화하고 식민통치를 수행하기 위하여
식민사학을 강화하였고, 한국어를 장악하고자 하였다. 특히 일제는 한국인
의 전통과 문화에 대한 자부심을 우려하여, 한국에 관련된 각종 조사와 함
께 한국사 왜곡을 시도하였다. 즉 구관제도조사·사료조사·조선고적조사 등
의 사업과 『조선반도사』 편찬사업이 그것이었다. 『조선반도사』 편찬사업은
1915년부터 조선총독부 중추원에서 주도하였는데, 결국 1920년대에 조선사
편수회로 확대되어 일제의 통치상 유리한 부분을 강조한 식민사학으로 드
러났다.[5] 아울러 조선총독부에서 1911년부터 착수한 『조선어사전』은 1920
년에 간행되었다. 이 『조선어사전』은 일제가 한국에는 아직 고유의 국어사
전이 없어 한국의 사물 연구에 불편이 크다는 것을 명분으로 내세워 '일선

　5) 金容燮, 「日本, 韓國에 있어서의 韓國史敍述」, 『歷史學報』 31, 1966, 135쪽 ; 金
　　性玟, 「朝鮮史編修會의 組織과 運用」, 『한국민족운동사연구』 3, 1989, 123~125
　　쪽 ; 박걸순, 『국학운동』, 219~220쪽 ; 이만열, 「일제 강점기 일본인의 한국사 연구」,
　　『한국근현대 역사학의 흐름』 참조.

인日鮮人 쌍방'을 위하여 편찬된다고 하였으나, 결국 한일대역사전으로 일본인의 문서검열과 조선어교육에 도움이 되었을 뿐이었다.[6]

이러한 식민지 상황에서 국학 연구는 한계가 있을 수밖에 없었다. 특히 국내에서 출판된 서적들은 고전을 제외하면, 신소설류나 문집, 종교 관련 서적이 주종을 이루었다. 국학 관련 서적의 출판이 현실적으로 어려워, 고전간행과 사전, 그리고 종교나 한국어에 관련된 연구가 우선하였다. 그러한 면에서 1910년대 국내의 국학 연구를 주도하고 출판한 것은 최남선崔南善이 주관하고 있던 조선광문회와 신문관新文館이었다.

1) 조선광문회와 국학 연구

1910년 10월경에 설립된 조선광문회는 "조선 구래의 문헌·도서중 중대 ᄒ고 긴요ᄒ 자를 수집·편찬·개간開刊ᄒ야 귀중ᄒ 문서를 보존·전포傳布 홈으로 목적홈"이라는 그 규칙 제1조에서도 짐작되듯이, 고전의 수집·간행·보급을 통하여 한국문화의 발전을 도모하고 있었다.[7] 실제 광문회에서는 1911년부터 1914년까지 역사·지리 분야의 고전을 중심으로 『동국통감東國通鑑』·『열하일기熱河日記』·『택리지擇里志』·『연려실기술燃藜室記述』·『경세유표經世遺表』·『삼국사기三國史記』 등 24종의 46책 이상을 간행하였는데, 본래 계획은 190종에 달하였다. 한국 고전의 간행은 전통문화에의 관심을 촉구하면서, 동시에 한국문화의 우수성을 드러내고자 한 작업이었다. 조선광문회에 드나들었던 권덕규權悳奎는,

韓末에 있어서 會라는 名稱이 하나둘이 아니요 다 뜻있는 이의 모임

---

6) 李秉根, 「朝鮮總督府編『朝鮮語辭典』의 編纂目的과 그 經緯」, 『震檀學報』 59, 1985 참조.

7) 『朝鮮光文會告白』, 「朝鮮光文會規則」. 조선광문회에 대해서는 오영섭, 「朝鮮光文會 研究」, 『韓國史學史學報』 3, 2001이 상세하다.

이라고 하였지마는 그 中에 光文會보다 나은 것이 없었다. … 이 光文
會의 書籍이라는 것은 여러 사람에게 보이고 알리어 이른바 文化를 向
上식키기로 目標한 會로는 光文會를 칠 수밖에 없었다. …[8]

라고, 조선광문회가 한국문화의 향상을 목표로 하였다고 회고한 바 있다.
조선광문회에는 박은식朴殷植·유근柳瑾·김교헌金教獻·주시경周時經·김두봉金
枓奉·이규영李奎榮·권덕규·문일평文一平 등 당대 국학 관련의 대표적인 연
구자들로부터 입문자들까지, 노소가 모두 참여하였던 것이다.[9]

한말부터 지식인들이 주목한 실학에 대한 관심은 조선광문회가 간행하
고자 한 고전 목록에서 찾아볼 수 있다. 「조선광문회간행서목개략」에는 실
학자의 저술이 적지 않게 포함되었는데, 『동사강목東史綱目』·『연려실기술』·
『동국지리지東國地理志』·『발해고渤海考』·『택리지』·『아방강역고我邦疆域考』·
『반계수록磻溪隧錄』·『여유당집與猶堂集』·『임원십육지林園十六志』·『열하일
기』·『담헌일기湛軒日記』·『지봉유설芝峯類說』·『성호사설星湖僿說』·『오주연
문장전산고五洲衍文長箋散稿』 등이 보인다. 조선광문회에서는 고전 발간을
통하여 실학사상과 전통문화를 계승하려는 주체적인 민족의식을 드러낸
것이었다.[10]

조선광문회에서는 고전간행과 함께 사전편찬 작업도 추진하였다. 사전
은 한국어사전과 한자자전의 두 가지가 준비되었다. 민족문화의 발전을 위
해 우선 필요한 것이 사전이라고 보았다. 한국어사전은 주시경의 주도로
김두봉·이규영 등이 참여하여 『말모이』라는 형태로 1914년경에 편집을 마
쳤으나, 주시경의 사망 이후 『조선어자전』으로 개편되어 진행되다가 출간
되지는 못하였다. 일제가 『조선어사전』을 그들의 편의를 위하여 편찬한

---

8) 『朝鮮日報』 1932년 4월 1일자 「石儂先生과 歷史言語」 6(권덕규) ; 權悳奎, 『乙
   支文德』(正音社, 1946), 39쪽.
9) 오영섭, 「朝鮮光文會 研究」, 121~136쪽에는 조선광문회에 출입한 인사들에 대하
   여 설명하고 있다.
10) 오영섭, 「朝鮮光文會 研究」, 111~114쪽.

것과는 달리, 민족문화의 발현을 도모하기 위한 작업이었음이 두드러진다
고 하겠다. 한자자전인『신자전』은 1915년에 출간되었는데, 유근의 주관으
로 6천 자가 넘는 한자를 다루었다. 이『신자전』의 서문에서 최남선은 조
선광문회의 3대 기치로 수사修史·이언理言·입학立學을 내걸고, "사전편찬과
문법정리는 이언의 양대 안목"이라고 밝히고 있었다. 즉 광문회는 고전간
행과 사전편찬·문법정리를 통하여 학문을 세운다고 강조하였다.11)

신문관 설립 10년을 맞아『청춘』1918년 6월호(제14호)에서 최남선은 "역
사적·언어적·도덕적 세 방면을 자주적·근대적·과학적으로 연구·설명"(「십
년」)하려는 것을 조선광문회의 본지本旨로 삼았다고 밝혔다. 한국의 역사·
언어·도덕과 관련된 고전을 간행하여, 자주적이면서도 근대적인 학문으로
연구하고 설명하겠다는 뜻으로 짐작된다. 근대적 학문방법론으로 전통학
문을 이해하고자 한 것이다.12) 이러한 점으로 미루어 조선광문회에서 추
구하고자 한 학문이란 한국문화에 관련된 분야를 근대적 방법론으로 인식
하는, 넓게 국학으로 이해해도 좋을 것으로 생각된다. 따라서 조선광문회
에서는 고전간행과 사전편찬·문법정리를 통하여 국학 연구에 필요한 기초
작업을 진행하고 있었다고 하겠다.

조선광문회는 출판사 겸 인쇄소인 신문관과 연결되어 있었다. 신문관은
최남선이 제2차 일본유학을 다녀와 1908년 설립한 것으로,『소년』을 비롯
하여 1913년에『붉은저고리』·『새별』·『아이들보이』라는 아동잡지를, 1914
년 대중계몽잡지『청춘』등을 발간하였다. 교과서를 비롯한 각종 서적을
발행하며, '십전총서十錢叢書'와 '륙전쇼설문고'를 기획하고 출판한 바 있었
다. 그리고 조선광문회가 발굴한 고전들이며, 국학에 관련된 서적들 역시
대개는 신문관에서 발행하였다.13) 장지연張志淵의『대동시선大東詩選』등과
같이 전통적인 저술부터, 주시경의『말의 소리』와 같은 당대에 새롭게 연

---

11) 조선광문회에 관해서는 오영섭, 「朝鮮光文會 硏究」에 크게 힘입었다.
12) 류시현, 「한말·일제시대 최남선의 문명·문화론」,『東方學志』143, 2008, 62쪽.
13) 이지원,『한국 근대 문화사상사 연구』(혜안, 2007), 144~146쪽.

구되던 저술 등이 모두 신문관에서 발행된 것은, 전통적인 국학 연구가 이루어지면서도 새로운 움직임이 감지되고 있었음을 보여준다고 하겠다.

주시경을 중심으로 한 한국어학자들은 조선광문회에서 주관한『말모이』편찬과 아울러, 1908년 8월 창립된 국어연구학회國語硏究學會를 1911년 9월에 조선 언문의 실행을 목적으로 한 조선언문회朝鮮言文會로 개편하고, 서적과 잡지의 간행 및 강습소 설립을 규정하였다. 따라서 한말부터 유지해온 강습소를 조선어강습원으로 개편하고, 초·중·고등과로 확장하여 운영하면서 연구에 매진하고 있었다. 이들에 의하여 한국어 관련서적들이 1910년대에 여럿 간행되었는데, 그만큼 국어학의 발전이 이루어지고 있었다고 하겠다. 주시경의『조선어문법朝鮮語文法』(신구서림, 1911)·『소리갈』(油印)·『말의 소리』(신문관, 1914), 김두봉의『조선말본』(신문관, 1916), 이규영의『현금조선문전現今朝鮮文典』(신문관, 1920) 등이 간행되었다. 안확安廓도『조선문법朝鮮文法』(회동서관, 1917)을 발간하였는데, 그는 주시경 계열이 아니었다. 1914년 주시경의 사거 이후에도 조선어강습원은 유지되었으며, 최현배崔鉉培·신명균申明均·권덕규·정열모鄭烈模 등 1920년대 이후 크게 활동하는 한국어학자들을 양성하였다.14)『한글모죽보기』에 따르면, 1908년부터 1917년까지 강습소 수료자는 연인원이 600명을 상회하고 있었다.

1910년대 국학 연구의 가시적인 업적인 고전간행이며 한국어사전의 편찬시도, 국학 연구업적의 간행 등이 모두 조선광문회를 통하여 이루어져, 국학 연구의 본산을 조선광문회라고 언급하여도 크게 잘못되지 않을 것이다. 그리고 한국어 연구와 보급이 주시경과 그 제자들을 중심으로 전개되고 있었다. 그러한 면에서 1910년대 국학 연구는 전통문화를 재평가하기 위한 준비라는 차원에서 이해할 수 있을 것이다.

---

14) 고영근,「개화기 민족어 연구단체와 민족어문 보급 활동」,『민족어의 수호와 발전』(제이앤씨, 2008).

2) 만주 중심의 역사학

한국어 연구가 1910년대에 국내에서 일정한 발전을 이룬 것과는 달리, 한국사 연구는 그렇지 못하였다. 한말에 역사가로 이름 높던 인물들이 국외로 망명하였거나, 아니면 국내에서의 활발한 연구나 저술 활동이 어려웠기 때문일 것이다. 대개 한국사 관련의 업적을 냈던 인물들이 전문적인 연구자라기보다는 전통학문을 이수하였으면서도 근대학문에 조예가 있던 교사나 언론인이었기 때문에, 본격적인 연구가 쉽게 이루어질 수는 없었다. 따라서 한말에 간행되어 출판법의 허가를 받은 한국사 교과서의 재간 이외에, 새롭게 발간된 관련 서적은 1910년대 후반 전후하여 손에 꼽을 정도였다.

그런데 1914년 신문관에서 『신단실기神檀實記』가 간행되었다. 한문에 현토한 이 사서는 대종교大倧教의 역사적 연원을 밝히고자 김교헌이 저술한 것으로, 단군세기檀君世紀를 비롯하여 환인桓因·환웅桓雄·환검桓儉(檀君)의 삼신과 신교사상, 강역문제 등을 다루고 있었다. 김교헌은 한말에 고급관리이자 이름난 학자였으며, 대종교 신자로 조선광문회에도 관여한 인물이었다. 1911년 3월부터 총독부 취조국取調局 위원으로 1년간 근무하다가 취조국의 폐지로 퇴직하였는데,[15] 취조국은 이전의 법전조사국의 후신으로 한국의 관습이나 제도, 문헌조사 등을 맡은 기관이었다. 그가 한말에 『증보동국문헌비고增補東國文獻備考』와 『국조보감國朝寶鑑』의 편찬에 직접 관여하였던 것과 무관하지 않았다고 보인다. 그는 1916년 9월 나철에 이어 대종교 제2대 교주가 되고, 1917년 만주로 이주하였다. 다만 대종교 교주에 취임하기 전까지 직임은 알 수 없지만, 총독부 촉탁으로 월봉 50원을 받고 있었다.[16]

---

15) 『중추원조사자료』, 「朝鮮舊慣 및 制度調查 沿革의 調查」 第2册(국사편찬위원회 한국사데이터베이스) ; 『조선총독부관보』 1911년 4월 1일자.

16) 姜德相 편, 『現代史資料』 25(みすず書房, 1966), 7~8쪽에는 1916년 9월 26일자

『신단실기』가 출판될 수 있었던 것은 김교헌의 경력과도 무관하지 않겠으나, 총독부에서 그 내용을 크게 문제로 삼지 않았기 때문일 것이다. 대종교가 1915년 포교규칙이 공포되기 이전에는 국내에서의 포교활동이 유지되고 있었으므로, 총독부에서 『신단실기』를 혹 역사서라기보다 경전으로 인식한 것은 아닌지 모르겠다. 아니면 일제 관학자들이 주장한 '만선사학滿鮮史學'과 궤를 함께 하는 것으로 인식하였을 가능성도 크다.

『신단실기』는 단군과 관련된 역사적 사실들을 체계화시킨 최초의 사서로, 한반도뿐 아니라 만주지역에서 흥기하였던 국가들도 단군족의 후예로 인식하고 있었다. 이미 한말부터 민족주의 사학자들이 만주를 중심으로 한국사를 이해하고자 하는 움직임이 있었으므로, 김교헌 역시 그러한 시각에서 한국사를 이해한 것이었다. 동시에 대종교적 민족주의의 관점에서 유교와 지배층 중심의 전통적 역사인식을 극복하고자 노력하였다. 그는 많은 문헌을 참고하여 『신단실기』를 저술하였는데,[17] 특히 한국민족이 조선족과 만주족으로 분파하는 과정을 설명하였다. 그는 발해를 한국사의 정통왕조로 다루었다.

그런데 『신단실기』와 같은 만주 중심의 한국사 이해는, 후술하겠지만 1910년대 국외로 망명하여 활동한 민족주의 사학자들에게서 쉽게 발견되곤 하였다. 김교헌 자신도 1917년 만주로 망명하여 그 대열에 참가하였다. 1920년대에 이르면 국내에서도 여러 형태의 간행물로 이러한 주장이 강조되곤 하였다. 이렇게 본다면 일제는 만주 중심의 한국사 서술에 대하여 크게 문제 삼지 않았던 것으로 보인다. 국권피탈 전후 민족의식과 애국심을

일제 정보문서로 「京城民情彙報」 '大倧敎ノ自殺卜後任'이라는 보고서가 수록되어 있다. 趙東杰, 「大韓光復會 硏究」, 『韓國民族主義의 成立과 獨立運動史硏究』(지식산업사, 1989), 309쪽.

17) 김교헌과 『신단실기』에 관해서는 朴永錫, 「大倧敎의 民族意識과 獨立運動」, 『韓民族獨立運動史硏究』(一潮閣, 1982) ; 韓永愚, 「1910年代 李相龍·金敎獻의 民族主義 歷史敍述」, 『韓國民族主義歷史學』(一潮閣, 1994) ; 박환, 『나철·김교헌·윤세복』(東亞日報社, 1992) 등에 자세하다.

고취한다고 하여 많은 역사 관련서적을 압수하였지만, 오히려 1910년대에
는 만주를 한국사에 편입하는 논의에 대하여 무관심하였던 것 같다. 그것
은 1914년 『신단실기』의 간행 이후에, 최남선이 『청춘』 1915년 3월호에 「고
조선인의 지나 연해 식민지」를 게재하였고, 이어 그 내용을 포함한 「계고
차존稽古箚存」을 『청춘』에 발표(1918년 6월호)하였던 점에서 짐작된다. 다만
민족주의 사학자들의 만주 중심의 한국사 이해가 일제 관학자들이 이 시
기에 주장하던 만선사관과 외형적으로 유사하였다는 점에서, 이러한 주장
들이 크게 문제 되지 않았을 가능성도 고려되어야 할 것으로 생각된다.

최남선은 신채호의 「독사신론讀史新論」을 『소년』 1910년 8월호에 「국사
사론國史私論」이라는 제목으로 전재한 바 있던 것으로 미루어, 신채호의 역
사인식에 영향을 받았다고 생각된다. 또한 김교헌이 조선광문회에 관여하
였고, 『신단실기』가 신문관에서 발간된 것으로도 최남선이 김교헌에게 영
향을 받았음을 쉽게 짐작할 수 있다.[18] 「계고차존」은 한민족의 주족을 '주
신인'으로 보고, 숙신肅愼을 비롯한 구이九夷를 한국사의 주체를 설정하여
민족이동설을 개진하였다. 특히 그는 단군을 개인이 아닌 제정일치의 지도
자를 지칭하는 보통명사로 이해하고 있었다. 이것은 최남선이 신채호나 김
교헌의 영향을 받았지만, 동시에 일본 유학에서 습득한 근대역사학적 방법
론을 사용하고 있었음을 보여준다.[19] 그리고 간행되지는 않았지만, 유인식
柳寅植 같은 개신유학자도 1910년대에 『대동사大東史』를 저술하였는데, 김
교헌의 역사인식과 유사하였다. 유인식은 1911년 만주로 망명하였다가
1912년 귀국한 뒤, 1920년경에 『대동사』를 완성하였던 것이다.[20]

따라서 김교헌과 최남선의 경우로 미루어, 1910년대 국내에서의 한국사

---

18) 丁暻淑, 「『稽古箚存』을 통해 본 崔南善의 古代史論」, 『奎章閣』 6, 1982, 164~
    169쪽 ; 李英華, 『崔南善의 歷史學』(景仁文化社, 2003), 118~128쪽.
19) 류시현, 『최남선연구』(역사비평사, 2009), 130~134쪽.
20) 朴杰淳, 「東山 柳寅植의 歷史認識」, 『韓國史學史學報』 2, 2000 ; 『植民地 시대
    의 歷史學과 歷史認識』(景仁文化社, 2004) 참조.

연구는 한말부터 전개된 부여-고구려 중심의 역사인식을 계승하여 만주를 한국사의 주된 무대로 설정한 민족주의사학의 영향이 계속되고 있었다고 하겠다. 이는 국내와 망명지에서의 한국사 인식이 크게 다르지 않았음을 보여주는 것이고, 1910년대에는 대종교적인 역사인식이 한국사 연구 전반에 영향을 미쳤던 것을 확인하게 한다. 그 관심 또한 만주로 한국사의 외연을 확장한 한국고대사를 주목하고 있었다. 그리고 그러한 움직임은 조선광문회를 중심으로 전개되었다고 할 수 있다.

3) 종교·사상사 연구의 확대

1910년대 국학 연구의 새로운 경향은 한국의 종교나 사상과 관련된 부분에서 뚜렷하게 드러났다. 먼저 1912년 이능화李能和는 『백교회통百敎會通』이라는 저술을 간행하여 비교종교 연구를 통한 한국불교의 정체성을 확립하고자 하였다. 그는 이 책의 서문에서,

> … 爰將諸宗敎之綱領ᄒᆞ야 對照相並ᄒᆞ야 同異發明ᄒᆞ며 引而證之ᄒᆞ야 會而通之하며 毫不變易ᄒᆞ야 尊重聖訓ᄒᆞ며 諺解句讀ᄒᆞ야 各敎理行이 瞭若指掌이라 …

라고 하여, 여러 종교와 불교의 교리를 경전을 인용하여 대비하는 형태를 취하며, 불교와 다른 종교가 회통할 수 있음을 밝히고자 하였다. 그런데 이능화가 불교와 비교한 종교로는 도교·귀신술교지교鬼神術敎之敎·신선지교·유교·기독교·회회교·파라문교와 같은 외래종교, 그리고 태극교·대종교·대종교大宗敎·천도교와 같은 국내에서 창도된 종교들이었다. 특히 귀신술수지교는 신도를 의미하는 것으로 무속과도 크게 다르지 않았다. 이 저술이 각 종교의 교리를 경전을 인용하며 대조하는데 그쳤다는 한계를 지니고 있었지만, 불교를 축으로 한 종교의 공존을 주장한 것으로 평가된다.[21]

이능화는 『백교회통』을 발간한 뒤에 1912년에 창간된 『조선불교월보』와 『해동불교』에 한국불교에 관련된 논설을 발표하였다. 1915년 이후에는 『불교진흥회월보』, 『조선불교계』, 『조선불교총보』 등을 직접 주재하면서 불교개혁을 위한 활동을 전개하는 동시에, 한국불교사에 관련된 많은 논설을 집필하였다. 그는 1918년 『조선불교통사朝鮮佛敎通史』라는 2,300면이 넘는 3권 2책으로 된 자료집을 겸한 한국불교사를 간행할 수 있었다. 이 서적은 최남선이 교열을 보았으며, 최남선이 주재하던 신문관에서 출판되었다. 그리고 그 발문은 장지연이 썼다. 비록 이 저술은 한문 자료를 옮겨놓아 자료집 성격이 강하지만, 이능화가 1907년 전후부터 10년 가깝게 국내외 서적 등을 모아 진귀한 사료도 적지 않아 "비단 조선인에게만 취미를 여與홀 쑨 안이라 내지인이나 외국인을 물론ᄒ고 역사가, 문학가로 조선에 대ᄒ야 연구ᄒᄂ 인사ᄂ 일견흠을 쟁선爭先"하는 의미를 지닐 수 있었다.[22]

『조선불교통사』는 3편으로 구성되었는데, 상편은 '불화시처佛化時處'로 불교유입 이후 불교사를 편년체로 담았다. 중편은 '삼보원류三寶源流'로 인도와 중국의 불교종파를 다루었고, 특히 임제종臨濟宗 선사의 사적과 한국 선종 선사의 사적·어록을 포함시켰다. 하편은 '이백품제二百品題'로 한국불교의 설화나 일화를 수록하였다. 실제 이 서적에는 국내외의 많은 자료와 금석문 등이 인용되고 있으며, 한국의 고유신앙이며 유교와 기독교, 천도교 등의 관련 자료도 포함되었다. 따라서 『조선불교통사』는 한국불교사 연구의 획을 긋는 작업이었다고 할 수 있었다.

이능화는 1910년대에는 한국불교사를 주로 연구하였지만, 1920년대 이후 한국의 유교와 도교, 기독교 등의 역사에도 관심의 폭을 넓혔고, 여성사를 비롯한 사회사 연구에도 매진하였다.[23] 사실 그는 『백교회통』을 저술

---

21) 梁銀容, 「李能和의 學問과 佛敎思想」, 『崇山朴吉眞博士 古稀紀念 韓國近代宗敎思想史』(圓光大學校出版局, 1984), 463쪽.

22) 李能和, 「朝鮮佛敎通史에 就ᄒ야」, 『朝鮮佛敎叢報』 6, 1918, 35쪽.

23) 이능화의 불교학 연구에 대해서는 이재현, 『이능화와 근대 불교학』(지식산업사,

하며 한국종교사 전반에 대한 관심을 두고 있었다고 할 것이다.

이능화와 함께 이 시기에 한국불교사를 정리하고자 한 인물로 권상로權相老가 있었다. 그는 『조선불교통사』에 비하면 적은 분량이지만, 1917년 신문관에서 『조선불교약사』라는 서적을 간행하였다. 330면 분량의 이 책은 삼국불교·고려불교·조선불교의 3편으로 구성되었는데, 편년체 서술로 『조선불교통사』가 자료집의 성격이 강하였던 것과는 달리 소략한 통사였다. 부록으로 '제종종요諸宗宗要'를 수록하여 한국불교 각 종파의 변천을 정리하고 있었다. 그 범례에 의하면 『조선불교약사』는 불교학림에서 교과서로 사용할 목적으로 간행된 것이었고, 한국연대만을 사용하고 중국연대나 서력을 사용하지 않았다.

아무튼 이능화와 권상로의 한국불교사 연구는 오래 주목을 받아오지 못하였던 한국불교를 집대성하는 작업이었다. 그것이 한국을 대상으로 삼고 있었던 점에서 국학 연구의 한 분야를 개척하였다는 평가를 받을 수 있다. 그리고 특기할 것은 최남선이 이들 작업과 무관하지 않았다는 사실이다. 최남선은 『조선불교통사』를 교열하였으며, 『조선불교통사』와 『조선불교약사』를 그가 주재하던 신문관에서 간행하였다.

한국불교사에 대한 관심과 더불어, 한국유학에 대한 정리 또한 1910년대에 이루어졌다. 잘 알려진 대로 장지연이 『매일신보』에 「조선유교연원朝鮮儒教淵源」을 연재하였다. 그는 1917년 4월 5일자부터 12월 11일자까지 한문에 현토하는 형태로 모두 123회를 연재하였는데, 신라시기부터 근대에 이르기까지 선유들의 학문을 정리하고 있었다. 이 내용은 1922년 회동서관에서 200면이 약간 넘는 분량의 3권 1책으로 발행하였는데, 이 연재에 이어 발표한 「유교자변儒教者辨」과 「유교조공자儒教祖孔子」도 포함되었다. 다만 순한문으로 간행하고 있었다. 「조선유교연원」은 인물 중심의 서술로, 사단칠정론四端七情論이나 호락논쟁湖洛論爭, 실학 등과 같은 문제에 대해서

───────────────

2007)을 참고할 것.

는 많은 분량을 할애하고 있으나, 계통적이라고 하기는 어려웠다.

그런데 장지연은 다카하시 도루高橋亨와 한국유학에 관한 논쟁 후에 「조선유교연원」을 저술하였다. 이미 다카하시는 1912년 『조선급만주朝鮮及滿洲』에 「조선유학대관」을 발표하였으며, 1915년 5월 13일 개최된 김윤식金允植의 일본 제국학사원상 수상축하회에서 「경학사상의 운양집雲養集」이라는 강연을 한 바 있었다.24) 경성고등보통학교 교유로 있던 그는 이 강연에서 유자와 유학자를 구별하여 한국유학과 유학사를 언급하였는데, 이에 대하여 장지연은 『매일신보』에 연재 중이던 '만필쇄어漫筆瑣語'에 4차례에 걸쳐 「의의청질疑義請質」이라는 글로 그 견해를 반박하면서 논쟁이 벌어졌다.25) 일본인이 한국유학을 논의한 것이 한국인에 의한 한국유학사 정리라는 일을 이루게 하였다고 볼 수 있다. 장지연은 기자箕子를 조종으로 삼아, 신라대부터 발전하지만 정몽주鄭夢周를 한국 주자학의 종주로 삼는 논지로, 양명학자나 주자학계에서 비판받은 학맥, 그리고 관서·관북의 학맥, 또 실학자들까지 포함하여 「조선유교연원」을 정리하였다.26) 그는 조선이 쇠약하게 된 이유를 진정한 유자를 등용하지 못하고 유교의 이름을 빌어 세상을 속인 자들의 잘못으로 인식하였다.

장지연은 전통유학을 정리하며, 한국유교에 대한 객관적인 인식을 도모하고자 하였다. 그는 다카하시가 유교에 대한 지식으로 한국유학사에 대한 잘못된 인식을 한국민들에게 심으려 하는 것에 반발하여, 한국유교를 지켜

---

24) 『每日申報』 1915년 5월 16일자 「金雲養先生授賞祝賀會」, 「經學史上의 雲養集」.
25) 『張志淵全書』 8(단국대학교 동양학연구소, 1986)에는 '高橋亨과의 問答'이라는 제목으로 『매일신보』 1915년 5, 6월에 실린 양인의 편지들이 수록되어 있다. 그에 대한 간단한 논의는 權五榮, 「張志淵의 『朝鮮儒教淵源』」, 제7회 위암 장지연 기념학술세미나 발표문, 2001 ; 李承律, 「日帝時期 '韓國儒學思想史' 著述史에 관한 一考察」, 『東洋哲學研究』 37, 2004 ; 홍원식, 「장지연과 다카하시 도오루의 '유자·유학자 불일·불이' 논쟁」, 『오늘의 동양사상』 13, 2005 참조.
26) 이에 관해서는 權五榮, 「張志淵의 『朝鮮儒教淵源』」 ; 이동희, 「장지연의 『조선유교연원』의 특징에 대하여」, 『한국학논집』 35, 2007 참조.

내는 작업을 「조선유교연원」으로 드러내고자 한 것이다.[27] 바로 한국 전통문화에 대한 정당한 이해와 수호라는 차원이었다. 그러나 바꾸어 말하면 그것은 한말부터 지적되어 온 유교의 폐해에 대한 근본적인 극복이라기보다, 오히려 유교진흥을 기대하는 퇴행적인 부분을 포함한 것이었다.

불교사나 유학사의 정리는 1900년대에는 미처 관심을 두지 못하던 전통문화에 대한 특별한 관심이었고 깊이 있는 연구였다. 비록 그것이 일제의 종교침략에 저항하는 성격을 포함하고 있었지만, 일제의 불교진흥이나 유교진흥과 거리를 두기는 어려웠다.

4) 인물에 대한 관심

전통시대의 인물에 대한 관심도 있었다. 인물에 관한 관심은 이미 한말부터 전기나 안종화安鍾和의 『국조인물지國朝人物志』와 같은 저술, 그리고 신문이나 잡지 등에 '인물고人物考' 등의 제목으로 소개된 글도 적지 않았다. 특기할 인물들을 소개함으로써 한국사에 대한 관심과 민족의식을 앙양하고자 하였던 것인데, 1910년대에도 인물에 대한 관심은 계속되었다.

이능화의 『조선불교통사』나 장지연의 「조선유교연원」도 불교와 유교의 역사를 다루고 있었지만, 모두 인물을 중심으로 서술되었다. 이에 비하여 장지연의 다른 저술인 「일사유사逸士遺事」는 인물 자체에 대한 관심이었다. 잘 알려진 대로 「일사유사」는 뛰어나면서도 널리 알려지지 않은 인물에 대한 전기였다. 장지연은 『매일신보』 1916년 1월 11일자부터 9월 5일자까지 175회에 걸쳐 '송재만필松齋漫筆'이라는 제목으로 「일사유사」를 연재하였다. 문헌의 인멸 등으로 인하여 뛰어난 인물들의 행적이 전하지 않는 것을 애석히 여겨, 전문과 기술, 시문 등을 채록하여 그 유적과 이행을 세상에 드러내고자 한다고 「일사유사」 저술의 의미를 밝혔다. 적서嫡庶·서북

---

27) 權五榮, 「張志淵의 『朝鮮儒敎淵源』」, 63~66쪽.

출신·당쟁 등에 의하여 충신·의사·박학지인이 알려지지 않은 것을 애석히
여긴다는 것은 적어도 신분제와 인재등용에 대한 비판적 관심이라고 할
수 있다. 따라서 정치권력에서 소외되었던 한미한 양반부터 중인이나 하층
민을 포함하여, 여성들도 수록되었던 것이다.[28] 『일사유사』가 회동서관에
서 단행본으로 간행된 것은 장지연 사후인 1922년이었다.

  비슷한 관점에서 『대동시선』이 장지연의 주도로 이루어졌다. 「일사유사」
의 연재가 끝난 뒤인 1916년 9월 19일자 『매일신보』에는 '만록漫錄'이라는
제하에 「일사유언가석逸士遺言可惜」이라는 글이 실렸는데,

> … 近嘗抄輯聞見所及者ᄒ야 編爲逸士遺事ᄒ야 欲廣採數百年來落
> 拓奇窮者之流ᄒ야 以爲傳諸來後러니 不幸知識이 短劣ᄒ야 纔半途而
> 廢止ᄒ니 四方之投書請續者ㅣ 紛然日至로되 此ᄂᆞᆫ 終當續成完編ᄒ
> 야 使世之抱恨埋土者로 皆可以得傳케 홈이 余之平生志願也어니와 近
> 又抄選大東風雅者ᄒ니 則自新羅高句麗以來로 至于近世數十年前히
> 凡詩人之遺編逸稿를 倂皆蒐採無遺ᄒ야 欲刊之不朽ᄒ노니 此于不得
> 不先暴于當世有志諸君子也ᄒ노라

고 하였다. 「일사유사」를 계속해 달라는 청이 많았지만, 『대동풍아大東風雅』
즉 『대동시선』의 간행이 급하다는 것이었다. 1918년 신문관과 광학서포를
발행소로 하여 12권 5책으로 간행된 『대동시선』은 고조선에서 한말까지
2,000여 인의 각종 한시를 선집한 것이었다. 『동문선東文選』을 비롯한 역대
시선집을 토대로 증선增選·속보續補한 이 책의 편찬에는 여러 조력자가 있
었던 것으로 알려져 있는데, 전통시대의 한시를 총정리하였다는 의미를 지
니고 있었다. 그 서문에서 장지연은 한국에는 한국의 시가 있음을 강조하
며 한국 전통문화에 대한 자부심을 드러냈다. 또 그는 신분이나 성별과는

---

28) 『일사유사』와 관련해서는 이강옥, 「張志淵의 의식변화와 서사문학의 전개」 하, 『韓
   國學報』 61, 1990 ; 『한국야담연구』(돌베개, 2006)과 李薰玉, 「張志淵의 사회개
   혁론」, 『한국근현대사연구』 3, 1995를 참조할 것.

무관하게 시대순으로 정리하면서, 범례에서 평등을 주지로 삼았음을 밝힌 바 있다.29)

「일사유사」나『대동시선』은 모두 신분에 구속되지 않고 뛰어나다고 생각되는 인물들의 전기와 작품을 실었다. 19세기 이래로 60년마다 중인들의 작품과 전기를 편찬하던 관례가 있었는데, 이들 작업이 그와 무관하지는 않았던 것으로 보인다.

개인에 대한 전기류도 몇 종 발간되었는데, 장도빈張道斌이 1917년에『위인 원효』(신문관)를, 최창선崔昌善이『홍경래실기』(신문관)를 저술하였다. 또 1918년 자료집인『이충무공전서』가 연활자본으로 출간되었다. 최남선이『청춘』1918년 6월호를 간행하며 단행본의 부록 형태로「비인기관備人其官」을 저술하였던 것도 전통시대의 인물에 대한 관심이라고 생각된다. "역대인물을 전형하야 현시 관직에 안배"하였다는「예언例言」에서도 보이듯, 고조선부터 조선왕조에 이르는 시기의 인물을 각기 적재적소의 배치를 시도한 것이었다. 이는 단순히 현학적인 것에 그치는 것이 아니라, 한국사상의 인물 전반에 대한 인식을 드러내는 의미를 지니고 있다고 생각된다.

그밖에 이중화李重華가『경성기략京城記略』(신문관, 1918)을 간행하였는데, 1915년『공도公道』에 연재된 내용을 보충한 것이었다. 궁궐과 한말 서울의 각종 건물 등을 정리한 서적이었다.

한말에 역사가들은 주로 국난극복의 영웅에 관심을 두어, 한국인으로 을지문덕·강감찬·최영·이순신 등에 주목한 바 있었다. 그러나 1910년대 역사가들이 관심을 보인 인물은 전통문화에 기여한 경우가 대부분이었다. 이러한 현상은 국권을 빼앗긴 1910년대가 갖는 시대적인 한계이기도 하였다.

---

29)『대동시선』의 기본적인 정보는 黃載文,「『大東詩選』의 편찬경위와 문학사적 위상」,『震檀學報』103, 2007을 볼 것.

5) 새 연구 세대의 대두

1910년대에 국내에서 국학 연구를 진작시키고 주도한 역할을 20대의 최남선이 하였지만, 직접 저술활동을 보인 인물은 장지연·이능화·권상로·김교헌 등이었다. 1879년생인 권상로를 제외하면 이들은 1860년대에 출생하여 이미 40·50대의 연령이었다. 또 권상로는 승려였지만, 다른 인물들은 한말에 고급 또는 하급관리를 역임한 경력이 있었다. 특히 이능화는 영어·중국어·일본어를 공부한 뒤, 프랑스어를 배워 관립법어학교장을 역임한 바 있던 당대 보기 드문 학자였다. 이능화와 권상로는 불교신자였고, 장지연도 불교에 호의적이었다. 또 김교헌은 대종교를 신앙하였다. 그러나 기본적으로 전통유학을 수학하고 근대 서양학문의 필요성을 인식한 개신유학자의 범주에 들었다. 아직 전통학문이 익숙한 인물들이었다.

1900년대 중반 이후 한국사회에 나타나는 사회적 현상의 하나는 일본 유학생의 증가였다. 최남선이 1900년대 중·후반에 짧지만 두 차례 일본에 유학하여 도쿄부립 제1중학교와 와세다대학早稻田大學에 적을 둔 적이 있었다. 최남선은 몇 개월 역사지리과에 재학하였지만, 대개의 유학생은 법률과 정경을 전공하였다. 농업을 전공한 유학생이 약간 있었으며, 이공계열 전공자는 매우 적었다. 정확한 통계는 아니지만 1897년부터 1915년까지 1,549명의 유학생 가운데 문학을 전공한 인원은 11(12)명으로 조사되었고, 그 가운데 신학 전공자 3인을 제외하면 철학 1명과 사범부 8명이라고 하였다.[30] 역사나 어학을 전공한 유학생이 거의 없었다고 보아도 좋을 것이다. 현재 알려지기로는 1910년대에 역사학을 전공한 유학생은 와세다대학 사학급사회학과를 1918년에 졸업한 현상윤玄相允과 1919년에 졸업한 이병도李丙燾가 있을 뿐이었다.

---

30)「日本留學生史」,『學之光』6, 1915, 12~13쪽. 통계표에 문학 전공이 11명으로 되어 있는데, 비고의 계산은 12명이었다.

국학에 관심을 가진 유학생이 없었던 것은 아니었다. 안확이나 문일평, 그리고 현상윤과 이병도 등을 그 예로 들 수 있다. 이들은 국내에서 일정한 근대교육을 이수하고 일본의 대학에 유학하였으며, 『학계보學界報』(재동경조선유학생친목회 기관지)나 그 후신인 『학지광學之光』(재동경조선유학생학우회 기관지) 또는 국내의 잡지에 국학에 관련된 논설들을 발표하였다.31) 안확과 문일평은 1880년대 후반 출생으로 서른 전후였고, 현상윤과 이병도는 1890년대 출생으로 20대였다. 안확은 니혼대학日本大學에서, 다른 이들은 모두 와세다대학에서 수학하였다. 안확과 문일평은 정치학 전공이었고, 현상윤과 이병도는 역사학 전공이었다. 국내에서도 김두봉이나 이규영, 권덕규와 같은 국어학자들이 활동하고 있었다. 그리고 차상찬車相瓚, 김원근金瑗根 등의 움직임이 보이며, 이윤재李允宰나 이병기李秉岐와 같은 인물들이 국학에 깊은 관심을 보이고 있었다. 그들은 국내에서 근대교육을 이수한 1890년 전후 출생의 20~30대 소장들이었다.

1910년대 국학 연구에 새로운 방향을 보여준 것은 안확이었다.32) 그는 국어학에 깊은 관심을 가지고 1917년 『조선문법』이라는 문법서를 간행하였으며, 그보다 일찍 「조선어의 가치」·「조선어학자의 오해」·「조선문자의

---

31) 문일평은 1912년 「泰東文明의 由來」(『學界報』 1), 안확은 『학지광』에 「偉人의 片影」(3·4·10호, 1914-16)·「朝鮮語의 價値」(4호, 1915)·「朝鮮의 美術」(5호, 1915)·「朝鮮의 文學」(6호, 1915)·「朝鮮語學者의 誤解」(10호, 1916 ; 硏語生)와, 「今日留學生은 何如」(4호)와 「二千年來 留學의 缺點과 今日의 覺悟」(5호)이라는 논설을 발표하였다. 또 「朝鮮文字의 小論」(『佛敎振興會月報』 8, 1915 ; 硏語生)이라는 글도 있었다. 현상윤은 1910년대에 소설과 현실문제에 더 관심을 두었지만, 『청춘』에 「東西文明의 差異와 及其將來」(1917년 11월호), 「文藝復興과 宗敎改革의 史的 價値를 論하여 朝鮮當面의 風氣問題에 及함」(1918년 3월호) 등을 발표하였다. 이병도 또한 『학지광』에 「閨房文學」(12호, 1917)과 「讀書偶感」(15, 1918)과 같은 글을 발표하였던 것이다. 그밖에 吳祥根의 「朝鮮史의 各時代」(『학지광』 12호, 1917)라는 글이 있다.

32) 안확의 생애에 대해서는 李泰鎭, 「安廓의 生涯와 國學世界」, 『歷史와 人間의 對應』(한울, 1984) ; 李泰鎭, 「安廓」, 『한국사시민강좌』 5, 1989를 참조할 것.

소론」을 발표하였다. 그는 이들 논설에서 언어학 이론을 소개하고, 한국어
와 외국어를 비교하기도 하며, 외국인 학자의 업적을 논평하는 등 학문적
선진성을 보여주었다. 동시에 "아 조선어학자는 충분한 연구도 업시 실행
먼져 하고쟈"한다고,33) 당시 한국어학자들의 주장을 비판하였다.

안확은 한국의 미술도 개관하였는데, 한국미술을 분야별로 소개한 뒤에
중국이나 서양미술과의 비교를 빠뜨리지 않았다. 한국문학을 개관한 자리
에서는 "만일 문학자가 신풍조에만 감惑하야 순전한 외래문학만 상尙하다
가는 전 유불儒佛에 미혹함 갓치 조선 고유의 특성을 영멸永滅하고 다시 외
풍外風에 화化할 쑨이니 엇지 조심措心치 안을이오."라고 하여,34) 한국고유
의 특성을 유지해야 한다는 점을 강조하였다. 그는 이들 글에서 일본인이
나 서양인의 한국연구를 언급하며, 한국문화가 독자적으로 발전하였음을
주장하면서 고유성을 내세웠다.35) 그의 국학 연구가 외국인의 연구에 자
극을 받은 일면을 보여준다고 하겠다.

그러나 안확은 한국문화의 고유성과 독자성 그 자체에 머무르지 않았다.

智識과 眞理는 天下의 共有物이라 近來 或者는 天下의 共認하는
原理를 舍하고 偏論 曲唱에 흘느나니 卽 朝鮮의 特色을 表示한다 하
야 非眞理 非原則의 事를 附會함이 만흔지라 本書는 彼等 曲見詭說을
排 하고 文法學 音聲學 文字學 쏘는 言語學 等의 原理原則을 收하며

---

33) 研語生, 「朝鮮語學者의 誤解」, 『學之光』 10, 1916, 25쪽. '연어생'을 안확의 필명
   으로 본 것은 고영근, 「한국어문 표준화의 내력을 밝히며」, 『한국어문운동과 근대
   화』(탑출판사, 1998), 8~9쪽 참조.
34) 安廓, 「朝鮮의 文學」, 『學之光』 6호, 1915, 73쪽.
35) 이와는 다른 문제이지만, 그가 한국 무사들의 영웅적 활동을 소개한 『朝鮮武士英
   雄傳』으로 『朝鮮文明史』(滙東書館, 1923)에 수록된 '安自山著書目錄'에 이 책
   이 나오지 않기 때문이다. 적어도 1919년에는 『조선무사영웅전』 또는 『朝鮮武士
   志』는 출간되지 않았다고 보아야 할 것이다. 이에 관해서는 심승구, 「『조선무사
   영웅전』의 편찬과 의미」, 『자산 안확의 조선무사영웅전』(한국국학진흥원, 2005)
   참조.

또한 述語에 對하야도 아못조록 世人 共知하는 者를 收하노라[36]

안확은 한국의 특색, 곧 고유성이나 독자성을 중시하였지만, 동시에 그것이 보편적이어야 한다고 보았음을 알 수 있다. 맹목적이고 국수주의적인 주장을 버리고, 바로 한국문화의 진정을 드러내고자 한 것이었다. 그러한 점에서는 그는 유교와 한문의 배척을 주장하지 않았나 생각된다.[37]

전통지식인의 자료를 중심으로 정리하는 수준의 활동이 주를 이루던 1910년대 국내 국학 연구의 동향은 1910년 이전과 크게 달라졌다고 할 수 없을 것이다. 만주 중심의 역사학이나 인물에 대한 관심, 또 고전 간행 등은 1900년대부터 드러난 관심이었기 때문이다. 곧 1910년대의 국학 연구는 그 이전 시기의 연속적인 측면이 강하다고 하겠다. 그러나 정치적으로 국학 연구의 범위가 제한될 수밖에 없는 상황에서, 유학사와 불교사 등의 정리는 전통적인 역사연구방법에서 크게 벗어나지 못하였다고 하더라도, 일정한 의의를 지닌다고 하겠다. 그보다 최남선이나 안확 같은 새로운 세대가 근대적 학문방법론을 가지고 1910년대의 후반에 대두하는 것은, 이들의 연구가 아직 체계화되지 못하고 개괄적이었지만, 그만큼 국학 연구가 질적으로 향상될 수 있음을 보여주는 일이었다. 이는 1920년대 국학 연구가 질적으로 양적으로 확대될 수 있는 가능성을 드러낸다고 생각된다.[38]

---

36) 安自山, 『修正 朝鮮文法』(滙東書館, 1923), 「著述要旨」. 이 「著述要旨」는 마지막 부분을 제외하고는 1917년 초판 그대로라 생각된다.
37) 安廓, 「朝鮮의 文學」, 72쪽.
38) 최남선과 안확의 국학과 관련해서는 柳浚弼, 「自山 安廓의 國學思想과 文學史觀」, 『自山安廓國學論著集』 6(여강, 1994) ; 柳浚弼, 「1910-20년대 초 한국에서 자국학 이념의 형성과정 – 최남선과 안확을 중심으로」, 『대동문화연구』 52, 2005 ; 류시현, 「한말·일제시대 최남선의 문명·문화론」, 『東方學志』 143, 2008 ; 류시현, 「1910-20년대 전반기 안확의 '개조론'과 조선 문화 연구」, 『역사문제연구』 21, 2009를 참조할 것.

3. 국외 국학 연구의 동향

1) 중국

국권피탈을 전후하여 해외로 망명한 인사들 가운데에는 박은식이나 신채호 같이, 한말부터 이름 높던 역사가들이 포함되어 있었다. 그리고 역사가로 알려지지는 않았지만 이상룡李相龍과 같은 유학자 출신들도 국외에 망명하여 역사서를 집필하였다. 그리고 황의돈黃義敦이나 계봉우桂奉瑀 같은 인사들도 한국사 교과서를 집필하였던 것이다. 이들 망명 역사가 가운데 가장 대표적인 인물은 역시 박은식과 신채호였는데, 박은식의 저술이 가장 많고 다양하였으므로 그를 중심으로 국외에서의 국학 연구의 동향을 살펴보자.

국권피탈 이후 조선광문회에서 고전을 연구하던 박은식이 1911년 5월 중국으로 망명한 이후 1910년대에 저술한 역사관련 저술은 적지 않다. 먼저 그는 서간도 환인현桓仁縣의 대종교 시교사施教師 윤세복尹世復의 집에 머물면서 『대동고대사론大東古代史論』·『동명성왕실기東明聖王實記』·『발해태조건국지渤海太祖建國誌』·『몽배금태조夢拜金太祖』·『명림답부전明臨答夫傳』·『천개소문전泉蓋蘇文傳』·『단조사고檀祖事攷』 등을 저술하여 유인본으로 간행하였다. 현재 『동명성왕실기』를 제외하고는 실물이 남아 있는데, 제목에서도 짐작되듯 고구려와 발해, 금金에 대한 관심을 보이고 있었다. 대종교를 신봉하게 된 그는 한국사의 연원을 단군에서 출발하는 민족계통으로 밝히고자 하였다. 그는 한민족을 포함하는 고대 동방민족의 원류를 '대동민족大東民族'이라는 개념을 도입하여, 그 영역을 만주와 한반도로 삼고 있었다. 즉 단군조선에서 연원한 이 대동민족이 만주와 한반도에서 이후 여러 나라와 종족들이 세워졌다는 것으로, 여진족, 만주족까지 단군의 후예로 이해하고, 그들이 활동한 영역 또한 대동민족의 영토라는 인식을 가지게 되었다. 『대동고대사론』의 서문에서 그는 만한滿韓이 한 나라고 동족이라고 하였는데,39) 바로 그러한 인식을 잘 보여준다고 하겠다.

박은식은 단군-고구려-발해를 정통으로 이해하였으며, 특히 한국고대사를 고구려 중심으로 설명하였다. 『동명성왕실기』·『명림답부전』·『천개소문전』과 『발해태조건국지』는 그러한 그의 역사인식을 보여준다고 하겠다. 그가 동명성왕과 발해 태조를 주목한 것은, 이들의 건국과 관련하여 일제에 패망한 조국을 회복하고자 하는 현실인식을 드러낸 것이라 할 수 있다.

『명림답부전』과 『발해태조건국지』 뒤에 「역사가」가 수록되어 있다. 이들 서적이 교재로 사용되었기 때문에 가능한 일로 생각되는데, 그 내용은 바로 박은식의 만주 중심의 역사관을 그대로 보여주는 것이었다.

어화 우리 靑年덜아	故國山川 이따이라
北扶餘의 檀君子孫	二千餘年 享國일세
神祖遺澤 無窮ᄒ여	萬世 萬世 億萬世라
渾江 一帶 滔滔ᄒ니	東明聖王 北來ᄒ야
高句麗를 建設하니	虎視 天下 宏壯ᄒ다
丸都古城 차자보니	廣開土王 碑文이라
南征北伐 所向處에	東洋大陸 震動힌네
蓋世英雄 蓋蘇文은	山海關의 古墓로다
龍泉府를 도라보니	渤海太祖 事業일세
四十萬衆 一號令에	海東盛國 일어낫네
우리 同族 金太祖는	白頭山에 터를 싹아
二千五百 精兵으로	橫行天下 足足힌네
우리 오날 건너온 일	上帝 命令 아니신가
아모쪼록 精神차려	祖上 歷史 繼述ᄒ세[40]

---

39) 『대동고대사론』, 2쪽 ; 『白巖朴殷植全集』 4(동방미디어, 2002), 364쪽. "嗚呼 我大東民族 有四千餘年之歷史者也 四千餘年歷史之祖誰也 太白山檀木下天降神人 非吾始祖耶 盖以古代史證之 滿韓原是一國 其民原是同族均 皆檀祖神聖之裔也 但派別旣遠分離甚久".
40) 『白巖朴殷植全集』 4, 463~464쪽.

고구려·발해·금을 한국사의 정통으로 이해하면서, "우리 오날 건너온 일 상제 명령 아니신가 아모쪼록 정신차려 조상 역사 계술繼述ᄒ세"라는 표현대로 만주로 이주해 온 한국인들이 그러한 역사를 계승해야 한다고 강조하고 있었다.41)

박은식은 1914년 이후 상하이에서『한국통사韓國痛史』·『안중근전』·『이순신전』과 같은 저술을 간행하였으며, 완성하지는 못하였지만『대동민족사』를 집필하였다. 1918년에는 연해주로 옮겨『이준전李儁傳』을 저술하고『금사金史』와『발해사渤海史』를 역술하였다고 한다. 1920년에 그가 임시정부 사료편찬회에서 편찬한『한일관계사료집』등의 자료를 바탕으로『한국독립운동지혈사韓國獨立運動之血史』를 출간한 것은 다 아는 일이다.42)

1915년 한문으로 출판된『한국통사』는 국혼론國魂論적 역사인식에서 저술된 한국근대사에 관한 사서이다. 박은식은 고대사에 관련된 저술을 출간한 다음, 근대사 연구에 진력하였다. 그는 대원군 집권 이후의 근대사를 일반사와 일제의 침략, 그리고 국권수호운동을 담았는데, 특히 일제의 침략에 주목하였다. 망국에 대한 자기성찰을 이끌어내면서, 일제침략에 대한 저항 역시 중시하였다. 한국근대사를 체계화하고 종합적으로 이해한『한국통사』는 독립운동의 일환이기도 하였으며, 그만큼 국내외에 영향을 미치기도 하였다. 이 저술이 한문으로 이루어진 것은 한국인뿐 아니라 중국인들에게도 읽히고자 하는 뜻을 지녔던 것으로 보인다. 하와이에서는 1917년 김병식의 국문번역으로 권업동맹단에서 출판하였는데, 이승만·박용만이 서문을 쓰고 있었다.43)

---

41) 박은식의 고대사 인식에 관해서는 박걸순,「朴殷植의 古代史 認識과 大東史觀」,『白巖學報』1, 2006과 신용하,「白巖 朴殷植의 古朝鮮 역사관」,『白巖學報』1, 2006을, 그리고 이 시기 저술에 대해서는 尹炳奭,「朴殷植의 민족운동과 한국사 서술」,『韓國史學史學報』6, 2002를 참고할 것.

42) 尹炳奭,「박은식의 망명기 저술의 難解와 逸文」,『백암 박은식의 문학과 철학 속의 사상』(백암학회 2008년 학술회의 논문집, 2008) 참조.

43)『白巖朴殷植全集』1 수록.

박은식은 국난극복의 영웅인 이순신과, 국망 전의 대표적인 애국자인 안중근과 이준의 전기를 저술하였다. 이미 그는 1911년에 동명성왕·명림답부·천개소문의 전기를 쓴 바 있었으며, 이들의 전기는 영웅사관을 완전히 벗어나지는 못한 것으로 보인다. 그러나 이순신·이준·안중근은 국가의 위기를 극복하기 위하여 살신성인한 인물들이었다. 한민족의 독립운동 참여를 목적으로 이들 애국자를 내세운 것은 고구려 인물들의 영웅전적인 성격과는 차별되는 일이었다.

신채호는 1910년대에 출간한 저술은 없지만, 「조선사」를 집필한 것으로 알려져 있다. 그는 이미 한말에 단군−부여−고구려−발해로 이어지는 만주 중심의 한국사를 정립하였다. 내용에 있어 차이가 있지만, 이상룡 역시 만주중심의 한국사를 강조하고 있었다.44) 박은식이나 이상룡 등 민족주의 사학자들은 만주를 우리 역사의 중심에 두고 만한이 한 종족이라고 이해하였는데, 이는 한국사의 영역을 확대하는 일이면서 동시에 일제의 만선사관과의 차별성 문제가 제기될 수 있음을 고려하여야 할 것이다.

1916년 간도의 한국인학교에서 교재로 『오수불망吾讐不忘』이라는 서적이 사용되고 있었는데, 한국사에서 일본의 침략을 정리한 것이었다.45) 근대 이전은 소략하고, 주로 근대 이후의 일제침략을 연대기적 자료로 일본이 왜 한국의 원수인가를 밝힌 내용이었다. 아울러 국권피탈 이후 일제의 정책을 억압책·회유책·외교책·이민정책·탐정정책·교육정책·종교정책으로 소개하고 있었다. 그런데 『오수불망』은 계봉우의 저술이었다. 그는 1912년에 『오수불망』 이외에도 『조선역사』와 『신한독립사』를 저술하였다고 한 바 있다.46)

---

44) 韓永愚, 「1910年代 李相龍·金敎獻의 民族主義 歷史敍述」.

45) 『韓國獨立運動史』 2(국사편찬위원회, 1966)에 수록되어 있다. 「오수불망」에 대해서는 具良根, 「『吾讐不忘』과 『征倭論』의 비교 연구」, 『한국독립운동사연구』 23, 2004가 있다.

46) 「꿈 속의 꿈」, 『北愚桂奉瑀資料集』 1(독립기념관 한국독립운동사연구소, 1996), 155·174쪽 ; 尹炳奭, 「桂奉瑀의 生涯와 著述目錄」, 『仁荷史學』 1, 1993 ; 趙東杰, 「北愚 桂奉瑀의 생애 및 연보와 著述」, 『韓國學論叢』 19, 1996.

그렇다면 계봉우에 의하여 1910년대 전반기에 소략하지만 망국사의 저술이 이루어졌던 셈이다. 반일교육을 위한 것이었음은 재론할 필요도 없다. 그리고 그것은 독립을 위한 전제로서의 자기성찰이기도 하였음은 물론이다.

1910년대 중국에서 활동한 김택영金澤榮의 존재는 특별하다. 그는 1907년 중국에 망명하여, 1909년 일시 자료 수집을 위하여 귀국한 바 있었지만, 상하이 근처의 난퉁南通에 정착하였다. 중국의 실업가이며 정치가, 교육가로 이름 높던 장젠張謇의 주선으로 그가 운영하던 한묵림서국翰墨林書局이라는 출판사에 근무하고 있었다. 한말 학부 편집국에서 역사교과서를 편찬하던 그는 중국에서도 한국사에 관련된 사서들을 저술하였는데, 특히 그는 한국사에 관한 통사를 계획하여 『한국역대소사韓國歷代小史』와 『한사경韓史綮』을 저술하였다. 『한국역대소사』는 그가 1905년에 간행한 『역사집략歷史輯略』에 광개토왕과 발해에 대한 부분을 보충한 것이었고, 『한사경』은 조선왕조를 다룬 사서였다. 김택영이 1918년 『한사경』의 서문에서, 『한사경』을 그가 앞서 편찬한 『한국역대소사』의 뒤에 붙이기를 희망하였는데, 실제 『한국역대소사』는 1922년에 출간되었다. 이들 사서는 모두 중국의 한묵임서국에서 출간되었다.[47]

『한사경』은 조선왕조 군주의 행적을 기탄없이 비판한 사서였다.[48] 개성 출신으로 찬탈에 의해 건국된 조선왕조에 대한 비판의식을 가졌던 김택영은 『한사경』에서 '역성혁명'과 군주의 실정, 군주의 부도덕에 관하여 비판하였으며, 역대 선현으로 칭송받던 사림이나 학자들의 과오도 빼놓지 않았다. 태조·태종·세조·성종·선조·숙종·영조 등과 고종에 이르기까지 사항에 따라 비판하였으며, 조광조·조헌·이이·송시열·최익현 등의 제현에 대한 비판도 포함되었다. 물론 그러한 비판의 기준은 삼강오륜과 같은 유교적 덕목이었다.[49] 군주와 성현을 비판한 『한사경』이 국내에 유입된 이후 유

---

47) 김택영에 관해서는 崔惠珠, 『滄江 金澤榮의 韓國史論』(한울, 1996) 참조.
48) 『한사경』은 『金澤榮全集』5(亞細亞文化社, 1978)에 수록되어 있고, 조남권·안외순·강소영 공역, 『김택영의 조선시대사 韓史綮』(태학사, 2001)으로 번역되었다.
49) 崔惠珠, 『滄江 金澤榮의 韓國史論』, 132~156쪽 ; 안외순, 「해제」, 『김택영의 조

림들의 반박이 계속된 것은 어찌 보면 당연한 일이었다.[50] 비록 김택영이 유교적인 관점에서 군주와 성현을 비판하였지만, 이러한 시도는 그 이전에는 불가능한 일이었다. 아울러 그는 『삼국사기三國史記』를 교정한 『교정삼국사기』의 간행을 주도하였다. 김택영이 중국에 망명해 있으면서도 한국사의 통사를 발간하고, 사서를 교정한 것은 무엇보다도 역사서술을 통하여 국권회복을 목표로 삼았기 때문이었다. 그는 비록 유교회복을 중시하였지만, 정통유교나 체제를 옹호하지 않고 비판적으로 이해하고 있었다.[51]

대체로 중국에 망명한 역사가들은 만주 중심의 한국사 인식과 함께, 일제침략의 실상을 드러내는 반일적인 한국근대사에 적극적인 관심을 보였다고 하겠다. 만주 중심의 한국사를 강조한 것은 만주지역이 본래 한민족의 고토였고, 따라서 독립운동의 기지일 수밖에 없음을 확인하고자 한 것이었다. 반일적인 한국근대사의 저술은 국내에서는 불가능한 작업이었다. 그러한 점에서 박은식의 『한국통사』와 같은 저술의 출현이 지니는 의미가 뚜렷하다. 기본적으로 중국에서의 국학 연구는 민족정신의 고취를 목적으로 하고 있었다. 이 점은 1900년대부터 계속되어온 경향이지만, 국내에서의 연구가 지난할 때에 중국에서는 그러한 한계를 벗어날 수 있었음을 확인해 준다. 국외에서 독립운동의 일환으로 이러한 저술들이 이루어지면서, 독립에 대한 강력한 의지를 확인할 수 있던 것이다.

2) 미주

미주에서의 국학 연구는 현실적으로 거의 불가능한 것이었다. 『신한민보』나 『국민보』 등 신문을 통하여 단편적으로 국학 관련기사가 실릴 수는

선시대사 韓史綮』, 30~33쪽.

50) 김택영과 유림 간의 포폄논쟁에 관해서는 崔惠珠, 『滄江 金澤榮의 韓國史論』, 159~211쪽에 자세하다.

51) 崔惠珠, 『滄江 金澤榮의 韓國史論』, 59~69쪽, 127~131쪽.

있었지만, 연구자나 자료 등의 문제로 연구 자체는 어려웠다. 1917년에 박
은식의 『한국통사』가 국문으로 번역된 경우가 그나마 교민들에게 한국사
에 대한 체계적인 이해를 가능하게 한 일이었다. 하와이나 미주 본토에서
는 국어학교를 설치하여 아동들에게 한국어를 이수하고, 한말 국내에서 간
행되었던 국어와 국사 교과서를 석판으로 간행하여 이용하는 정도의 교육
이 이루어지고 있었다.

  그러한 미주에 국학 연구로 꼽을 수 있는 업적은 백일규白一圭의 『한국
경제사』(대한인국민회 북미지방총회, 1920)의 간행이었다.[52] 그는 『신한민보』
1919년 4월 1일자부터 7월 12일까지 「한국경제사」를 30회 연재하였는데,
간행된 서적에는 연재하지 못한 부분도 추가되어 있었다. 백일규는 국내에
서 서당교육을 받고 동학 계열의 종교에 접주로 참가하였다가 1905년 하
와이로 이민하였다. 1906년 본토로 옮겨 대동보국회에 참여하여 『대동공
보大同公報』의 주필로도 활동하였으며, 1911년 헤이스팅스중학을 거쳐
1912년 네브라스카 주립대학교에 입학하였다가 1914년 샌프란시스코에 돌
아와 『신한민보』의 주필로 일한 바 있었다. 1915년 캘리포니아 주립대학
교 버클리캠퍼스에 편입하여, 1918년 5월에 문학사 학위를 받고 졸업하였
다. 졸업 당시 39세로 대한인국민회 북미지방총회의 부회장이기도 하였
다.[53] 30이 넘은 나이에 대학에 들어가 40이 다 되어서 졸업하였으며, 한
학을 수학하고 미국대학에서 서양 학문을 이수하며 신문 활동을 병행한
미주 한인사회 지도자의 한 사람이었다.

  『한국경제사』는 최초로 한국경제사를 다룬 저술이었다. 이 저술은 실

---

52) 『한국경제사』는 도산학회 편, 『미주국민회자료집』 22(경인문화사, 2005)에 수록되
  어 있다.
53) 『신한민보』 1918년 5월 16일자 「빅일규씨의 대학필업」. 백일규의 생애에 대해서
  는 方善柱의 「在美 3·1運動 總司令官 白一圭의 鬪爭一生」, 『水邨朴永錫敎授
  華甲紀念 韓民族獨立運動史論叢』 3, 1992와 홍선표, 「백일규의 민족운동과 안창호」,
  『도산학연구』 11·12, 2006을 참조할 것.

업·재정·정치 3편으로 전부 34장과 결론으로 구성되었다. 참고문헌으로 제시된 것은 『삼국사기』·『동국통감』 등의 한적과 『동국사략』(현채)·『한국통사』(박은식)·『독립정신』(이승만)·『대한신지도』(장지연)·『신단실기』(김교헌)·『동사연표』(어윤적)·『청춘』(잡지)·『대동기년』(헐버트)·『한국조약유취』(정한경, 영문) 등이었다. 그리고 선교사 등이 저술한 한국 관련 영문서적과 경제학 관련 서적 등 10여 종과, 『한국총람』(德永勳美)·『조선총독부시정연보』 등 일본 서적도 포함되어 있었다. 백일규는 서문에서

> 국가의 경졔사는 그 국가의 정치사보다도 더 필요흔지라 정치의 혁명을 몬져흔 법국보다 공업의 혁명을 몬져흔 영국이 오늘날 셰계뎍 국가를 일우엇고 민사형법을 몬져 발뎐흔 법국보다 통상법을 몬져 발뎐한 영국이 오늘날 셰계의 상권을 잡앗은 즉 이것만 보아도 어니 것이 더 필요흔 지 가히 알지라. 정치혁명이나 민사형법은 곳 정치사에 관흔 일이며 공업혁명이나 통상법은 경졔사에 쇽흔 일이라 이 두가지 력사의 지료가 서로 간접직접의 관계가 잇고 졀대뎍 관계가 업는 것은 안인 고로 정치사를 긔록ㅎ는쟈 경졔상 문뎨를 아조 궐ㅎ지 못ㅎ며 쏘흔 경졔사를 뎌슐ㅎ는 쟈 정치상 문뎨를 온통 업시 못ㅎ 는지라 그런고로 十九셰긔에 과학쟈들이 정치경졔를 아울너 一종의 젼문과로 인뎡ㅎ엿으나 二十셰긔에 과학이 극히 발뎐 된고로 과학쟈들이 비로소 정치와 경졔를 난으어 두종류의 과학으로 분석흔 후에 인ㅎ여 국가의 력사도 정치사와 경졔사의 두 종류가 뎌슐되엿ㄴ듸 나라마다 정치사가 잇고 나라마다 경졔사 잇으나 호올로 한국에는 정치ㅅ는 잇으되 경졔ㅅ는 업스니 이는 오늘날 셰계각국 인민들이 경졔젼징과 경졔독립을 쥬쟝ㅎ 는 시대에 가쟝 유감되는 바이라. 우리나라의 경졔ㅅ가 업다흠은 그력ㅅ의 지료가 업다흠이 안이오 곳 편찬ㅎ여 노흔 것이 업다 흠이니 우리력ㅅ 가온듸도 경졔상 발뎐의 사건을 초집ㅎ쟈면 능히 슈十권의 칙을 편찬홀 수 잇으되 뉘가 일즉이 뎌슐흔쟈 업는 것이라 …54)

────────────

54) 『한국경제사』, 1~2쪽.

고 하였다. 한국에는 정치사는 있되 경제사는 없는데, 그것은 역사재료가 없어서가 아니라 편찬해 놓은 것이 없다며, 따라서 자신이 그 일의 초벌을 해둔다고 밝혔다.

그 내용을 보면, 실업편에서는 산업발달과정을 어업·목축과 유렵·농업·상업·공업으로 들면서, 그 차례로 논의하고 있었다. 실업의 역사를 단군시대부터 대한제국까지 서술하되, 주로 고대사에서 각 산업방면의 발전상을 들었다. 아울러 당시 현실에서 한국이 각 산업에서 발전하지 못한 이유를, 그 상황과 열강의 수탈현황으로 설명하였다. 재정편에서는 화폐·은행·조세·국채·광산을 다루었다. 특히 화폐와 은행을 상세히 다루었는데, 화폐와 은행이 경제운용에 가장 중요한 것으로 이해한 까닭이 아닌가 싶다. 정치편에서는 한반도를 지리적으로 구분하고, 각 지역에 위치하였던 국가의 역사를 서술하였다. 경제사를 논의하면서 정치사를 포함한 것은 양자관계의 밀접함으로 백일규는 설명하고 있었다. 그는 한국을 배달민족으로 통칭하고, 조선·북부여·예맥·옥저·숙신족의 5개 종족으로 분류하였다. 이는 참고문헌에 제시한 박은식이나 김교헌의 저술에 영향을 받은 것이 틀림없다. 전체적으로 『한국경제사』의 구성은 체계적이라고 보기는 어렵다. 그러나 백일규는 한국의 현실을 설명하고, 한국의 발전이 구습을 타파하고 극복해야 할 것을 과거의 경제나 정치를 통하여 논의하고 있었다.

『한국경제사』는 민족을 크게 강조하였다. 제31장은 '민족'이라는 제목이었다.

　　민족이 국가의 경제와 로동 싱산력에 대하야 데― 큰 영향을 주나니 그 례를 들어 말하자면 듕국민족은 근면 절검함으로 세계에 간 곳마자 로동하야 지산을 만들며 오스틀엘리아의 토종은 그 성질이 나타하야 로동 력작을 즐겨하지 안은으로 항상 빈궁에 침략하며 푸뢴쓰 민족은 더툭성이 풍부하나 그러나 그 성질이 샤치한 것을 됴하함으로 큰 부쟈가 드믈며 영국사람들은 실용덕 관념이 만은 고로 세계의 경제력과 지

정력을 통괄하며 하란국 사람들은 그 성질이 고집한 고로 세계덕 경제
관념이 적으며 써민족은 리샹덕 관념이 만음으로 과학을 크게 발던하
야 경제샹 유용의 물화를 만히 발명하며 이틸리 사람들은 특별히 미슐
과 음률을 됴하함으로 인류의 미관물과 유쾌품을 만히 공급하며 미국
사람들은 산업덕 관념이 풍부하야 식삭흥업으로 국민성을 일우엇은 즉
우리 빈달 민족도 이샹 모든 민족과 갓치 특이한 쟝긔가 잇으니 곳 공
쟝, 미슐 등 각종 긔예라 그러나 우리가 다른 민족과 갓치 경제샹 부강
을 일우지 못함은 슈천년리로 전제정부와 탐람한 관리들이 공쟝긔예를
권쟝하지 안은 연고라 하겟도다 …55)

백일규는 경제와 노동생산력에 가장 중요한 것을 민족성이라고 보았다.
민족성이 민족의 성쇠를 좌우한다고 생각한 그는, 한민족이 전제정부와 부
패한 관리들이 기예를 천대하여 발전하지 못하였다고 보았다. 그는 고대에
서 보인 한민족의 우수성을 계승한다면 다시 발전할 수 있음을 확신하며,
3·1 독립선언을 결론 부분에서 설명하여 한국의 독립을 갈구하는 것으로
책을 마무리 짓고 있었다.

1910년대 미주에서는 『한국경제사』라는 국학의 업적을 내놓았다. 이러
한 업적이 이후 지속되기는 어려웠다. 그러나 적어도 새로운 방법론으로
한국사를 정리하고자 하는 시도가 있었음은 확인할 수 있다. 미주에서의
국학 연구는 어느 정도 전통교육을 이수하였으면서도 미국에서 일정한 교
육을 받는 경우에야 가능하였다. 따라서 연구가 가능한 인물들이 적었고,
연령층도 두터울 수가 없었다. 백일규나 홍언洪焉 정도가 국학에 관심을
가진 인물이었다. 미국유학생들이 한국에 관련된 연구를 한다고 해도, 그
것이 국학과 연결되기는 어려웠다. 1927년 백낙준白樂濬이 예일대학교 대
학원에 "The History of Protestant Missions in Korea, 1832-1910"라는 박사논
문을 제출하였던 것이 국학과 관련지어 찾을 수 있는 경우가 아닌가 한다.

---

55) 『한국경제사』, 197~108쪽.

4. 맺는말

1910년대 국내외 국학 연구의 대강을 살펴보았다. 1910년대에 한국인이 출판하거나 발표한 글들을 중심으로 대개의 흐름을 살펴보는데 그칠 수밖에 없었다. 식민지 초기에 위축될 수밖에 없는 국학 연구였지만, 한국문화에 대한 관심이 서적과 간행물로 드러나기 때문이었다. 논의된 내용을 요약하여 맺음말에 대신하고자 한다.

먼저 1910년대 국내에서의 국학 연구는 전통문화의 수호를 내세웠고, 조선광문회와 신문관이 그것을 주도하였던 것으로 나타났다. 특히 최남선의 역할이 부각된다. 조선광문회에서는 고전간행과 사전편찬과 같은 국학 연구의 기초적인 작업에 매진하였다. 신문관에서는 그 시기 국학 관련서적의 대부분을 간행하고 있었다. 한국어의 연구와 교육도 이들 기관 일정한 연계를 맺으며 이루어지고 있었다. 역사학 분야에서는 단군-고구려-발해를 정통으로 하여 만주 중심의 한국사 연구가 한말에 이어 계속되었다. 특히 이러한 연구는 대종교적 민족주의를 기반으로 하고 있었는데, 김교헌의 『신단실기』가 그 대표적인 것이었다. 아울러 불교와 유교에 대한 정리가 시도되었다. 자료집의 성격을 함께 갖는 이 연구로는 불교에서 이능화의 『조선불교통사』와 권상로의 『조선불교약사』가 두드러졌다. 장지연의 「조선유교연원」은 한국유교의 전개를 인물 중심으로 서술하였다. 인물에 대한 관심 역시 한말부터 계속된 것으로, 장지연의 「일사유사」나 『대동시선』 등을 이 부류에 넣어도 좋을 것이다. 장지연의 「일사유사」나 『대동시선』에서 신분제를 극복하고자 하였지만, 이미 갑오경장으로 신분제는 폐지된 현실이었다. 『조선유교연원』에서 일제 관학자의 한국유교 비판을 재비판하였지만, 유교개혁보다는 유교진흥을 기대한 저술이었음도 기억되어야 할 것이다. 결국 불교사나 유학사에 대한 관심은 일제의 종교침략에 대응하는 일면, 일제의 불교진흥이나 유교진흥 정책과 떨어지기 어려웠던 현실을 반영하고 있다. 그리고 근대교육을 이수한 20~30대의 소장 연구자들이 등장하여, 새로운 근대학문방법론을 사용하며 한국문화의 고유성과 독자성을 강조하였다. 최남선과 안확으로 대표되는 이들의 출현으로 1920년대 국학 연구의 발전을 예건할 수 있었다. 일본유학생과 국내에서 근대교육을 수학한 이들이 중심이었다.

국외에서는 망명한 개신유학자 출신의 역사가들이 활동하였는데, 박은식이나 신채호가 그들이었다. 특히 박은식은 고구려-발해-금을 잇는 대동민족을 주장하였으며, 만주 중심의 한국사를 내세웠다. 국내의 역사 연구도 이들의 영향을 받았다. 국내에서는 출판이 불가능한 일제침략사와 한말 애국지사 등의 전기를 통하여 반일의식을 드러냈으며, 박은식 이외에도 계봉우 같은 인물이 근대사 연구에 관심을 두고 있었다. 또 김택영도 유교를 강조하였지만, 군주나 선현에 대한 비판도 서슴치 않았다. 국외에서는 국학 연구가 곧 독립운동의 한 방안이기도 하였다. 다만 국외에서는 국내에 비하여 한국어 연구의 진척은 쉽지 않았다. 미주에서는 연구가 불가능한 상황에서도 백일규의 『한국경제사』가 발간된 것은 특기할 일이었다.

1910년대 국학 연구는 전통과 근대가 공존하고 있었다. 1900년대와 비교하였을 때, 방법론이나 인적 구성에서 그러하였는데, 그것은 근대로 이행하는 과정으로 이해된다. 1920년대의 국학 연구자들 가운데 한국어와 한국사 등 한국문화 전반을 논의하는 경우가 적지 않은데, 국학의 분화 또는 전문화가 진행되는 과정에서 보이는 과도기적 현상이라고 생각된다. 그러나 1910년대에 아직 드러나지 않는 이들을 포함한 국학에 관심을 둔 소장 연구자들의 존재는, 3·1운동 이후 이른바 일제의 문화정치로 신문과 잡지의 간행이 이루어지자 다양한 형태로 활동하게 된다. 1920·30년대 국학 연구가 크게 발전하는 것은 바로 학문적으로나 연구자들의 구성이 전통에서 근대로 이행하는 상황이었음을 보여준다고 하겠다.

정열모의 생애와 어문민족주의

1. 머리말

백수白水 정열모鄭烈模(1895~1967)는 식민지시기 국어학자와 교육자로 이름이 높던 인물이었지만, 6·25전쟁 이후 북한에서의 활동으로 일반에게는 널리 알려져 있지 않다. 그는 1920·30년대에 중등학교의 교원과 교장으로 재임하였고, 1940년대에는 조선어학회사건으로 수난을 당한 바 있었다. 해방 이후 두 곳 신설 대학의 학장을 역임하다가, 6·25전쟁 때 납북되어 이후 북한에서 국어학자로 활동하며 향가 연구에 진력하였다.

따라서 식민지시기 정열모의 활동은 조선어학회와 교육계에 국한되어 그 폭이 넓은 것은 아니었다. 오늘날에도 간혹 국어·국문학계에서 정열모가 논의되는 것은 국어학이나 향가 연구와 관련된 부분에서이다.[1] 필자는 산일되어 있는 정열모의 저술을 모으다가 거의 알려지지 않은 그의 관심 분야를 확인할 수 있었다. 그것은 그가 1920년대에 이름 있는 아동문학가였다는 사실이다. 그가 색동회와 같은 아동문학단체에 관여하지 않았고,

---

[1] 국어학계에서의 연구는 정기호, 『정렬모 말본 연구』(육일문화사, 2001) ; 여찬영, 「백수문법에 대하여」(1), 『肯浦趙奎尙教授 華甲紀念國語學論叢』(螢雪出版社, 1982) ; 呂燦榮, 「백수문법의 문장론」, 『韓國傳統文化研究』 8, 1993 ; 한영목, 「정열모의 단어관」, 『연산 도수희선생 화갑기념 논총』(박이정, 1994) ; 여찬영, 「백수문법서의 비교 고찰」, 『曉星語文學』 1, 1993 ; 한영목, 「정열모 문법의 몇 문제」, 『한글』 240·241, 1998 등이 있고, 향가에 관해서는 최철, 「정열모 『향가연구』에 대한 견해」, 『인문과학』 66, 1991 등이 있다.

또 뒤에 북한에서 활동하였기 때문에 잘 알려지지 않지만, 아동문학사에
이름이 올라 있는 아동문학가이기도 하였다.2)

필자는 정열모의 국어학 연구를 제외하고, 식민지시기 그가 아동문학과
국어학 연구로 추구하고자 하였던 관심에 주목하고자 하였다. 먼저 그의
생애를 소개하고, 확인할 수 있는 범위에서 그의 저술을 정리하고자 한다.

2. 한글연구와 교육의 생평

정열모 자신의 자서전이나 그의 생애를 다룬 글은 따로 남아 있지 않지
만, 그 이력의 대개는 알려져 있다.3) 그는 장기長鬐를 본관으로 한 정해윤
鄭海潤의 셋째 아들로 1895년 11월 1일 충북 회인군懷仁郡 읍내 향상사동向
上社洞에서 태어났다.4) 그의 가계에 대해서는 확인하지 못하였으나, 유학
자 집안이 아닐까 짐작된다. 회인보통학교를 거쳐 경성고등보통학교를 졸
업하였다고 하는데, 그 학교를 졸업했는지는 모르겠다.5) 아마도 1911년 경
회인보통학교를 마치고 상경하여,6) 경성고등보통학교나 다른 학교에 적을

---

2) 李在徹, 『韓國現代兒童文學史』(一志社, 1978), 104쪽.

3) 유목상, 「백수 정열모 선생」, 『얼음장 밑에서도 물은 흘러』(한글학회, 1993). 2020
년 별세한 중앙대학교 국어국문학과 柳穆相 명예교수는 정열모가 교장직에서 물
러난 뒤 김천중학교에 입학하였지만, 정열모의 이력을 상세하게 조사하였다. 유
교수는 정열모의 아들인 서울대학교 법과대학 鄭熙喆 명예교수(캐나다 이민,
2006년 별세)의 도움으로 이력을 확인하였다고 한다. 그 내용은 상당히 정확한 것
으로 보이는데, 이력사항에서 별도의 각주가 없으면 이 글을 인용한 것이다.

4) 유목상, 「백수 정열모 선생」, 191쪽에는 충북 보은군 회북면 중앙리 120-3을 출생지
로 밝혔다. 李奎榮 편, 『한글모 죽보기』, 1917 필사본 ; 金敏洙 편, 『周時經全書』
6(塔出版社, 1992), 426쪽에는 충북 회인군 읍내 향상사동으로 기재되었다. 1914
년 조선총독부의 행정구역 개편으로 회인군은 보은군 회북면이 되었다.

5) 유목상, 「백수 정열모 선생」, 191쪽. 『京畿七十年史』(경기중고등학교, 1970)의 졸
업생 명단에는 정열모라는 이름은 없다. 다만 1915년(제11회) 졸업생 가운데 鄭聖
謨가 있는데, 혹 정열모일 가능성이 있다.

6) 鄭烈模, 「봄!」, 『新少年』 1928년 7월호, 6쪽에는 18세 되던 해 봄에 고향을 떠났

두면서 주시경周時經이 주도하던 조선어강습원에 참여하여 1912년 3월 중
등과(제5회)를, 1914년 3월에 고등과(제2회)를 수석으로 수료하였다.[7] 1915년
3월 경성고등보통학교 교원양성소(제2종)를 수료하였다고 하는데,[8] 1916년
에 경성고등보통학교 부설 사범과를 마쳤을 가능성이 크다.[9] 그리고 보통
학교 교원으로 임용되어 자성보통학교慈城普通學校를 거쳐 의주보통학교
교원으로 부임하지 않았나 한다.[10]

　1921년 3월부터 1925년 3월까지 만 4년 간 정열모는 와세다대학早稻田大
學 고등사범부 국어한문과에 재학하여 졸업하였다.[11] 재학중인 1922년 7월
에는 유학생들로 교육과 실업을 중시한 교육실업단을 조직하여 방학기간
중 국내에서 순회강연을 하였는데, 정열모는 '우리의 살 길'이라는 강연을
한 적도 있다.[12] 동시에 그는 후술하는 대로 일본에서 『조선일보』와 『신소
년新少年』에 동화·동시나 교양·수필 등을 보냈는데, 그 양이 적지 않았다.

　일본 유학을 마친 직후 1925년 4월 1일자로 중동학교의 조선어 교원으

　　다고 하였는데, 1912년에 조선어강습원을 수료하는 것으로 보아 1911년이 아닐까
　　한다.
 7) 이규영 편, 『한글모 죽보기』, 433·438쪽.
 8) 유목상, 「백수 정열모 선생」, 191쪽.
 9) 『京畿七十年史』, 79쪽에 따르면 1913년 4월부터 경성고등보통학교 부설 임
　　시교원양성소는 제1부에서 한국인 보통학교 교원을, 제2부에서 일본인 교원
　　을 양성하게 되었는데, 제1부가 바로 사범과로 전환된 것으로 기술되어 있다.
　　사범과에는 고등보통학교 졸업생을 입학시켜 1년 교육시켰다.
10) 유목상, 「백수 정열모 선생」. 191쪽에는 제주 대정보통학교 교원이라고 하였는데,
　　의주의 오기였음을 유 교수에게 확인받았다. 『靑春』 제13호(1918. 1)에 독자문예
　　로 3편의 시조가 실렸는데 필자가 '慈城 鄭烈模'였다. 그리고 『曙光』 제6호(1920.
　　7)에는 현상문예로 '義州 鄭烈模'가 나오고 있다. 이러한 점으로 미루어 정열모는
　　자성보통학교로 발령을 받았다가 1918~1920년 사이에 의주보통학교로 전임되었
　　으리라 짐작된다. 두 곳 모두 평안북도였다.
11) 鄭烈模 편, 『現代朝鮮文藝讀本』(殊芳閣, 1929), 135쪽에 따르면 早稻田大學 고
　　등사범부 출신으로 소개되었다. 국어한문과와 재학기간은 유목상, 「백수 정열모
　　선생」, 191쪽에 기록되어 있다.
12) 『東亞日報』 1922년 7월 23일자 「敎育實業團永同着」.

로 부임하여,13) 1932년 초 신설된 김천고등보통학교로 옮길 때까지 재직하
였다. 이 시기에 조선어학회의 전신인 조선어연구회에 참여하였으며, 1927
년 2월에 창간된 동인지 『한글』의 동인으로 활동하며 그 다음 해까지 9호
를 간행한 바 있다. 그리고 조선어연구회·조선어학회에서 추진한 각종 연
구발표회·강연회·강습회에 적극 참여하였고, 조선어사전 편찬위원(1929.10),
'한글맞춤법 통일안'의 제정위원(1930.12), 표준어 사정위원(1935. 1) 등으로
활동하였다.14) 1920·30년대의 정열모는 한글운동과 떼어서는 이해하기 어
려울 만큼 열심이었지만, 김천으로 내려간 뒤에는 서울에 있을 때만큼 적극
적이기는 어려웠을 것이다. 그는 함께 한글을 연구하던 김두봉金枓奉·신명균
申明均·권덕규權悳奎·장지영張志暎·이병기李秉岐·이규영李奎榮·최현배崔鉉培
등과 가까웠던 것 같다.15) 특히 신명균을 선배로 가깝게 모셨다.16)

　1931년 4월 정열모는 김천金泉에 설립된 사립 김천고등보통학교의 교무
주임(교감)으로 자리를 옮겼다. 당시 경상북도의 인문계 중등학교는 대구에
공립으로 대구고등보통학교와 사립으로 계성고등보통학교啓聖高等普通學校
가 있을 뿐이었다. 김천에 인문계 사립고등보통학교의 설립은 영친왕英親
王의 보모 출신인 최송설당崔松雪堂의 재산기부로 가능하였는데, 인문계 학
교의 설립인가가 쉽지 않았었다.17) 교장은 그와 중동학교에 함께 근무하

---

13) 유목상, 「백수 정열모 선생」, 191쪽에는 1926년 6월 4일자로 중동학교에 부임한
　　것으로 되어 있는데, 『大倧教重光六十年史』(大倧教總本司, 1971), 861~862쪽에
　　는 '乙丑 4월 1일'로 되어 있다. 대종교 자료는 정열모가 제출한 이력서를 바탕으
　　로 하였을 것으로 짐작되어, 이를 따랐다. 뿐만 아니라 鄭烈模, 「所感一端」, 『教
　　育研究』 1, 1926, 56쪽에도 "學窓을 나와 教壇에 선 지 半年이 되오니"라는 표현
　　이 있는데, 이 글은 1925년 10월 18일에 쓴 것으로 되어 있다.
14) 한글학회 50년사 편찬위원회, 『한글학회 50년사』(한글학회, 1971), 155·198·266쪽.
15) 鄭烈模, 「周先生과 그 周圍의 사람들」, 『新生』 1929년 9월호, 9~10쪽.
16) 정열모는 『신편고등국어문법』(한글문화사, 1946)을 신명균에게 바친다고 했으며,
　　그를 추모하는 시조를 수록하고 「머리에 두는 말」에서 그와의 관계를 회고하였다.
17) 이에 관해서는 『松雪六十年史』(松雪同窓會·金泉中高等學校, 1991), 253~266쪽
　　참조.

던 이름난 수학 교사 안일영安—英이었는데, 실제 그는 교무주임으로 연만한 교장을 대리하는 역할을 하였으며, 조선어와 조선사, 수신을 강의하였다.[18] 특히 조선사의 교재로는 권덕규의 『조선유기朝鮮留記』를 사용하였던 것 같다.[19] 1932년 1월 그는 김천고등보통학교의 제2대 교장에 취임하였는데, 김천에서 그는 '천泉'자를 파자하여 '백수白水'로 자호하였다. 그는 경성부 수송동에서 김천읍 남산정으로 주거를 옮기고, 1936년에는 다시 김천읍 대화정(평화동)으로 옮겼다.[20]

교장으로 만 10년 넘게 재임한 그는 학교 일에 정성을 다했으며,[21] 사투리를 교정하며 표준어 교수에 열심이었다.[22] 특히 개교 직후였기 때문에 교사의 건립을 비롯하여 과학관·기숙사·교내 풀장 등 학교시설의 확보가 시급하였는데, 모두 그가 교장으로 재임한 시기에 이루어졌다.[23] 따라서 1920년대 국어학과 아동문학에 뚜렷한 업적을 내던 정열모는 학교운영의 책임을 맡은 1930년대에는 별다른 업적을 낼 수 없었다. 그러나 그는 김천중학교 교장직을 1943년 3월 7일자로 사임하고 말았다.[24] 그것은 자의와는 무관한 일로 이미 그는 조선어학회사건으로 영어囹圄 중이었으며, 김천중학교는 일제의 강요로 이때 사립에서 공립으로 전환되었다.[25]

1942년 10월 일제는 조선어학회사건을 일으켰다. 10월 1일 이극로李克

---

18) 『朝鮮日報』1931년 9월 20일자 「鄕土教育을 高調하는 金泉高普를 차저」上 ; 金漢壽, 「創校 60年을 돌아보며」, 『松雪六十年史』, 368쪽 ; 鄭烈模, 「十年」, 『朝光』1941년 9월호, 28쪽.
19) 金漢壽, 「創校 60年을 돌아보며」, 368쪽에 권덕규의 『朝鮮史』를 언급하였는데, 『조선사』는 『조선유기』상·중권(상문관, 1924·1926)을 해방 이후에 합본하여 정음사에서 간행한 것이다. 최기영, 「權悳奎의 생애와 저술」, 『식민지시기 민족지성과 문화운동』(한울, 2003) 참조.
20) 유목상, 「백수 정열모 선생」, 192쪽.
21) 정열모가 학교 일에 진력한 것은 鄭烈模, 「十年」에서 잘 나타난다.
22) 鄭烈模, 「方言矯正에 努力이 必要」, 『朝鮮日報』1932년 1월 2일자.
23) 『松雪六十年史』, 283~286쪽.
24) 『松雪六十年史』, 299쪽.
25) 『松雪六十年史』, 299쪽.

魯·이윤재李允宰 등 11명을 구속하면서 시작된 이 사건은 학회의 주도적 인물들과 후원자들을 대대적으로 검거하였다. 정열모는 10월 20일 김천에서 검거되어 함경남도 홍원경찰서에 유치되었으며, 다른 관련자들과 함께 갖은 고문을 받았고 억지 자백을 강요받았다. 조선어학회사건의 관련자는 모두 33명이었고 취조를 받은 사람은 48명에 이르렀는데, 일제는 이극로·정열모 등 16인을 치안유지법 위반으로 기소하여 예심에 회부하였다. 예심에 넘어갔던 이윤재와 한징韓澄은 옥사하고, 정열모와 장지영은 1944년 9월 30일 공소소멸로 석방되었다. 나머지 11인은 6년부터 2년까지의 실형을 받았고, 1인은 무죄판결을 받았다.26) 이들이 공판에 회부된 이유서를 보면, 일제는 국어운동을 독립을 위한 실력배양운동으로 파악하며 조선어학회가 그 중심에서 민족주의의 아성을 사수한 것으로 인식하였음을 알 수 있다.27) 석방된 정열모는 김천읍 다수동多壽洞의 농가에서 칩거하였으며, 생활이 어려웠다고 한다.28) 본인은 이 때를 "밭 갈고 나무하는" 생활이었다고 언급하였다.29)

해방이 되자 1945년 8월 18일 정열모는 조선건국준비위원회 김천지방위원장으로 추대되었으며,30) 곧 상경하여 우선 10월 숙명여자전문학교 문과과장으로 취임하였고, 이어 1946년 3월 국학전문학교의 초대 교장을 맡았다.31) 1947년 6월에는 홍문대학관弘文大學館의 관장에 취임하였는데, 1948

---

26) 조선어학회사건에 관해서는 『한글학회 50년사』, 12~19쪽과 사건 당사자들의 기록이 남아 있어 참고가 된다. 金允經, 「朝鮮語學會受難記」, 『한글』 11-1, 1946 ; 「조선어학회 수난사건」, 『한결金允經全集』1(연세대학교출판부, 1985), 670~673쪽 ; 李熙昇, 「朝鮮語學會事件」, 『一石李熙昇全集』 2(서울대학교출판부, 2000) ; 정인승, 「조선어학회사건」, 『건재 정인승전집』 6(박이정, 1997).

27) 「朝鮮語學會事件 豫審終結決定文」, 『文湖』 6·7(건국대 한국고유문화연구소, 1971). 『한글학회 50년사』, 17~18쪽.

28) 金漢壽, 「創校 60年을 돌아보며」, 376쪽.

29) 정렬모, 『신편고등국어문법』, 「머리에 두는 말」.

30) 안소영, 「8.15직후 경북지방 인민위원회의 조직과 활동」, 영남대학교 대학원 정치외교학과 박사학위논문, 1995, 121~123쪽.

년 8월 홍익대학관으로 교명이 바뀌었다가 1949년 6월 홍익대학으로 개편
되자 초대 학장이 되어 1950년 2월까지 재임하였다.[32]

그리고 속간된 조선어학회 기관지『한글』에 몇 편의 글을 쓰며, 1949년
10월 조선어학회가 개칭되어 한글학회가 되자 이사로 선임되는 등 국어연
구의 길을 계속 가고 있었다.[33] 그는 1929년『현대조선문예독본現代朝鮮文
藝讀本』이라는 중등용 독서자습서를 간행한 바 있었는데, 1946년 2월 이 책
을 다시 조판하여『한글문예독본』이라는 제목으로 재간하였다. 그리고 그
해 6월에는 같은 제목으로 '담권'을 발행하였다. 제2권이라는 뜻으로 생각
되는데, 이들 서적은 한글문화보급회가 저작자로 신흥국어연구회가 발행
자로 되어 있었다. 이러한 단체는 정열모가 회장으로 주도하였는데, 이는
해방 이후 그가 한글 보급운동에도 적극적으로 참여하고 있었음을 알려주
고 있다. 그리고『한글문예독본』을 발행한 한글문화사의 대표로도 활동하
였다.[34]

정열모는 교육계에서만 활동한 것은 아니었다. 정치활동에도 부분적으
로 참여하였는데, 건국준비위원회 김천지방 위원장을 맡은 것을 비롯하여
1945년 9월 8일 한국민주당의 발기에 참여하여 임시정부 지지 성명서에

---

31)『大倧敎重光六十年史』, 862쪽에는 1945년 9월 1일부터 숙명여자전문학교 교수
   로, 1946년 2월 15일에 국학대학 창설학장이 되었다고 기록되어 있다. 1946년 6월
   에 간행된 국학전문학교 교지『國學』에는 교장이 정열모였다. 金敏洙,「정렬모
   (1946),『신편고등국어문법』」,『周時經學報』4, 1989, 201쪽 참조.
32)『圖說 弘益三十七年史: 1946~1983』(弘益大學校出版部, 1983), 25쪽「연혁개요」.
   홍문대학관은 1946년 4월 설립되어 초대 관장에 梁大淵이 취임하였다가, 1947년
   6월 대종교가 인수하면서 정열모가 관장에 취임하였다고 한다. 그러나『大倧敎重
   光六十年史』에는 이에 관한 기록이 없다.
33)『서울신문』1949년 10월 6일자.
34) 유목상,「백수 정열모 선생」. 192쪽. 다만 유 교수는 한글문화사가 1946년 이후 동
   방문화사로 개칭되어 1949년 1월까지 계속되었다고 하였는데, 동방문화사의 대표
   는 柳子厚로 나오고 있다. 유자후가 1947년 간행한『李儁先生傳』에서 확인된다.
   그렇지만 정열모가 동방문화사에 관여하였을 가능성은 크다.

서명하였고,35) 9월 9일 고려청년당의 고문으로 추대되었으며,36) 12월 31일
에는 재경 비정치인들이 좌우정당의 즉시 합작을 요구한 통일정권촉성회
에도 참여하였다.37) 그러나 그의 정치활동이 활발한 것은 아니었다. 그럼
에도 1948년 그는 단독정부 수립이 구체화되자 조국의 자주독립과 통일을
염원하여, 김구金九와 김규식金奎植이 주도한 남북협상을 지지하고 나섰다.
즉 그 해 4월 14일에 발표된 문화인 108인의 남북협상 지지성명에 동참하
였던 것이다.38) 그리고 1949년 5월 민족자주연맹 서울시연맹 부위원장에
선임되었다. 민족자주연맹은 1947년 10월에 김규식·홍명희洪命憙·이극로·
윤기섭尹琦燮 등이 주도하여 민주주의 민족통일을 내건 중간파 조직이었는
데,39) 1948년 4월 남북협상에도 참여한 바 있었다. 따라서 정열모도 일찍
부터 민족자주연맹에 참여하고 있었을 것이다. 아마도 이런 관계 때문인
지, 그는 1949년 12월 22일 서울지방검찰청 수사과에 구속수사를 받기도
하였다. 특히 그의 혐의가 국가보안법이었고, 담당검사가 사상검사로 이름
높던 오제도吳制道였다는 점에서 주목된다.40) 1950년 2월 홍익대학장을 사
임한 것도 이와 무관하지 않을 것으로 짐작된다.41)

　　1950년 5월 제2대 국회의원 선거가 실시되었다. 정열모는 김천시에서
출마하였다가 차점으로 낙선하였다.42) 알려지기로는 그가 김천 시민의 열
렬한 요청으로 국회의원에 입후보하였으나 정적의 간계와 경찰의 강압으
로 선거 직전에 출마를 포기하였다고 한다.43) 이러한 점으로 미루어 보면

---

35) 『資料大韓民國史』 1(국사편찬위원회, 1968), 63쪽.
36) 『資料大韓民國史』 1, 75쪽.
37) 『資料大韓民國史』 1, 950~951쪽.
38) 『白凡金九全集』 8(대한매일신보사, 1999), 395~397쪽.
39) 『東亞日報』 1947년 12월 20일자.
40) 『朝鮮日報』 1950년 1월 1일자 「鄭烈模氏被檢」.
41) 『圖說 弘益三十七年史: 1946-1983』, 25쪽.
42) 『歷代國會議員選擧狀況』(中央選擧管理委員會, 1971), 140쪽.
43) 金漢壽, 「創校 60年을 돌아보며」, 368쪽.

정열모의 정치활동은 크게 활발하지 않았으며, 대체로 중도우파의 정치노선을 따른 중간파로 이해되지만 그는 정치가라기보다 역시 학자이며 교육자로 평가된다.

동시에 정열모는 대종교의 대표적인 신자 가운데 한 사람이었다. 대종교측의 기록에 의하면. 그는 1922년 4월 15일에 대종교에 입교하여 1925년 11월 교질教秩이 참교參教가 되었는데, 그와 가깝게 지냈던 신명균과 권덕규 역시 대종교를 신봉하였던 것에 영향을 받았을 것으로 보인다. 해방 이후 국내에서 대종교 활동이 재개되면서 1945년 11월 지교知教, 1946년 3월 상교尙教가 되었고, 1949년 1월 정교正敎의 지위에서 대형大兄의 교호教號를 받았다. 1946년 4월 이후 총본사 전강典講, 종리연구실倧理硏究室 찬수贊修, 총본사 전리典理·전강 등의 교직을 맡았고, 1950 5월에는 원로원 참의參議가 되었다.[44] 1949년에는 대종교중흥회大倧敎重興會의 교화부장과 중앙집행위원으로 활동하였다.[45] 대종교총본사의 전리는 총무 업무를, 전강은 교리·교육·편찬 업무를 책임지는 직책이었다. 해방 이후 대종교에서 나온 교적敎籍들이 정열모의 명의로 발행된 것은 그가 총본사 전강직에 있던 까닭에서였다.[46] 1949년 4월 단군성전호유회檀君聖蹟護維會의 고문을 맡은 것도 그가 대종교를 신봉한 것과 무관하지 않았다.

1950년 6·25전쟁이 발발한 뒤, 정열모는 납북되었다. 납북 이후 그의 행적은 잘 알 수 없지만, 1955년 10월 김일성종합대학 언어학 교수, 1958년 4월 과학원 언어학 연구실 교수, 1964년 4월 과학원 후보원사, 1965년 1월 사회과학원 언어학연구실 교수 등으로 활동하였음은 알려져 있다.[47] 또 저술로도 『신라향가주해』(국립출판사, 1954), 『향가연구』(사회과학원출판사, 1965),

---

44) 『大倧敎重光六十年史』, 862~863쪽.
45) 『大倧敎重光六十年史』, 623~624쪽.
46) 예컨대 1949년에 출간된 『神檀民史』·『한검바른길』·『譯解倧經四部合編』 등의 편수 겸 발행인이 모두 정열모이다.
47) 『最新北韓人名辭典』(北韓硏究所, 1996), 729쪽.

『조선어 고어 역사』(고등교육도서출판사, 1965)를 간행한 바 있고, 공저로『국
어문법』인민학교 제2·3학년용(교육도서출판사, 1957)이 있다. 그리고 사회과
학원 언어학연구소 기관지인『조선어문』에 10여 편의 논문과 논설을 발표
하였다.[48] 사회과학원의 후보원사였다는 사실은 그가 북한의 국어학계에
서 상당한 대접을 받았다는 것을 알려준다. 1967년 8월 14일에 향년 73세
로 사망하였다고 한다.[49]

3. 국어와 아동문학의 저술

정열모는 국어학자였으므로 국어에 관한 글이 많다. 뿐만 아니라 동요·
동시·동화 등 아동문학 작품이 상당수 있다. 적지만 시나 시조도 남아 있
으며, 수필·번역 등도 몇 편 찾아진다. 먼저 그의 명의로 된 단행본을 정리
하면 <표 1>과 같다.

<표 1> 정열모 저술의 단행본

번호	제 목	출판사	발행일	비고
1	童謠作法	新少年社	1925. 9	1930년 3판
2	바이올린 天才	新少年社	1928. 5	번역동화
3	現代朝鮮文藝讀本 권1	殊芳閣	1929. 4	독서자습서, 편저
4	愛國者	中央印書館	1930 ?	2의 개제
5	한글문예독본 첫권	신흥국어연구회	1946. 2	2의 수정판
6	한글문예독본 담권	신흥국어연구회	1946. 6	
7	신편고등국어문법	한글문화사	1946.10	
8	초급국어문법독본	고려서적주식회사	1948. 9	
9	고급국어문법독본	고려서적주식회사	1948. 9	
10	신라향가주해	국립출판사	1954. 8	

---

48) 유목상, 「백수 정열모 선생」, 196~197쪽.
49) 유목상, 「백수 정열모 선생」, 192쪽.

11	국어문법: 인민학교 제2학년용	교육도서출판사	1957	
12	국어문법: 인민학교 제3학년용	교육도서출판사	1957	
13	향가연구	사회과학원출판사	1965.11	
14	조선어 고어 역사	고등교육도서출판사	1965	

<표 1>을 보면 정열모는 김천고등보통학교로 내려가기 이전인 1925~
1930년에 3종 4권의 단행본을 간행한 것을 알 수 있다.

『동요작법童謠作法』은 신명균이 발행인이 되어, 1925년 9월 신소년사에
서 발행되었다.[50] 1930년에는 신명균이 운영하던 중앙인서관中央印書館에
서 3판이 간행되었는데,[51] 5년 만에 3판이 발간되었다면 널리 읽힌 책이라
보아도 좋을 것이다.[52]

『바이올린 천재』는 『신소년』 1925년 7월호부터 1926년 6월호까지 모두
10회에 걸쳐 연재한 동화로 제1차 세계대전 중 유태계 출신 러시아 소년의
종군담이었다. 이 동화가 신소년사에서 1928년 출간되었다가,[53] 1930년에는
『애국자』라는 제목으로 재간되었다. 『신소년』은 신명균이 주간을 맡고 정
열모나 이병기·심의린沈宜麟 등 조선어연구회 관여자들이 여럿 참가하여
발간한 소년잡지였다. 그런데 초기에는 민족의식을 강조한 색동회 주도의
『어린이』에 비하여 일본문학의 영향을 크게 받고 일본어 사용의 작품이

---

50) 이 책은 그간 확인되지 않다가 『근대서지』 13, 2016에 영인되어 알려졌다.
51) 『新少年』 1930년 11월호 광고.
52) 그 목차는 다음과 같다.
   1. 童謠는 대체 무엇이냐 / 2. 童謠는 아무나 질 수 잇나
   3. 童謠를 질 쌔는 엇더한 맘을 가질가 / 4. 唱歌와 童謠의 區別
   5. 詩와 童謠의 區別 / 6. 童謠는 읽을 것이냐 부를 것이냐
   7. 童謠는 긴 것이 조냐 싸른 것이 조냐 / 8. 童謠는 엇더한 말을 쓸가
   9. 조흔 童謠를 짓는 方法 / 10. 엇더한 童謠가 後世ㅅ가지 남느냐
53) 『바이올린 天才』는 현재 국립중앙도서관에서 종로도서관 소장의 원본을 전자책
   으로 제공하고 있다. 편집인이 신명균으로 되어 있으며, 정열모의 이름이 보이지
   않는 것도 의아하다. 또 발행은 1928년 5월인데, 인쇄는 1927년 1월로 되어 있다.

산견되는 등 민족의식 앙양에는 거리가 있다가, 1926년 이후에는 색동회와 교류하며 적극적인 민족주의 경향을 보인다.54)

『현대조선문예독본』은 "모든 중등 정도 학교 생도의 자학자습으로 인한 독서력을 양성하기 위하야 평이한 문자로 된 취미기사를 만히 취"한 것이었다.55) 정열모는 중동학교의 조선어 교원으로 조선어와 작문 등을 지도하였는데,56) 아마도 작문 부교재로 만든 것이 아닌가 생각된다. 그의 계획으로는 5권까지 발간하여, 제1권 동심, 제2권 자연감상, 제3권 인문, 제4·5권 문예·사상을 중심으로 하고자 하였으나,57) 제1권만 간행되었던 것 같다. 동시·동요·동화를 포함하여 시·시조와 위인 이야기·사화·논설·극본 등 총 39편의 글을 수록하였다. 길재吉再·원천석元天錫·박팽년朴彭年·이황李滉 등의 역대 시조를 비롯하여, 신형철申瑩澈·방정환方定煥·고한승高漢承 등 아동문학가와 권덕규·이광수李光洙·주요한朱耀翰·김동명金東鳴 등 문사의 글, 그리고 본인의 번역동화 및 동시 등도 실었다. 또 아미치스Edmondo De Amicis 의 『사랑의 학교』를 비롯하여 일본인의 글까지도 포함되었다. 그런데 국어 자체에 대하여 언급한 글은 없었다.

1920년대에 정열모는 주로 아동문학과 문학 수업을 위한 저술을 남겼는데, 1930년대 이후에는 아동문학에 관심을 두지 않았다. 그것은 아마도 신설 학교인 김천고등보통학교의 발전에 진력할 수밖에 없던 처지와 무관하지 않았을 것이다.

그리고 그는 다시 해방 직후인 1946년 2월에 『한글문예독본』이라는 제목으로 『현대조선문예독본』을 거의 그대로 간행하고, 곧이어 6월에 제2권

---

54) 李在徹, 『韓國現代兒童文學史』, 104~105쪽.
55) 鄭烈模, 『現代朝鮮文藝讀本』, 「凡例」.
56) 鄭烈模, 「봄!」, 『新少年』1928년 7월호, 5쪽에 "이것은 내가 作文을 가르치는 처지에 잇스므로 우리 생도에게 보여주기 위하야 지어본 것"이라고 한 것으로 알 수있다.
57) 鄭烈模, 『現代朝鮮文藝讀本』(殊芳閣, 1929), 「凡例」.

을 편찬하였다. 일제강점기에 나온 『현대조선문예독본』은 수록된 글의 필
자를 밝히고 있었으나, 해방 뒤에 나온 두 책은 수록 논설의 필자가 명기
되어 있지 않다. 언 듯 제2권에 수록된 「조선에서 배태된 지나의 문명」은
권덕규가 『동광』 1926년 1월호에 게재하였던 글로 확인되지만, 그 밖의 글
들은 어디에서 선택하여 수록하였는지 확인하지 못하였다. 내용은 제1권
에 비하여 다양하고 깊은 주제로, 종교·독서·철학·음악·미술·문학 등이
포함되어 있다. 본문은 한글로만 되어 있고, 각주의 형식으로 본문에서 알
아두어야 할 한자를 병기하는 형식이었다.

그리고 1946년 10월에 『신편고등국어문법』을 간행하고, 이어 1948년 9
월에 『초급국어문법독본』과 『고급국어문법독본』을 동시에 간행하였다. 『신
편고등국어문법』은 일본 고쿠가쿠인대학國學院大學 교수인 마츠시다 다이
자부로松下大三郎의 일본어문법에 영향을 받은 저술로 5품사(명사·동사·관형
사·부사·감동사) 문법체제를 주장하였다.58) 정열모는 그의 국어 연구가 주시
경에게서 싹트고 김두봉에게서 뼈가 생겼으며, 신명균에게서 살이 붙었음
을 밝히고 있었다.59) 『초급국어문법독본』과 『고급국어문법독본』은 중등
학교의 초급과 고급반을 대상으로 한 것인데, 『신편고등국어문법』을 풀어
설명한 문법서였다.

1950·60년대 북한에서 정열모의 관심은 문법과 향가였다. 특히 그는
1947년 초 『한글』에 「새로 읽은 향가」를 발표한 이후 향가의 해독에 진력
하였는데, 1954년 『신라향가주해』를 간행할 수 있었다. 『신라향가주해』가
말 그대로 주해라면, 『향가연구』는 본격적인 향가 연구서로 이해하면 될
것이다.

국어에 관련된 정열모의 글은 <표 2>와 <표 3>으로 정리하였다. 국어학
에 관한 본격적인 논문은 1927년에 창간되어 다음 해까지 발간된 동인지

---

58) 『신편고등국어문법』에 대해서는 金敏洙, 「정렬모(1946), 『신편고등국어문법』」을
　　참고할 것.
59) 정열모, 『신편고등국어문법』, 「머리에 두는 말」.

『한글』에 주로 발표하였고, 1932년에 창간된 『한글』에도 2편을 발표하였
다. 그 밖의 글은 한글운동과 관련되거나, 『훈민정음』이나 주시경에 관한
논설들이었다.

〈표 2〉 정열모의 국어 관련 저술(1950년 이전)

번호	발표일자	제 목	발표지	필명	비고
1	1926. 5	正音頒布八回甲을 當하야	新民 13	鄭烈模	정음반포 기념강연
2	1926.11	우리글 普及은 敎育으로부터	新民 19	鄭烈模	우리 文字의 普及策
3	1926.11.13	經濟上으로 본 우리글	朝鮮日報	鄭烈模	가갸날 기념 강연 4의 축약
4	1926.12	文化上으로 본 우리말	新民 20	鄭烈模	
5	1927. 2	音聲學上으로 본 正音	한글(동) 1-1	鄭烈模	
6	1927. 3/4	朝鮮語硏究의 正體는 무엇?	한글(동) 1-2/3	鄭烈模	2회
7	1927.4/5·6/8/ 11/1928. 1/10	朝鮮語文法論	한글(동) 1-3/4/ 6/7/2-1/2	鄭烈模	6회
8	1927.5·6/7/8 /11	言語와 文ㅅ字	한글(동) 1-4/5/ 6/7	鄭烈模	4회
9	1927. 5	安廓君에게 與함	東光	鄭烈模	
10	1927. 7. 6	우리 글을 옳게 적자는 주장 을 가지고	東亞日報	鄭烈模	
11	1927.10.24	이날을 그럼하야	朝鮮日報	鄭烈模	
12	1927.12	한글 정리 반대자를 위하여	別乾坤	鄭烈模	
13	1928. 1	國語와 方言	한글(동) 2-1	鄭烈模	
14	1929. 8	한글 綴字 原理에 對하야	新民 52	鄭烈模	綴字法改正 原案批評
15	1929. 9	周先生과 그 周圍의 사람들	新生 2-9	鄭烈模	
16	1930.11.19	이날에 간절히 늣기는 바	朝鮮日報	鄭烈模	
17	1932. 1. 2	方言矯正에 努力이 必要	朝鮮日報	鄭烈模	한글 普及의 具體案
18	1933. 3	대명사에 대하야	한글 7	鄭烈模	
19	1935. 6	「아니」의 格位는 무엇?	한글 24	鄭烈模	
20	1946.	우리말	한글 94	정열모	

21	1946. 4	한짜폐지에 대하여	大潮 1-2	정렬모	
22	1947. 1·2·3	새로 읽은 향가(鄕歌)	한글 12-1	정렬모	
23	1947.11	여성과 한글	새살림 1-7	정렬모	

시기적으로 본다면 그의 국어 연구는 1920년대에 집중되었으며, 그 결과
가 1946년『신편고등국어문법』으로 간행되었던 것이다. 그리고 노년기인
1950·60년대에 북한에서 집중적으로 국어 연구가 재개되었는데, <표 3>은
그것을 정리한 것이다. 북한에서의 국어 연구는 과학원 언어학연구소의 기
관지『조선어문』과 그것이 개제된『조선어학』을 중심으로 이루어지고 있
었다.60)

<표 3> 북한에서의 정열모의 국어학 연구업적

번호	발표일자	제 목	발표지	필 명
1	1956.12	조선어 문법에 대한 주시경 선생의 견해	조선어문 1956-6	정렬모
2	1957. 4	체언술어에 나타나는 '이'의 성격	조선어문 1957-2	정렬모
3	1958. 1	조선어의 '토'들 1	조선어문 1958-1	정렬모
4	1958. 3	조선어의 '토'들 2	조선어문 1958-2	정렬모
5	1959. 1	문장론에 제기되는 몇 가지 문제	조선어문 1959-1	정렬모
6	1959. 5	고전 해독에서 주체성을 살리자	조선어문 1953-3	정렬모
7	1959. 7	조선어에 복합문이 있는가?	조선어문 1959-4	정렬모
8	1960. 3	조선어에 침투된 한자어에 대한 문제	조선어문 1960-2	정렬모
9	1960.11	조선어의 문장론에서 론의되는 '구'의 구조적 기능적 특성과 복합문의 류형	조선어문 1960-6	정렬모
10	1960. 9	상황어의 구조 및 어순	말과 글	정렬모
11	1961.12	탁월한 언어학자 주시경 선생	말과 글	정렬모
12	1962. 8	언어학적 측면에서 본『향약집성방』	조선어학 1962-3	정렬모
13	1963. 5	조선어 문장론에 제기된 몇 가지 문제의 력사적 고찰	조선어학 1963-2	정렬모

---

60) <표 3> 북한에서의 연구목록은 유목상,「백수 정열모 선생」, 196~197쪽을 참고하
였다.

14	1963. 8	진술성	조선어학 1963-3	정렬모
15	1963.11	통합 관계와 그 성분	조선어학 1963-4	정렬모
16	1964. 8	'말쓰기'에서 표현성을 찾기 위하여 제기한 이런저런 문제	조선어학 1964-3	정렬모

정열모는 동인지로 발간된 『한글』에 「조선어연구의 정체는 무엇?」을 두 차례 발표하였는데, 그 말미의 '부기附記'를 보면,

　　나는 이 一文을 「朝鮮語學槪要」이라 한 論文의 序說로 쓴 것이다. 以下 各號에서 本論의 各 部門에 對한 意見을 쓰려하거니와 이 論文을 써 감에 恩師 安藤氏 意見을 多數히 參酌함이 있음을 特別히 말하여 둔다.[61]

고 하였다. 그가 이어 『한글』에 「언어와 문ㅅ자」를 4회 연재하고 「국어와 방언」 등을 발표한 것은 바로 「조선어학개요」의 서론격이었던 것 같다. 그리고 그 구상은 와세다대학 교수 안도 마사츠구安藤正次의 영향을 받은 것이었다.[62]

「조선어문법론」은 동인지 『한글』에 6회 연재되었다. 동인들의 권고로 쓰기 시작한 이 논문은 "나의 독창적 편견이 안이라 내외 문법학을 참호參互하여 그 합치된 정신을 취한 것"이라고 밝혔는데,[63] 이미 지적하였지만 기본적으로 마츠시다 다이자부로의 문법체계를 따른 것이었다고 한다.[64] 그러한 면에서 정열모의 국어 연구는 주시경·김두봉·신명균 등의 영향을 받으면서도, 그가 유학한 일본이 언어학계의 영향이 크게 나타난 것으로 보인다. 물론 국어 연구의 한 방법론으로 그의 견해와 부합된 일본 문법론

---

61) 『한글』(동인지) 1-3, 1927, 3쪽.
62) 金敏洙, 「정렬모(1946), 『신편고등국어문법』」, 202쪽.
63) 鄭烈模, 「朝鮮語文法論」, 『한글』(동인지) 1-2, 1927, 12쪽.
64) 金敏洙, 「정렬모(1946), 『신편고등국어문법』」, 202쪽.

을 수용하였다는 의미이다.

정열모는 국어에 관한 관심과 함께 1920년대에는 문학, 특히 시·시조 작품을 10여 편 남기고 있었으며, 아동문학 작품이 상당수 있다. <표 4>는 그의 시와 시조 목록이다. 그는 1930년대 김천에서 활동하며 '백수白水'라는 호를 사용하였지만, 1920년대에는 '살별'과 '취몽醉夢'이라는 호를 사용하였다.65) 그의 글이 처음 문자화된 것은 최남선이 주재한『청춘』1918년 1월호에 독자문예를 통해서였다. 3수의 시조가 실렸고, 이어 1920년 7월『서광曙光』에「통군정統軍亭」이라는 시가 현상문예에 당선되어 실렸다. 그리고 1925·6년 집중적으로『시대일보』에 시조가 살별이라는 필명으로,『매일신보』에 시가 취몽이라는 필명으로 게재되었는데, 일본에서 귀국한 직후의 일이었다. 1925년에『동아일보』에 '백수'라는 필명으로 발표된 시와 수필이 여러 편 보이지만, 이때는 정열모가 백수라는 호를 사용하기 전이었다. 또 필자가 당시 25세인 것으로 미루어 정열모의 작품이 아닌 것으로 판단하였다.66) 아무튼 정열모의 시와 시조의 작품성은 크게 논의된 적이 없는 것으로 보인다. 전문적인 문학가로보다는 1920년대에 10여 편의 습작을 남긴 정도로 이해되는 것이 아닌가 생각된다.

〈표 4〉 정열모의 시·시조

번호	발표일자	제 목	발표지	필명	분류	비고
1	1918. 1	秋色	靑春 12	鄭烈模	시조	慈城(독자문예)
2	1918. 1	萍況	靑春 12	鄭烈模	시조	慈城(독자문예)
3	1918. 1	偶咏	靑春 12	鄭烈模	시조	慈城(독자문예)
4	1920. 7	統軍亭	曙光 6	鄭烈模	시	義州(현상문예)

---

65) 그것은『現代朝鮮文藝讀本』, 1쪽에 '살별 鄭烈模 撰'이라고 하고, 135쪽에 "號 살별 或 醉夢"이라 한 것에서 확인된다.『신소년』1926년 3월호, 57쪽「談話室」에도 "살별 先生님은 鄭烈模 先生님 이올시다"라고 하고 있다.

66)『東亞日報』1925년 5월 20일자「이 봄을 보내며」(白水). 백수라는 필명으로 시 3편과 시조 2편, 수필 1편이『동아일보』에 실린 바 있다.

5	1925. 7.13	憧憬	時代日報	살별	시조	
6	1925. 8.24	述懷	時代日報	살별	시조	
7	1925. 8.24	벙어리 身勢	時代日報	살별	시조	
8	1925.10.25	마지막 입(葉)	每日申報	醉夢	시	
9	1925.11.15	가을(詩三篇)	每日申報	醉夢	시	
10	1925.11.22	내가 네 사랑! 네가 내 사랑!	每日申報	醉夢	산문시	
11	1926. 1. 1	눈물	每日申報	醉夢	시	
12	1926. 2.21	大氣에는	每日申報	醉夢	시	
13	1926. 2.14	PO에게	每日申報	취몽중	시	취몽?
14	1926. 4.18	꼿필 날	每日申報	醉夢	시	
15	1926. 4.25	봄바람	每日申報	醉夢	시	
16	1946. 5	네 분을 생각함	한글 95	정열모	시조	백수
17	1946.10	애긋는 마음	신편고등국어문법	정렬모	시조	

〈표 5〉 정열모의 동요·동시

번호	발표일자	제 목	발표지	필명	분류	비고
1	1923.10	어린 동무들	新少年	정열모		
2	1925. 2	이쁜 송아지	新少年	鄭烈模	동요	
3	1925. 3	아버지 보고 지고 1	新少年	정렬모	동요	
4	1925. 3	아버지 보고 지고 2	新少年	정렬모	동요	
5	1925. 7	金붕어	新少年	정열모	동요	
6	1925. 8	여름을!	新少年	정열모	동요	
7	1925. 9	七夕	新少年	정열모		
8	1925.10	다람쥐	新少年	정열모	동요	아동문학집
9	1925.11	날대가리 무첨지	新少年	鄭烈模	동요	
10	1925.12	가랑닙	新少年	鄭烈模	동요	아동문학집
11	1926. 2	달마중	新少年	鄭烈模	동요	아동문학집
12	1926. 3	버들 눈	新少年	鄭烈模	동요	아동문학집
13	1926. 4	개나리	新少年	鄭烈模	동요	아동문학집 「나리꽃」
14	1926. 6	자라는 나라	新少年	鄭烈模	동요	아동문학집

15	1926. 7	길 떠난 동무	新少年	鄭烈模		아동문학집
16	1926. 8	백일홍	新少年	鄭烈模	동요	아동문학집
17	1926.10	단풍	新少年	鄭烈模	동요	
18	1926.11?	전등	新少年			아동문학집
19	?	낯선 길	新少年			아동문학집
20	?	새해에	新少年			문예독본

* 비고난의 '아동문학집'은 『현대조선문학전집』 18 : 1920년대 아동문학집 1(평양 : 문학예술종합출판사, 1993)에 수록된 작품임.
** '문예독본'은 『현대조선문예독본』 권1(수방각, 1929) 수록 작품.

<표 5>는 1920년대 정열모가 발표한 동요·동시이다. 이 시기까지 동요와 동시의 구별이 모호하였던 것으로 보이는데, 그는 동요로 표기하였지만 내용으로 보아서는 동시라고 보는 것이 나을 성싶다. 현재 확인되는 동요·동시는 모두 『신소년』에 발표된 것이다. 『신소년』은 1923년 10월호로 창간되었는데,[67] 그는 신명균이 주재한 이 잡지에 동요와 동화를 1920년대 말까지 자주 발표하고 있었다. 그런데 1993년 평양의 문학예술종합출판사에서 간행한 『현대조선문학선집』 중 '1920년대 아동문학집 1'은 동시선집으로, 여기에 정열모의 동시 10편이 수록되어 있다. 모두 『신소년』에 게재된 것으로 밝혀져 있는데,[68] 북한에서는 그를 1920년대 대표적인 아동문학가의 한 사람으로 인정하고 있다고 보아도 좋을 것 같다.

동화 역시 1920년대 정열모가 주력한 부분이다. 『조선일보』 1922년 12월 17일자에 실린 「이상한 나그네」가 그가 발표한 첫 동화로 생각된다. 『조선일보』는 1922년 12월부터 1923년 6월까지 매 일요일 '일요가뎡'이라는 난을 배치하였는데, 정열모가 그 난을 맡아서 교양적인 내용과 동화를 게

---

67) 『新少年』은 현재 雅丹文庫와 서울대학교 중앙도서관 가람문고에 상당수가 소장되어 있지만, 결호가 많다.
68) 『신소년』의 게재 호수가 잘못된 경우도 있다. 예컨대 「낯선 길」의 경우 1925년 12월호라고 했으나, 현재 남아 있는 그 호수에는 「가랑잎」만 실려 있다. 또 「달마중」은 1926년 2월호에 실렸는데, 6월호로 기록되었다.

재하였다. 처음에는 정열모로 기명하다가, 곧 '살별'을 필명으로 사용하였
다. 그리고 『신소년』에도 동요와 함께 동화를 발표하였는데, 특히 「바이올
린 천재」는 1년여를 연재하여 뒤에 단행본으로 발간되었다. <표 6>에 정리
된 것이 그의 동화 목록이다.

<표 6> 정열모의 동화

번호	발표일자	제 목	발표지	필명	분류	비고
1	1922.12.17	이상한 나그네	朝鮮日報	정렬모	동화	
2	1922.12.24	돌말	朝鮮日報	정렬모	동화	
3	1922.12.31	해골(髑髏)의 노리	朝鮮日報	정렬모	동요	동화
4	1923. 1. 7/14	일허버린 바이요린	朝鮮日報	정렬모	(동화)	2회
5	1923. 1.21	돈 업는 나라	朝鮮日報	살별	동화	
6	1923. 1.28/2. 4	파리한 소	朝鮮日報	살별	동화	2회
7	1923. 2.11/18	파란 『쏫-트』	朝鮮日報	살별	(동화)	2회
8	1923. 3.25 /4. 1/ 8/15	무서운 도적(大盜賊)	朝鮮日報	살별	(동화)	4회
9	1923.4.22./29 /5. 6	별(星)이 된 벗을 아들 삼은 이약이	朝鮮日報	살별	(동화)	3회
10	1923.5.13/20/27	큰 허풍	朝鮮日報	살별	(동화)	3회
11	1923. 6. 3	말하는 새	朝鮮日報	살별	(동화)	2회 이상?
12	1923.11	물사람	新少年	정열모	동화	
13	1925. 7~1926. 6	바이올린 天才	新少年	살별	(동화)	10회 長篇事實小說
14	1926.10	長靴 신은 고양이	新少年	醉夢	동화	
15	1927. 1	첫눈	新少年	살별	(동화)	
16	1927. 3/4	째놋친 『굿바이』	新少年	살별	(동화)	少年小說
17	1928. 8·9	信實한 庫直이	新少年	鄭烈模	(동화)	독본
18	1928.11	거미줄	新少年	鄭烈模	(동화)	독본
19	1929. 1	이약기 三篇	新少年	鄭烈模	(동화)	독본

1920년대 아동문학가들의 상당수가 일본어역의 세계동화를 번안 또는
번역하였던 것처럼, 그 역시 창작도 있으나, 일역된 세계동화를 번안 또는

번역한 것으로 보인다. 동화의 배경이 이탈리아·독일·프랑스·러시아·인 도·중국·페르시아 등 국내보다 외국이 많다는 것이 그러한 경우를 알려준 다고 하겠다.

특기할 것은 『조선일보』와 『신소년』에 발표된 동화나 동시 등의 상당 부 분이 그가 일본에 유학하던 시기에 이루어졌다는 점이다. 그는 1921년 초부 터 1925년 초까지 와세다대학 고등사범부 국어한문과에 재학하고 있었다. 그가 발표한 동화가 일본어역을 중역하였으리라는 점은 여기서도 짐작된 다. 일본에서 국내의 신문·잡지에 주로 아동문학 작품이지만, 상당량을 발 표하였다는 사실은 그가 그만큼 아동문학에 애정이 있었다고 할 것이다.

그렇다고 해서 그의 작품이 높은 문학성을 가진 것으로 평가되는 것 같지 는 않다. 북한에서도 그의 동요를 1920년대 대표적인 아동문학에 포함하였 지만, 방정환 등 일제강점기에 사망한 작가는 제외하더라도 남한에서 계속 활동한 윤극영尹克榮·이원수李元壽·한정동韓晶東·윤석중尹石重 등의 작품을 높이 평가하면서도 그의 작품은 전혀 언급하지 않고 있다.[69] 동화의 경우는 한 편도 선정되지 않았는데, 마해송馬海松·전영택田榮澤 등의 작품은 포함되 었다.[70] 그의 작품이 1920년대 유행한 애상적 감상주의에 빠져 있었다는 지 적이 있다. 즉 그의 동요는 애조를 담은 가락이 특징이라고 평가된다.[71]

〈표 7〉 정열모의 번역소설

번호	발표일자	제목	발표지	원작자	번역 필명	비고
1	1927.3/4/5·6	장미	한글(동) 1-2/3/4	佛國 모·팟산	조선 살별	3회/단편소설
2	1927. 7/8/11/ 1928.1/10	빈민 회귀	한글(동) 1-5/6/ 7/2-1/2	日本 中山議秀	朝鮮 살별	5회/단편소설

69) 리동수, 「근대아동문학사의 력사를 더듬으며」, 『1920년대 아동문학집』 1(문학예 술종합출판사, 1993) 참조.
70) 『1920년대 아동문학집』 2(문학예술종합출판사, 1993) 참조.
71) 李在徹, 『韓國現代兒童文學史』, 104쪽.

정열모는 외국소설도 번역하였는데, <표 7>에서 보이듯 동인지『한글』
에 발표하였다. 즉 그는 프랑스 모파상의 단편을 번역하여 「장미」라는 제
목으로 3회 연재하였고, 일본 나카야마 기슈中山議秀의 「빈민회귀貧民回歸」
라는 작품을 5회 연재한 바 있었다. 모파상의 작품도 일역본의 중역이었을
것이다. 「빈민회귀」는 1925년 5월에 동인지『마고토스나眞砂』에 「철로鐵路」
라는 제목으로 실렸다가, 1926년 9월『와세다문학早稻田文學』에 다시 게재
되면서 「빈민회귀」로 개제된 작품이었다.72) 정열모는『와세다문학』을 보고
있었다고 생각되는데, 발표된 지 1년도 되지 않은 시기에 번역하였다는 점
으로 미루어 이 작품에 크게 감동되었던 것은 아닌지 모르겠다. 이 시기
나카야마는 빈민이나 농촌생활자에 큰 관심을 보이며 작품활동을 하였는
데, 이 작품은 남편이 철로에서 죽은 미망인이 빈민촌에서 생활하다가 전
염병으로 자식들을 잃고 결국 철로에서 죽는다는 내용이었다. 아직 문명을
얻지 못한 20대 신진작가의 글을 번역하여 소개한 것은 정열모도 빈민문
제에 일정하게 공감하였기 때문일 것이다.

<표 8> 정열모의 정열모의 논문·수필·기타

번호	발표일자	제 목	발표지	필명	비고
1	1921. 6	隨感隨錄	學之光 22	醉夢生	
2	1921.11. ?-12. 6	蟹步	朝鮮日報	醉夢	16회
3	1922.12. 3	유전(遺傳)이란 무엇?	朝鮮日報	정렬모	日요家뎡
4	1922.12.10	가뎡에서 쥬의할 女子교육	朝鮮日報	정렬모	日요家뎡
5	1923.2.25/3. 4	사람 싱긴 래력	朝鮮日報	살별	2회/日요家뎡
6	1923. 3.11/18	우리의 자랑	朝鮮日報	살별	2회/日요家뎡
7	1923. 5. 6-5.25	中國文學史와 哲學史를 紹介홈	朝鮮日報	鄭烈模	16회
8	1926. 1	所感一端	教育研究 1	鄭烈模	재일본조선교육연구회

72) 日本近代文學館 편, 『日本近代文學大事典』2(講談社, 1977), 545쪽. 中山議秀
(1900~1969)는 뒤에 義秀로 개명하였다.

9	1926.11/12/1927. 1	南鮮旅行記	新少年	鄭烈模	3회
10	1927. 2.20	한담(閑談)	朝鮮日報	烈	한글난
11	1927. 2.21	정적(靜寂)	朝鮮日報	烈	한글난
12	1927. 3.22/23	등불과 달	朝鮮日報	烈	2회/한글난
13	1927. 2.24/25	참된 일	朝鮮日報	烈	2회/한글난
14	1927. 5.7/9/10/11/13	不死鳥	朝鮮日報	烈	5회/한글난
15	1927. 5.14/15/17	理想	朝鮮日報	烈	3회/한글난
16	1928. 7	봄!	新少年	鄭烈模	感想文
17	1929.12	新聞의 三大連載	新生	鄭烈模	앙케이트
18	1930. 1	말과 일이 쪽 갓게	新少年	鄭烈模	
19	1930. 8	學生에게 對한 希望	新民 60	鄭烈模	學生夏休利用問題
20	1932. 1. 8	金泉高等普通學校 校歌			
21	1935.11.30	崔松雪堂 銅像 銘文			
22	1937. 1	各學校新年計劃	朝光	鄭烈模	앙케이트
23	1941. 2	投資를 기다리는 文化事業 ; 科學研究所	朝光	鄭烈模	
24	1941. 3	설문	朝光	鄭烈模	
25	1941. 4	설문	朝光	鄭烈模	
26	1941. 9	十年	朝光	鄭烈模	
27	1946. 1·2	정치인들게 보내는 말	白民	정렬모	
28	1946. 5	화랑도	한글 94	백수	
29	1946. 6	국학이란 무엇인가	國學 1	정렬모	
30	1964	화전놀이	민족놀이	정렬모	

* 민족놀이 : 『조선의 민족놀이』(과학원 고고민속학연구소, 1964).

<표 8>은 논문과 수필, 그밖에 정열모가 발표한 글의 목록이다. 1921년 재일유학생 잡지인 『학지광學之光』에 실린 「수감수록隨感隨錄」은 '취몽생醉夢生'이라는 필명으로 발표되었는데, 이 시기에 그가 일본에 유학 중이었으므로 그의 글로 생각된다. 그는 1920년대에 『조선일보』와 긴밀한 관계를 맺고 있었던 것 같다. 이미 언급한 '일요가뎡'과 곧 언급할 '한글' 등의 난

을 그가 맡기도 하였고, 1921년과 1923년에는 장문의 논문을 게재하기도
하였다. 즉 「해보蟹步」와 「중국문학사와 철학사를 소개흠」은 모두 10여 회
에 걸쳐 신문에 수록된 논문이다.

「해보」는 '천하 부모에게 경고ᄒ노라'와 '악덕악습양성법惡德惡習養成法'
이라는 주제로, '게걸음'이라는 제목처럼 아동의 악덕과 악습을 키우는 방
안을 제시하면서, 아동들을 바르게 키울 수 있는 방안을 역설적으로 내세
운 내용이었다.

그리고 「중국문학사와 철학사를 소개흠」은 서론으로 문학의 시대적·지
방적 특색, 귀족적 문학·평민적 문학, 문학과 문자·학교·과거·유교·불교·
도교를 설명하고 문학사상의 시대 구획을 서술하였다. '본론'으로 "상고문
학의 총론"을 논의하다가 연재가 중단되었다.[73] 정열모는 이러한 주제의
필요성을,

> … 新文化建設에 汲汲한 目下 大勢로 보면 時代錯誤가 아닐가 하
> 는 疑訝가 잇섯다 … 우리는 우리 生命이 잇는 날ᄭ지는 努力하여야
> 할 것이다 改造運動을 高唱하는 所以가 거긔 잇다 그러면 改造의 先行
> 手는 무엇으로 비롯하여야 하느냐 몬져 져를 알아야 한다 … 何如間
> 우리의 過去는 中國文化에 醉하여 全生活을 들어 그네가 되지 못함을
> 恨하엿다 그리 自稱 小中華라 하여 自己를 忘却함으로 가장 큰 名譽
> 를 삼앗섯다 그러면 우리의 過去를 알자면 그네의 文化를 硏究할 必要
> 가 잇다 그네를 縮小한 것이 우리 生活이던 싸닭이다 그러나 不幸히
> 우리나라에서는 그네 文化에 心醉한 싯헤 오즉 追從하기에 唯恐不及
> 하엿고 조금도 批判的 眼目을 가지지 못하엿섯다 그 流毒은 只今도 오

---

73) 정열모는 『조선일보』 1923년 5월 6일자의 연재 시작에서 "事勢에 依하야 몬져 그
   文學史를 紹介하고 그 담에 哲學史로 들어가게 되겟다 그런디 工夫하는 餘暇에
   조고만 틈을 타서 하는 일이기 찍튼에 가다가 무슨 障碍가 싱길 지도 모르니 그
   點은 特別히 容恕하기 바란다(!)"라고 하여, 연재가 경우에 따라서는 중단될 수
   있음을 내비쳤다.

히려 除△되지 못한 모양이다 …74)

고 하여, 우리의 개조를 위해서는 우리가 오래 영향을 받은 중국문화를 이
해하여 반성의 자료로 삼아야 한다는 뜻으로 설명하고 있었다. 정열모가
중국문학사를 소개한 것은 우리 문화에 중국의 영향이 많으므로 그것을
비판적으로 이해하기 위해서는 먼저 그 내용을 알아야 한다는 관점을 가
지고 있었기 때문으로 생각된다.

1927년에 발표된 글 가운데 '한글난'에 실린 것이 8종 17회나 된다. 이것
은 『조선일보』가 1927년 1월부터 7월까지 설치한 난으로, 소리나는 대로
쓰고 있던 한글을 바로 쓰게 하기 위하여 모범이 될 수 있는 글을 게재하
여 한글의 표준을 만들고 문법을 세운다는 목적이 있었다.75) 사실 조선일
보사에서는 이 난을 통하여 한글을 장려하며 애용·보급하여 문맹타파의
신기원을 삼고자 하였던 것이다.76) 그런데 설치 직후 이 난에는 동화나 사
화가 무기명으로 실리다가, 2월20일자「한담閑談」부터 필자가 '열烈'로 나
오고 있다. 5·6월에 이르면 '가람'과 '현鉉'이라는 필명이 보이는 것으로
미루어, 한글난은 정열모·이병기·최현배 등이 맡아 집필하였음을 짐작할
수 있다. 그렇지만 무기명의 글이 많았는데, 그 대부분이 동화나 사화, 외국
위인 이야기 등이었다. 그 상당 부분이 정열모의 글로 짐작되지만, <표 8>
에는 '열烈'이라는 기명의 글만을 포함시켰다. 그리고 수필과 잡지사의 앙
케이트 등에 답변한 단문 등이 있다.

정열모의 국어학과 아동문학에 대한 관심은 1920년대에 집중되고 있지
만, 한글보급운동과 무관하지 않았던 것으로 생각된다. 한글의 연구와 토
일은 조선어연구회·조선어학회의 주도로 이루어지고 있었다.77) 한글보급

---

74) 鄭烈模,「中國文學史와 哲學史를 紹介하기 前에 所感을 몬져」,『조선일보』
　　1923년 5월 6일자.
75)『조선일보』1927년 1월 1일자「한글欄에 對하야」.
76)『조선일보』1927년 1월 6일자「한글欄 創設」.

운동은 학교교육을 비롯하여 강습회와 야학, 신문·잡지 등 언론매체를 통한 계몽, 그리고 문학활동 등을 통하여 가능하였다. 특히 아동이나 학생들에게 한글을 올바르게 쓸 수 있고록 가르치는 일이 중요하였다. 정열모는 한글의 연구와 통일에도 직접 관여하면서, 그 보급에 깊은 관심을 가지고 있었다. 그가 학교교육에 참여하면서 신문이나 잡지에 국어에 관한 글을 발표하는데 그치지 않고, 아동문학에 적극 나섰던 것이 그러한 관심의 발로였다. 그가 『현대조선문예독본』을 편집한 것도 같은 맥락에서 이해된다. 다만 그가 1930년대에 신설 중학교의 책임자로 자리를 옮긴 뒤에는 시간적으로 한글보급운동에 전념할 수 없었던 것 같다. 즉 1930년대에는 김천고등보통학교라는 국한된 공간에서 그러한 관심을 실천하였지만, 결코 중단되었던 것은 아니었다. 그가 해방 직후 한글문화보급회를 조직하고 『한글문예독본』을 간행하는 등 다시 본격적으로 한글보급운동에 앞장서기 때문이다.

4. 식민지시기 교육관과 어문민족주의

정열모는 국어학과 아동문학에 상당한 글을 남겼지만, 그 부분을 제외하면 그 스스로의 견해를 밝히는 글을 많이 남기지는 않았다. 비슷한 시기에 활동한 국학자들이 국어와 국사 또는 문학에 관심을 가지고 많은 글을 쓰며 민족주의적 경향을 그대로 드러낸 것과는 달리, 그는 국어학에서도 이론적인 체계를 갖춘 문법론을 시도하였던 점에서 더욱 그렇게 생각된다. 물론 그렇다고 정열모가 민족주의적인 경향을 보이지 않았다는 의미는 아니다. 그가 비록 일본 학계의 연구성과를 국어학에 적용하고자 하였다는 평가를 받는다 하더라도, 그것은 기본적으로 국어학의 체계화를 위한 방법

---

77) 이준식, 「일제침략기 한글운동 연구」, 『사회변동과 성·민족·계급』(문학과지성사, 1996) 참조.

론의 수용이고 차용이었던 점에 주목해야 할 것이다.

먼저 정열모는 민족의 앞날을 짊어질 아동·소년들에 대하여 그 누구보다 관심을 두고 있었다. 특히 일본 유학 중에 그는 아동문학에 경도되었으며, 마침 같은 관점에서 『신소년』이라는 소년잡지를 발행하던 선배 신명균과 아동문학운동을 전개하였다. 1925년 귀국하여 중동학교의 교원으로 교육의 현장에서 그가 밝힌 소년에 대한 사랑을 보면,

> 萬一 실갓흔 希望을 우리 前途에 둔다면 자라나는 우리 少年이 한갓 慰安거리가 안인가 합니다 果然 우리 少年에게 나는 바람이 만슴니다 그래 그런지 우리 少年은 아무모로 보아도 사랑스럽슴니다 그네를 對할 째는 웃음이 절로 남니다 … 우리의 將來를 囑望하는 우리 少年을 對할 째에 사랑스러우 마음이 생기는 것은 事實이엿슴니다 그만큼 그네를 對할 째에 敬虔한 마음이 생기는 것도 事實이 올시다 짜라서 그들의 불으레한 얼골을 볼 째 우리의 모든 落望이 스러져 바리는 것도 事實이 올시다 …[78]

이라고 하여, 소년이 '우리'의 희망이라는 점을 강조하였다. 소년을 통하여 사랑과 웃음이 생기고, 낙망이 사라진다고 밝힌 것은 민족의 미래가 바로 이들 자라나는 소년에 있다는 뜻이었다. 따라서 소년의 교육이 지니는 중요성에 대하여 그가 달리 표현하지 않았어도 짐작되는 일이다. 정열모가 1920년대에 아동문학에 경도되고 식민지시기에 20년 가깝게 초등·중등교육에 진력한 것도 그러한 이유였으리라 짐작된다.

1940년대 초 정열모는 그의 교육관의 일단을 술회한 바 있다.

> … 내가 後進에 嚴禁하는 바는 失望이다. 焦燥와 輕擧다. 妄動이다. 그리고 바라는 바는 信念이다. 希望이다 忍耐다. 持久이다. 나는 知識

---

78) 鄭烈模, 「所感一端」, 『敎育硏究』 1, 56~57쪽.

도 없다. 德行도 없다. 그러면서도 남을 가르치는 자리를 敢히 더럽힌
所以는 오직 그 네 가지 德을 共勵하겠다는 決心을 가진 데서 이었고
일 것이다. 無限히 發展할 將來를 가진 어린이를 앞에 놓고 꾸짖고 나
물하고 罰하고 空疎한 自己의 過去 現在 將來를 돌아보고, 생각하고
내다볼 때 얼마나 부끄럽고 우습고, 두려운 일이랴. 그러나 나의 所信
이 나를 단속하고, 남을 바로 잡는 길인 以上 또 그것이 確實한 사람의
길이기 때문에 教權의 神聖을 自信한 것이다. 그것 아니고 空疎한 十
年을 보낼 수 있었을 것이랴. …79)

학생들에게 실망·초조·경거·망동을 엄금하고, 신념·희망·인내·지구를
격려한 그는 그 자신의 자격이 되지 못하지만 그러한 교육의 실현을 위하
여 진력하였음을 밝혔다. 아마도 그것이 오랫동안 교직을 천직으로 알아
온 그의 자기고백일 것이다. 그가 조선어·작문·조선사·수신 등의 과목을
교수하면서 학생들에게 강조한 것이 바로 이러한 원칙이었고, 따라서 그것
이 현실사회에서 제대로 적용되지 않는다는 제자의 편지에 "생교生校는 수
도장이다. 세상이 악하기 때문에 그것을 바로 잡으려고 애쓰는 데가 학교
다. 학교는 학활學活 방편만을 가르치는 데가 아니다"라고 답변할 수 있었
다.80) 사실 1920년대 일본유학 중에 정열모는 자녀교육을 논하며 '복종에
서 자유로 전진'·'선악의 표준을 분명히 하라'·'가둬두는 주의 교육의 폐
기'·'발육하는 순서와 동무와의 유희'·'쉴을 잡아서 소를 죽이지 말라' 등
의 교육법을 소개한 바 있다.81) 자녀에 대하여 부모가 강제하기보다는 자
유롭게 교육하면서도, 무리 없는 절충을 제시한 내용이었다. 그는 부모에
게 자유교육으로 점진적인 변화를 권하였지만, 학생들에게는 원칙적인 덕
목을 통한 인격완성을 강조하며 결국 민족의 희망이 그들에게 달려있음을

---

79) 鄭烈模, 「十年」, 27쪽.
80) 鄭烈模, 「十年」, 28쪽.
81) 정렬모, 「가뎡에서 쥬의할 女子 교육」, 『조선일보』 1922년 12월 10일자. 이 기사
   내용이 자녀교육인 것으로 미루어 '女子 교육'은 '子女 교육'의 오식이다.

강조하지 않았나 한다. 1930년에 그는 「말과 일이 쪽 갓게」라는 제목으로 '소년에 대한 바람'을 언급한 바 있다.

> 우리는 하고 십은 일이 만습니다. 그리고 하야 할 일도 만습니다. 그러나 모든 일에 着手하기 前에 우리가 먼저 생각하여야 할 것은 自己 自身을 완전한 사람을 만들어야 한다는 것입니다. 그리고 굿센 사람이 되어야 한다는 것입니다. 그리하야 말과 일이 쪽 가터야 한다는 것입니다.82)

소년들에게 완전하고 굳세면서 말과 행동이 일치되어야 한다는 요구였다. 이러한 관점에서 그는 학생들에게 신념·희망·인내·지구를 권고하고 실망·초조·경거·망동을 엄금하였을 것이다. 아마도 그가 1937년 김천고등보통학교 교훈으로 입지立志·권학勸學·경신敬身·애인愛人·건성建成을, 1941년에는 입지·권학·애물愛物·거경居敬·진충보국盡忠報國으로 제정한 것도 같은 맥락에서 이해할 수 있다.83) 1941년의 교훈 가운데 '진충보국'은 일제가 요구하던 구호임이 쉽게 짐작되는데, 전체적으로 인격완성을 위한 고전적인 덕목의 함양을 강조한 것이었다. 학생들에게 그 같은 덕목을 강조한 만큼 그는 출장여비를 반납할 정도로 그 자신에게도 엄격하였다고 한다.84) 그는 학교교육을 자유교육의 형태로 지향한 것은 아니었고, 주입식으로라도 덕목 함양으로 전인교육이 이루어져야 한다는 엄격한 교육관을 지니고 있었다. 더욱이 그가 계속 인문계 중등학교에 재직하였기 때문에 전인교육에 대한 관심이 고조되었는지도 모르겠다. 물론 이러한 교육관이 당시 정열모에게만 국한되지는 않았다. 해방 이후에도 오랫동안 교육의 목적을 덕목 함양에 두었던 것이 한국교육의 현실이었기 때문이다.

정열모는 문자 전수나 출세주의의 고취와 같은 기존교육이 지식습득의

---

82) 『신소년』 1930년 1월호, 23~24쪽.
83) 『松雪六十年史』, 50쪽.
84) 金漢壽, 「創校 60年을 돌아보며」, 376쪽.

자유경쟁을 가져왔고, 결국 그것은 도덕의 파산을 초래하였다고 파악하였다. 따라서 그는 "학교에서 가르친 도덕과 세간 처신과의 모순에 있어서는 안 된다"고 천명한 것이다.[85] 그런데 현재 정열모의 교육관으로 여성교육에 대한 관심이 별로 나타나지 않고 있음도 주목된다. 그는 남학교에 재직하고 아들이 여럿이어서인지, 여성교육에 대하여 논급한 글이 찾아지지 않는다. '사내다움'을 강조한 점으로 미루어,[86] 그의 관심은 소년에게만 있었을지 모르겠다.

그러나 그가 교육을 통하여 추구한 것은 인간 완성에 그치지 않았다. 그가 1929년 『현대조선문예독본』을 펴내면서 예문으로 수록한 입학 치하의 편지를 보면,

> … 무엇을 한다 하더라도 爲先 첫재 훌륭한 朝鮮 사람이 되어야 할 거시외다. 朝鮮은 아프로 世界各國의 文明을 吸收하여 한 새로운 文明을 建設하여야 합니다. 이거슨 朝鮮社會의 重大한 責任인 同時에 愉快한 事業일 거시외다. 훌륭한 朝鮮 사람은 社會를 爲하여, 이 事業의 一部를 써마터야 합니다. …[87]

라고 하였다. 훌륭한 조선 사람은 새로운 문명을 건설하고, 사회를 위하여 활동해야 한다는 것이었다. 이러한 생각은 1940년대에도 마찬가지였다.[88] 그 과정에서 그는 조선에 대한 자부심을 키우며 국어 사랑을 내세웠다. 그는 식민지시기에 국어를 전공한 교사였다. 더욱이 국어 연구 자체가 민족운동의 한 양상으로 인식될 수 있던 시기였다. 그는 대종교의 신자이기도

---

85) 鄭烈模, 「十年」, 28쪽.
86) 烈, 「한담(閑談)」, 『조선일보』 1927년 2월 20일자.
87) 鄭烈模, 『현대조선문예독본』, 8쪽.
88) 1942년 김천중학교 입학시험시 한 수험생은 구술시험에서 "장래 무엇이 될 것인가"라는 정열모의 질문에 "훌륭한 조선 사람이 되겠다"고 대답하였는데, 입학 후 수신시간 뒤에 따로 불러 가장 훌륭한 답이었다고 칭찬하였다고 한다(金麟坤, 「잊지 못할 母校生活」, 『松雪六十年史』, 390쪽).

하였는데, 조선에 대한 자부심의 전제에는 민족이라는 주제가 배경으로 있었음은 쉽게 짐작된다. 그는 한국문화를 백두산을 중심으로 한반도 만주를 어우르는 고대문명권으로 상정하고, 황하·인도·메소포타미아·이집트문명과 같이 세계 고대의 5대 문명으로 설명하며, 단군의 치적을 소개하고,

> … 우리는 직접으로 하느님의 가르치심을 밧고 하느님의 피를 바든 사람들이니 예적부터 다른 나라 사람들이 우리를 하늘 빅성이라 하고 이것이 모다 까닭업은 소리가 안이니 우리는 우리의 자랑거리를 이저 버리지 말고 싱각하여서 과연 하느님의 자손인 무슨 포적을 들어 매사에 미쳐야 할 것이올시다[89]

라 하였다. 조선에 대한 자부심으로 나타나는 대종교적 선민사상을 일찍부터 가지고 있던 그가 일본문화에 한국문화가 영향을 끼친 것을 문자의 창제와 연결하여 설명한 것은 당연한 일이기도 하였다.

> … 일즉이 다른 文化의 獨創이 만흔 우리로, 가장 切實한 要求인 文字의 創造가 업서서 될 말 일가 보냐. 萬一 模倣에 長한 朝鮮이더면, 日本이 使用 假名에 不滿을 가지는 以上의 苦痛을 우리는 이미 늣기엇슬 것이요 今日에 우리말의 片影을 接하기 어려웟슬 것이다. 이에 한 가지 생각나는 것은, 日本文化와 朝鮮文化의 根本的 差異 그것이다. 日本文化는 모래밧(沙田)文化요 우리 文化는 팔밧(火田)文化다. 그럼으로 日本은 文化的 枯渴을 늣기면 늘 肥料都家를 생각하게 되엿고 朝鮮은 文化的 沈滯가 잇슬 째마다 새 天地를 찾게 되엇다. 過去의 日本에 時代를 딸아 韓, 唐의 色彩가 번갈어 들엇던 것과 現代日本이 歐美化한 것이 그것이요, 革命後 朝鮮에 그 째 쪽쪽 새 文化가 建設된 것이 그것이다. 數에 否泰 잇스며 時에 隆替잇슴이 當然한 일이라, 우리 歷史 쏘한 그러하거니와 獨創的 天才를 내는 民族的 血統은 連綿히 흘럿스니 우리 正音의 創造가 엇지 偶然한 것이랴 …[90]

---

89) 『조선일보』 1923년 3월 18일자 「우리의 자랑」(살별).

일본을 외래문화가 스며드는 모래에 비유하면서, 한국문화의 독창성을 내세운 그는 문화는 높은 곳에서 낮은 곳으로 흐른다는 사실을 강조하였다. 그리고 그러한 예로 그는 한글을 예시한 것이다.

> … 대체 文化란 것은, 놉흔 데서 낫은 데로 흐르는 것인줄은 누가 모르겟습니가. 더구나 그 文化란 것은 다른 民族을 同化시키기에 武力보다 힘이 잇는 것이니 … 그러면 朝鮮文化가 얼마만한 影響을 日本의 그것에 끼쳤느냐 하는 것은 알에 말슴할 것과 갓거니와. 그것으로 우리는 空然히 妄自尊大하자는 것이 아니라, 우리말이 그만큼 文化上 價値가 잇다는 것을 말슴하고저 함이 올시다 …91)

한국이 일본에 문화적으로 영향을 끼쳤다는 사실을 내세우며, 특히 문자문제를 강조한 것은 바로 민족주의의 다른 모습이었다.

국어학자인 정열모는 국어 자체의 우수성이며 탁월함을 기회가 되는 대로 지적하였지만, 오히려 국어의 발전은 국어학자에게 있지 않고 문학자에게 있음을 여러 차례 강조하였다. "조선말이 인류문화를 돕는 한 가치 있는 그릇이 될" 수 있는 것은 "문학의 힘을 빌어서만" 가능하고, "조선말을 살릴 사람은 문법자가 아니라 문학자인 것을 우리는 깨달어야 할 것"이라 한 바 있었다.92) 결국 국어를 발전시키고 국어에 혼을 담는 일은 문학을 통하여 가능하다고 믿은 것이다. 홍명희洪命熹의 『임거정전林巨正傳』을 "조선에 일즉 짝이 없든 거편인 동시에 첨으로 조선 냄새나는 문학에 접촉한 듯 늣김이 있읍니다"라고 한 것이 바로 그 같은 예가 아닐까.93) 일찍이 그가 시와 시조를 짓고, 아동문학에 관심을 보이고 해방 직후에 『한글문예독본』부터 간행한 것 역시 그러한 관점에서 이해된다. 그가 한글보급운동에

---

90) 鄭烈模, 「正音頒布八回甲을 當하야」, 『新民』 13, 1926, 22~23쪽.
91) 鄭烈模, 「文化上으로 본 우리말」, 『新民』 20, 1926, 42~43쪽.
92) 鄭烈模, 「이날에 간절히 늣기는 바」, 『조선일보』 1930년 11월 19일자.
93) 鄭烈模, 「新聞의 三大連載」, 『新生』 1929년 12월호, 19쪽.

적극적이었던 것도 같은 이유에서였다.

해방 이후 그는 한글 전용으로 글을 쓰고 있었다. 그것이 자주독립의 완전한 표상이라고 인식하였기 때문이다.

> ··· 남이야 어찌 보든지 우리 자신으로서 자주독립의 완전한 표상으로 이 기회에 기어코 국문만 국자만 순용하도록 힘써야 할 줄 압니다. 이것은 결코 배타주의에서가 아니라 자주주의에서 올시다. 혹 이것을 국수주의라고 비난합니다. 제 것으로 제 살림을 하자는 것이 무엇이 나쁜 일인가요. ···94)

그는 한글전용이 국수주의가 아니라 자주주의로 이해하고 있었다. 동시에 그는 국어나 국사에 국한하지 않고 국학 전반에 관심을 가져야 한다고 촉구하였다. 그가 국학전문학교의 초대 교장으로 있으며,

> ··· 민족정신은 그 대부분이 언어를 통하여 발로되는 것이요 그 정신 발노의 전통적 역사를 통하여 엿볼 수 있는 것이기 때문에 국학이라 하면 얼른 국어 국사를 연구하는 것으로 알지마는 실상은 국어 국사는 국학연구의 기초가 되고 입문이 되는 것이지 국어 국사 연구가 국학의 전체는 아니다. 정치·문학·공예 심지어 의복 음식까지 모두 민족사상의 발노이기 때문에 그 모두가 국학 연구의 대상이 되는 것이다.
> ··· 국학 연구하는 것은 다만 옛 것을 찾자는 것이 목적이 아니라 옛 것을 알아서 새 길을 찾고 아름다이 하려는 것이 목적인 것이다.95)

라고 학생들에게 국학을 규정해 주었다. 따라서 그는 국어나 국사를 국학의 기초·입문으로 보고, 민족정신·민족사상의 발로로 생각되는 국학 전반을 통하여 옛길에 머물지 않고 새길을 가야 한다는 점을 중시하고 있었다.

---

94) 정렬모, 「한짜폐지에 대하여」, 『大潮』 1-2, 1946, 127~128쪽.
95) 정렬모, 「국학이란 무엇인가」, 『國學』 1, 1946, 3쪽.

그렇지만 기본적으로 정열모는 국어가 민족정신을 드러낼 수 있다고 믿었고, 국어는 문학을 통하여 가꾸어지고 가치와 사명을 다하는 것으로 이해하였다. 일제가 민족말살정책의 일환으로 국어운동을 탄압하고 1942년 조선어학회사건을 일으킨 것도 바로 국어가 민족정신의 발로라는 인식 때문이었다.

정열모는 조선어학회사건으로 검거되어 미결수로 2년이나 수감되었다가 공소소멸로 1944년 9월 말 겨우 석방될 수 있었다. 동지들의 대부분은 여전히 수감 중이었다. 그런데 그가 조선어학회사건으로 검거되기 1년 전 김천중학교 교장으로 재임하면서 잡지에 기고한 수필 한 편이 있다. 1930년대 두 편의 논문을 『한글』에 게재한 것과 앙케이트 같은 단문을 제외한다면 거의 10년 만에 쓴 글이었다. 김천에서 학교 일에 진력한 지 10년이 된 사실에 감개무량하면서 그 소감을 「십년十年」이라는 제목으로 『조광朝光』에 발표하였다. 그는 사립중학교의 교장으로 일제의 간섭을 계속 받아오며 외형적으로 일제에 협조적이어야 할 부분이 없지 않았을 것이다. 예컨대 민중적 오락의 지도방안을 묻는 앙케이트에 "고상하고 우아하고 용감하고 간단한 것을 택하여 국민총력연맹을 중심으로 실시하면 어떠할지"라는 답변은 그렇게 이해될 수도 있었다.96) 니야마 히로미치仁山弘道라 창씨개명한 것도 일제의 강요 때문이므로 그만의 일은 아니었다. 조선어학회 관여자들의 대부분도 창씨개명을 할 수밖에 없었고,97) 더욱이 그는 사립중학교 교장이었기 때문에 더욱 운신하기가 어려웠을 것이다. 그런데 「십년」이라는 글은 그와는 성격을 달리한 것으로 보인다.

… 時局은 切迫하다. 우리의 一段 覺悟가 必要하다. 共榮圈 確立! 이 얼마나 반가운 고마운 소리냐. 그 理想의 內包를 良心껏 討究한다면 蔣介石의 抗戰이 얼마나 어리석은 行動이냐. 人間의 善이 한 걸음

---

96) 『朝光』 1941년 4월호, 165쪽.
97) 「朝鮮語學會事件 豫審終結決定文」.

完域에 達하려는 設計에 對한 返逆이다. 聖戰의 眞意를 沒却한 無知
莫知한 行動이다. 아마 共榮圈이란 字義를 모르기는 蔣介石뿐이 아니
다. 內鮮一體의 精神이 事象만 보고 語自語我自我의 態度를 가저서는
안 된다. 우리는 흔히 閃電을 보고 無心하다가 雷聲을 듣고서 비로소
놀라는 滑稽가 있다. 閃電과 雷聲은 放電이란 한 現象에 不過한다. 東
亞共榮은 東亞一體란 말과 交瓦하여도 無妨하도록 所信을 가져야 한
다. 그리고 努力하여야 한다. 十年 靜觀의 透影畵는 바햐흐로 實線化
하려 한다. 國內局外를 勿論하고 過去의 自由主義가 얼마나 사람의 精
神과 勞力을 浪費시켰나. 가진 者 或은 가지려는 者 때문에 가지지 못
한 者의 안타까운 焦燥가 얼마만하였나. 宿命的이른지 모르지만 생각
하면 몸서리칠 일이다. …98)

  내용 가운데 동아공영과 내선일체를 지지하고 자유주의의 폐해를 언급
한 이 글이 단순히 강제에 의한 국책지지의 경우라고만 생각되지는 않는
다. 이 글이 일제에 의하여 강제로 발표될 성질의 것이었는지는 알 수 없
다. 사립 인문중학교에 대한 일제의 감시와 간섭은 집요하였을 것이고, 정
열모가 조선어학회사건에 관여되자 곧바로 김천중학교를 폐교하고 공립으
로 전환한 것을 보아도 그 간섭이 짐작되는 일이다. 그렇다면 그러한 간섭
이 이미 1940년대 초부터 계속되었을 것이므로 정열모가 학교를 유지하고
자 일제의 국책을 지지하는 글을 발표한 것인지도 모르겠다.

  하지만 오랫동안 국어연구와 민족정신의 발현에 진력하고 한국문화의
우수성을 일본문화에 대비하며 지적해 온 그로서는 어떠한 이유에서였던
지 쉽게 이해받을 수 있는 부분은 아니라고 믿어진다. 여전히 '훌륭한 조
선 사람'을 기대하고, 그를 통하여 학생들이 민족의식을 깨닫기도 하였지
만,99) 어떻든 일제강점 말기에 일제의 허망한 주장을 따르는 모습을 남긴
것은 오점이 아닐 수 없다. 원칙론을 내세우면서도 "우리는 사람답게 겸손

---

98) 鄭烈模,「十年」, 27~28쪽.
99) 崔夏鎭,「母校에서 '民族의식' 세례 받아」,『松雪六十年史』, 386쪽.

하게 현실ㅅ적으로 그날그날 살아가면 그것이 좋지 아니 하겠느냐'고 한 그가 젊은 시절 발표한 어느 짧은 글의 한 부분이 다시금 떠오르는 것은 어쩔 수 없다.[100]

5. 맺는말

정열모는 국어학자이면서 아동문학가로 그리고 교육자로 일제강점기를 보냈다. 해방 이후에는 국어학자·교육자·종교인으로 널리 활동하면서 정계에도 종종 얼굴을 내비치기도 하였다. 1920년대에 그는 국어학 연구에 진력하면서도, 문학에 깊은 관심을 가지고 시와 시조를 발표하였으며 동요와 동시를 남겼다. 그러나 1930년대 초 김천고등보통학교로 옮긴 이후에는 학교운영에 적극적으로 관여하며 국어학이나 문학에서 어느 정도 비껴서 있게 된다. 그렇지만 인간 완성의 덕목을 강조하면서, 민족정신의 발현을 위한 노력은 계속되었다. 일찍부터 민족적 자부심을 가지고 대종교적 선민사상을 가지고 있던 그는 일본문화에 대한 한국문화의 우위를 주장하였고, 특히 문자의 창제를 그 예로 제시하곤 하였다. 그뿐만 아니라 민족정신의 발현은 국어연구보다 문학의 발전에서 찾아야 할 것을 지적한 바 있다. 한글보급운동에 진력한 것도 그러한 이유였다. 1942년 10월 조선어학회사건으로 구속되어 2년의 수감생활을 겪기도 하였다. 그러나 일시 일제의 대동아공영권과 내선일체에 순응하는 모습도 보인 바 있었는데, 명확하게 규명되지 못하였다.

정열모의 저술은 10여 권이 되지만, 대개 국어학 관련서적이다. 그리고 문예독본과 번역동화 등이 있다. 시와 시조, 동요·동화·번역소설 등이 적지 않으나 문학적으로 크게 인정받지는 못하였다. 그리고 문학활동은 주로 1920년대에 집중되고 있었다.

---

100) 鄭烈模, 「理想」(二), 『조선일보』 1927년 5월 15일자.

　국어학자와 교육자로 일평생을 보낸 그는 해방 이후 한글학회 이사와 국학전문학교·홍익대학의 책임자로 활동하다가 제2대 국회의원에 입후보 하였으나 성공하지 못하였다. 납북 이후 오히려 국어학자로 다시 돌아갈 수 있었다. 그의 본연은 국어학자였다. 오늘날 간혹 정열모가 논의되는 것 도 바로 그의 국어학에서의 업적 때문이다.

제4부

외래종교의 정착

김구와 기독교

1. 머리말

해방 직후 이른바 3영수가 환국하였다. 미국에서 이승만李承晩이, 중국에서 김구金九와 김규식金奎植이 국내에 들어와 정부 수립을 위한 정치활동을 전개하였다. 이들 세 지도자가 지닌 공통점의 하나는 기독교인이라는 사실이었다. 모두 외국으로 망명하기 이전부터 기독교를 접하였고, 각기 신앙의 정도는 차이가 있었겠으나 환국 후 교회에 출석하였다. 기독교와 연결되어 미국에 유학하였던 이승만과 김규식이 기독교인이라는 사실은 쉽게 짐작되는 일이었지만, 김구 역시 기독교인이라는 사실은 언뜻 생각하면 의외의 일이었다. 그는 동학 접주뿐 아니라 승려 생활까지 한 적이 있었기 때문이다.

그러나 김구 역시 1902년 전후 기독교를 접하고, 한말에 기독교인으로 국권회복을 위한 계몽운동에 적극적으로 참여하였었다. 중국에 망명하여 독립운동을 전개하면서 오래 기독교와 무관하게 지내다가, 환국 이후에는 교회에 출석하며 기독교 신앙을 회복하였다. 그러나 그는 기독교에 애정을 보이면서도, 다른 종교에도 깊은 관심을 가지고 존중하였다.

이 글은 기독교인으로서의 김구와 관련된 활동을 살펴보고자 작성되었다. 그 과정에서 그의 모친과 부인의 신앙에 대해서도 부분적으로 언급하고, 그와 다른 종교와의 관련도 검토할 것이다. 그러나 관련 자료가 많지 않아, 기본적으로 김구의 자서전인 『백범일지白凡逸志』에 크게 의존하지 않을 수 없으며, 부분적으로 독립운동가들의 회고도 참고하였다. 해방 이후 김구와 기독교에 관련해서는 신문기사를 주로 이용하였다. 다만 필자가 그의 기독교 입교와 국내에서의 기독교 관련 활동에 관해서는 한말 계몽운동을 살피면서 이미 논의한 바가 있어,[1] 그 부분은 소략하게 정리하고자 한다.

2. 한말 기독교 수용과 신앙: 1902~1910

김구가 기독교에 입교한 것은 1903년 11월경이었으리라 추정된다. 즉 1903년 11월 한 달 동안 헌트W. B. Hunt 목사가 황해도 지방을 방문하고 110명에게 세례를 줄 때 김구도 세례를 받았을 가능성이 높다.[2] 그가 기독교에 관심을 가진 것은 1902년 전후였다. 기독교에 관심을 가지기에 앞서 그는 종교적 편력이 적지 않았다.

본래 그는 한학을 공부하다가 1893년 동학에 입교하였다. 동학 교리에 대한 깊은 이해보다, 동학 지도자들이 보여준 사회평등의 실천이라는 점이 그의 관심을 끌었다. 농민전쟁 이후 안태훈安泰勳에게 의지한 그는 고능선高能善에게서 정통 성리학을 배워 의리를 중시한 학문을 갖출 수 있었다. 그가 1896년 3월 안악의 치하포에서 국모시해의 원수를 갚고자 일본 밀정을 처단한 것도 이때 갖춘 유교적 소양과 무관하지 않았다. 그는 1898년 3월 탈옥할 때까지 약 1년 8개월간 인천감옥에 갇혀있었는데, 옥중에서 중국과 국내에서 발간된 세계 역사와 지리에 관한 서적들을 읽을 수 있었다. 이 근대 학문과의 만남으로 김구는, 의리는 유학에서 배우고 실제적인 문

---

1) 최기영, 「백범 김구의 애국계몽운동」, 『백범과 민족운동 연구』 1, 2003 ; 「한말 김구의 계몽운동」, 『한국근대계몽사상연구』(일조각, 2003). 이 글에서 언급된 기독교는 개신교를 의미한다.
2) 옥성득, 「백범 김구의 개종과 초기 전도 활동」, 『한국기독교역사연구소소식』 47, 2001, 27~28쪽.

화와 제도는 신학문을 통하여 이루어야 한다는 절충적인 생각을 가지게
되었다. 인천감옥을 탈옥한 후 그는 마곡사麻谷寺 등지에서 승려로 생활하
다가 1899년 환속하였다. 불교에의 귀의는 동학과 마찬가지로 교리보다는,
피신 중 현실적인 관심에서 승려가 된 것이었다.

김구가 기독교에 관심을 가진 것은 1901년 1월 부친상을 겪고 탈상 전
인 1902년 전후였다. 동학 접주 시절 그가 교유한 인물로 문화의 우종서禹
鍾瑞가 있었는데, 마침 이때 우종서는 전도조사로 기독교를 전교하고 있었
다. 우종서의 권유로 김구는 부친상 탈상(1903. 1) 이후 기독교도 믿고 신교
육을 장려하기로 결심하였다. 그리고 그는 1903년경에 장연 소래교회의 지
도자인 김윤오金允五도 알고 있었다.3) 김구가 황해도 서부지역을 중심으로
전개된 신교육운동에 관여하면서, 그 배경에 기독교가 있음을 『백범일지』
에서 이렇게 지적하였다.

> 平安道는 勿論이고 黃海道에도 新敎育의 風潮가 耶蘇敎로브터 啓
> 發이 되고 新文化 發展을 圖謀하는 者는 擧皆 耶蘇敎에 投身하야 閉
> 關自守하든 者들이 겨우 西洋 宣敎師들의 舌頭로 門外事情을 알게 되
> 엿다. 耶蘇敎혀를 信奉하는 사람이 大部分 中流 以下이나 實際 學問
> 으로 배우지를 못하고 愚夫愚婦들이 但히 宣敎師의 熟達치도 못한 半
> 벙어리 말이라도 文明族인 때문에 그 말을 만히 들은 者는 信敎心 外
> 에 愛國思想도 全民族에 大多數가 이 耶敎 信奉者임은 隱諱치 못할
> 事實이다4)

서북지방의 신교육이 기독교로부터 계발되었음을 지적하고, 기독교인들
이 신앙심과 애국사상을 가지고 있었다는 것이다. 즉 신교육과 기독교의
관련성을 언급하면서, 그 스스로도 기독교에 대한 관심이 적지 않았음을

---

3) 최기영, 「한말 김구의 계몽운동」, 200~203쪽 참조.
4) 金九, 『白凡逸志』(나남출판, 2002), 131~132쪽.

내비쳤다.

이처럼 김구가 기독교에 관심을 가질 때까지 동학·유학·불교 등을 섭렵하였지만, 그 기간은 10년이 채 안 되었다. 특히 동학이나 불교는 그 교리에 깊이 경도되었다기보다는, 사회적 또는 개인적으로 주어진 환경을 극복하기 위한 수단으로 신앙한 부분이 많았다. 또 김구에게 유학이 많은 영향을 끼쳤으나, 근대교육을 통한 근대화에 관심을 두게 되면서 주위 환경의 영향을 받으며 자연스럽게 기독교에 경도되기 쉬웠을 것이다. 바꾸어 말하면 그에게 있어 종교로의 귀의는 교리에의 관심에서 비롯된 일이라기보다, 그의 현실적이고 세속적인 관심에서 출발하고 있었다. 그가 기독교에 입교한 동기를 설명하면서, 기독교의 교리나 신앙에 심복하였다는 설명은 없었으며, 이후에도 교리나 신앙에 대해서는 언급하지 않았다. 신앙심 이외에 애국사상이 중요하였음을 지적한 사실이, 김구가 기대한 기독교의 모습을 짐작할 수 있다.

1902년 전후부터 기독교에 관심을 가진 김구는 앞서 지적한 대로 1903년 11월경 세례를 받고, 그해 1903년 12월 31일부터 2주일간 평양의 겨울 사경회 등에 참석하였다. 정식으로 기독교 교리와 성경을 공부한 것이었다. 그는 장련에서 그 지역인사들과 "야교耶敎에 전력하기로 동심되어 학생을 교수하며 야교를 선전"하여 큰 성과를 얻었다. 그뿐만 아니라 김구는 평양 예수교 주최로 1개월 이상 진행된 하기 교사사경회에도 참가하여, 성경 공부와 교회 지도자 훈련을 집중적으로 받았다. 기독교인이 되어 성경과 교리 등을 공부하고, 아울러 신교육운동을 전개하였다.[5]

김구의 결혼도 기독교와 무관하지 않았다. 안창호安昌浩의 여동생인 안신호安信浩와의 혼담도 최광옥崔光玉 등 기독교인들의 중개로 가능하였지만 이루어지지 않았다. 김구와 최준례崔遵禮의 혼인 역시 신천의 기독교인

---

5) 金九, 『백범일지』, 131~132쪽 ; 최기영, 「한말 김구의 계몽운동」, 200~203쪽 ; 옥성득, 「백범 김구의 개종과 초기 전도 활동」, 27~28쪽.

양성칙梁聖則의 권유에서 비롯된 일이었다.6) 더욱이 이 결혼은 외국인 선교사와도 무관하지 않았다. 최준례가 어렸을 때 모친이 이웃동네 강성모姜聖謨에게 허혼하였는데, 장성한 최준례가 이 약혼을 부인하였다. 선교사들까지 결혼을 권유한 것을 보면, 강성모도 기독교인이었음이 틀림없다.

> … 婚約이 成立되게 됨애 姜聖謨 側에서 宣敎師의게 告發하야 敎會로서 나의게 勸止하고 親友 中에 挽留하는 者 多함을 不拘하고 其時에 또한 申昌熙가 殷栗邑에 居住할 時에 社稷洞 내의 집으로 다려다가 約婚을 牢定하고 遵禮는 京城 敬信學校에 留學을 보내엿다. 初也에는 敎會의 權止를 不聽하엿다 하야 敎會責罰을 宣言하엿으나 終是 不服할 뿐 아니라 舊式早婚을 認定하고 個人의 自由를 無視함이 敎會로서 잘못이고 社會惡風을 助長함이라. 抗議하엿드니 君芮彬이 婚禮書를 作成하야 주고 責罰을 解除하엿다.7)

김구의 설명에 따르면, 그는 최준례와의 약혼으로 교회가 책벌을 선언하였으나 불복하였을 뿐 아니라 교회의 잘못에 항의하여, 혼인도 인정받았고 책벌도 해제되었다고 한다.

기독교를 수용하면서 황해도 지역의 계몽운동에 발을 내딛은 김구는, 기독교계의 국권회복활동에도 참여하였다. 1905년 11월 서울 상동교회에서 엡윗청년회의 집회가 있었는데, 겉으로 교회사업을 내세운 이 모임은 이른바 을사조약의 강제체결을 반대하는 투쟁으로 이어졌다. 김구도 상소와 시위 등이 계속된 이 반대투쟁에 참여하였다가, 각기 민중들에게 애국사상을 고취하고 신교육을 실시하기로 한 결정에 따라 황해도로 돌아왔

---

6) 金九, 『백범일지』, 137~138쪽의 결혼에 관련된 내용이 乙巳年(1905) 앞에 기록되어 있어 1904년의 일이라고 언급되지만 확실한 시기는 알 수 없다. 손세일, 『이승만과 김구』 2(조선뉴스프레스, 2015), 182~185쪽에서는 『백범일지』에 결혼시 최준례의 나이가 18세라고 한 점을 들어 1906년으로 보고 있다.

7) 金九, 『백범일지』, 137~138쪽.

다.8) 그가 기독교계의 을사조약 강제체결 반대운동의 적극 참여할 수 있었던 것은, 이미 관서지방의 지도적인 기독교인으로 부상하였기 때문에 가능한 일이었다. 김구에게 있어 기독교는 신교육운동에 그치지 않고 국권회복운동으로 나가는 계기가 되었으며, 1907년 결성된 국권회복 비밀결사인 신민회新民會에 참여하는 발판이기도 하였다. 더욱 이때부터 형성된 기독교계의 인맥은 뒤에 그의 독립운동 활동에도 중요한 배경이 되었다. 이후 전국적으로 전개된 의병활동에 대하여 그가, "수선기의首先起義한 산림학자들을 구사상이라 하면 야소교인들은 신사상"이라고 평가할 만큼,9) 기독교에 경도되어 있었다. 그만큼 기독교의 사회적 역할에 크게 기대하고 있었다.

김구는 황해도 지역의 교육활동에도 적극 참여하였다. 1906년 12월 경 조직된 면학회勉學會와, 면학회에서 1907년부터 1909년까지 여름마다 1개월씩 교원들을 대상으로 개최한 하기사범강습회, 그리고 1908년 8월 이전에 면학회가 주도하여 조직한 해서교육총회海西敎育總會 등에 김구가 직간접으로 관여하였는데, 주도층 가운데 최광옥·김용제金庸濟·임택권林澤權·차승용車承庸 등 기독교인이 적지 않았다. 김구가 1911년 초 일제에 체포되었을 때 직업을 "종교와 교육에 종사"하였다고 밝힌 것에서도 짐작되듯이,10) 그에게 기독교 전도나 교육이 크게 다른 일이 아니었다. 그가 백남훈白南薰이나 종형 김태수金泰洙를 인도하여 기독교인이 되게 한 것처럼 전도도 하였고,11) 1904년 이후 장련과 문화, 안악, 재령 등지의 여러 학교에서 교육을 맡았다. 기독교와 무관하게 설립된 학교도 있었지만, 아마도 인용한 대로 "야교에 전력하기로 동심되어 학생을 교수하며 야교를 선전"하

---

8) 金九, 『백범일지』, 138~140쪽. 韓圭茂, 「尙洞靑年會에 대한 연구, 1897-1914」, 『歷史學報』 126, 1990, 90~93쪽 ; 최기영, 「한말 김구의 계몽운동」, 206~208쪽 ; 손세일, 『이승만과 김구』 2, 171~173쪽 참조.
9) 金九, 『백범일지』, 138쪽.
10) 金九, 『백범일지』, 162쪽.
11) 金九, 『백범일지』, 133·136쪽.

였을 것이다. 이 시기 김구의 교회활동이나 신앙생활을 구체적으로 전해주
는 기록은 없다. 다만 일제에 의하여 감옥에 수감된 뒤 이 시기를 회고하며,

> … 被捕 以前에는 十數年來에 聖經을 들고 會堂에서 說教하거나 教
> 鞭을 들고 教室에 學生을 教訓하엿음으로 一事一物에 良心을 本位삼아
> 邪心이 發할 때마다 先自責己치 안코는 敢히 他非를 責지 못함이 거의
> 習慣을 成하엿다. 그런 故로 學生들과 知交間에 忠實하다는 信仰을 밧
> 고 지내엿고 그럼으로 凡事에 推己及人의 常習이 되엿섯건만은 …[12]

이라 하였다. 성경을 들고 교회에서 설교하고 학교에서 학생을 가르쳤다는
사실과 함께, 양심에 따라 항상 자성하는 생활을 하여 주위의 신망을 받고
있었다는 것이다. 그 스스로 성실하고 도덕적인 기준을 우선하는 기독교인
으로 살았다고 생각하였다.

3. 독립운동시기 기독교 신앙의 동요: 1911~1945

1) 신앙의 약화: 1911~1919

1910년 8월 대한제국이 일제에 강제로 병탄되자, 신민회는 11월 서울에
서 비밀회의를 개최하여 도독부의 설치와 만주이민 및 무관학교 창설 등
을 결정하였다. 김구도 이 회의에 참석하고 안악으로 돌아온 뒤 안명근安
明根이 그를 찾아와 독립운동 자금의 모금문제를 상의한 바 있었다. 1911
년 1월 5일 그는 안악사건, 즉 안명근사건으로 체포되어 황해도 일대의 지
사들과 함께 서울로 압송되었다. 그해 7월 경성지방재판소에서 15년 형을
받은 그는 1912년 7년으로 감형되었으며, 서대문감옥에 3년, 인천감옥에 1
년여 수감되었다가 1915년 8월경 가출옥으로 출감하였다. 안악사건과 신민

---

12) 金九, 『백범일지』, 175~176쪽.

회사건으로 옥고를 치른 대부분이 서북지방의 기독교인들로 국권회복운동에 앞장선 인사였던 만큼, 그의 수형생활 역시 그러한 배경에서 이해된다.

일제강점기의 시작을 감옥에서 맞은 김구는 일상적인 기독교 활동을 할 수 없었다. 예배나 찬송은 불가능하였으며, 개인적인 기도나 독서만이 가능하였다. 수형 중에 김구는 두드러진 기독교인으로 지낸 것 같지는 않다. 특별히 기독교로 말미암아 수형생활에 불이익을 당한 것도 아니었다. 다만 고문을 받으면 찬송가를 부르며, 고통을 극복하는 신앙형태를 보이기도 하였다. 함께 수감되어 있던 최명식崔明植에 따르면,

> … 하루는 서로가 통감부에서 고문받던 이야기를 했는데 김구가 자기는 단 세 번밖에는 매여달리지 않았다고 하기에, 어째서 그렇게 남보다 고문을 덜 당했는가 고 물으니 그는 이렇게 말하는 것이었다.
> "나는 첫 번째 매여 달리자 '이 천지간 만물들아'하는 제3장 찬송가를 부르니까 그들은 한결 미친 듯이 마구 때려서 기절시키고야 말았지. 다음에 풀어 내려놓고는 일어서라고 하기에 일어서는 체하다가 일부러 곧 쾅 하고 옆으로 넘어지니까 유치장으로 데려가잖아. 그때 또 유리창 있는 곳에서 일부러 넘어지자 깨어진 유리에 상처까지 받게 되었지. 왜 놈들은 내가 중태인 줄로 알고 그들의 소변방에 데려다가 눕히기에 그 방에서 하루 밤을 좀 평안히 자고, 그 익일 다시 고문할 때에도 또다시 3장 찬미를 부르면서 기절할 때까지 맞았지. 이와 같이 하기를 세 번이었는데 …"[13]

라고 김구는 회고하였다고 한다. 김구는 고문을 받으면서 "이 천지간 만물들아 복 주시는 주 여호와/전능 성부 성자 성령 찬송하고 찬송하세 아멘"이라는 가사의 찬송가 제3장을 불렀다는 것이다. 찬송가를 부르자 일본인들이 때려 기절하기를 세 번이나 하자, 매달리는 고문은 더 받지 않았다고 하였다.[14] 신앙에 의지하여 육신의 고통을 벗어나고자 한 사례가 아닐까

---

13) 崔明植, 『安岳事件과 三一運動과 나』(兢虛傳記編纂委員會, 1970), 52쪽.

한다. 감옥에서 한말 이승만이 봤을 계몽서적을 읽었으나, 성경이나 기독교 서적을 읽었다는 기록은 보이지 않는다.[15]

1910년대 전반을 김구는 일제의 감옥에서 수형생활을 하면서, 기독교인으로 성실하게 살아온 과거와는 달리 심리적 변화를 맞는다. 그는 일제의 고문과 심문을 당하며, 양심을 기본으로, 사심邪心이 생기면 스스로를 자책하는 생활을 해왔던 그 이전의 생활에 대하여 회의를 갖게 되었다. 따라서 그는, "나는 죽는 날까지 왜마倭魔의 소위 법률을 일분이라도 파괴할 수만 잇거던 계행繼行하고 왜마 희롱으로 유일惟一 오락으로 삼고 보통 사람으로 맛보기 난難한 별종생활에 진수를 맛보리라고 결심"하게 되었다고 한다.[16] 바로 그는 일제에 저항하며 일제법률을 파괴하고 희롱하겠다고 결심하게 되는데, 자성하며 성실하게 도덕적으로 지내며 기독교를 그 기준으로 삼았던 생활양상은 옅어졌을 것이 틀림없다. 그가 기독교를 수용한 것은 구도적인 의미만 지닌 것은 아니었다. 국권회복의 한 방안이기도 하였다는 점을 상기한다면, 그는 감옥에서 기독교 신앙에 대한 일정한 회의가 있지 않았을까 하는 생각이 든다. 다시 말하면 그 회의는 그가 기독교의 사회적 역할을 기대하고 있었다는 사실과 무관하지 않았을 것이다. 그가 감옥에서 도적 두령인 김진사를 통하여 도적 집단에 대하여 상세히 공부한 것도 그러한 결심과 무관하지 않았던 것 같다. 물론 그렇다고 그가 기독교 자체를 버린 것은 아니었다. 다만 기독교적 가치관이나 생활은 투옥되기 전보다 약화되었을 것이다.

서대문감옥에 김구의 모친 곽낙원郭樂園과 부인 최준례가 1, 2개월에 한 차례 교대로 면회를 왔다. 김구는 1945년 환국한 뒤에,

내가 外國으로 亡命하기 前에 西大門刑務所에 十五年 刑期를 받고

14) 金九, 『백범일지』, 176쪽에는 그러한 고문을 일곱 차례 받았다고 하였다.
15) 金九, 『백범일지』, 190쪽.
16) 金九, 『백범일지』, 177쪽.

있을 때 어머님께서 와 내 안해가 한 달에 한번 두 달에 한번 밖에 업는 面會를 하기 爲하여 서울 오셨는데 어머니께서 늘 면회를 오셔서 하시는 말슴이

　　"내가 자조 오지 못할지라도 너는 하나님의 말슴을 잊지 말고 있어야 한다. 그리고 내가 너를 늘 慰勞해주지 못하지만은 하나님께서는 너를 위로해 주시리라 부듸 늘 기도하는 중에 지내여라"

　　이렇게 말슴해 주시곤 하실 때 얼마나 큰 慰勞가 되며 마음에 든든한 지 알 수 없었읍니다. 그러시든 내 어머니와 또 내 안해는 이제 거칠은 外國 땅에다 다 묻어버리고 말었읍니다만은 그 魂들은 오늘 이 자리에 이 禮배堂에 나와 함께 와서 있다고 믿습니다.[17]

라고 그가 수형생활을 하던 시기의 모친과 부인의 신앙생활을 회고하였다. 모친은 그에게 하느님 말씀 곧 성경 말씀을 기억하고, 항상 기도하는 생활을 강조하였다. 비록 김구 자신이 감옥에서의 심리변화로 기독교 신앙이 약화되었다 하더라도, 모친에게 충실하였던 그에게 있어 기독교가 일정한 영향을 미치고 있었음은 짐작할 수 있다. 그가 감옥에서 "나도 노는 입(口)에 염불 격으로 매매每每 식사시에는 동양에 대악괴인 왜황倭皇을 내게 전능을 베푸러 내 손에 죽게 합시샤 하고 상재끠 기도" 하였는데,[18] 이때 상제는 바로 기독교의 하느님으로 이해해도 될 것이다. 감옥에서 도인권都寅權이 기독교인으로 불상에 절하지 않고 핍박을 받아도 의연하던 모습을 전하고 있는데, 결국 교화시간에 불상에 의무적으로 절하는 일은 폐지될 수 있었다.[19] 또 도인권이 가출옥까지 거절한 의기를 높이 사며, 김구는 불서佛書의 구절을 암송하였다고 한다.[20] 이러한 점에서도 김구는 도인권만큼 신앙을 우선하는 수형생활은 하지 못하였다. 도인권은 뒤에 대한민국

---

17) 金九, 「먼저 天國 百姓이 되라」, 『綠十字』 1, 1946. 1, 12쪽.
18) 金九, 『백범일지』, 184쪽.
19) 金九, 『백범일지』, 200쪽 ; 都寅權, 「都寅權先生의 記錄」, 『한국기독교와 역사』 22, 2005, 230~234쪽.
20) 金九, 『백범일지』, 200~201쪽.

임시정부에서 독립운동을 전개하였으며, 1930년대 이후 목사로 만주에서 시무하였다.

김구의 기독교 신앙이 약화된 것에 비하여, 그의 모친과 부인은 신앙생활에 진력한 교인이었다. 김구가 서대문감옥에 있는 동안 최준례는 조선총독부 토지국의 제책공장에서 일하였는데, 외국부인이 학비를 부담하여 유학을 제안하였으며, 연동 안득은安得恩 등의 지원도 받았다고 한다.[21] 안득은이 1911년 1월 연동교회의 여자 조사로 피임되었던 사실로 미루어,[22] 이들이 연동교회에 출석하고 있었음을 알 수 있다. 또 외국부인이 유학을 주선할 정도였다면, 최준례의 신앙생활이 매우 열심이었던 것으로 짐작된다. 감옥에 있는 아들에게 성경과 기도를 강조한 모친 곽낙원의 신앙생활 역시 크게 다르지 않았을 것이다. 가출옥하여 안악에 돌아온 뒤 김구가 겪은 한 사례도 마찬가지이다. 주위 인사들이 연 위로회에 참석한 김구가 제자들의 강권으로 기생이 따르는 술을 마신 뒤, 결국 그는 모친에게 대죄하기에 이르렀다. 이때 그가 "내가 평일에 음주하는 것을 군 등이 보았는가. 먹을 줄 모르는 술을 엇지 마시는야?"라고 한 것으로 미루어,[23] 그가 기독교에 입교한 이후 어느 시기에 단주하였음을 알 수 있다. 안악에서 그는 아내가 기독교회가 설립한 안신여학교 교원으로, 본인도 안신학교에서 교편을 잡았다.[24] 모친이나 부인에 비하여 기독교적 생활에 적극적이지 않은 김구였지만, 교회와 무관할 수는 없었을 것이다.

1910년대 후반 안악 김씨 소유의 동산평東山坪의 농감으로 있던 몇 해를 언급하면서도, 김구는 1929년 상하이에서 집필한 『백범일지』 상권에 기독

21) 金九, 『백범일지』, 208쪽.
22) 안득은은 연동교회 최초로 여자 조사, 즉 여전도사로 피임된 인물이었다. 1913년에 사진신부로 이민 간 이후 하와이에서 활동하였다. 『연동교회 100년사』(대한예수회장로회 연동교회, 1995), 209쪽 ; 『國民報』 1913년 8월 20일자 「特別廣告」.
23) 金九, 『백범일지』, 208쪽.
24) 金九, 『백범일지』, 207·210쪽.

교와 관련해서는 전혀 기록을 남기고 있지 않다. 이러한 점에서 김구 가정
은 모친과 부인이 적극적으로 기독교를 신앙한 것에 비하여, 그 자신은 적
극적이지 않았을 것이다. 그는 비록 성경과 기독교 교리를 학습하고 전도
하였지만, 성경이나 교리에만 경도된 신자는 아니었다. 이미 지적한 대로
그의 기독교 수용은, 국권회복을 위한 신교육운동을 전개하는 과정에서 비
롯된 일이었다. 이전 동학이나 불교를 신앙하였을 때처럼 현실적인 문제와
연계되어 기독교를 수용한 부분이 없지 않았다. 물론 그가 신앙이 약화되
었고 부분적인 회의가 따랐다 하더라도 여전히 기독교인으로 살고 있었다.
다만 신앙을 적극적으로 받아들이고 드러내는 일에는, 1900년대 기독교를
수용하고 열심히 전도하던 시기와는 비교할 수 없다는 것이다.

2) 신앙의 박약: 1919~1932

1919년 3·1운동이 일어나자 상하이로 망명한 김구는 대한민국임시정부
의 경무국장을 맡은 이후에, 1920년대에 내무총장, 국무령, 국무위원 등을
역임하였다. 1945년 11월 임시정부 주석으로 환국할 때까지 그는 26년 중
국에서 독립운동을 한 내용의 대부분을, 『백범일지』하권(1942년 집필)에 담
았다. 이 하권은 독립운동의 진전에 관심을 두어 개인적인 문제에 대한 기
록이 적고, 더욱이 기독교와 관련된 부분은 거의 없다. 바꾸어 말하면 기독
교와 신앙이 그의 망명생활과 독립운동에 적극적으로 기여하였거나, 뚜렷
한 궤적을 드러내지 못하였다는 것이다.

임시정부가 수립된 상하이의 한인사회에는 기독교인이 적지 않았다.
1920년대 전반기 임시정부에 관여한 인사 가운데에서도 손정도孫貞道·현순
玄楯·김병조金秉祚·조상섭趙尙燮·김인전金仁全·송병조宋秉祚·정인과鄭仁果·
이원익李元益·장덕로張德櫓 등은 목사였고, 그밖에도 안창호·김규식·여운
형呂運亨·선우혁鮮于爀·한진교韓鎭敎·서병호徐丙浩·장붕張鵬·도인권 등이 대
표적인 교인이었다. 상하이한인교회는 김병조가 담임하다가 1923년부터는

송병조가 이어갔다.25) 김구 역시 한인교회에 참여하였겠지만, 직임을 맡는다든지 하는 적극적인 활동은 어려웠다. 그가 임시정부 초기부터 경무국장을 맡은 이래, 신변의 위험을 무릅쓰고 정상적이고 규칙적인 신앙생활을 영위하기란 거의 불가능한 일이었다.

그럼에도 김구를 상하이의 대표적인 기독교인으로 국내에 알리는 재미있는 문건이 있다. 『기독신보』 1922년 4월 26일자부터 몇 회에 걸쳐서 "상하이에 창립된 우리나라 공창 목단패양화牧丹牌洋靴과 목단패양말牧丹牌洋襪"이라는 제하에 구두와 양말 광고가 게재되었다. 상하이 만리호화창萬里號靴廠 경리 박종익朴鍾益의 명의로 게재된 이 광고의 말미에는, 소개인이라 하여 김인전·손정도·조상섭·김구金龜의 이름이 보인다. 국내 기독교계를 대표하는 『기독신보』에 실린 광고는 결국 기독교인을 대상으로 하고 있었다. 소개인은 상하이에 거주하는 대표적인 기독교인이 보증한다는 뜻으로 실었을 것이다. 목사인 김인전·손정도·조상섭과, 평신도인 김구가 이름을 올렸는데, 이들은 모두 임시정부와 관련이 있는 인물이기도 하였다. 물론 박종익이라는 사업주와의 친분이 우선하였겠지만, 김구가 국내 기독교계에 널리 알려진 신자였다는 의미도 지니고 있었으리라. 박종익은 1920년 1월부터 5월까지 임시정부 내무부의 경호원으로 활동한 바 있었는데,26) 김구는 그 상관인 경무국장이었다. 그 이유만으로 상업적 목적으로 내는 광고에 이름을 올리기는 어려웠을 것이고, 세간의 평판을 무시하지 않았으리라 짐작된다.

1920년 국내에 있던 최준례가 아들 김인金仁을 데리고 상하이에 왔고, 1922년에는 곽낙원도 상하이로 와서 합류하였다. 이어 차남 김신金信이 출

---

25) 상하이교회에 관해서는 金亨錫, 「上海居留 韓人基督敎徒들의 民族運動」, 『龍巖車文燮敎授華甲紀念 史學論叢』(新書苑, 1989)와 孫科志, 『上海韓人社會史 : 1910-1945』(한울, 2001), 191~198쪽 ; 한국기독교역사연구소 편, 『한국기독교의 역사』 II(기독교문사, 2012), 148~156쪽을 참고할 것.
26) 『대한민국임시정부공보』 10(1920년 1월 20일자), 17(1920년 10월 19일자).

생하는 등, 상하이에서 어렵지만 단란한 가정을 이루었다. 모친과 부인은
기독교인들이 주도하던 상하이 한인사회의 분위기에 잘 적응하며 신앙생
활을 하였을 것이다. 그러나 1924년 1월 그는 상처를 하였다.[27] 최준례의
사망 소식은 국내에도 알려졌고, 그 장례식 광경도 보도되었다.

> 임의 보도한 바와 가치 지난 일월 일일 하오 네시에 이 세상을 써난
> 김구(金龜)씨의 부인 최준례(崔遵禮)녀사의 장식은 지난 일월 사일 오
> 후 두시에 법조계 하비로 공부국 묘디(霞飛路工部局墓地)에서 긔독교
> 식(基督敎式)에 의지하야 목사 조상섭(牧師趙尙燮)씨의 사회로서 상해
> 에 잇는 남녀동포가 만히 모히어서 엄숙하게 거행하얏는대 …[28]

최준례의 장례식은 기독교식으로 조상섭 목사의 사회로 진행되었는데,
이로 보면 상하이에서 김구 가족들은 기독교와 무관하지 않게 생활하고
있었음을 알 수 있다. 그러나 최준례의 사망으로, 1925년 11월 곽낙원이 김
신을 데리고 귀국하였고, 1927년에는 김인마저 귀국하지 않을 수 없었다.
모친이 국내로 떠난 뒤, 김구는 더욱 기독교와 연관을 맺기 어려웠다. 1932
년 4월의 윤봉길尹奉吉 의거로 상하이를 떠날 때까지 김구는 교회에는 거
의 출석한 것 같지 않다. 해방 후 그는 이 시기를 회고하며,

> 나는 海外에 있을 때 禮拜堂에 出席하지를 못했습니다. 이것은 내
> 信仰이 薄弱한 탓도 있겠읍니다만 하날을 보지 못한 生活을 계속하여
> 왔기 때문입니다. 二十七年間 革命家의 生活이 바쁘니가 時間도 없겠
> 스나 사람 많은 대 가면 무엇이 따라 다니는지를 모르기 때문입니다.[29]

---

27) 金九, 『백범일지』, 219~220쪽. "그간에 家妻는 信이를 解産한 後에 落傷으로 因
하야 肺炎되여 幾年을 苦生하다가 上海 寶隆醫院에 診察을 受하고 亦是 而洋
人施設에 隔離病院에 入院케 됨애 나는 寶隆醫院에서 막음 作別하고 虹口 肺
病院에 入院하얏다가 六年[1924] 一月 一日에 永遠의 길을 떠낫다".
28) 『동아일보』 1924년 1월 12일자 「崔女史葬儀」.
29) 金九, 「磐石 우에 새 나라를 세우겠다」, 張時華 편, 『建國訓話』(敬天愛人社,

라고 하였다. 그가 해외에 있으며 교회에 출석하지 못하였음을 고백하고, 그 이유를 신앙의 박약과 함께, 시간의 부족과 사람이 많은 곳에 밀정 등이 많기 때문이었다고 하였다. "예배당에 나가구 싶은 마음 간절하지 만은",[30] 그러한 이유 때문에 교회에 출석하지 못하였음을 밝혔다. 그의 표현대로 신앙의 박약이 교회 불출석의 중요한 이유였을 것이다. 그러나 독립을 위해서라면 한인애국단의 활동과 같은 의열투쟁을 감행하던 김구에게, 기독교나 교회가 절실하게 다가왔을까. 감옥에서 한 결심은, 일제에 저항하기 위해서라면 기독교적인 덕목을 접을 수 있었기 때문이다.

아무튼 교회 나가고 싶어도 나갈 수 없다던 김구였지만, 기독교 명절은 전혀 다른 의미에서 챙겼다.

> … 每年 크리맛쓰에는 至少 數百元의 物品을 사서 佛 領事와 工務局과 洋人 從前 親舊들의게는 엇더한 困難 中이라도 十四年동안 年中行事이니 此는 우리 臨時政府가 存在한 表跡을 그들에게 認識식이는 方法에 不過한 것이다 …[31]

매년 성탄절마다 프랑스조계 관련자 등 외국인에게 어려운 상황에서도 선물을 하였다는 것이다. 임시정부의 일이었지만, 혹 교회와도 관련이 있었을지 모르겠다. 실제 김구는 1928년 11월 20일에 이승만에게 보낸 편지 말미에, "십년 십일월 이십일에 크리쓰마쓰 예절 준비에 고심하는 소제小弟 김구金九 망초忙草"라고 서명하고 있었다.[32] 크리스마스 예절의 준비에 고심한다는 말은, 교회에서 성탄절 자체를 준비한다는 뜻은 아니었던 것 같다. 그는 여전히 술을 마시지 않았으나, 담배는 많이 피웠다.[33]

1945), 9쪽 ; 『白凡金九全集』 8(대한매일신보사, 1999), 666쪽.
30) 金九, 「먼저 天國 百姓이 되라」, 『綠十字』 1, 11쪽.
31) 金九, 『백범일지』, 245쪽.
32) 柳永益 외 편, 『李承晩 東文 書翰集』 中(연세대학교 출판부, 2009), 6쪽.
33) 정정화, 『녹두꽃』(未完, 1987), 77, 85쪽.

3) 기독교에 대한 무관심: 1932~1945

김구가 1932년 4월 윤봉길 의거 이후 자싱嘉興으로 피신하여, 1933년 이후 난징南京을 중심으로 활동하게 되자 그나마 한인 기독교계와의 관계는 단절되었다. 기독교계 뿐 아니라 모든 외부와의 접촉을 삼가던 시기였다. 다만 상하이에서 자싱으로 피신할 때까지 상하이 YMCA 총무인 미국인 피치George Fitch 박사의 집을 20여 일 피난처로 삼았었다. 자싱에서 그는 중국인으로 위장하고 중국인 뱃사공 주아이빠오朱愛寶와 함께 피난 생활을 하고 있었다. 그의 생활이 기독교와 연결될 수 없었으며, 그 자신도 특별히 기도나 예배에 관심을 두지 않았다.

1934년 3월 곽낙원은 김인·김신 두 손자를 데리고 다시 중국으로 나왔는데, 김인은 평양에 소재한 장로교 계열의 숭실중학에 재학 중이었다. 4월 자싱에서 9년 만에 모자 상봉이 이루어졌고, 김구는 곽낙원을 난징에 모셨다. 그리고 그도 난징에서 모친과는 따로 주아이빠오와 동거하였다.34) 중국 국민당 정부의 지원을 받아 한인 무장세력을 양성하는 등 김구는 독립운동에 진력하던 중, 1937년 7월 중일전쟁을 맞았다. 전쟁이 발발하자 일제의 난징 공습이 계속되었는데, 8월 26일 대공습 직후 김구는 걱정되어 모친을 찾아갔다.

[1937] 八월 二十六일에 남경에 잇엇습니다 자다가 식벽에 긔관총 소리에 놀나 씨여 이것이 왜 비힝긔의 작격인 줄 알고 급히 문박그로 쒸이 나오는 쩐에 쌍하는 소리를 듯고 도라보니 자든 방은 폭발탄을 마져 문허젓습니다 그리로서 곳 어머님 계신 곳을 차저가서 문을 두드리니 어머님씌서 문을 열으시고 "너 웨 이러케 일즉이 왓느냐" 어머님 놀나시지 안흐셧읍니가 "놀나긴 무얼 놀라 침상이 흔들흔들 하기에 하느님씌 긔도힛다"35)

---

34) 金九, 『백범일지』, 271~277쪽.

기독교과 관련하여 김구와는 달리, 곽낙원은 기도가 일상화되어 있었음을 알 수 있다. 또 김구가 1938년 한국국민당과 한국독립당·조선혁명당과의 합당 문제를 논의하다가 저격당한 창사長沙의 남목청楠木廳 사건으로 사경을 헤매다가 퇴원한 뒤 모친을 찾아뵙자, "자네의 생명은 상제께서 보호하시는 줄 아네. 사불범정邪不犯正이지"36)라고 한 것도 곽낙원의 기독교 신앙에서 비롯된 일이었다.

임시정부가 전선을 피하여 이동 중이던 시기에 한인교회가 운영될 수도 없었고, 결국 교인들은 가족이나 개인들이 개별적으로 예배나 기도를 드릴 수밖에 없었다. 성탄절이라고 해도 아무런 행사나 감회가 있을 수 없는 상황이었다.37) 김구가 먼저 충칭重慶으로 이동하고, 임시정부 관계자들이 중국 남부지역에서 피난하고 있던 시기 곽낙원의 모습을 이시영李始榮은 이렇게 회고하였다.

> … 그의 어머니는 무식하고 한글 한자도 알지 못하였지만, 예수교를 믿기 시작한 후에는, 담화도 조리 있게 하였고 새벽 두 시경에는 두 시간씩 날마다 밤의 기도를 올리고 있었다. 기도 속에는 "병이 어서 물러가고 조국이 하루바삐 해방되게 하여 주소서"하는 구절이 빠지지 않았다. 내가 七, 八개월동안 동거하고 있을 때 이러한 기도의 소리를 들을 때에는 창자가 찢어지는 것 같았다. 그의 어머니는 七, 八개월동안 같이 살고 있는 나의 이름을 모르고 또 알려고도 하지 않고, 그저 재무총장 李선생으로만 알고 있었다. 그러나 그의 어머니는 선생을 항상 어린 애같이 취급하였었다. …38)

35) 『신한민보』 1937년 10월 14일자 「림시정부의 군사활동은 적극 진힝」. 이 내용은 金九, 『백범일지』, 272쪽에도 나오지만, 기도하였다는 부분은 빠져 있다. 김구는 미국에 편지를 보내며, 이 사실을 밝히고 있었다.
36) 金九, 『백범일지』, 280쪽.
37) 양우조·최선화, 『제시의 일기』(혜윰, 1999), 99쪽.
38) 李始榮, 「얽은 낯에 有情」, 池憲模 편, 『最後의 白凡』(韓國國事硏究會, 1950), 167쪽.

곽낙원은 매일 새벽마다 "병이 어서 물러가고 조국이 하루바삐 해방되게 하여 주소서"라는 기도를 드렸던 것이다. 이미 국내에 있을 때에도 그녀는 일요일이면 손자 김신을 데리고 교회에 출석하였고, "일본 놈이 빨리 망해서 독립되는" 기도를 하였다고 한다.[39] 이러한 곽낙원의 신앙이 김구에게도 어느 정도 영향을 미쳤겠지만, 그 흔적이 쉽게 드러나지는 않는다.

임시정부가 충칭으로 이동한 이후, 충칭과 인근 투차오土橋에 한인들이 정착하였다. 적어도 1944년 중에는 충칭과 투차오에 교회가 만들어졌다. 그 해 7월 충칭에서 여화한인기독교연합회旅華韓人基督敎聯合會가 조직되었다. 기독교인 50여 명이 모였는데, 그 임원으로 목사인 이상만李象萬을 비롯하여 장로 김규식, 집사 염온동廉溫東·이복원李復源, 전도사 김순애金淳愛 등이 참여하였다.[40] 임시정부 회계검사원장을 역임한 이상만은 투차오에서 몇몇 신자들을 대상으로 매주 예배를 보았다고 한다. 투차오에 한교기독청년회관韓僑基督靑年會館이 1944년 말경에 건립되었는데, 그곳에 신한교회가 세워져 예배가 진행되었다.[41] 충칭에도 충칭한교기독교청년회Korean Y.M.C.A. Chungking China가 조직되었으며,[42] 한인교회도 유지되고 있었다.[43] 김구가 직접적으로 교회나 기독교 단체에 관여하였다는 자료는 찾을 수 없다. 밀정을 이유로 교회에 출석하지 않을 수밖에 없던 상하이와는 달리, 충칭에서는 그러한 걱정은 없었다. 그렇지만 여전히 그는 교회에 출석하지 않았다.

그런데 임시정부 활동과 관련하여 김구나 임시정부는 중국천주교회와

---

39) 金信 - 韓詩俊 대담(2006년 1월 12일).

40) 『독립』 1944년 10월 4일자 「중경인사소식」.

41) 金九, 『백범일지』 하권 계속분, 『白凡金九全集』 2, 392쪽 ; 張俊河, 『돌베개』(세계사, 1992), 262~263쪽 ; 金俊燁, 『長征』 2(나남, 1989), 469~470쪽 ; 선우진(최기영 편), 『백범 선생과 함께 한 나날들』(푸른역사, 2009), 167·321쪽 ; 김자동, 『임시정부의 품 안에서』(푸른역사, 2014), 185쪽.

42) 『나는 독립군입니다』(독립기념관, 2020), 115쪽에 수록된 김규식이 장준하에게 보낸 편지는 중경한교기독교청년회 용지에 쓰여졌다.

43) 양우조·최선화, 『제시의 일기』, 243쪽.

밀접한 관계를 맺고 있었다. 1940년 11월 11일 중국천주교회의 수장인 위빈于斌 주교는 한국광복군총사령부가 시안西安으로 옮기게 되자 익세보사益世報社에서 환송회를 열었다. 『익세보』는 중국천주교회에서 발간하던 신문으로, 이 환송회는 350만 중국천주교인이 한국독립운동을 지지하는 의미를 지녔던 것이다.44) 위빈 주교는 이후 중한문화협회에도 참여하였으며,45) 김구는 해방 뒤 위빈 주교가 포츠담회담에 장제스蔣介石의 고문으로 참여하여 한국독립 문제를 제기하였다고 회고하기도 하였다.46) 김구의 측근인 엄항섭嚴恒燮이 익세보사의 광복군 환송회에서 천주교와 개신교를 모두 기독의 문하에서 나왔다고 하며 구별하지 않은 것처럼,47) 김구 역시 그러하였을 것이다. 김구는 천주교인인 안태훈-안중근 가문과의 관계가 깊었고, 특히 안공근安恭根은 그의 최측근 막료였다. 그의 장남 김인과 천주교인인 안정근安定根의 딸 안미생安美生의 혼인이 아무런 장애 없이 이루어진 점을 보아도, 천주교와 개신교를 크게 구별하지 않았던 것이다. 안정근과 안공근은 잘 알려진 대로 안중근의 동생들이었다.

사실 김구는 기독교인이지만 기독교 이외의 종교에 대하여 특별한 적대감이나 경계의식을 지니지 않았다. 본인이 다양한 종교체험을 하였기 때문일 것이고, 또 종교 그 자체에 경도되지 않았기 때문일 것으로 생각된다. 한 예로 그가 임시정부 경무국장으로 있던 1920년 공교운동孔敎運動을 전개하던 이병헌李炳憲이 밀정으로 의심받아 경무국에 구금되어 조사받은 적이 있었는데, 유교의 확장을 위하여 식민지배자들에게 협조하는 것을 문제

---

44) 『신한민보』 1941년 1월 16일자 「독립군의 성세」 ; 『신한민보』 1941년 3월 6일자 「한국광복군 군사령수 전선으로 출발」·「중한 량대민족이 억기 겻고 폭일을 삿치 저항」.
45) 한시준, 「중한문화협회의 성립과 활동」, 『한국독립운동사연구』 35, 2010 참조.
46) 『동아일보』 1945년 12월 29일자 「朝鮮獨立公約에 숨은 恩人 于斌主教」. 위빈 주교와 김구와의 관계에 대해서는 최기영, 「우빈 주교와 한국독립운동」, 『중국관내 한국독립운동가의 삶과 투쟁』(일조각, 2015) 참조.
47) 『신한민보』 1941년 3월 6일자 「중한 량대민족이 억기 겻고 폭일을 삿치 저항」.

로 삼고 있었다.48) 그러나 1923년 이병헌이 취푸曲阜를 거쳐 다시 상하이를
방문하며 공자상 사진을 서양기법으로 확대하여 그렸는데, 김구의 도움을
받고 있었다. 또 이병헌이 민간에 문묘를 세우고자 건립한 배산서당培山書堂
낙성식 축사를 박은식朴殷植·이시영·조완구趙琬九와 함께 김구가 지었고, 귀
국할 때에도 이시영·조완구와 함께 항구에서 환송하였다.49) 이러한 사실
은 김구가 기독교인이지만 민족의 이익에 무관하지 않고 일제에 추종하지
않는 차원에서, 다른 종교에 대하여 특별히 경계하지 않았음을 보여준다고
하겠다. 후술하겠지만 그가 1947년 전후 집필한 「나의 소원」에서 보여준 민
족 중심의 종교관은, 이미 오래전에 형성된 것이었음을 알 수 있다.

4. 해방 이후 기독교 신앙의 회복: 1945~1949

1945년 8월 15일 일제의 항복으로 태평양전쟁이 끝나고, 한국은 해방되
었다. 미군과의 연합작전으로 광복군의 국내정진을 눈앞에 두었던 김구는
오히려 앞으로 다가올 일이 걱정이었다. 1945년 11월 23일 김구와 임시정
부 요인들이 비록 개인자격이지만 귀국한 사실이 알려지자, 국민들은 대대
적으로 환영하였다. 24일 군정청에서 하지 중장과 군정장관 아놀드 소장
등을 만나며 바쁜 일정을 보낸 김구는, 일요일인 11월 25일 오전 11시 30
분 엄항섭을 대동하고 정동교회 예배에 참석하여, 정일형鄭一亨 목사의 설
교를 들었다.50) 26년 만에 귀국한 첫 주일을 정동교회의 예배로 시작한 것
이었다.

---

48) 『독립신문』 1920년 5월 27일자 「孔子를 尊尙키 爲하야는 敵의 奴隷를 甘作하는
儒敎中毒者 李炳憲의 行」 ; 李炳憲, 「仁里遭難記」, 『李炳憲全集』 上(亞細亞文
化社, 1989), 645~647쪽.
49) 「眞菴略歷」, 『李炳憲全集』 下, 614~615쪽 ; 금장태, 『유교개혁사상과 이병헌』(예
문서관, 2003), 78~79쪽.
50) 『자유신문』 1945년 11월 26일자 「金九先生과 金奎植博士 昨日曜日에는 예배당
에 參席」.

중국에서 망명하던 20여 년을 기독교와 거리를 두고 지내왔던 김구의 친기독교적인 행보는 계속되었다. 11월 28일 오후 2시부터 정동교회에서는 개최 중인 기독교 남부대회에서 임시정부 요인과 미군환영회를 열었다. 아놀드 소장을 비롯한 미군 대표들과, 이승만과 김구·김규식·엄항섭 등이 참석한 이 자리에서 김구는 '반석 우에 새 나라를 세우겠다'는 연설을 하였다.[51]

> … 내가 入國할 때 禮拜는 꼭 지키리라고 決心했습니다. 나는 建國 大業을 앞두고 두 가지 方針을 세웠읍니다.
>
> 첫재로 建國이요 둘재로 建敎입니다. 나라를 세우는 同時에 宗敎를 세우겠다는 것입니다. 卽 宗敎 없는 나라는 남의게 업수임을 받는 것입니다. 그러나 宗敎 敎化한 나라는 어떠한 强國이라 할지라도 敢히 손을 대지 못하는 것입니다. 그래서 警察署 열을 세우는 대신 禮拜堂 하나를 세우려는 것입니다.
>
> 나는 깊이 믿고 깊이 사랑하는 基督敎 精神을 磐石으로 해서 튼튼히 建國할 方針입니다. 그리고 여러분 基督敎 信徒들이 神聖한 聖經 말슴을 가지고 모든 惡魔를 막어 믈리처 줄테이니 實로 마음이 든든함을 느끼고 있습니다. …
>
> 여러분이 주신 오직 이 聖經 말슴에 依支해서 三千萬同胞가 살어야만 될 것입니다. 우리는 大韓이니 무엇이니보다 먼저 모다 天國百姓이 되여야 할 것입니다. 사랑하는 여러분들은 十字架의 精兵들입니다. 이 땅의 天國을 建設하는 天國百姓이 되에야 할 것입니다.[52]

나라를 세우는 동시에 종교를 세우겠다는 김구는, 경찰서 열 곳보다 교회 하나를 세우겠다고 밝혔다. 더욱이 기독교 정신을 기반으로, 지상에 천

51) 이 연설의 필기는 현재 세 경우를 찾을 수 있다. 金九, 「磐石 우에 새 나라를 세우겠다」, 張時華 편, 『建國訓話』, 9~11쪽 ; 金九, 「먼저 天國 百姓이 되라」, 『綠十字』 1, 11~12쪽 ; 金九, 「强한 나라를 세우자」, 『活泉』 229, 1946. 1, 3쪽.
52) 金九, 「磐石 우에 새 나라를 세우겠다」, 9~11쪽 ; 『백범김구전집』 8, 666~668쪽.

국을 세우겠다는 방침을 강조하였다. 비록 기독교인들의 환영회였지만, 기독교 국가를 세우겠다는 그의 발언은 중국에서 망명 생활을 하며 기독교에 보인 무관심과는 거리가 있는 내용이었다. 임시정부의 주석으로 초대된 자리에서 호교적인 건국론을 내세웠던 셈이다. 물론 이승만이나 김규식도 그러한 연설을 하였다. 단순히 기독교계의 지지를 얻어내기 위한 발언이었는지, 아니면 그 개인의 의지가 담긴 발언이었는지는 알 수 없다. 하지만 환국하며 예배를 꼭 지키겠다는 결심을 고려한다면, 적어도 기독교계의 지지만을 계산한 발언만은 아니었던 것 같다. 일제의 압제를 벗어나 해방된 조국에서 그는 기독교 신앙을 회복하고 있었다. 그 스스로 "나는 그리스도인인 고로 거짓 없는 내 량심은 '내ㅣ 죽음을 초월하고 나라를 사랑하였을 지언정 내ㅣ 나라를 파라 먹는 자는 아니라'고 대답한다"고 말한 바 있었다.[53] 그가 기독교임을 밝히고, 거짓 없는 양심을 내세운 것이다.

　어떠한 이유에서 그처럼 신앙을 되살릴 수 있었을까. 환국해서는 예배를 꼭 지키겠다는 결심이 어떠한 배경에서 이루어졌을까. 이 부분을 설명해 줄 자료는 찾아지지 않는다. 일제의 패망과 한국의 해방으로 기독교 신앙에 대한 회의와 동요를 극복하였는지 모르겠다. 그가 오래 기독교에 무관심하였던 것은, 기독교가 그가 기대한 사회적 역할을 하지 못하였다는 인식에서 비롯되었던 것으로 믿어진다. 그렇다면 해방된 조국에서 기독교가 그가 기대하던 사회적 역할, 즉 사회를 바른길로 선도할 수 있으리라고 생각하였던 것일까. 그는 기독교를 한 축으로 하여 새 나라를 만들 수 있으리라는 생각에서, 신앙을 회복하고 나아가 기독교 건국론을 들고나오지 않았을까 하는 짐작해본다. 이는 앞으로 더 천착해야 할 문제이다.

　이러한 김구의 움직임에 짝하여 기독교계는 다양한 통로로 임시정부 지지를 내세웠다. 환국 초기 기독교계가 보인 김구에의 관심과 지지는 그가 임시정부를 대표하기 때문이었다. 기독교계에서는 "장래 건국의 주도

---

53) 金九, 「밀(麥) 한 알이 따에 떠러저 죽으면」, 『活泉』 230, 1946. 6, 12쪽.

권을 가질 이승만 박사, 김구 선생, 김규식 박사 등이 모두 기독신자이었기 때문에 교회는 그들에게 건국이념을 제공하며, 그들을 계속 지원해야 할 의무가 있다고 생각"하였다.[54] 실제 11월 29일에는 조선기독교청년회 전국연합회가 정동교회에서 총회를 열고, 대표 40명을 김구에게 보내 임시정부 지지를 밝히고 3·8선 철폐와 교회통합 등을 내용으로 한 결의문을 진정하였다.[55] 11월 30일에 마무리된 남부대회 역시 임시정부 지지를 내세웠고,[56] 또 12월 1일에는 정동교회에서 기독신민회가 결성되어 임시정부 지지를 천명하였는데, 그 회장에는 박용희朴容羲 목사가 선출되었다.[57]

환국 두 번째 주일인 12월 2일에 김구는 동대문교회에서 예배를 본 뒤 인사말 요청을 받고, 정동교회의 환영회에서 한 내용과 유사한 연설을 하였다. '지상천국을 건설하자'로 제목이 붙은 이 인사에서 "그런고로 내 말을 듣고 행하는 자들은 마치 지혜 있는 사람이 집을 반석 우에 지음 같으리라"(마태복음 7 : 24-25)고 언급하고 있었다.[58] 성경을 인용하고 있다는 점에서 주목된다. 그의 성경 인용은 또 찾아지는데, 1946년 4월 21일 부활주일에 있은 성결교회 전국심령대회에 김구·김규식·엄항섭이 참석하여 연설한 자리에서였다. 김구는 "밀 한 알이 따에 떠러저 죽으면 많은 열매를 맞는 것 같이"(요한 12 : 24)라는 성경을 인용하였다.[59] 그리고 그가 쓴 휘호에도 "만일 하나님이 아등我等을 위하시면 수誰가 능히 아등을 대적하리오"

---

54) 金良善, 『韓國基督敎解放十年史』(大韓예수敎長老會總會 宗敎敎育部, 1956), 50쪽.
55) 『자유신문』 1945년 12월 1일자 「三八線 撤廢問題 等 基靑聯合會에서 決議 陳情」.
56) 『기독교공보』 1946년 1월 17일자 「朝鮮基督敎南部大會」.
57) 『동아일보』 1945년 12월 5일자 「政府傘下로 百萬基督敎徒 團合 新民會 組織코 活動開始」; 『기독교공보』 1946년 1월 17일자 「民族更生運動을 爲한 基督新民會 出發」. 기독신민회에 관해서는 연규홍, 「해방 정국과 기독교 건국운동」, 『한국교회사학회지』 14, 2004 참조.
58) 金九, 「地上天國을 建設하자」, 『建國訓話』, 14~16쪽.
59) 金九, 「밀(麥) 한 알이 따에 떠러저 죽으면」, 13쪽.

(로마 8 : 31)라는 성경 구절을 인용하여, 신앙을 드러내기도 하였다.60) 김구
는 1946년 3월 23일 상동교회에서 열린 전덕기 목사 추도식에서 추도사를
하였으며,61) 8월 25일 남대문교회에서 회합한 기독교호국여자전도단의 창
립에 1만원을 기부하였고,62) 9월 1일 역시 남대문교회에서 열린 300만 구
령부흥대회에도 참석하여 헌금한 바 있었다.63)

　환국 이후 김구와 기독교계의 관계는 초기에 이처럼 매우 우호적이었다.
이후에도 기독교계와의 관계가 밀접하였다는 사례는 드러나지 않지만, 적
어도 1948년 전후 김구가 단독정부 수립을 반대하며 남북협상을 추진할
때까지는 크게 불편하지 않았다. 해방 직후 기독교계에서 임시정부와 김구
지지에 앞장선 인물은 기독신민회 회장을 맡았던 박용희였다. 그는 해방이
되자 1945년 8월 민주사회당을 조직하였다가, 9월 안재홍安在鴻이 국민당
을 결성을 주도하자 민주사회당도 합류하여 부위원장을 맡았다. 1946년 4
월 국민당이 임시정부가 주도한 한국독립당과 합당하자 그는 중앙상무위
원과 문화위원장에 선임된 바 있었다.64) 박용희는 1920년 전후 상하이에
서 독립운동에 관여한 것으로 알려졌고,65) 목사로 정치일선에 나섰으며
임시정부 봉대를 내세운 정치세력의 핵심이었다. 적어도 1947년 6월 안재
홍·박용희 등 구 국민당 세력이 한국독립당에서 제명되어 분열될 때까
지,66) 김구는 기독교계 일부 세력의 정치적 지지를 확보하고 있었다. 1947

---

60) 『백범김구전집』 11, 325쪽 ; 이만열, 「백범 김구 - 민족과 신앙을 일치시키려는 생
　　애」, 『역사에 살아있는 그리스도인』(한국기독교역사연구소, 2007), 130쪽.
61) 『자유신문』 1946년 3월 22일자 「獨立運動先驅 故全德基牧師 二十三日追悼會」,
　　3월 24일자 「故 全牧師追悼式」.
62) 『동아일보』 1946년 8월 27일자 「護國女子傳道團 組織」.
63) 『동아일보』 1946년 9월 3일자 「救靈復興大會 盛況」.
64) 『每日新報』 1945년 9월 25일자 「五黨合同 國民黨 結成」 ; 『동아일보』 1946년
　　4월 23일자 「韓獨黨의 中央幹部 部署決定」 ; 신창균, 『가시밭길에서도 느끼는
　　행복』(해냄, 1997), 68~69쪽.
65) 박용희에 관해서는 朴淑貞, 「萬歲魂」, 『新東亞』 1966년 9월호와 김승태, 「교회와
　　민족을 사랑한 박용희 목사」, 『신앙계』 2000년 2월호 참조.

년 7월 전조선기독교도대회와 8월부터 시작된 '300만 부흥전도회'에도 김구는 이승만과 함께 참석하였다.[67] 그러나 1948년 초 김구가 단독정부 수립반대를 천명하자, 대부분의 기독교 세력은 단정수립을 주장하는 이승만과 한국민주당을 지지하였다.[68] 미국에서 활동하며 국내 기독교계와 깊은 관련을 맺어왔던 이승만에 비하여, 김구 주위에 기독교계에서 영향력이 있는 인물들이 많지 않은 것은 당연한 일이었다.

김구는 열성적이지는 않았지만 정동교회, 남대문교회, 상동교회 등 여러 교회에 출석하였다. 1948년 5월 남북협상을 위하여 평양에 체류할 때에도 장대현교회의 예배에 참석하였다. 평양에서 서울로 귀환하여서는 주로 남대문교회의 예배에 출석하였는데, 출석하지 못한 주일에는 남대문교회의 김치선金致善 목사가 경교장에 와서 예배를 보기도 하였다. 장로교나 감리교를 구별하지 않았고, 특히 남북협상 이후에는 그 이전보다 교회 출석이 많았다.[69] 그는 개인적인 일도 기독교식으로 처리하였다. 예컨대 곽낙원·최준례·김인의 유해 장의식은 1948년 8월 20일 서울중학교 운동장에서 기독교회연합장으로 거행되었으며, 함태영咸台永 목사가 사회를 보았다.[70] 또 그해 12월 18일에 있은 김신의 결혼식은 남대문교회에서 김치선 목사의 주례로 진행되었다.[71] 크리스마스에 경교장에는 이화여자중학교 학생

---

66) 『자유신문』 1947년 6월 22일자 「新韓國民黨 새 出發 宣言」·「韓獨黨 中委 除名」.

67) 『동아일보』 1947년 7월 11일자 「全國基督教徒大會盛況」 ; 『현대일보』 1947년 8월 3일자 「全國基督教徒大會盛況」.

68) 한국기독교역사학회 편, 『한국기독교의 역사』 3(한국기독교역사연구소, 2009), 38~39쪽.

69) 선우진(최기영 편), 『백범 선생과 함께 한 나날들』, 167~170쪽, 211쪽 ; 김동화, 『나에게 있어 영원한 것』(기독교연합신문사, 1998), 156쪽. 김동화는 김치선 목사의 따님이다.

70) 『서울신문』 1948년 8월 21일자 「金九氏 慈堂, 夫人, 令息 遺骸葬儀式 嚴肅執行」. 김구선생 3가족 유해 교회연합장의식 준비위원장을 함태영이, 부위원장을 이규갑·박용희 등 목사들이 맡았다(『평화일보』 1948년 8월 19일자 광고).

71) 『경향신문』 1948년 12월 8일자 광고.

들이 새벽 찬송을 돌았다.72)

　종종 김구는 그의 정치적 견해를 내세우며 기독교와 관련된 예를 들기
도 하였다. 1947년 12월 유엔 한국위원단이 도착한 뒤 성탄절 축하 담화를
발표하였는데, 그 앞부분에 "나는 성탄절을 맞이할 때에 하나님의 무한한
사랑과 거룩한 복이 동지 동포와 아울러 전세계 인류에게 충만하기를 먼
저 빌어마지 아니 한다"고 하여,73) 성탄절 인사를 통한 인류애를 강조한
바 있었다. 또 1948년 3월 20일 건국실천원양성소 창립 제1주년 기념식에
서 그는 장덕수張德秀 암살사건의 증인으로 나간 일을 자신이 망명 생활보
다 안일한 생활을 하고 국내에서 과분한 대우를 받는 것에 대한 하느님이
꾸짖는 뜻으로 이해하였다고 설명한 다음,

　　　… 三·八 以北은 내노코라도 半쪽 政府를 세우자는 사람들은 南北
　　統一政府 主張은 空念佛이니 觀念論이니 비방하지만은 基督敎人들은
　　天堂에 가본 일이 업고 예수를 보지 못햇지만 예수에 일홈으로 하나님
　　눈에 祈禱 올리고 그분의 뜻대로 行하면 天堂에 꼿 갈 수 잇다고 밋는
　　다 …74)

라고, 보지 못하나 신앙하는 기독교인의 경우를 들어, 불가능하여 보이나
통일정부를 추구해야 한다고 주장하였다.

　1948년 8·9월 김구가 그토록 반대하던 남북한의 단독정부가 수립되자
상당 기간 정치활동을 자제하였는데, 이 시기 이후 더욱 기독교에 관심을
두었던 것 같다. 이미 지적하였지만 남북협상에서 돌아온 뒤부터 교회 출
석도 잦아졌다. 아울러 사랑과 자선을 강조하며, 실천하였다. 본인의 애독

---

72)『동아일보』1970년 12월 24일자「金九先生 댁서 첫맞이」(吳澄子).
73)『경향신문』1947년 12월 23일자「民族的 統一意思로 UN委員團을 맞자」;『독립
　　신문』1947년 12월 23일자「民族의 統一意思로 獨立政府 樹立하자」.
74)『독립신문』1948년 3월 26일자「보지 못한 天堂도 志願 祖國完全獨立 抛棄함은
　　奇怪」.

서를 소개하며, "『성서』특히 기독교의 구약은 민족사적 관점에서 볼 때에 기독교도가 아니라고 하여도 읽을 필요가 있다"고 하였다.[75] 성경, 특히 이스라엘 민족의 독립을 담고 있는 구약을 민족사적 관점에서, 기독교인은 물론 기독교인이 아닌 이들에게도 추천한 것이었다. 그는 손양원孫良源 목사가 보인 기독교적인 사랑을 "종교가다운 온정과 자비심"·"아량과 포용성과 수완"이라는 표현으로 신뢰를 보이며,[76] 손양원을 그가 세운 염리동 창암학원의 교장으로 초빙하고자 하였다.[77] 또 그가 1948년 세밑에 서울 시내 영세민들을 위하여 곽낙원·최준례·김인의 천장식과 김신의 결혼식에 들어온 부조금의 일부를 전달하였다. 그 일의 진행에 이연호李淵瑚 목사 등의 도움을 받았음도 밝혔다.[78] 천주교 유치원 자모회가 재정난에 빠진 고아원을 돕는 일에도 금일봉을 기탁하기도 하였다.[79] 이렇듯 기독교를 통

---

75) 『자유신문』1949년 3월 19일자 「나의 愛讀書」.
76) 『서울신문』1949년 4월 17일자 「小兒病과 名醫」; 이상규, 「해방 이후 손양원의 생애와 활동」, 『한국기독교와 역사』35, 2011, 242~245쪽.
77) 도진순 편, 『백범어록』(돌베개, 2007), 371쪽; 이상규, 「해방 이후 손양원의 생애와 활동」, 242쪽.
78) 『서울신문』1949년 1월 4일자 「細窮民에 90萬圓 金九氏 救濟運動에 示範」과 『남조선민보』1949년 1월 5일자 「飢寒에 우는 同胞에 金九氏 義捐金 布施」에는 권연호 목사로 소개되었다. 김구는 이촌동교회 이연호 목사에게 20만 원의 의연금을 준 뒤, 1월 17일 붓글씨로 아래와 같은 편지를 써서 따로 보내 치하한 바 있다.

龍山二村洞敎會 李淵瑚牧師의게
京城內外에 許多敎會와 災民이 있으나 數字가 많지 못한 略少한 金額일망정 貴處 敎會에 送呈한 것은 李의牧師의 透徹하신 信仰으로 災民들과 갓이 受苦하심에 感激한 마음으로 貳拾萬圓을 들인 것이니 用道에는 李淵瑚牧師 一人의 意思에 專任 處理하여 주심을 바라나이다
大韓民國 三十一年 一月 十七日 金九

　　이연호에 대해서는 유동식·최종고, 『화가목사 이연호 평전』(한들출판사, 2014)이 참고 된다. 김구가 이연호에게 쓴 편지는 장로회신학대학교 역사박물관에 소장되어 있고, 『화가목사 이연호 평전』, 49쪽에 사진판으로 수록되었다.
79) 『경향신문』1948년 11월 12일자 「아가야 菓子들 먹어라」.

한 덕목을 일반화하기도 하며 널리 알렸다.

그런데 이러한 김구의 기독교 신앙형태는 그가 기대하던 기독교의 사회적 역할을 강조하는 모습이 아니라, 그 자신을 중심으로 한 개인 신앙의 모습으로 비친다. 환국 초기 기독교를 한 축으로 새 나라를 만들어나가겠다던 의지와는 다른 모습이었다. 즉 김구는 환국 초기와는 다른, 소극적인 개인 신앙으로 기독교를 실천하고 있었다. 그것은 적어도 그가 기독교를 중심으로 새 나라를 만들어가기 어렵다는 인식을 지니게 되었다는 의미가 아닐까. 구체적인 자료는 찾아지지 않지만, 해방 뒤 개성의 감리교회에서 열린 환영 모임에서 그는 단상에 오르자 첫 마디로 "아이고, 예수 썩는 냄새야!"라 하였다고 한다.[80] 어떠한 계기가 있었는지는 확인할 수 없지만, 김구는 기독교에 대하여 부정적인 시각도 가지고 있었다. 그는 기본적으로 기독교 우선이라는 종교적 편향성을 지니고 있지 않았다. 기독교인으로 기독교를 향한 관심과 애정이 다른 종교보다 강렬하였겠으나, 거기에만 머무르지는 않은 것이다.

임시정부가 환국한 직후인 1945년 12월 20일에 임시정부 지지를 내세우고 조선독립촉성 종교단체 연합대회가 천도교 강당에서 개최되었다. 기독교·대종교·불교·유교·천주교·천도교 등 6개 종교가 참여한 이 대회에서 그는 "육대 종교가 이가티 합하는 것은 세계에서 처음 잇는 일이다 교리가 다른 종교가 국가 대업을 위하여 연합한 것으로 그 의는 실로 크다"라고 축사를 하였다.[81] 그는 또 그 직후 12월 24일 천도교 인일人日 기념식에 참석하여,

나는 어렷슬 적에 海月선생의 龍潭遺詞에 倭는 불구대전의 원수라

---

80) 류달영, 『소중한 만남』(솔, 1998), 124쪽. 김구가 개성을 방문한 것은 1946년 11월 30일이었다. 선우진(최기영 편), 『백범 선생과 함께 한 나날들』, 204~205쪽 참조.
81) 『서울신문』 1945년 12월 21일자 「獨立의 完成을 促進 六大宗敎聯合大會 盛況」 ; 『자유신문』 1945년 12월 21일자 「建國에 이바지하고자 六大宗敎團體가 決議」.

는 구절을 읽고 크게 감동되어 그것을 마음의 신조로 직혀 오날에 일오럿다 천도 무심치 안어 倭는 망햇스니 제국주의가 우리 땅에 다시 야만적 행위를 하지 못하게 海月, 義庵 선생의 유지를 본바더 도덕의 기초 위에 문화가 놉흔 새국가를 건설하자[82]

는 훈화를 하였다. 동학에 입교하였던 그로서는 천도교에 대한 애착도 없지 않았을 것이다. 뿐만 아니라 그는 1946년 4월 한때 승려 생활을 한 공주 마곡사麻谷寺를 방문하였으며, 한가할 때는 봉원사·봉은사·백련사·용주사·신륵사 등 서울 근교의 사찰을 찾곤 하였다.[83] 4월 마곡사를 찾고서, 이어 한말 의병장 김복한金福漢과 최익현崔益鉉의 사당에 참배하였고, 8월에는 유인석柳麟錫의 묘소를 참배하여,

> … 華夷의 論과 尊明의 說名에 이르러는 民族意識이 了別되기 前이라 幾百年間 傳襲도 잇스려니와, 敵을 排退하기에 急한 째라 論을 華夷에 쓰러왓스니, 文字 비록 舊를 承하나 敵을 치는 反面 國家에 對한 忠이 매츠니, 우리는 先生의 衷을 깁히 헤치여 皮膜을 넘어 그 內含한 民族的 忠誠을 洗發코저 하나이다. 九는 後凋 先生의 弟子로서 일즉부터 先生을 慕仰하야 萬事一生 가운데도 항상 붓들고 나아감이 잇섯스니 …[84]

라고, 유인석의 충절을 기리며 자신이 고능선의 제자임을 드러내고 있었다.

천주교와도 밀접한 관계를 유지하였다. 중국에서 위빈 주교의 지지를 받은 바 있던 김구는 며느리 안미생이 천주교인이었으며, 1946년 탈장 수술을 한 이래 몇 차례 명동 성모병원과 원효로 성모병원 분원에 입원하여 휴양하였다. 김구 사망 직후 천주교 측에서는 "선생이 해방된 본국에 들어

---

82) 『자유신문』 1945년 12월 25일자 「義庵先生의 遺訓追慕 天道敎의 人日記念式 盛大」.
83) 선우진(최기영 편), 『백범 선생과 함께 한 나날들』, 206쪽.
84) 金九, 「柳麟錫 제문」, 『백범김구전집』 8, 720쪽.

와 사 개년 지나는 동안, 건강이 좋지 않을 때마다 반드시 성모병원에 입원하여 치료를 받은 기간이 모두 합하면 약 일개년은 될 것이다"라고 밝힌 바 있었다.[85]

환국 직후 '건교'를 강조한 기독교인 김구였으나, 기독교 이외의 종교도 인정하고 발전해야 한다고 믿은 것이다. 그의 그러한 생각은 1947년 12월에 발간한 『백범일지』에 수록된 「나의 소원」에서 잘 드러나고 있었다. 그는 "나는 공자·석가·예수의 도를 배웠고 그들을 성인으로 숭배하거니와, 그들이 합하여서 세운 천당·극락이 있다 하더라도 그것이 우리 민족이 세운 나라가 아닐진대, 우리 민족을 그 나라로 끌고 들어가지 아니할 것이다"라고 하여,[86] 민족적 차원에서 종교의 다양성을 인정하고 있었다. 특별히 그는 우리 민족과 무관한 종교라면 그것이 아무리 좋아도 불필요하다는 생각이었다. 그가 언급한 대로, 그는 유교·불교·기독교, 그리고 동학까지 공부한 바 있던 다양한 경험이 있었다. "모든 사상도 가고 신앙도 변한다. 그러나 혈통적인 민족만은 영원히 성쇠 흥망의 공동운명의 인연에 얽힌 한 몸"이라는 점을 강조하였다.[87] 종교보다 민족이 앞선다는 것이었다. 그러면서 조선왕조가 주자학의 철학을 기반으로 한 계급독재였음을 비판하며, 한 학설의 원리로 국민을 통제해서는 안 된다는 점을 확실히 하였다.

> … 그럼으로 어느 한 학설을 표준으로 하여서 국민의 사상을 속박하는 것은 어느 한 종교를 국교로 정하여서 국민의 신앙을 강제하는 것과 마찬가지로 옳지 아니한 일이다. 산에 한 가지 나무만 나지 아니하고 들에 한 가지 꽃만 피지 아니한다. 여러 가지 나무가 어울려서 위대한 삼림의 아름다움을 일우고 백 가지 꽃이 섞어 피어서 봄들의 풍성한 경

---

85) 『경향잡지』 1949년 8월호 「김구선생 '베드로' 본명으로 대세」 ; 정양모, 「겨레의 사표 백범 선생」, 『내 글 보고 내가 웃는다』(햇빛출판사, 2011), 224~226쪽에는 성모병원 간호 수녀였던 이 요사파 수녀의 회고담이 수록되어 있다.
86) 金九, 『백범일지』(국사원, 1947) ; 『백범김구전집』 2, 821쪽.
87) 金九, 『백범일지』 ; 『백범김구전집』 2, 822쪽.

치를 이루는 것이다. 우리가 세우는 나라에는 유교도 성하고 불교도 예수교도 자유로 발달하고 또 철학을 보더라도 인류의 위대한 사상이 다 들어와서 꽃이 피고 열매를 맺게 할 것이니 이러 하고야만 비로소 자유의 나라라 할 것이요, 이러한 자유의 나라에서만 인류의 가장 크고 가장 높은 문화가 발생할 것이다.[88]

그는 한 종교를 국교로 삼아 국민의 신앙을 강제하는 것은 옳지 않다고 천명하며, 유교·불교·기독교가 모두 발전하고 자유롭게 신앙을 가질 수 있는 나라가 되어야 한다고 강조하였다. 그는 기독교인이면서도 다른 종교의 존재를 인정하고 조화로운 발전을 기대한 것이었다.

1949년 6월 26일 김구는 안두희安斗熙의 흉탄에 서거하였다. 그의 장례는 기독교식으로 치러졌지만, 입관식에서 승려들의 염불도 있었고, 천주교인인 박병래朴秉來 성모병원장과 수녀들이 시신을 수세水洗하고 수의를 입혔으며, 찬송가로 '요단강 건너가 만나리'를 부르고 김규식의 기도가 있었다.[89] 마곡사 주지는 장례 기간 중 매일 밤에 염불을 올렸고, 밤마다 예배가 있었다.[90] 장례식 당일 아침 경교장에서 거행된 영결 예배에는 2만 명이 운집하였다.

> 서울의 기독교도들은 고 백범 선생의 장송(葬送)을 하기 위하여 五일 아침 七시 반부터 경교장에서 장의예배회(葬儀禮拜會)를 개최하였는데 여기 참집한 신도는 무려 二만여 명에 달하여 一대 성황을 이루었다 한다 예배는 이규갑(李奎甲) 목사의 사회로 시작되어 정훈모(鄭勳模) 여사의 조악(弔樂)이 있었고 김치선(金致善) 목사의 시편낭독, 박태준(朴泰俊) 씨 지도의 찬송, 구세군 황종률(黃鍾律) 소령의 기도 최성모(崔聖

88) 金九, 『백범일지』 ; 『백범김구전집』 2, 828쪽.
89) 『동아일보』 1949년 7월 1일자 「하늘도 눈물 뿌려 白凡翁을 吊慰」 ; 『조선일보』 1949년 7월 1일자 「愁雨霏霏에 暮色更深 滿庭弔客의 哭聲도 哀切」.
90) 『조선일보』 1949년 7월 6일자 「京橋莊의 마즈막 밤 哀惜도 새로히 結棺」.

模) 목사의 성경낭독 남대문성가대의 조가(弔歌) 합창 박제원(朴濟源) 목사의 설교, 홍춘화(洪春和) 양의 조가독창 박학전(朴鶴田) 목사 외 一인의 조사(弔辭)가 있은 후 찬송과 축도(金裕淳 監督)로 폐회되었는대 예배가 끝난 후는 눈물의 바다로 폐회하여 버렸다[91]

장로교와 감리교 목사들과 구세군 사관 등이 예식을 맡고 교인 2만 명이 참여한 이 장대한 예배는 기독교계가 공동으로 마련하여 기독교인 김구의 마지막 길을 보내는 것이었다. 그런데 천주교회에서 간행한 『경향잡지』 1949년 8월호에는 「김구 선생 '베드루' 본명으로 대세」라는 기사가 실려 있다.

대한민국임시정부 주석으로 민족과 국가를 위하여 활약하던 김구(金九) 선생이 거 六월 二十六일 괴한의 흉탄으로 절명되어 국내에 큰 파동을 이르켰거니와, 선생이 해방된 본국에 들어와 四개년 지나는 동안, 건강이 좋지 않을 때마다 반드시 성모병원에 입원하여 치료를 받은 기간이 모두 합하면 약 一개년은 될 것이다. 그럴 때마다 간호수녀들로부터 요긴한 교리와 영세의 권고를 받았으며, 자기 맞며누리 수산나 안미생 여사도 그런 권고를 드리는 동시, 수녀들에게도 특별히 부탁을 하여 두었던 것이다. 당일 괴한으로부터 피습을 당하는 즉시로 경교장에서는 성모병원에로 전화로써 급보하였으므로, 동 병원장 박병래 씨는 곧 간호수녀를 대동하고 자동차로 급행하여 보았으나, 생명을 구할 수 없는 큰 상처에서는 출혈만 계속되므로, 원장은 우선 '베드루' 본명으로 조건 대세를 주었다 한다.

박병래가 저격당한 김구에게 베드로라는 영세명으로 조건 대세代洗를 주었다는 것이다. 김구가 성모병원에 입원하였을 때 간호한 수녀의 증언에 따르면, 지나가는 말로 "선생님도 천주님을 믿으시지요?"하면 "나도 마음 속으로 믿고 있어. 걱정 말아"라고 대답하였다고 한다.[92] 천주교와 기독교

91) 『동아일보』 1949년 7월 6일자 「情든 집 떠나기 前하 京橋莊서 葬儀禮拜會」.
92) 정양모, 「겨레의 사표 백범 선생」, 225쪽.

를 구별한다면 이러한 대답은 개종일 것이나, 김구에게 있어 그 구별은 별다른 의미가 없었다고 생각된다. 이미 중국에서부터 그는 천주교와 기독교를 모두 그리스도에게서 나왔다고 구별하지 않았던 것으로 짐작되기 때문이다.

김구는 환국 초기 기독교계와 밀접한 관계를 맺을 수 있었지만, 지속적으로 그 관계를 유지하지 못하였다. 무엇보다도 그는 국내 기독교 세력과 연결되는 고리가 부족하였다. 이승만은 흥업구락부 계열의 인사들을 비롯하여 국내외에 기독교 세력과 긴밀한 관계를 맺고 있었다. 특히 미국 유학생 출신의 한국기독교계 지도자들은 상당수가 이승만과 직간접으로 연결되어 있었다. 김구는 일부 교계 지도층의 지지를 받았지만, 기독교를 매개로 하여 그의 정치적 기반을 확대하지 못하였다. 그가 기독교를 신앙하게 된 배경에는 한말 사회에서 기독교가 보인 사회적인 역할과 무관하지 않았지만, 일제강점기 감옥의 경험과 망명 생활을 거치며 오히려 기독교의 사회적 역할에 크게 실망하였다. 환국 이후 그는 기독교 신앙을 회복하며 기독교를 기반으로 한 새 나라 만들기에 관심을 보였다. 그러나 그는 그후 오히려 기독교를 개인 신앙의 수준에서 관심을 가졌다. 그가 기본적으로 종교적 편향성보다 민족적 단결을 강조하고 있었다는 사실은, 기독교를 그 자신이 신앙하는 개인의 종교 이상으로 확대하지 않고자 한 것이 아닌가 한다. 그리고 이미 지적하였지만 한국 사회에 있어 기독교에 대한 신뢰의 문제도 없지 않았고, 기독교를 정치적 기반으로 연계시키지도 못하였다. 김구에게 있어 기독교는 민족과 개인의 문제 가운데 하나가 아니었을까.

5. 맺는말

김구는 1903년 전후 기독교를 수용하였다. 그는 신앙으로서만이 아니라 국권회복의 방편으로 기독교를 받아들여, 황해도에서 교육계몽운동에 진력하였다. 그는 종교와 교육을 통하여 기독교 신앙을 생활화하고자 한 것으로 보인다. 그러나 1911년 안악사건으로 투옥된 이후 심리적 전환을 가져와, 기독교에 기반을 둔 도덕적인 생활 태도가 약화하였다. 다양하게 일제에 저항하기 위해서였다. 그에 비하여 모친과 부인은 기독교 신앙을 충실히 지켰다.

3·1운동 직후 상하이로 망명하여 대한민국임시정부에 몸을 담은 김구는 기독교계와 밀접하지는 못하였지만, 일정한 관련은 유지하였으리라 짐작된다. 그러나 한인교회에 출석하지는 않았던 것으로 보이는데, 신앙의 문제와 더불어 임시정부의 반일활동과 무관하지 않았다. 1932년 4월 윤봉길 의거로 상하이를 떠나 여러 곳을 전전하다가 충칭에 정착한 뒤에도, 김구는 기독교 신앙이나 활동과 무관하게 지냈다. 그의 모친은 기도를 생활화한 신앙을 지키고 있었다.

1945년 11월 해방된 고국에 돌아온 이후, 김구는 중국에서와는 달리 기독교인으로 교회에 출석하며 '건교'를 내세우는 등 친기독교적인 행보를 보였다. 일부 기독교 세력의 정치적 지원도 있었는데, 임시정부에 대한 지지이기도 하였다. 그는 천장이나 결혼 같은 개인적인 행사도 기독교식으로 치렀으며, 기독교에 대한 애정을 드러냈다. 그러나 그는 기독교인이었지만 기독교만을 중시하거나 우선하는 편향성을 지니지 않았다. 민족적 관점을 중시하였으며, 종교 간의 조화로운 발전을 기원하였다. 즉 그는 한 종교를 국교로 삼아 국민의 신앙을 강제하는 것은 옳지 않고, 유교·불교·기독교가 모두 발전하고 자유롭게 신앙을 가질 수 있는 나라가 되어야 한다고 강조하였다. 그렇기 때문에 그는 유교·불교·천도교·천주교 등 기독교 이외의 행사에도 참석하여 축사를 하였고, 자신이 동학이나 유교·불교에 직접 관여한 일을 밝혔다.

김구에게 있어 기독교는 그의 생애에 중요한 전환점이었다. 그가 황해도 교육계몽운동에 참여하고 신민회의 중심적 역할을 할 수 있던 배경 가운데 하나는 기독교였다. 또 신민회와 안악사건으로 연결된 인물들은 임시정부에서 그가 활동하는 기반이 되었다. 따라서 김구는 기독교가 매개가 되어 민족운동에 참여하였고, 그 기반이 그의 생애에서 중요한 역할을 하였다고 생각된다. 하지만 그가 중국에서 독립운동을 주도하고, 해방 후 환국하여 자주독립국가 수립을 위한 정치운동을 전개하는 과정에서 기독교가 차지한 위치는 크지 않았다. 김구에게 있어 기독교가 초기 교육계몽운동에서는 개인신앙 이상의 역할을 하였지만, 독립운동과 자주독립국가 수립운동의 과정에서는 개인신앙에 그치지 않았나 생각된다. 바꾸어 말하면 김구는 기독교를 정치활동의 사상적 배경이나 정치적 기반으로 삼지 않았다. 동시에 그렇기 때문에 그는 종교적 관용성과 다양성을 보일 수 있었으며, 오히려 그가 종교지도자가 아니라 민족지도자였음을 다시 한번 보여주는 모습으로 이해될 수 있겠다.

뮈텔 주교의 한국 인식과 한국천주교회
: 『뮈텔 주교 일기』를 읽다

1. 머리말

뮈텔 주교Gustave Mutel, 閔德孝(1854~1933)는 잘 알려진 대로 프랑스 파리외 방전교회 선교사로 1890년부터 1933년까지 제8대 조선교구장(대목구장)과 서울교구장(대목구장)을 맡아 40년 넘게 한국천주교회를 책임졌던 인물이다.[1] 그가 교구장으로 있던 기간은 정치적으로 한국이 열강의 침략을 받다가 일본의 식민지가 된 시기였다. 즉 뮈텔 주교는 전반 20년을 조선왕조와 대한제국에서, 후반 20년을 일제의 조선총독부 치하의 한국에서 교회를 지도한 것이었다.

한국천주교회는 18세기 후반 한국에 유입된 이래, 1880년대까지 1세기 동안 정부의 박해를 받아왔다. 뮈텔 주교가 교구장으로 재임한 기간은 정부의 박해를 벗어나 신앙의 자유를 누리며, 교회의 성장과 발전이 이루어지던 시기이기도 하였다. 뮈텔 주교 생전에 조선교구는 서울교구와 대구교구(1911), 그리고 원산교구(1920)로 분할되었고, 평양지목구(1927)와 연길지목구(1928)에 이어 황해도(1928)와 전라도(1931)에 감목대리구가 설정되는 성장을 이루고 있었다.

이러한 외형적인 성장과는 달리 뮈텔 주교 지도하의 한국교회의 위상에

1) 뮈텔 주교의 생애 전반에 관해서는 최석우, 「뮈텔」, 『한국가톨릭대사전』 5(한국교회사연구소, 1997), 2891~2896쪽 참조.

대한 논의는 꼭 긍정적이지는 않았다. 경쟁대상이었던 개신교회의 질적·
양적 성장에 대한 비교에서부터, 프랑스 선교사 중심의 보수적 교회운영,
정교분리를 내세운 친일정책과 정치·사회현실에 대한 불간섭, 체제순응주
의, 평신도 지도자 양성에 대한 무관심 등이 특히 일제의 지배를 받던
1910년대 이후의 천주교회를 언급하면서 지적된 내용들이다. 기존 연구에
서 지적된 이러한 견해는 결국 한국교회가 해방 이후 극복해 나가야 할 문
제이기도 하였다.

필자는 뮈텔 주교가 지도하던 시기의 한국천주교회의 현상과 위상을 살
피는 과정에서, 뮈텔 주교나 파리외방전교회의 선교정책, 일제강점기 천주
교회의 성격과 위상을 검토한 기존 연구와 별다른 차별성을 찾아내지 못
하였다. 오히려 그러한 견해를 확인하는 경우가 대부분이었기 때문에, 유
사한 논의를 다시금 하는 것이 부담스럽지 않을 수 없었다.

뮈텔 주교는 1890년부터 1933년까지, 즉 그가 교구장으로 임명되어 사
망할 때까지 일기를 썼는데, 한국교회사연구소에서 번역과 출판에 20년이
넘는 공을 들여 8권으로 출간하였다.[2] 이 일기는 주로 사목적 관심에서 작
성되었지만, 당시 사회현실과 천주교회와의 관계를 보여주는 적지 않은 내
용이 포함되어 있어 한국근대사를 이해하는데 좋은 자료이기도 하다. 뮈텔
주교는 한 개인이면서도 한국전교의 책임을 맡은 파리외방전교회와 한국
천주교회를 대표하였다. 그러한 점을 고려하여 이글은 뮈텔 주교 나아가
한국천주교회와 관련되어 논의되어온 문제들을 정리하는 차원에서, 새로
운 논의보다 『뮈텔 주교 일기』를 읽어가면서 받은 인상을 필자 나름으로
풀어가는 형식으로 작성되었다. 따라서 정치한 논문의 형식을 제대로 갖추
지 못한 시론적인 논의에 지나지 않는다는 점을 먼저 밝히고자 한다.

---

2) 『뮈텔 주교 일기』 1-8(한국교회사연구소, 1986~2008). 최근 뮈텔 주교의 일기와 관
   련된 전반적인 검토가 이루어졌다. 김정환, 『뮈텔 일기 연구』(내포교회사연구소,
   2015). 이하 인용되는 『뮈텔 주교 일기』는 각 권의 출간연도를 따로 밝히지 않는다.

2. 정착과 확장: 1890~1910

『뮈텔 주교 일기』는 햇수로 43년의 기록인데, 기본적으로 뮈텔 주교의 사목활동이 중심이 되어 있다. 이 일기에는 성직자들의 본당 임면 내용을 비롯하여, 교회 행사, 신학교 양성 관계, 사목 방문, 성당 건축, 본당 증설, 성직자들의 주교관 방문이나 건강상태, 수녀원 관계 등 사목과 관련된 사항들이 주를 이루고 있다. 1910년 이전의 경우에는 성직자나 지방 교인들과 관련된 교안의 전개와 그 처리를 위한 프랑스공사관과의 교섭도 적지 않았으며, 1910년 이후에는 조선총독부와의 교섭이 자주 보인다. 주로 프랑스인들이지만 외국인의 주교관 방문도 세세하게 기록하였다. 1908년과 1925년 2차례의 교황청과 프랑스 등 유럽 방문 시에는 상세한 여정과 일정을 잊지 않았다.

일제강점 이전인 1910년 전후까지의 일기에는 이러한 교회 관련 사항뿐 아니라 당시 정치현실과 관련된 내용이 많이 포함되어 있다. 그것은 열강의 소용돌이 속에 놓여 있다가 결국 일제에 국권을 빼앗기는 1890년대부터 20년 동안에 다양하게 전개된 한국사회의 정치현실에서, 뮈텔 주교가 중심에서 크게 벗어나 있지 않았다는 사실을 보여준다. 그러면서도 그는 일기에 정치현실에 관한 자신의 견해를 명백하게 밝히는 데에는 매우 조심스러웠다는 인상이다.

아무튼『뮈텔 주교 일기』에서 주목되는 것은 여러 가지 어려운 환경 속에서도 한국천주교회의 성장을 위한 뮈텔 주교의 노력이다. 그가 한국 선교를 책임지고 있던 파리외방전교회 소속 교구장이었기 때문에, 한국교회의 성장을 위한 움직임은 파리외방전교회의 선교정책이나 목표와 무관하지 않았다. 파리외방전교회는 현지인 성직자 양성·신자들의 신앙생활 심화·미신자에 대한 복음 전파를 주된 목적으로 삼았다.[3] 뮈텔 주교 역시 그

---

3) 최석우, 「재한 천주교 선교사의 한국관과 선교정책」, 『한국교회사의 탐구』2(한국

목적의 실현에 매진하여, 현지인 성직자 양성에 관심을 두고 신학교육과 신학교 건물 건축 등에 관심을 보이는 것을 확인할 수 있다. 그러나 그것은 뮈텔 주교가 파리외방전교회 안에서 조정할 문제였고, 교인들의 신앙 관리와 신자 확충이 궁극적으로 추구해야 할 목표였다고 생각된다. 즉 뮈텔 주교가 한국에서 추구할 목표는 결국 선교우선주의에 입각한 교세의 확장이었다고 볼 수 있다. 그것을 천주교회가 한국 사회에 정착하고 확장하는 과정으로 이해해도 좋을 듯싶다.

교세확장이 한국교회의 중요한 목표였음은 파리외방전교회에서 간행한 각 포교지별 보고서인 'Compte Rendu'에 각 지역별 교인과 신입 교우에 대한 언급이 주를 이루는 것에서도 당연한 일이었다고 생각된다.[4] 파리외방전교회 자체의 관심과 목표가 포교지에서의 교세확장이었을 것이다. 뮈텔 주교는 1891년 교구장으로 한국에 부임한 이래 대한제국이 국권을 상실한 이후에도 1913년까지 거의 매년 사목방문에 나서고 있었는데,[5] 그것은 각 지역과 교인에 대한 이해의 폭을 넓히는 기회로 교세 확장의 방편이기도 하였다. 뮈텔 주교가 일기에 사목방문과 관련하여 지역 이동을 비롯한 상세한 기록을 남긴 것도 그러한 이유에서였을 것이다. 당시 그는 30대 후반에서 50대 중반의 장년이기도 하였다. 아울러 1890년대에 약현성당이나 종현성당과 같이 서양식 건물로 웅장한 성당을 건축한 것 역시 같은 의미로 받아들일 수 있다. 한국인들이 처음으로 접하는 서양식 성당이 주는 인상이 그러하였을 것이고, 성당 낙성식이나 교회 중요행사에 초대한 정부요인들의 규모와 면면이 그러한 효과를 내는데 적절하였으리라 생각된다.

교세확장의 과정에서 교회와 교인들은 중앙의 관리들뿐 아니라 지방 유

교회사연구소, 1991), 355쪽.

4) 이 보고서는 한국교회사연구소 편, 『서울교구연보』 I(명동천주교회, 1984)와 『서울교구연보』 II(명동천주교회, 1987)로 번역·출판되었다.

5) 김정환, 「뮈텔 주교의 사목활동」, 『교회사연구』 35, 2010, 206~207쪽에 20회에 걸친 사목방문이 표로 정리되어 있다.

력자나 지방 관리들과 적지 않은 마찰을 빚었다. 서양세력과 서양종교를
배척하는 지방세력의 부당한 방해도 있었고, 천주교회 측의 환경과 절차가
무시된 무리한 선교도 없지 않았다. 특히 교인과 지방민의 분쟁에 선교사
가 개입하거나, 지방교회와 지방관아의 분쟁이 외교문제로 비화되는 경우
가 적지 않았다. 이른바 교안은 금전·토지·재산·폭력 등과 외세에 대한 반
감 등 다양한 원인으로 발생하였지만, 선교사나 교회의 힘을 이용하여 부
당한 요구나 이익을 추구한 교인들이 없지 않았다. 치외법권을 내세워 한
국 국법을 무시한 천주교나 개신교의 선교사들에 기댄 교인들의 불법적인
행동은 이른바 '양대인자세洋大人藉勢'라는 현상으로 나타났다. 물론 교인
들의 정당한 요구가 수용되지 못하여 발생한 교안이 많았지만, 뮈텔 주교
는 교민분쟁이 발생하면 그 원인이나 동기를 파악하기보다 교회나 신자에
게 유리하게 해결하고자 강력한 수단과 방법을 동원하였다. 그러한 과정에
서 외교분쟁을 우려하는 프랑스공사관과 마찰을 빚는 경우도 적지 않았
다.6) 또 그 결과 천주교를 외세와 결합된 서양종교로 확인한 관리나 지방
민들 역시 적지 않았으며, 그들은 지속적으로 천주교를 배척하였을 것이
다. 조사에 의하면 1886년부터 1906년까지 20년 동안에 300건이 넘는 교안
이 발생하였다고 한다.7) 1901년의 제주교난이나 1902~1903년의 해서교안
등은 대표적인 교안이었는데, 잦은 교안은 천주교회의 교세 확장과정에서
부정적으로 작용하였다.

　뮈텔 주교가 교세확장과 함께 진력한 일은 한국순교자들의 시복을 위한
준비였다. 이미 블랑 주교시기부터 준비되기 시작한 이 일을 뮈텔 주교는

---

6) 장동하, 「뮈텔 주교와 주한 프랑스공사 프랑뎅의 갈등」, 『개항기 한국사회와 천주
　교회』(가톨릭출판사, 2005) 참조.
7) 장동하, 「교안의 성격과 특성」, 『개항기 한국사회와 천주교회』에서는 305건의 교
　안을, 박찬식, 「근대 천주교회의 성격과 교안의 발생」, 『한국근대 천주교회와 향
　촌사회』(한국교회사연구소, 2007)에는 141건의 교안을 소개하고 있다. 교안에 대
　한 전반적인 언급은 이원순, 「조선 말기 사회의 '교안' 연구」, 『한국천주교회사연
　구』(한국교회사연구소, 1986)을 참고할 것.

1877년 사제로 서품되어 한국선교사로 임명되면서 함께 부여받았던 임무였다. 그는 로마와 베트남에서 그 필요한 절차를 공부한 바 있으며, 한국어와 한문을 공부하였다. 그가 주교 문장에 '순교자들의 꽃을 피워라Florete Flores Martyrum'라는 사목표어를 내세웠던 사실이나, 한국천주교회사에 관심을 가지고 구술 자료를 비롯한 다양한 자료의 발굴과 순교자 유해발굴에 힘쓴 것도 시복을 준비하고자 하는 이유에서였다. 일제강점기에도 『조선왕조실록』를 이용하고 한국정부의 기록들을 수집하였다.8) 1925년 순교자 79위의 시복이 가능하였던 것도 뮈텔 주교의 노력에 힘입은 바 컸다.

『뮈텔 주교 일기』에는 지방 교인들이 금전이나 곡물을 소작료로 가져오는 기록들이 가끔 보인다. 교회는 학교나 성당의 설립을 위하여 토지를 매입하였는데, 이외에도 선교자금을 동원하여 농지를 구입하였다. 그것은 교회재정의 확보와 교우촌의 형성 등의 측면에서 일정하게 기여한 바 있으나, 교회가 지주의 처지에서 교인들에게 소작을 주는 형태로 유지되었다. 개신교회도 1920·1930년대에 이 문제가 제기되기도 하였는데, 성직자와 교인의 관계가 지주와 소작인을 겸하는 형태로 나타나기도 한 것이다. 천주교회가 이후 농민·토지·소작문제 등 농촌문제에 큰 관심을 두지 않게 되는 점은 바로 교회가 지주의 위치에 섰기 때문이었다.

뮈텔 주교가 조선교구장에 임명되어 서울에 도착한 이후 10년간, 즉 1890년대의 한국정국은 혼란을 거듭하던 시기였다. 1890년대 전반기는 동학과 관련해서, 이어 동학농민전쟁의 전개와 맞물려 청일전쟁이 발발하여 한국의 중북부가 전장으로 변하였으며, 일본의 경복궁 점령 이후 일본의 주도로 갑오경장이 추진되었다. 그 과정에서 박영효 망명사건이며 명성황후시해사건, 춘생문사건, 아관파천에 이르기까지 소용돌이가 계속되었다. 1890년대 후반 독립협회운동 역시 민간에서 정치운동으로 전개되었다. 그

---

8) 김정환, 「뮈텔 주교의 한국천주교회사 자료 발굴과 이해」, 『한국사학사학보』 23, 2011 참조.

리고 그 배경에는 일본과 러시아라는 열강이 자리 잡고 있었다. 『뮈텔 주교 일기』의 해당 부분을 보면, 뮈텔 주교는 부분적으로는 이 정치사건에 연계되기도 하였지만, 정보를 얻는데 적지 않은 노력을 기울이고 있었다. 그러면서 러시아공사 슈페에르와 일정한 관계를 유지하였는데, 아관파천이 있기 직전인 1896년 1월 27일자의 일기가 주목된다. 슈페에르는 러시아는 천주교에 대한 박해가 없을 것이라는 점을 강조하며, 오히려 러시아가 병합한 국가들에 대하여 천주교회에 자유로운 활동을 허용하고 그 나라에 영향을 미칠 수 있게 한다고 언급하였다. 이에 대하여 뮈텔 주교는,

> 우리는 정치에 관여할 의무도 취향도 없습니다. 그러나 우리는 이 나라에서 오랫동안 살아 왔고 또 하느님이 원하신다면 여기서 죽어야 하고, 또 이 나라 말을 하기 때문에 때때로 사람들로부터 무엇을 해야 하고 또 어떤 정치에 대해서 어떻게 생각해야 할지 물어 오는 것은 어쩔 수 없는 일입니다. 조선의 장래가 극히 불안하기 때문에 그만큼 나는 당신이 한 명백하고 권위 있는 선언을 다행으로 여깁니다. 그리고 나는 우리 가톨릭 포교지를 위해 오히려 러시아의 정책을 꺼리게 되었음을 말하지 않을 수 없고, 또 이미 결정된 사실에서 앞으로도 되풀이될 수 있을 것입니다. 그러므로 나는 순 조선인의 견지에서 내 의견을 묻는 관리들에게 조선은 일본과 러시아와의 등거리를 취해야 한다고 늘 말했습니다. 한쪽에 기울었던 것이 조선에게는 큰 위험이었습니다. 아주 최근에도 일본인들 쪽으로 전적으로 기울어지는 실책을 범한 데 대해 나는 조금도 숨김없이 그 실책을 비난했습니다. 나는 그들에게 러시아에게 먹힐 것이라고 말했습니다.9)

라고 대답하였다. 그는 정교회 국가인 러시아가 한국을 장악하게 되면 천주교회에 대하여 불이익을 줄 가능성을 심각하게 고민하였던 것 같다. 한국이 중립적인 처신을 하지 않았다는 점을 비판하고 있지만, 그것이 한국

---

9) 『뮈텔 주교 일기』 2, 30~31쪽(1869년 1월 27일자).

의 정치적 이익보다는 한국에서의 자유로운 선교와 그 영향을 기준으로
삼고 있었다. 아마도 뮈텔 주교가 일찍부터 황실이나 열강 공사들과의 연
계를 시도하였던 목적은 선교를 우선으로 삼았기 때문일 것이다. 그가 그
러한 활동을 정치에 관여하는 것이 아니라고 밝힌 것은 그 목적이 정치에
있지 않고 선교에 있기 때문이었다. 그렇지만 친러배일의 정치적 관점이
드러나는 것은 틀림없다. 후술하겠지만 그가 한말 이후 정교분리의 논리를
내세우면서도 일본세력과 연계하고자 하는 것은 모순된 일이 아니었다. 그
가 지향하는 목적이 바로 자유로운 선교와 그에 따른 교세의 확장이었기
때문이다. 1896년 7월 프랑스의 보몽 제독이 국왕을 알현하고 러시아의 우
방으로 한국을 보호하고 독립을 보전할 완충의 역할을 프랑스가 할 수 있
다고 개진한 일에 뮈텔 주교가 일정하게 관여한 것도,[10] 뮈텔 주교의 관점
에서는 다르지 않았을 것이다.

　뮈텔 주교의 교세확장의 노력은 큰 성과를 가져왔다. 그가 교구장에 임
명된 1890년 2만 명이 되지 않았던 교인이 20년 후인 1910년에는 7만 명이
넘어 4배 이상 교세가 확장되었다.[11] 그런데 1905년을 전후한 시기부터 이
에 대한 제동이 있게 되는데, 그것은 한국사회가 맞은 정치적 현실과 무관
하지 않았다. 지방에서 의병이 봉기하면서 외국인이나 외세를 배격하며,
천주교회 역시 적지 않은 타격을 받게 되었다. 일진회가 주도한 자위단에
천주교인의 참여를 뮈텔 주교가 강조한 것도 그러한 이유에서였다.[12] 그
렇지만 의병활동보다 더 근본적인 타격은 개신교의 흥왕에 있었다. 『서울
교구연보』의 1906·1907년도 보고서에는 개신교의 학교 설립 등 적극적인
교육활동이 천주교와 대비되어 나타나고 있었다. 그것은 재정과 가용인원
에 있어서 천주교가 개신교에 비하여 열세였으며, 교세확대에서도 경쟁 관

---

10) 『뮈텔 주교 일기』 2, 37쪽(1896년 7월 15일자).
11) 한국교회사연구소 편, 『서울교구연보』 I, 86쪽 「1890년도 보고서」에는 17,577명으
　　로, 『서울교구연보』 II, 81쪽 「1910년도 보고서」에는 73,517명으로 보고되었다.
12) 『뮈텔 주교 일기』 4, 231쪽(1908년 1월 10일자).

계인 개신교에 비하여 점차 우위에 있지 못함을 간접적으로 언급하였다고 생각된다. 실제 개신교에서는 학교와 병원, 교당, 교역자 등의 숫자 뿐 아니라 문서선교와 부흥운동 등을 통하여 적극적인 교세확장에 나서고 있었다. 1907년을 전후하여 천주교와 개신교의 교인수가 역전되었던 사실도 확인된다.[13]

개신교의 공세적인 선교활동을 천주교회가 극복할 특별한 방안이 없었다. 뮈텔 주교나 선교사들이 학교 설립에 적극적인 관심을 두게 되고, 1908년 교육 목적의 선교회를 한국에 유치할 목적으로 뮈텔 주교가 유럽방문에 나선 것도 사실 개신교의 교육활동을 의식하였던 것으로 생각된다.[14] 교육의 중요성과 학교 설립의 필요성을 강조해 왔지만, 개신교의 배재학당이나 이화학당 등과 같은 규모의 학교의 설립이 현실적으로 어려웠던 상황에서 취할 수 있던 조치는 교육선교회의 초치였다. 참고로 1910년 2월 현재 학부가 조사한 각 교파별 종교학교의 수는 장로교가 501개교, 감리교가 158개교인데 비하여 천주교는 48개교에 지나지 않았다.[15] 그리고 천주교의 경우에는 중등 이상의 학교가 설립되지 못하였다. 그 규모나 설비와 교원과 학생의 숫자, 그리고 지역적 분포로 미루어 개신교와 비교가 되지 않았다.

1904·1905년 이후 일제의 한국에 대한 식민지화 기도가 본격화되자 전국에서 의병들이 봉기하였다. 이미 지적한 대로 의병세력은 일본과 서양세력에 적대적인 경우가 많았는데, 천주교회 역시 적지 않은 타격을 입었다. 뮈텔 주교는 지방 사목방문을 통하여 의병활동에 대한 많은 이야기를 들

---

13) 조광, 『한국천주교 200년』(햇빛출판사, 1989), 59~60쪽.
14) 이에 관해서는 김정환, 「한말·일제강점기 뮈텔 주교의 교육활동」, 『한국근현대사연구』 56, 2011, 15~18쪽.
15) 『韓國敎育ノ現狀』(學部, 1910), 54쪽. 물론 이 숫자는 사립학교령에 의하여 인가된 학교로, 교회 내부의 조사와는 차이가 크지만, 개신교의 경우도 마찬가지였다. 천주교회측 자료에는 1910년 124개교의 학교가 유지된 것으로 조사되었다. 『한국가톨릭대사전』 부록(한국교회사연구소, 1985), 322~323쪽.

었고, 또 의병전쟁의 과정이나 결과를 목격하였다. 일기에는 그러한 사실들을 기록하고 자신의 견해를 밝히고 있지는 않았다. 그러나 파리외방전교회 본부에 보고한 문서에는 "선의의 소수 애국자를 제외하면 자칭 이들 '의병'들의 대부분은 약탈자들이거나 산적들인 것이 틀림없다"고 평가하였음을 확인할 수 있다.16) 이러한 평가는 의병의 저항활동을 높이 평가한 일부 외국인을 제외한 천주교나 개신교 선교사들의 공통적인 관점이었다. 계몽운동에 참여한 한국인들마저 의병의 봉기를 인정하면서도, 무모한 비현실적인 행동이라고 비판하는 경우가 많았다.

1909년 10월 26일의 안중근의거는 뮈텔 주교에게 큰 충격을 주었다. 그는 이토 히로부미伊藤博文의 저격자가 천주교인이라는 소문을 단호하게 배격할 만큼 한국 교인들에 대한 자신의 장악력을 자신하고 있었다. 안중근의거는 실질적으로 한국을 지배하고 있는 일본과 교회가 대립하는 위협이될 수 있었다. 뮈텔 주교는 그간 동학이나 의병과 같이 외세를 배격하는 세력의 위협도 극복하고 힘겹게 개신교와의 경쟁하고 있는 마당에, 일본과 적대적 관계가 된다는 것은 그간의 성장을 무위로 돌릴지도 모른다는 위기감을 느꼈을 것으로 짐작된다. 일기에는 그러한 언급이 없지만, 정교분리를 보다 강조하게 된 것이 이와 무관하지 않을 것 같다.

정교분리가 공식적으로 논의된 것은 1899년의 이른바 '교민조약'과 1904년의 '선교조약'이었다고 알려져 있다. 교회와 정부가 대등한 관계로, 교회와 국가의 영역이 구분된다는 이 원칙은 실제로는 체제옹호적인 성격을 지닌 것이었다. 정교분리의 원칙에 따른 교회의 정치불간섭은 반체제적이나 현실정치의 비판을 금지하는 현실적응적이고 체제순응적인 모습으로 드러났다. 특히 한국이 일본세력의 지배하에 들어가게 되면서, 일본이 표방한 정교분리 원칙과 결합되었던 것이다.17) 안중근의거에 대한 뮈텔 주

---

16) 『서울교구연보』 II, 44~45쪽 「1907년도 보고서」.
17) 노길명, 「개화기의 한국 가톨릭교회와 국가간의 관계」, 『가톨릭과 조선후기 사회변동』(고려대 민족문화연구소, 1988) ; 「조선후기 한국 가톨릭교회의 민족의식」, 『한

교의 인식은 그러한 정교분리의 전형적인 모습이었다. 그리고 그것은 제도
교회와 한국인 교인 사이의 일정한 괴리를 가져오지 않을 수 없었다.

　사실 뮈텔 주교는 본래 친일적인 인물이 아니었다. 그는 일기에서 종종
일본인의 행동을 비난하였고, 경우에 따라서는 혐오감을 드러내기도 하였
다. 예컨대 1894년 청일전쟁이 진행되는 시기에 일본군의 약탈이라든가,
일본인의 악의에 분개하곤 하였다. 또 헤이그특사건에 대한 일본의 반응도
악의로 해석하고 있었다.[18] 이토 히로부미와 가까운 친일적 인물로 알려
진 래드George T. Ladd에게도 일본이 한국에서 그다지 좋은 일을 하고 있지
않다는 의견을 거리낌 없이 개진하였다.[19] 그래서인지 어떤 기록에는 이
토가 교황청에 파리외방전교회 선교사들이 친러적이어서 교체를 요구한
적이 있었다고 한다.[20] 그렇게 일제에 의하여 반일적인 인물로 인식된 바
있던 뮈텔 주교가 친일적인 인물로 전환한 가장 큰 이유는 실질적인 지배
세력과의 대립과 마찰을 피하기 위해서였을 것이다. 그는 직접적이지는 않
지만, 박해시기를 경험한 세대였다. 정치권력과의 대립과 마찰이 어떠한
결과를 가져오는가에 대한 인식이 확실하였다. 그가 1900년 전후 일정 기
간 러시아와 연계되었던 것도 그러한 현실에 대한 관심에서 비롯된 일이
었다. 1907년 6월 불일조약佛日條約의 체결이 뮈텔 주교의 친일화를 가속화
시킨 것으로 이해된다.[21]

국가톨릭 문화활동과 교회사』(한국교회사연구소, 1991) ;「개화기의 교회와 국가」,『민
　족사와 천주교회』(한국교회사연구소, 2005) ; 김정송,「뮈텔 주교의 조선인식과 선
　교방침(1890~1919)」,『한국가톨릭 문화활동과 교회사』참조.

18)『뮈텔 주교 일기』4, 168쪽(1907년 7월 14일조).

19)『뮈텔 주교 일기』4, 139쪽(1907년 5월 1일조).

20) 배세영,「한국에서의 파리외방전교회의 선교방침」,『한국천주교회 창설 이백주년
　기념 한국교회사논문집』I(한국교회사연구소, 1984), 760~761쪽. 프랑스인 성직자
　들의 회람지인 Bulletin de Séoul의 1910년 1월 12일자의 기사로 영국에서 발행된
　천주교회 간행물이 인용되고 있다. 이 자료의 확인에 한국학중앙연구원 조현범
　교수의 도움을 받았다.

21) 노길명,「개화기의 교회와 국가」, 105쪽.

1890년부터 1910년까지 뮈텔 주교가 지도하던 한국천주교회는 박해를 벗어나 사회 전면에 나설 수 있었으며, 선교사들의 노력과 교인들의 호응, 그리고 프랑스를 배경으로 뚜렷하게 성장하였다. 뮈텔 주교는 선교우선주의에 입각하여 한국정부나 지방관아에 적절하지 못한 방법까지 동원하여 교세확장에 서슴지 않았다. 그러나 일본세력이 한국을 장악한 이후에는 정치현실에 순응하며 정교분리의 원칙을 내세웠다. 뮈텔 주교는 적어도 한국정부와 일본세력에 동일한 기준을 적용하지는 않았다. 즉 뮈텔 주교는 한국과 일본을 동일하게 인식하지 않았다. 단적으로 한국정부를 상대로 하여 교회의 이익을 추구하면서 종종 법과 무관하게 강경하고 공세적이었지만, 조선총독부를 상대하면서는 수동이었고 법률을 준수하였다. 한국과 일본에 대한 기본적인 자세가 달랐던 것이다. 한국은 부패하고 낙후된 국가로, 일본은 서구사회와 다름없는 발전되고 강력한 국가로 인식하였다. 정교분리원칙은 그러한 인식을 기반으로 오히려 종교가 정치에 종속되는 양상을 보인 셈이었다.

3. 정체와 순응: 1910~1933

뮈텔 주교의 활동시기를 크게 나눈다면, 역시 정치적으로 한국이 일제의 지배에 들어간 1910년을 기준으로 하는 구분이 편리할 것이다. 그가 천주교회의 수장으로 있는 한국의 지배민족과 구조가 변화하였기 때문이다. 아울러 1911년 조선교구가 서울교구와 대구교구로 분할하여, 그는 서울교구장으로 그 관할지역이 축소되었다는 점도 고려되어야 할 것이다.

1910년대 이후『뮈텔 주교 일기』를 읽으며 받는 느낌은 그 이전 시기에 비하여 교회의 활동도 저조하고, 전체적으로 역동성이 드러나지 않는다는 점이다. 그만큼 교회 주변의 활기도 부족하며, 그의 활동반경도 좁아졌다는 의미가 아닐는지 모르겠다. 더욱이 이 시기 뮈텔 주교는 60~70대의 노인이었다. 더하여 1914년 발발한 제1차 세계대전으로 선교사들 일부가 징집되어 사제 부족 현상이 계속되었다. 이전보다 교세 신장도 저조하였다. 그뿐 아니라 세계 천주교회가 보수적이고 교조적이었던 점도 한국 천주교회의 성장을 가로막고 있었다.

오히려 뮈텔 주교 개인으로 본다면, 1921년 교황 시종, 고등성직자, 로마 백작이라는 명예직에 임명되었을 뿐만 아니라, 1926년 명의대주교로 승품되었다. 1925년에는 그가 오래 염원하던 79위 순교자들의 시복식이 거행되었고, 프랑스 정부로부터 1등 훈장인 레종 도뇌르 훈장을 받기도 하였다.[22] 1910년대 이후 시기는 뮈텔 주교 개인에게는 영광이었지만, 한국교회는 역동성을 잃고 정체된 모습이었다.

우선 뮈텔 주교가 교회의 대표로 대적해야 할 대상은 조선총독부였다. 총독부에서는 정교분리를 표방하였지만, 개신교나 천주교를 규제대상으로 삼고 각종 통제를 강화하고 있었다. 1911년 '조선교육령'과 '사립학교규칙'이, 1915년 '개정사립학교규칙'이 공포되었다. 성경의 교수를 금지하고, 교사들의 일본어 학습을 의무화하는 등 교육과 종교의 분리를 시도한 것이었다. 이어 공포된 '포교규칙'(1915)은 총독부가 교회활동을 직접 규제하는 내용이었다. 선교사나 성직자, 수녀, 공소회장들까지 총독부의 허가가 없이는 선교할 수 없었고, 성당과 공소의 신설에도 허가가 필요하였다. 천주교와 개신교의 선교사들은 이러한 종교활동 규제에 크게 반발하였으나, 3·1운동 이후에야 성경 교수가 허용되고 교회 설립도 허가제에서 신고제로 전환될 수 있었다. '포교규칙'의 폐지 뒤에 총독부는 회유를 목적으로 각 교단의 법인화를 추진하였고, 천주교회는 1924년 천주교유지재단을 승인받았다.[23] 교회는 총독부 체제 아래 합법적인 기구로 자리 잡았지만, 동시에 총독부의 통제에서 벗어나기 어려운 상황이었다.

---

22) 최석우, 「뮈텔」, 『한국가톨릭대사전』 5, 2895쪽.
23) 윤선자, 「1920년대 일제의 기독교 회유정책과 천주교회의 조응」, 『일제의 종교정책과 천주교회』(경인문화사, 2001).

1920년대부터 총독부는 신사참배 문제를 제기하기 시작하였는데, 천주교회는 신사참배를 반대하는 입장을 밝힌 바 있다. 1924년 강경공립보통학교의 신사참배 거부사건이 일어나자 뮈텔 주교는 총독부 학무국에 소환되어, 국가예식이라는 주장에 대하여 신사참배가 종교의식일 수밖에 없다는 점을 밝혔다.24) 또 1925년 교리교사의 지침서인 『천주교요리』에도 신사참배가 이단임을 들어 금지한다고 반대하였다. 보좌인 드브레 주교가 작성한 『서울교구연보』 「1925년도 보고서」에도 이 사실을 명확히 포함시킨 바 있다. 이 문제는 1930년대 초부터 일본 천주교회가 입장을 선회하기 시작하면서, 결국 1936년 교황청의 교령으로 신사참배가 허용되었다. 뮈텔 주교가 총독부의 정책에 완강하게 반대한 것은 신사참배 문제뿐이 아니었나 싶다.

뮈텔 주교는 1920년대 상당기간 조선총독으로 재임한 사이토 마코토齋藤實 부부와 공식적이지만 상당한 교분을 나눌 수 있었다. 총독은 뮈텔에게 선물을 보내기도 하였고, 그 부인은 수녀원을 방문하기도 하였다. 총독이 일본에 가거나 돌아올 때, 뮈텔 주교는 서울역에 나가 환송과 환영을 하였다. 그는 총독부에서 초청한 행사에는 가급적 참석하였고, 정무총감을 비롯한 일본인 고관들과도 가깝게 지내고자 하였다. 총독부 고관이나 종교담당 관리들과의 개인적인 교분이 교회활동에 크게 도움이 되지 않았을지는 모르지만, 일정한 네트워크를 형성할 수 있었다. 그리고 주교관은 외국인 가톨릭 신자들의 연락처나 사교장과 같은 역할을 하였다. 서울에 들리는 외국인들의 상당수가 뮈텔 주교를 방문하였고, 프랑스의 고관이나 명사들은 빠지지 않았다. 그는 외국인 가톨릭 신자들의 일상생활에도 깊은 관심을 보여, 축하나 문병 등을 게을리하지 않았다.

1919년 3·1운동은 여러 원인이 제공되었지만, 무엇보다도 일제의 무단

---

24) 『뮈텔 주교 일기』 7, p.337(1924년 11월 5일조). 이와 관련해서는 윤선자, 「1930년대 일제의 종교통제정책 강화와 천주교회의 황국신민화 과정」, 『일제의 종교정책과 천주교회』과 방상근, 「일제하 한국 천주교회의 신사참배에 대한 연구」, 『민족사와 교회사』(한국교회사연구소, 2000) 등 참조.

식민통치가 한국에서 완전히 실패하였음을 보여준 것이었다. 일제 식민당국이 '문화정치'라는 이름으로 포장을 다시 한 것으로도 증명된 일이었다. 그러나 뮈텔 주교는 그러한 현실을 조금도 파악하지 못하고 있었다. 1919년 3월 1일조 일기에서 독립만세에 대한 그의 느낌은 "그들은 독립이 절대적으로 불가능하다는 사실에는 아랑곳하지 않고 독립을 요구하려 할 것"이라는 객관적인 판단뿐이었으며, 3월 20일조에는 "어쨌든 이 같은 계속된 시위가 깊은 감명을 주지는 못하고 있다"고 만세시위에 대한 감상을 밝히고 있었다. 그런데 3월 23일 용산의 대신학생들이 '불행한 망동'인 만세시위를 가졌던 것이다. 뮈텔 주교는 3월 24일 용산에 가서 대신학생들을 만나 설득하였으나 소용이 없었다.

> 이미 며칠 이래 그들의 정신은 딴 데 있었다. 홀로 내려가 거기에 모인 모든 학생들에게 이야기하며 그들의 정신을 진정시켜 보려 했다. 묵묵히 듣고들 있었으나 나의 말이 이해되는 것 같지는 않았다. 나올 때 그들은 나를 붙잡고 그들의 나라가 이렇게 학대받는 것을 보고 가만히 있을 수 없음을 설명하려 했다. 어떤 학생들은 울기도 하고 발을 구르기도 하고 정말로 무서운 모습들이었다. 마침내 그들에게 질서를 지키도록 간청했고 이에 동의하지 않으려면 차라리 신학교를 떠나라고 했다. 그중 여러 학생들은 이미 그런 결심을 한 것 같았다. 매우 서글픈 마음으로 주교관으로 돌아왔다.[25]

결국 뮈텔 주교는 만세시위에 참가한 대신학생들을 퇴학시켰고, 서품식도 다음 해로 연기하였다. 대구교구의 성 유스티노신학교의 경우도 다르지 않았다. 뮈텔 주교나 드망즈 주교는 신학생들의 만세시위를 퇴학과 하고 폐쇄로 위협하여, 신학생들의 만세시위 참여를 막았다. 결국 소수의 신학생을 제외한 대부분의 신학생은 주교에게 순종하고 말았다.[26] 3·1운동이

---

25) 『뮈텔 주교 일기』 6, 256~260쪽(1919년 3월 24일조).
26) 윤선자, 「일제의 정교분리정책과 3·1운동기 천주교회의 동향」, 『일제의 종교정책

나 6·10 만세운동과 같이 한국인들이 일제에 저항한 대규모의 시위를 바라보는 뮈텔 주교의 시각은 전 황제에 대한 애도 이상이지 않았다.

잘 알려져 있듯이 3·1운동은 개신교와 천도교의 전폭적인 참여로 크게 확산되고 있었는데, 천주교인들은 지역에 따라 비조직적으로 만세시위에 참여하는데 그쳤다. 이러한 사실은 1919년 10월 31일 천장절에 국내에서 제2차 만세운동을 기도한 대한민국임시정부에서,[27] 천주교인만을 대상으로 한 통유문通論文을 공포하기에 이르렀다. 대한민국임시정부는 3·1운동이 거국적으로 일어난 뒤, 4월 중국 상하이에서 수립되었는데, 그해 10월 15일 내무총장 이동녕李東寧의 명의로 통유 제1호로 '천주교 동포여'가 공포되었다.

여러분은 大韓民族이 아니뇨 天主끠셔 여러분이 祖先을 大韓半島에 보내사 이를 직히고 여게서 自由와 福樂을 享受하게 하신지라 여러분의 先祖도 韓土의 雨露를 밧아살고 죽엇고 여러분도 韓族의 피를 밧고 韓土의 雨露를 밧고 生長치 아니하냐뇨 그러하거늘 全韓族이 다 일어나 피를 흘니고 自由를 부르지즐 째에 어지하야 三十萬名 天主教同胞의 소리가 업나뇨 여러분은 스사로 韓族이 아니라 하나뇨 쏜난 天主의 쯧을 無視하는 異民族의 奴隷되기를 즐겨하나뇨 여러분이 만일 진실로 天主의 쯧을 밧을진대 不義의 壓迫을 밧난 者를 爲하야 머저 일어날지요 正義와 自由를 爲 하야 먼저 도을 것이라 異民族에도 이러하곤 하물며 血肉을 갓치한 同族이랴

듯건대 主教의 命令이 업슴으로 動치 안이한다 하니 主教는 法國人이라 여러분이 만일 그의 同族일진대 그난 벌서 닐어나기를 勸하엿을 것이로되 구태여 外國人이 事業에 干涉하야 自己의 사랑하난 祖國의 弊를 씨칠가 져 △ 無言함이니 祖國을 爲하야 今番 大戰에 國民의 半數나 生命을 犧牲한 法人인 主教의 보기에 가만이 잇난 여러분이 얼마

___

과 천주교회』 참조.

27) 『獨立新聞』 1919년 11월 11일자 「第二回獨立示威運動」.

나 못나고 醜해 보이랴 여러분아 宗敎를 보아 主敎난 여러분의 頭目이
라 하더라도 民族으로 보아 여러분은 져 日人의 虐殺을 當하난 男女의
兄弟姉妹가 아니뇨 쏘 만일 天主敎의 同胞가 언재가지던지 가만이 잇
다 하면 二千萬 大韓民族은 여러분을 日人보더 可增한 敵으로 알 것
이다 여러분 自身과 밋 天主敎會 全體에게 對하야 얼마나 한 怨恨과
逼迫이 及하리라 하나뇨
　아 三十萬의 天主敎의 同胞여 늣지 아니하니 일어날지어다
　닐어나 民族의 自由를 찻고 自由로운 나라에서 二千萬이 다갓치 소
리를 모화 하나님을 讚頌할지니다[28]

　이 통고문은 천주교인들이 3·1운동에 참여하지 않았던 사실을 상기시키
며, 프랑스인 주교의 명령이 없어서 참여하지 않았다고 하는 점을 비판하
였다. 종교로는 주교가 교인들의 '두목'이지만, 민족으로는 일제의 학살을
당하는 한국인임을 지적하면서, 일제에 반기를 들라고 촉구하였다. 천주교
인들이 계속 가만히 있으면 일제보다 더한 적이 될 것이라고까지 단언하
고 있었다. 민족운동 세력들에게 천주교인은 종교만 있고 민족은 없다고
인식되기에 이르렀다. 바꾸어 말하면 천주교는 제도교회의 선교적 편의가
강조되면서 민족공동체의 구성원으로의 의무를 방기하였다고 하겠다. 이
통유문은 국내 천주교인들에 보내졌는데, 황해도 매화동본당의 윤예원尹
禮源신부나 평북 의주본당의 서병익徐丙翼 신부가 개인 또는 우편으로 전해
받은 권고서가 바로 이 문건이었다.[29]

　1919년 4월 어느 만찬석상에서 뮈텔 주교는 경기도지사 마츠나가 다케
키치松永武吉와 담화하였는데, 그는 "신부들과 신자들이 독립운동에 가담하

28) 우남이승만문서편찬위원회 편, 『雩南李承晚文書 東文篇』 7(중앙일보사·연세대
　학교 현대한국학연구소, 1998), 41~43쪽. 이 문서는 활자본이 아니라 필사본으로
　수록되어 있는데, 본고의 인용문에는 일제가 입수한 문서와 비교하여 수정한 부분
　이 있다. 『한국독립운동사자료』 38(국사편찬위원회, 2002), 174~175쪽.
29) 윤선자, 「민족운동과 교회」, 『한국근대사와 종교』(국학자료원, 2002), 254~256쪽.

지 않은 데 대해 치하"하였다.30) 또 뮈텔 주교는 파리외방전교회 본부에
천주교가 3·1운동에 참가하지 않아 정부 즉 총독부에 대한 충성의 좋은 모
범을 보였으며, 총독부도 그것이 "오로지 성교회의 규율과 교리에 기인하
는 예외적인 것인 만큼 더욱더 그것을 주목"하였다고 보고하였다.31) 이와
관련하여 한 일본인 천주교인은 3·1운동에 천주교인의 참여가 저조하였던
이유를, 천주교인은 개신교인들과 달리 국가의 질서와 안녕에 두고, 군주
에의 복종을 의무로 생각하기 때문이라고 1930년에 분석하기도 하였다. 그
리고 그것은 인간사를 신의 섭리로 이해하는 천주교의 인생관에 기인한다
고 보았다. 즉 폭력으로 경거망동하거나 통치권에 반항하여 독립을 도모하
기보다, 자국 역사의 반성과 인내, 세계대세 등을 살펴 판단하여, 결국 3·1
운동에도 별다른 움직임이 없었다는 것이다.32)

한국독립운동에 대한 뮈텔 주교의 부정적 시각은 그 개인에 국한된 문
제가 아니었다. 선교사들은 일본의 한국지배를 인정하였고, 독립운동에 참
여하는 것을 정교분리의 원칙에 어긋나는 행위로 판단하였다. 동시에 선교
사들은 그들 본국의 정치적 관점을 반영하였으며, 신자들에게 신앙문제만
을 강조하였다.33) 만주사변과 중일전쟁에 이르는 1930년대까지 서구열강
은 일본과의 대립을 자제하고 있었는데, 소련까지도 마찬가지였다. 따라서
합법정부인 일본 총독부에 대항하는 독립운동은 불법적인 행위이며, 한국
인 천주교인은 그러한 불법행위에 참여해서는 안 된다는 것이었다. 기본적
으로 선교사들은 일본의 한국지배가 한국에 유익하다는 인식을 가지고 있
었다. 그들의 본국이 바로 식민지배를 하고 있었으며, 그 식민지배가 식민
지 민중에게 유익하다고 믿기 때문이었다. 그들에게는 한국인의 애국심은
합법정부인 일본을 대상으로 해야 한다고까지 생각하였던 것이다. 그러한

---

30) 『뮈텔 주교 일기』 6, 266쪽(1919년 4월 21일조).
31) 『서울교구연보』 II, 153쪽 「1919년도 보고서」.
32) 平山政十, 『萬歲騷動とカトリック教』(カトリック教報社, 1930).
33) 윤선자, 「일제의 정교분리정책과 3·1운동기 천주교회의 동향」 참조.

이유에서 선교사들은 한국인에게 신앙생활만을 강조하며, 민족운동에의 관여를 배제하였다. 한국인의 정체성에 대한 이해가 전무하였다고 하겠다. 또 그러한 선교사들에게서 양성된 한국인 성직자들의 민족운동에 대한 인식도 매우 부족하지 않을 수 없었다.

1920년대 초 서울교구는 소의상업학교昭義商業學校를 인수하여 남대문상업학교로 운영하다가, 1931년 동성상업학교로 교명을 바꿨다. 중등학교로 운영된 이 학교에, 소신학교가 병설되었다. 천주교회가 인재양성을 위한 교육에 개신교나 다른 종교에 비하여 관심을 보이지 못한 것은 무엇보다 재정부족 때문이었다. 그러나 전반적으로 교회가 인재양성, 나아가 평신도 지도자 양성문제에 적극적이지 못하였다. 고등교육기관으로 숭실·이화·연희·세브란스전문학교를 운영하고, 전국에 많은 남녀 중등학교를 운영하고 있던 개신교는 평신도 사회지도층을 국내에서도 양이나 질적으로 다양하게 배출하였다. 이에 비하여 천주교는 사회지도층으로 성장한 평신도의 수가 미미하기 그지없었다. 1900년대 안중근이 뮈텔 주교에게 대학 설립을 제안하였을 때, 뮈텔 주교가 "한국인이 만일 학문이 있게 되면 교 믿는 일에 좋지 않을 것이니, 다시는 그런 의논을 꺼내지 말라"고 한 발언으로도,[34] 교육과 평신도 지도층에 대한 뮈텔 주교의 인식을 알 수 있다. 여성 신도들에 대한 관심이나 여성운동 역시 별다른 움직임을 찾기 어려웠다. 성직자 중심주의에 익숙한 뮈텔 주교는 당대 보수적인 세계 천주교회의 전형적인 모습이었다.

천주교회의 보수성은 한국에서만 드러난 일이 아니었다. '교황의 무류성'을 결정한 1870년 제1차 바티칸공의회 이래 천주교회는 과학과 근대문명에 대한 부정적 관점에서 운영되고 있었다. 성속이원론聖俗二元論에 입각한 천주교회는 수직적인 위계질서를 강조하여 교황과 교회 지도자들에게 복종을 강요하였으며, 제도와 법에 대한 충실한 순명과 복종이 요구되었다. 뮈텔

---

34) 윤병석 편역, 『안중근문집』(독립기념관 한국독립운동사연구소, 2011), 473쪽.

주교가 신학교 교수들에게 '반근대주의 선서'를 하게 하였던 것으로 일기에 기록되어 있는데, 1910년 이후 세계 성직자 모두의 의무였다.[35] 그러면서도 천주교회는 사회교리를 드러낸 'Rerum Novarum(노동헌장/새로운 사태)'을 1891년 교황 레오 13세가 반포하였으며, 1931년 비오 11세는 'Quadragesimo Anno(사십주년)'을 반포하였다. 아울러 선교에 대한 회칙으로 베네딕토 15세는 1919년 'Maximum Illud'를, 비오 11세는 1926년 'Rerum Ecclesiae'를 반포하여, 방인사제 육성과 신학교 운영방안 개선 등을 확인하였던 것이다.[36] 사회와 선교에 관련된 천주교회 나름의 개선책이 제시되었으나, 한국천주교회에서는 이러한 교황회칙에 대한 반응을 전혀 보이지 않았다.

아무튼 한국천주교회의 보수성을 뮈텔 주교의 책임으로 돌릴 수는 없지만, 그 스스로가 가장 보수적인 성직자였다는 점이 한국천주교회로서는 변화를 기대하기 어려운 상황이었다. 1910년대 이후 천주교회의 신자증가율은 저조하였다. 1910년 현재 7만 명을 상회하던 신자수는 1926년에 이르러 10만 명에 달하였지만, 1885년에서 1910년에 이르는 기간의 신자증가율 6.98%에 비하여 일제강점기에는 2.73%에 지나지 않았다.[37]

1925년 79위 순교자의 시복은 정체된 한국천주교회에 영광스러운 일이었다. 7월 5일 바티칸 성 베드로대성당에서 거행된 시복식의 진행과 모습을 감동과 함께 뮈텔 주교는 그의 일기에서 길게 묘사하였다. "승리와 영광의 날이다"라고 시작한 이날 일기는 이렇게 마무리되고 있었다.

> 돌아오는 길에 우리는 감탄하며 바라보고 있는, 꽉 들어찬 군중에 섞여 시복의 아름다운 그림들을 주의 깊게 바라보았다. 영광의 그림은 좀

---

35) 윤선자, 「한말·일제강점기 한국천주교회와 근본주의」, 『한국종교연구』 10, 2008 참조.
36) 이에 관한 정보는 '『뮈텔 주교 일기』를 통해 본 한국 천주교회와 근대사회'의 종합토론(조현범 발언, 『교회사연구』 37, 2011, 163~164쪽)을 참고할 것.
37) 조광, 「한국 근현대사 속의 교회, 그리고 미래」, 『한국 근현대 천주교회사 연구』 (경인문화사, 2010), 352쪽.

거리를 두고 감상하는 것이 더 효과적이다. 왼쪽은 순교자 김 골롬바金
孝任의 그림이고, 오른쪽은 유 베드로劉大喆 소년의 형벌 그림이며, 현
관에는 순교 복자 앵베르와 모방과 샤스탕의 그림이 있고, 그 정면은
(순교자) 전체 그룹이 있는 그림이다. 오늘 저녁에는 성 베드로 대성전
이 가득 찼고, 또 그렇게 많은 회중들이 경건하고 명상적이었던 것 같
다. 모든 것이 표현할 수 없을 만큼 찬란하게, 장엄하게, 질서 있게 잘
진행되었다. 더 이상 열망할 것이 없었고 모두가 기뻐했다. 하느님과 조
선 순교 복자들에게 찬미가 있기를!

　교황은 뮈텔 주교가 헌상한「황사영백서」를 읽었음을 밝혔고, 헌상에
대하여 사의를 표명하였다. 1925년의 시복식은 뮈텔 주교의 생애에서 가장
영광스럽고 빛난 날이었으리라.

　고령의 뮈텔 주교는 1920년대에 드브레 주교와, 드브레 주교의 선종 이
후 라리보 주교를 보좌주교로 하여 교구를 운영하였다. 그는 1933년 1월
79세로 선종하였는데, 이때에는 파리외방전교회 이외의 선교단체들이 한
국에서 활동하고 있었다. 이미 1909년 독일 오틸리엔의 베네딕도회가 한국
에 진출하여 1920년대에는 함경도 지방과 만주지역의 선교를 맡았고, 1923
년 미국의 메리놀외방전교회가 평안도 지방에 진출하였다. 또 뮈텔 주교
사후 1933년 아일랜드의 골롬반외방전교회가 전라남도 지역의 전교를 맡
게 된다. 신자 증가에 비하여 교구와 본당은 크게 증가하고 있었다. 일제는
1931년 만주사변 이후 한국을 병참기지화하며, 1937년 중일전쟁 이후에는
황국신민화를 적극 추진하였다. 뮈텔 주교 사후 한국천주교회에는 신사참
배 문제를 비롯하여 일제의 전쟁수행에 협력이 강요되는 난관이 기다리고
있었다.

4. 시혜적 애정: 한국 인식

뮈텔 주교는 한국과 한국인을 어떻게 인식하고 있었을까. 한국천주교회의 제반 현상은 그의 한국인식과 무관하지 않았다. 우선 뮈텔 주교는 자신의 선교지인 한국과 선교대상인 한국인에 애정을 가지고자 노력하였다.[38) 그가 1895년 8월 국왕을 알현한 자리에서,

> … 저는 단지 선교사일 뿐입니다. 그렇지만 제 연약한 힘이 닿는 한 언제나 조선의 이익을 위해 일을 하겠다고 전하께 확언할 수는 있습니다. 저는 프랑스인이고, 프랑스인으로 살고 있습니다. 하지만 조선에서 살고, 조선에서 죽게 되어 있는 프랑스인입니다. 그러니 저는 정말 조선사람이나 마찬가지이지요.[39)

라고 한 것처럼, 그는 스스로 한국인으로 자처할 만큼 한국에 대한 애정을 가지고 있었다. 한국에 주재하는 선교사가 한국과 한국인에 대한 애정이 없다면, 선교가 가능할 수 없었을 것이다. 그가 한국어와 한국식 한자에 능통하였던 점에서도 그렇다. 그러나 뮈텔 주교의 경우에 한국과 한국인에 대한 명목적인 애정은 있었지만, 실제적인 애정이나 이해가 부족하지 않았는가 하는 생각이 든다. 그것은 『뮈텔 주교 일기』를 읽어 나가면, 한국인의 부재를 느끼기 때문이다. 일기에는 무수한 인물들이 등장하는데, 특히 프랑스인이나 외국인 천주교 신자들이 세세하게 언급되고 있다. 또 한국과 일본의 고급관리들이 상당수 등장한다. 그에 비하여 한국인 신자들의 모습은 쉽게 나타나지 않는다. 장기빈張箕彬과 장면張勉·장발張勃, 박준호朴準鎬와 박병래朴秉來 정도가 그나마 종종 보이는 한국인 신자들이다. 외국인에

---

38) 이와 관련하여 뮈텔 주교보다 일찍 한국에 입국하여 활동하다가 병인박해를 피해 한국을 탈출하였던 칼레 신부의 경우를 참고할 수 있을 것이다. 조광, 「19세기 중·후반 프랑스 선교사의 한국인식」, 『조선후기 사회와 천주교』(경인문화사, 2010).
39) 『뮈텔 주교 일기』 1, 422쪽(1895년 8월 28일조).

대해서는 이름이며 관련사항을 적어두면서도, 한국인 신자들에 대해서는 매우 소홀하다. 성직자를 제외한 한국인과의 식사도 보이지 않는다.

주교관에 외국인의 출입이 잦은 데 비하여, 한국인 신자들의 출입이 많지 않았다는 것은 무엇을 뜻할까. 우선 뮈텔 주교가 본당 신부를 한 적이 없었기 때문에, 한국인 신자들과의 인간관계가 깊지 않았을 것이다. 그는 1880년 한국에 입국하였다가 1885년 프랑스의 파리외방전교회 신학교로 전출되었다. 그가 1891년 입국하였을 때에는 교구장으로 주교의 신분이었다. 따라서 1880년대 후반에 설치되는 본당의 신부를 맡은 경험이 없어, 신자들과 개별적인 접촉이 없었다. 오직 사목방문에서 성사와 견진을 주는 정도가 신자들과의 교섭이었다. 즉 한국인 신자들과 교회행사를 통한 형식적인 관계가 유지되었을 뿐이다.

뮈텔 주교를 비롯한 선교사들이 서양문화나 서양인을 한국문화나 한국인에 비하여 우월하게 여기고 있었다는 사실도 지적되어야 할 것이다. 일기에는 한국인이 너무나 게으른 민족이라고도 하며,40) 세브란스병원 개원식에 갔다가 우수한 시설이 한국인에게는 사치라고 언급하였고,41) 한국인의 버릇대로 진실과는 동떨어진 소설 같은 이야기를 한다는 비난도 있었다.42) 정부 고관을 묘사하면서, "정말 교활하고 엉큼할 뿐 아니라, 절대로 사람을 정면으로 쳐다보는 법이 없는 진짜 동양사람"이라고 하여,43) 동양인에 대한 그의 인식을 드러내기도 하였다. 그는 특히 한국의 행정체제가 공명정대하지 않다고 이해하고 있었으며,44) 프랑스 신부가 한국법정에 출두하게 되면, "조선 사람의 눈에 한 유럽인이 조선 법정의 재판권에 굴복한 것처럼 보여 좋지 못한 결과를 가져오지 않겠는가" 하는 우려도 내비쳤

---

40) 『뮈텔 주교 일기』 4, 168쪽(1907년 7월 14일조).
41) 『뮈텔 주교 일기』 3, 392쪽(1904년 11월 16일조).
42) 『뮈텔 주교 일기』 1, 185쪽(1893년 6월 5일조).
43) 『뮈텔 주교 일기』 1, 174쪽(1893년 4월 24일조).
44) 『뮈텔 주교 일기』 2, 175쪽(1897년 5월 1일조).

다.45) 이러한 관점은 1920년대에 가서도 비슷하였는데, 한국인의 결점이 중도에 폐지하는 것이라고 하며 참는 마음이 부족하다고 하였다.46) 전체적으로 서구인의 동양인에 대한 우월의식이 확인된다. 실제 뮈텔 주교는 한국인 성직자들에 대해서도 프랑스인 선교사에 차별적이었음은 한국인 성직자들의 피정이나 회합이 별도로 있었음에서도 알 수 있다. 프랑스인 성직자들만이 회람*Bulletin*도 따로 있었다.47) 물론 이러한 한국인에 대한 단점이나 폄하의 표현은 유럽문화에 익숙한 뮈텔 주교가 전혀 다른 문화의 한국을 겪으면서 느낀 소회라는 전제를 잊어서는 안 될 것이다.

바꾸어 말하면 뮈텔 주교나 프랑스 선교사들이 한국에 대한 애정은 오리엔탈리즘의 관점에서, 베푸는 시혜의 애정이었다. 선교사로 동양의 미개한 지역에 와서 하느님의 위한 봉사를 하는 그들에게 있어, 한국과 한국인은 시혜의 대상일 수밖에 없었다. 한국인 성직자마저도 동역자로 인식하지 않았다. 즉 뮈텔 주교는 한국인 성직자를 양성하면서, 교회를 현지인에게 맡기기 위한 본래의 목적과는 달리 선교사들의 조수로밖에 생각하지 않았다.48) 신학생 양성에 있어서도 선교사들에게 복종하는 엄격한 규율의 준수를 중시하여, "하찮은 구실로 나쁜 정신에서 폭발된" "반란" 신학생 21명을 퇴학시킨 것도 그러한 본보기의 하나였다.49) 이러한 교육을 받은 한국인 성직자들은 결국 뮈텔 주교에게 절대적으로 순명하여 선교사를 보조하는 역할을 하였고, 결국 한국인으로의 정체성 문제에서 자유롭지 못하였다. 곧 뮈텔 주교에게 한국천주교회의 토착화에 대한 관심이 전무하였다고 생각된다.

---

45) 『뮈텔 주교 일기』 2, 171쪽(1897년 4월 15일조).
46) 『동아일보』 1923년 1월 1일자 '朝鮮人은 何를 改할가 何를 棄할가' 「堅忍하시오」 (佛國 뮤텔氏 談).
47) 이러한 차별사항은 김정송, 「뮈텔 주교의 조선인식과 선교방침(1890-1919)」, 『한국가톨릭 문화활동과 교회사』, 561~563쪽 참조.
48) 최석우, 「뮈텔」, 『한국가톨릭대사전』 5, 2896쪽.
49) 『뮈텔 주교 일기』 3, 37~38쪽(1901년 2월 25~27일조).

이미 언급하였지만 한국인 평신도 지도층의 양성에 무관심하였던 것도 뮈텔 주교의 한국인식과 무관하지 않았다. 그는 신자들이 학문이 있으면 신앙생활에 해가 되는 것으로 생각하고 있었다. 고등교육을 이수한 평신도 지도층이 교회 내부의 발전을 도모한다고 믿기보다, 신앙의 회의나 성직자들의 권위에 도전할 것으로 의심하였다. 과학이나 근대문명에 대한 부정적인 천주교회의 분위기를 그대로 반영하고, 성직자 중심주의를 고수한 것이었다.

뮈텔 주교에게는 한국인이 올바른 신앙생활을 통하여, 한국인의 영원을 구제하는 일이 선교사들의 가장 중요한 사명이었다. 인간의 영혼을 구하는 것이 가장 중요하던 시대에, 뮈텔 주교는 한국인의 영혼을 구하고자 하였으며,[50] 그것이 바로 한국에 대한 애정의 발현이라고 믿었다. 그의 한국에 대한 애정은 순교자 현양으로도 나타났다. 한국인의 영혼을 구하는 방법의 하나로 영혼을 얻기 위하여 순교한 이들을 찬양하고자 하였다. 그것을 한국과 한국인에 대한 애정이자, 자신의 역할이며 사명으로 알고 있었다.

영혼구제를 위한 신앙만을 강조한 뮈텔 주교는 민족문제에 대한 이해가 깊지 않았다. 그에게 있어 한국과 한국인에 대한 애정과 한국의 독립문제는 전혀 연관이 없는 일이었다. 그는 한국정부가 유지되던 시기에는 친러적인 관점에서 일본에 비판적인 관점을 지니고 있었다. 물론 그 시기에도 한국의 독립문제에 유의한 것은 아니었다. 부패하고 정치적으로 낙후된 한국정부가 독립을 유지하지 못할 것을 예비해서, 일본보다 러시아가 천주교회의 선교에는 유리하리라 짐작하였을 뿐이었다. 하지만 조선총독부라는 일본의 지배체제가 이루어지자, 뮈텔 주교는 그 지배가 적법한 절차를 거친 것이고, 한국정부의 지배보다 합리적이고 효율적이라고 믿고 있었다. 따라서 독립운동이나 일제 지배체제에 대한 한국인의 정서를 전혀 이해하지 못하였다. 한국 사회에서 격리시켜, 종교적 공간으로 울타리를 치고자

---

50) 최석우, 「뮈텔」, 『한국가톨릭대사전』 5, 2896쪽.

한 것이었다.

뮈텔 주교의 한국인식과 한국에 대한 애정이 그의 교육이나 교회관, 선교관 등 당대의 시대적 조건과 환경에 비추어 볼 때, 특별한 것은 아니었다. 천주교 선교사들뿐 아니라 개신교 선교사들 역시 그와 유사한 인식을 가졌음이 종종 확인되기 때문이다. 오히려 그가 한국천주교회를 파리외방전교회에 소속된 전교지로만 이해하였다는 점에서 문제가 될 것이다. 영원히 선교사 중심의 교회가 유지되지 못할 상황을 이해하고, 그에 맞는 한국인 중심의 교회와 토착화를 준비하는 일이 뮈텔 주교의 역할이고 사명이었음을 깨달았어야 하였다. 그가 한국과 한국인에 깊은 애정을 가지고 있었지만, 시혜적인 그의 애정은 한국인의 정서와 환경을 제대로 이해하지 못하였고, 토착화된 한국인 중심의 교회로 이끌어가지 못하였다.

5. 맺는말

뮈텔 주교는 한국천주교회의 수장으로 40년 넘게 자리하였다. 한국정부 아래에서 20년을, 한국이 일제에게 국권을 빼앗긴 뒤에도 20여 년을 교회를 대표하였던 것이다. 그는 그 40여 년의 하루하루를 일기로 남겼다. 그 『뮈텔 주교 일기』를 통하여, '뮈텔 주교와 그의 시대'를 살필 수 있었다.

1890년부터 1910년까지 뮈텔 주교가 지도하는 천주교회는 신앙자유를 획득하고 한국사회에 정착하며, 교세확장을 이루었다. 그 과정에서 교안과 같은 부작용도 없지 않았으나, 1910년 현재 7만 명이 넘는 신자와 50여 개의 본당, 한국인 성직자 15명을 포함한 61명의 규모로 성장하였다.[51] 선교와 교세확장을 위한 뮈텔 주교의 노력은 종종 정치세력과의 연계도 없지 않았으나, 기본적으로는 정교분리를 내세웠다.

일제강점하의 한국천주교회는 한국사회의 움직임에서 격리되어 있었다.

---

51) 『한국가톨릭대사전』 부록, 322~323쪽.

뮈텔 주교는 한국인의 영혼구제에 관심을 두고 있었고, 민족정체성이나 독립운동에 대한 이해는 크게 부족하였다. 즉 일제 식민지배체제와 대립이나 마찰 없이 교회의 운영을 기도하였으며, 3·1운동과 독립운동의 불법성을 강조하고 있었다. 독립운동세력이 천주교인은 종교만 있고 민족은 없다고 지적한 것도 그러한 소이였다. 뿐만 아니라 세계 천주교회의 보수적 흐름에 익숙하던 뮈텔 주교와 프랑스 선교사들은 한국교회의 토착화나, 평신도 지도층 양성 및 한국인 성직자 중심의 교회 형성에 무관심하였다.

뮈텔 주교의 한국과 한국인에 대한 애정은 선교사로의 사명과 의무감과 연결되었으며, 시혜적인 형태였다. 그는 오리엔탈리즘의 시각에서 한국을 이해하고자 하였으며, 선교사·성직자 중심에서 신자들을 종속적인 존재로 인식하였다.

파리외방전교회의 선교활동은 한국천주교회 성장의 원동력이었다. 뮈텔 주교가 수장으로 자리하던 시기 역시 외형적으로 한국교회는 성장을 하고 있었지만, 내적인 발전이 따르지 못하였다. 뮈텔 주교 개인이 책임져야 할 부분도 없지 않겠지만, 그것이 시대적인 한계였다. 그 문제들의 극복에는 세계교회와 한국교회의 환경과 조건이 이루어지기까지 많은 시간이 필요하였다.

1930년대 『가톨릭소년』의 발간과 운영

1. 머리말

『가톨릭 소년少年』이라는 이름의 잡지는 두 종류가 있다. 천주교 연길교구延吉教區에서 1936년부터 1938년까지 3년 동안 간행한 아동잡지가 그 하나이고, 서울대교구에서 1960년부터 1972년까지 간행하다가 『소년』으로 개제되어 지금까지 발간되는 것이 다른 하나이다. 이글은 전자를 대상으로 하고 있다.

1930년대에 연길교구에서 발간된 『가톨릭소년』은 그간 서울대학교와 연세대학교의 중앙도서관, 그리고 아단문고雅丹文庫와 아동문학 전공의 이재철李在徹 교수 등이 한두 호 또는 몇 호를 소장한 것으로 알려졌을 뿐, 그 전반적인 내용에 대하여서는 알 수 없었다. 마침 베네딕도회에서 독일 오틸리엔 본원에 소장된 『가톨릭소년』의 원본을 빌려와 한국진출 100주년(2009)을 맞으며 공개하게 되어, 그 대체적인 사항을 알 수 있게 되었다. 1936년 4월호로 창간된 『가톨릭소년』은 통권 28호인 1938년 8월호로 폐간되었다.[1]

[1) 이글에서는 베네딕도회 소장분 25개호(제16·17호, 1937년 8·9월호는 합집)와 연세대학교 소장 1개호(제20호, 1937년 12월호)를 이용하였다. 이 논문을 작성할 시기에 확인하지 못한 2개호는 제23호(1938년 3월호)와 제25호(1938년 5월호)였다. 2021년 『가톨릭소년』 전질이 대구가톨릭대학교 중앙도서관에 소장되어 있음을 알고, 확인되지 않았던 부분도 확인할 수 있었다. 이 잡지의 표지에 김천황금성당의 주소가 적힌 고무인이 찍힌 것으로 미루어, 김천황금성당에서 대구가톨릭대학교에 기증한 것으로 보인다.

이 잡지는 한국아동문학사에서 중요한 위치를 차지하는데, 실제 『가톨릭소년』에 대한 관심은 아동문학계에서 보여 왔다.[2] 그러나 잡지 실물을 볼 수 없어 본격적인 논의는 없었다.[3] 이 글에서는 그 간행에 관련된 문제와 내용을 살피고자 한다. 이러한 작업으로 연길교구의 소년운동이라든가, 천주교회의 아동문학에 대한 이해, 그리고 베네딕도회의 문서선교사업 등이 어느 정도 밝혀지지 않을까 생각된다.

특히 자료와 관련지어 지금까지 알려지지 않은 이상李箱의 동시 한 편이 실렸다는 새로운 사실을 확인할 수 있었다. 그리고 윤동주尹東柱의 동시가 여러 편 게재되었으나, 모두 알려진 것들이었다. 전체적인 자료가 소개되면, 문학계 특히 아동문학계의 관심을 끌 수 있을 것으로 보인다. 필자는 『가톨릭소년』에 관련된 전반적인 문제를 지적하는 데에 만족할 것이다.

2. 연길교구의 소년운동과 『탈시시오회보』

『가톨릭소년』 창간호에 실린 사장 배광피Balduin Appelmann, 裵光被 신부의 「창간사」를 보면,

> 더욱이 재작년 전조선주교회의 때에는 이 소년잡지 간행의 부탁과 재촉을 이 간도 연길교구에서 받게 되엿든 것입니다.
> 이 연길교구 안에는 이미 五년 전부터 탈시시오 少年회 연합회이 회보가 발행되어오는 터입니다. 이제 와서 연길교구장이시며 본사 총장이신 白주교 각하께서 모든 이의 열망을 채우사 이 탈시시오연합회보를 전조선의 소년소녀들을 위한 잡지 『가톨릭少年』으로 변경하시기를 주저치 않으사 만은 물질과 정신을 희생하시게 되엇습니다.

2) 李在徹, 『韓國現代兒童文學史』(一志社, 1978), 194~197쪽.
3) 간단한 소개는 李錫鉉, 「『가톨릭소년』과 『빛』의 두 雜誌」, 『思想界』 1967년 1월 호가 있다.

라고 하였다. 연길교구의 탈시시오소년회연합회가 1931년에 조직되어 여러 해 회보를 발행해 왔는데, 그 회보『탈시시오연합회보』를 개편하여『가톨릭소년』을 창간하였다는 것이다. 그리고 그러한 배경으로 1934년 전조선주교회의의 권유를 들고 있었다. 1934년 8월의 주교회의에 관한 구체적인 자료가 찾아지지 않아, 주교회의의 권유를 정확하게 알 수는 없다. 다만 아동용 간행물의 필요에 대하여 주교회의에서 관심을 가졌고, 그 간행을 연길교구에 맡기고자 하였음은 추측할 수 있다. 그것은 두 가지 사실을 알려준다. 하나는 천주교회가 아동을 위한 간행물의 필요성을 인정하였다는 것이다. 다른 하나는 이미 1934년에 이르면 연길교구의 소년운동과 그 기관지의 역할이 한국천주교회 전체에서 인정을 받고 있었다는 점이다.

그렇다면 결국『가톨릭소년』의 간행은 연길교구의 소년운동과 무관하지 않았고, 그 소년운동은 바로 탈시시오회의 활동에서 비롯되었을 것이다. 탈시시오소년회는 1931년 정초 배광피 신부가 소년들의 덕성 함양과 아울러 소년들을 성직의 길로 인도하고자 하는 목적에서 이전부터 용정龍井에 있던 보미사회, 즉 복사회服事會를 개편하여 조직한 단체였다고 한다. 저간의 사정을 보면,

　… 현재 용정본당에 주임신부 겸 전연길 탈시시오연합소년회에 총재로 있는 배광피 신부는 一九三一년 정초에 소년들의 덕성함양과 함께 그들을 장차 성직의 길로 인도하려는 목적으로 재래 용정에 잇던 보미사회를 개조하야 탈시시오회를 조직하였다. 이 회는 의외에 또는 단시일 내에 장족의 세로 발전하여감을 본 백 주교 각하께서 가톨릭 소년운동을 규모적으로 할 목적으로 각 지방교회대안 탈시시오회의 창립을 명령하였다. 그 후에 각처에서도 잘 되어감으로 고 부감독 박 신부주의 주선으로 거액의 경비를 써가며 제一회 소년대회를 대령동에서 개최하는 동시에 정식으로 연길탈시시오연합소년회의 창립대회식을 성황리에 맛치고 즉시로 로마탈시시오회에 가맹청원서를 제출하였는데 …4)

라고 하였다. 이 설명대로라면 탈시시오회는 배 신부의 노력으로 시작되었고, 이어 그 성장에 관심을 가진 교구장 백화동Theodor Breher, 白化東 신부(1934년 아빠스, 1937년 주교)가 교구 내 성당에 탈시시오회의 설립을 지시하였으며, 아울러 부교구장 박Konrad Lapp 신부의 지원으로 일정한 궤도에 올랐다는 것이다.

탈시시오회는 1905년 로마에서 에질리오 왈젤리라는 청년 신부가 주도하여 조직한 소년단체로, 성체공경과 예전운동, 초대교회의 고고적 성물연구, 덕행수행을 목적으로 하고, 3·4세기 로마의 소년 순교자로 알려진 탈시시오Tharsicius를 주보성인으로 삼고 있었다. 이 성인은 복사와 첫 영성체를 하는 어린이들의 수호성인이기도 하였다.5)

용정의 복사회가 개편되어 시작된 탈시시오회는 교구장의 지원을 받으며 곧 간도 전체로 확대되어갔고, 연합회가 만들어졌다. 1931년 8월에는 3일 동안 대령동大領洞에서 제1회 연길탈시시오연합소년대회가 개최될 만큼, 짧은 기간 동안 성장하였다. 이 대회에 참석한 소년들이 181명에 달하였고, 용정·팔도구·두도구·영암촌·대령동·명월구 등 각 지역에서 참가하였던 것이다. 이 신심단체의 활동은 전례 중심으로 되어 있었다.6)

> … 會員은 每日彌撒에 勤實하고 熱情 있게 參禮하며 聖體朝拜를 자조함은 勿論이너미와 每月 數三次式 團體로 告解領聖體하며 重要한 祝日에는 '베스페라스'(夕課經) 日課를 團體로 唱하며 特히 四旬節과 將臨節 같은 때에는 모든 禮節을 完整하게 擧行하야 一般敎友들에게 큰 感動을 주는 것이다.
>
> 그리고 敎理學習에 熱中하며 童話會, 討論會, 歌劇 聖劇 等을 隨時로 開催하며 旅行遠足 같은 少年에게 가장 趣味 있는 見學과 陸上競技도 각금 있는 것이다. …7)

---

4) 金成煥, 「延吉 탈시시오 聯合少年會」, 『가톨릭靑年』 1934년 10월호, 31쪽.
5) 金成煥, 「延吉 탈시시오 聯合少年會」, 32쪽.
6) 金成煥, 「延吉 탈시시오 聯合少年會」, 36쪽.
7) 黃聖準, 「延吉敎區 少年運動一瞥」, 『가톨릭靑年』 1936년 10월호, 59쪽.

이처럼 탈시시오회가 소년들의 전례와 영성활동을 강조한 것은 소년이
사회·종교·국가의 희망이어서, 이들이 건강하고 씩씩하게 자라나는 것이
바로 사회·종교·국가의 흥망성쇠와 직결된다고 본 까닭이었다. 따라서 연
길교구의 전도와 장래가 바로 이들 소년소녀에게 달려있다는 생각이었다.
동시에 1920·30년대에 공산주의가 널리 확산되면서, 천주교회는 공산주의
의 이론이나 활동에 매우 비판적으로 대응하고 있었다. 따라서 당시 천주
교회에서 간행하던 『경향잡지』나 『가톨릭청년』에 반공산주의의 주장이
자주 게재되었다. 특히 연길교구는 지역적으로 소련과 지척에 놓였고, 중
국공산당 세력이 증대되어 공산주의가 크게 확산되고 있었으며, 비적들의
출몰이 계속되던 곳이었다. 천주교회가 소년운동에 깊은 관심을 보인 것은
무엇보다 그러한 현실적인 배경과 무관하지 않았다. 물론 문서선교에 관심
도 있었을 것이다.

연길탈시시오소년회연합회가 결성되어 1931년 8월 제1회 연합대회를
성황리에 마치게 되자, 이를 주도한 부교구장 박 신부와 배광피 신부는 그
기관지의 역할을 할 회보를 만들기로 하였다.[8] 『탈시시오회보』가 정확하
게 언제부터 발간되었는지는 확인되지 않으나, 1935년까지 4~5년간 월간
으로 발행되었다는 것으로 미루어,[9] 1931년 말부터 간행하였을 것이다. 처
음에는 배 신부 혼자 작업하여 16쪽 분량으로 발행되었다가, 한국인 교사
와 학생들의 조력을 받은 뒤에는 분량이 30쪽으로 늘어났고, 용정의 개신
교 출판사에서 400부를 인쇄하여 월 2회 발행되었다고 한다.[10] 다른 기록

---

8) Adelhard Kaspar·Placidus Berger, *Hwan Gab : 60 Jahre Benediktinermission in Korea
und in der Mandschurei*, Vier-Türme-Verlag, Münsterschwarzach, 1973, S.125에는 박
신부가 지도사제에 임명된 배 신부에게 회보 발간을 권고하였다고 한다.

9) 배광피 신부의 창간사에는 5년, 『경향잡지』 1936년 2월 29일자 회보 「룡정가톨릭
소년지발간」에는 4년동안 간행되었다고 하였다. 또 *Hwan Gab*, S.125에는 1931년
부터 1934년까지 발행되었다고 하였는데, 1934년부터 『가톨릭소년』이 발행된 것
으로 기술한 것은 착오이다.

10) *Hwan Gab*, S.125.

에 의하면, 처음에는 등사판으로 출판되다가 활판으로 바뀌었으며, 용정의
인쇄소를 거쳐 덕원신학교德源神學校 인쇄소에서 격월로 발행되었다고 하
였다.11) 정리해 보면, 『탈시시오회보』는 1931년 말에 창간되었는데, 처음
에는 등사판으로 16쪽 분량으로 간행한 것 같다. 이후 활판 30쪽 전후의
분량으로 증면되었고, 인쇄는 용정의 개신교 출판사를 거쳐 덕원신학교 인
쇄소를 이용하였다. 다만 간행주기는 등사판일 때에는 월간과 월 2회 정
도, 활판은 격월간이 아니었을까 한다.

　『탈시시오회보』의 내용은 확인되지 않지만, 언 듯 개편된 『가톨릭소년』
과 크게는 다르지 않았을 것으로 짐작된다. 하지만 그 자체가 탈시시오회
의 기관지였기 때문에, 그와 관련된 내용이 적지 않았을 것 같다. 예컨대
각 지역의 활동을 보고하는 회보의 성격이 강조되었을 것이고, 또 탈시시
오회 자체가 복사회를 개편한 만큼 종교적인 측면이 두드러지지 않았을까
한다. 그리고 지역이 연길교구에 한정되었기 때문에, 전국을 대상으로 한
『가톨릭소년』과는 내용, 특히 종교성과 필진 등에서도 차별이 적지 않았
을 것이다. 학생문예나 아동문학과 관련된 부분은 『탈시시오회보』와 『가
톨릭소년』 사이에 큰 차이가 있었을 것 같지는 않다.

　아무튼 연길교구의 소년운동으로 탈시시오회는 1934년 8월 용정에서 제
2회 연합대회를 개최할 정도로 성장하고 있었다. 소년 200명을 포함하여
후원 인원까지 총 300여 명이 참가하여, 8월 6일부터 10일까지 집회일·수
양일 2일·보고 및 운동일·원족일·해산일의 순서로 진행되었다.12) 그뿐만
아니라 소녀들로 조직된 데레사회와 중등학교 이상 연령 여성들의 세시리
아회도 역시 덕육·지육·체육의 향상과 신앙생활의 철저를 목적으로 하여,
탈시시오소년회의 남매기관으로 역시 예전禮典운동에 진력하였다.13)

---

11) 黃聖準, 「延吉敎區 少年運動一瞥」, 60쪽.
12) 金成煥, 「延吉 탈시시오 聯合少年會」, 36~39쪽.
13) 黃聖準, 「延吉敎區 少年運動一瞥」, 60쪽.

3. 『가톨릭소년』의 발간

연길 탈시시오소년회 연합회의 기관지 『탈시시오회보』를 개편하여 『가톨릭소년』을 발행하게 되자, 회보가 발행되던 만주국 간도성 연길시 용정천주당에 사무실을 두고 잡지 창간준비에 들어갔다. 사장은 용정천주교회의 주임이자 연길탈시시오소년회연합회 총재인 배광피 신부가 맡았으며, 연길교구장 백화동 아빠스가 총장으로 추대되고, 부주교 서상열Viktorin Zeileis, 徐相烈 신부와 연길해성학교 교장 구걸근Canisius Kügelgen, 具傑根 신부, 두도구頭道溝 천주교회 한흥렬Ambrosius Hafner, 韓興烈 신부가 고문을 맡았다.[14] 부주교는 교구의 출판위원이기도 하였으며 재정이나 행정적인 문제에 협조하였고, 다른 두 신부는 원고나 편집에 일정한 도움을 주었을 것이다.

잡지 창간준비는 1935년 12월중 연길교구 주교관 3층 회의실에서 총장 이하 사장, 고문, 주간 등이 모여 본격적으로 이루어졌는데,[15] 본래 잡지명은 『경종警鐘』으로 할 예정이었다.[16] 제호에 종교적인 색채를 없앨 의도였던 것 같으나, 결국 『가톨릭소년』이라는 천주교회의 간행물임을 명백히 밝힌 제호가 선택되었다. 이는 이후 이 잡지가 지향하는 바를 확실하게 하고자 한 의지로 보인다. 기본적으로 이 잡지는 천주교회의 관점에서 아동을 대상으로 한 것이었다. 아울러 연길교구 지역이 개신교가 매우 왕성하게 성장하고 있었던 점도 그러한 제호로 결정하는 한 요인이었을 것 같다. 그럼에도 창간사에서 천명하였듯이, "탈시시오연합회보를 전조선의 소년소녀들을 위한 잡지 『가톨릭소년』으로 변경"하였음을 강조하였다. 해석하기에 따라서는 『가톨릭소년』을 전국아동을 대상으로 하는 일반 아동잡지

---

14) 『가톨릭소년』 1936년 4월호와 5월호 화보사진 참조.
15) 『가톨릭소년』 1937년 4월호, 16쪽 「일년동안 거른 자최」.
16) 『가톨릭소년』 1936년 4월호, 59쪽 「未安한 말슴」을 보면, 『警鐘』이라는 제호로 창간할 것을 관련자들에게 통지하였다가, 『가톨릭소년』으로 개칭하였음을 밝히고 있었다.

로 간행하겠다는 뜻이면서도, 동시에 전국아동을 천주교 신자로 만들고자
한다는 뜻으로도 이해되는 중의적인 표현이었다. 이러한 점이 오히려 이
잡지의 성격을 이해하는 하나의 척도가 될 수도 있었다. 일반 아동잡지를
추구하면서도, 천주교 전도를 목적으로 한 것이었다.

편집주간으로는 황덕영黃德泳이 선임되었는데, 전임으로 일을 맡은 것이
그 혼자였다. 그는 덕원신학교 신학생 출신으로 그 자신이 『가톨릭소년』
에 여러 편의 글을 발표한 것으로 미루어, 아동문학에 관심을 두고 있었던
것 같다. 확인되지는 않지만, 황덕영은 『탈시시오회보』의 간행에도 관여하
지 않았을까 한다. 전직 신학생인 그가 편집책임을 맡은 것은 문학에 대한
개인적인 관심과 함께, 이 잡지가 천주교회의 관점을 대변하기 때문에 교
리나 신학에 대한 일정한 이해가 필요하였기 때문일 것이다.

잡지 간행은 2월을 목표하고 진행되었지만, 『가톨릭소년』은 1936년 3월
하순에 발간이 되어 4월호로 창간되었다. 인쇄가 지연되어 간기는 3월로
되었지만, 실제 간행은 4월호였다.

> 처음 예정은 이 북쪽나라에 버들개지 피고 잔디 파릇파릇 돋는 사월
> 초승에 이 삼호를 띠우려든 것이 인쇄관계로 창간호가 사월호로 되고
> 보니 삼호는 녹음(綠陰)호가 되고 말엇습니다.[17]

따라서 제2호는 간기를 4월로 하였지만 5월호로 발간되었고, 제3호는 6
월호로 간행되었다. 2개월이나 잡지발간이 늦어진 것은 인쇄를 용정에서
하지 않고 서울 서대문정西大門町 2정목丁目 139번지에 위치한 주식회사 창
문사彰文社에 맡겼기 때문이었다. 서울과 용정을 오가며 편집이 이루어졌
으므로, 예상보다 상당한 시일이 소요되었을 것이다. 창문사라는 출판사

---

17) 『가톨릭소년』 1936년 6월호, 89쪽 「편즙 끝마구미」, 『가톨릭소년』 1937년 4월호,
16쪽 「일년동안 거른 자최」에서는 "京城彰文社에서 三月下旬께야 이 애기의 에
뿐 얼굴이 세상에 나타낫든 것이다"라고 하였다.

겸 인쇄소는 본래 1923년 1월 한국기독교계의 지도적 위치에 있던 기독교인들이 기독교 문화의 보급을 목적으로 이상재李商在를 사장으로 하여 설립한 기관이었다.[18] 이 기관은 1934년 중에 신흥우申興雨가 대표로 있다가 구자혁具滋爀이라는 인물이 인수하여 운영되고 있었는데,[19] 그는 YMCA 총무로 있던 구자옥具滋玉의 형이었다.[20]

『가톨릭소년』 편집진은 창간호를 위하여 경향의 인사들에게 축사를 부탁하였다. 서울의 이병기李秉岐, 평양의 강안숙康安肅, 대구의 최정복崔正福, 덕원의 김현묵金鉉默, 회령의 박지병朴智秉, 덕원의 김성환金成煥, 간도의 김용태金龍泰가 그들이었다. 저명한 문인인 이병기를 제외하면, 대체로 천주교회와 관련된 문인들이 아니었나 생각된다. 강안숙은 이후 『가톨릭소년』에 몇 차례 글을 실었는데, 교육가로 소개되었다. 또 김성환은 덕원신학교의 신학생으로 1940년 사제서품을 받는 인물로, 가톨릭운동과 문서선교 등에 관련된 글을 『신우神友』나 『가톨릭청년』 등에 게재한 바 있었다. 최정복은 대구교구의 지도적인 인물이었고, 강안숙이나 김성환과 『가톨릭청년』에 원고를 싣기도 하였다. 이병기의 축사가 1935년 12월 7일자로 되어 있는 것으로 보아, 창간을 준비는 그보다 일찍부터 시작되었을 것이다.

창간호의 표지는 장발張勃이 그렸는데, 한복을 입은 소년이 한 손에는 뛰어나가는 말을 잡고 다른 한 손에는 십자가를 들고 있는 모습이었다. 천주교회에서 발행한다는 것이 표지에서부터 확연하게 느낄 수 있었다. 이후에도 장발은 1936년에 9월까지 5차례에 걸쳐 표지를 맡았다. 6월호에는 성당을 원경遠景으로 한 학생의 모습을, 7월호에는 화분에 물을 주는 소년을, 8월호에는 정물을, 9월호에는 학생복의 소년을 표지로 그렸다. 창간호의 표지를 제외한다면, 천주교회를 상징하는 부분을 없애 소년잡지의 성격을 강조하고자 한 것이 아닌가 한다. 잘 알려진 대로 장발은 형 장면張勉과 함

---

18) 『基督申報』 1923년 2월 7일자 「株式會社 基督敎彰文社」.

19) 『朝鮮銀行會社組合要錄』 1933·1935년판(국사편찬위원회 데이터베이스).

20) 具光謨, 「'友人像'과 '女人像'」, 『新東亞』 2002년 11월호.

께 미국에 유학하여 뉴욕 국립디자인학교와 컬럼비아대학교 사범대학 실용예술학부에서 수학하고 귀국하여 모교인 휘문고등보통학교의 미술교사로 재직하며, 성화 제작에 매진하면서 『가톨릭청년』과 같은 잡지의 표지화도 그린 바 있었다.21)

아무튼 『가톨릭소년』은 대체적인 편집은 용정에서 하였겠지만, 서울에서 단순히 인쇄만 한 것은 아니었다. 창문사는 인쇄소였지만, 1936년 3월 구인회九人會의 동인지 『시와 소설』도 이곳에서 출판된 것처럼 출판사를 겸하고 있었다. 따라서 창문사에서 편집의 일부분을 담당하였던 것이다. 그러한 사실은 다음과 같은 주간 황덕영의 말로도 확인된다.

　　본지 인쇄소 창문사 출판부에서는 시인 李箱氏며 화가 具本雄氏 외에 몇몇 분이 도라 앉어 이 七月호를 꿈여내시노라고 땀방울을 쎄뿌리는 광경은 탄복지 않을 수 없엇다22)

즉 창문사 출판부에서 편집도 담당하였는데, 그 일을 이상과 구본웅具本雄이 하고 있었다. 이상은 바로 「오감도烏瞰圖」와 「날개」로 이름 높은 시인이며 소설가인, 본명이 김해경金海卿인 바로 그였다. 구본웅은 흔히 꼽추화가로 알려졌던 이상의 오랜 친구였고, 창문사는 바로 구본웅의 부친이 운영하였다. 구본웅 자신이 창문사의 대주주이기도 하였는데,23) 다방 등의

---

21) 정은진, 「장발」, 『한국가톨릭대사전』 10, 2004, 7322쪽.
22) 『가톨릭소년』 1936년 7월호, 90쪽 「편줌을 맞치고 나서」.

운영에 실패한 이상을 그가 창문사
편집부에 취직을 시킨 것이었다. 이상
이 창문사 출판부에서 일한 것은 그
가 『시와 소설』 창간호의 「편집후기」
에서,

전부터 몇 번 궁리가 있었으나
여의치 못해 그럭저럭 해오던 일
이 이번에 이렇게 탁방이 나서 會
員들은 모두 기뻐한다. 위선 畵友
具本雄氏에게 마음으로 치사해야
한다. 쓰고 싶은 것을 써라 채[책]
을낭 내 만들어주마 해서 세상에
흔이 있는 별별 글탄 하나 격지 않고 깨끗이 誕生했다. 일후도 딴 걱정
없을 것은 勿論이다. 깨끗하다니 말이지 겉 表紙에서 뒷 表紙까지 예서
더할 수 있으랴 보면 알게다. …

차차 페이지도 늘일 작정이다. 會員 밖의ㅅ 분 것도 勿論 실닌다. 誌
面 벨으는 것은 의논껏 하고 編輯만 印刷所 關係上 李箱이 맡아보기로
한다. 그것도 역 의논 후ㅅ 일이지만. …

『詩와 小說』에 대한 일체 通信은 彰文社出版部 李箱 안테 하면 된
다.(李箱)

라고 한 언급에서도 확인된다. 『시와 소설』의 편집 겸 발행인은 구본웅이
었다. 『가톨릭소년』은 창문사에서 1936년 말까지, 즉 연길교구에 인쇄소가
만들어져 자체 인쇄를 할 때까지 인쇄한 것으로 보인다.[24)]

---

23) 『朝鮮銀行會社組合要錄』 1937년판(국사편찬위원회 데이터베이스).

24) 1936년 10월호와 11월호의 간기를 보면, 인쇄소가 만주국 간도성 연길시 천주교인
쇄소로 기재되어 있는데, 12월호는 창문사로 되어 있다. 이후 1937년부터는 천주
교인쇄소에서 간행되었다. 연길교구에서는 1936년 중에 인쇄소를 개설할 계획이

이상은 『가톨릭소년』 제2호의 표지를 담당하였고, 동시를 게재하기도 하였다.25) 구본웅은 1936년 9월호까지 삽화를 담당하며, 글이나 만화를 실었다. 이상이 1936년 7월호 이후에도 편집에 관여하였는지는 알 수 없으나,26) 구본웅은 『가톨릭소년』이 창문사에서 인쇄하던 1936년 9월호까지 삽화를 맡고 있었다.

4. 『가톨릭소년』의 운영

『가톨릭소년』은 3,500부를 간행하여, 만주와 국내의 천주교계 학교에 보내졌다고 한다.27) 1936년 11월호에는 '현상문제'가 실렸는데, 『가톨릭소년』의 독자수와 잡지가 가장 많이 팔리는 곳과 그 부수를 맞추는 문제였다. 그런데 1937년 1월호에 당선자 발표는 있지만, 그 정답은 밝히지 않아 정확한 독자의 숫자 등을 알 수 없다. 다만 1만여 명의 독자가 있다는 언급이 있으므로,28) 적어도 3,500부보다는 훨씬 많은 부수, 거의 1만부 정도는

없으나, 그 진행이 늦어져 인쇄를 간도와 서울에서 하였던 것이 아닌가 한다.
25) 『가톨릭소년』 1936년 7월호, 74~75쪽 「독자실」을 보면, ".가톨릭少年 二號 표지화와 동시 「목장」의 작가인 김해경 선생님이 어디 계십니까? 그리구 무얼 하시는지 퍽 알구 싶은데 알으켜 주실 수 없을가요? 龍井 金龍庚"이라는 독자질문이 있다. 이에 대한 편집부의 답변은 다음과 같다.
    (記者) 김해경 선생님이 바루 李箱 先生님입니다. 詩人으로 이름 높으시구 또 그림으로도 몰으는 이가 없을 많큼 이모저모로 유명하신 선생님이십니다 지금 서울에 게신데, 하시는 일은 퍽 여러 가지 방면에 애쓰시는 어룬이십니다. 가장 잡지 출판에 애를 쓰시는 가운데두 우리 「가톨릭少年」 출판에 땀을 많이 흘리십니다. 한 마데 여기 더 말하려고 하는 것은 「李箱 先生이 金海卿 先生이라니! 어찌 된 셈인가? 姓이 두 가진가?」 하실런지도 몰으겠으나 「李箱」 二字가 호입니다 본 이름은 金海卿 先生입니다.
26) 이상은 1936년 6월 卞東琳과 결혼하고, 10월에 도일하였다. 권영민 편, 『이상전집』 1 (뿔, 2009), 396~398쪽.
27) *Hwan Gab*, S.126.
28) 黃聖準, 「延吉教區 少年運動一瞥」, 60쪽.

판매되었을 것으로 짐작된다. 1935년을 전후하여 기존의 아동잡지들의 상당수가 폐간되고, 김소운金素雲이 조선총독부 학무국의 지원을 받아 간행한 『목마木馬』가 1936년에, 조선일보사에서 윤석중尹石重을 편집자로 하여 1937년부터 간행한 『소년少年』 등이 있었으므로,[29] 이들 잡지와 경쟁을 하지 않을 수 없었다. 잡지의 표지에는 서력기원을 사용하였고, 표지 우측의 발행간기에는 만주국의 연호인 강덕康德를 사용하였다. 그런데 1936년에는 간기에 일본연호 쇼와昭和를 사용하다가, 1937년부터 간기에는 모두 만주국 연호로 통일하였다.

『가톨릭소년』 1936년 10월호에는 속표지에 「특고特告」라 하여, "본지는 날로 성장하야 인제는 권위 잇는 전조선 오교구주교공의회의 결의로써 전조선적으로 지지를 받는 공공한 기관지가 되어슴을 기뻐하는 바입니다"라는 사고가 실렸다. 이 잡지가 주교회의에서 공식적으로 교회기관지로 인정받았다는 것이다. 1936년 6월 12일자로 전선全鮮 주교회의에서는 5교구 공인 정기간행물에 대하여 다음과 같이 결의하였다.

> 二, 五敎區 公認 定期刊行物에 關한 件
> 좌긔 출판물은 전선 五교구 공인 정긔간행물로 인정함.
> 一, 京鄕雜誌   朝鮮敎會 機關紙
> 一, 가톨릭硏究   平壤敎區 刊行
> 一, 가톨릭少年   延吉敎區 刊行
>
> 이상 三種 정긔간행물 출판에 관하야 일반 성직자들의 협동완조를 간청한다. 그러나 대금수송(代金收送)에 대하여는 경향잡지만을 성직자들이 책임질 것이다. 이상 출판물의 편집책임은 각기 해당교구 감목들이 질 것이다.[30]

---

29) 李在徹, 『韓國現代兒童文學史』, 191~194쪽.
30) 『가톨릭연구』 1936년 10월호, 1042쪽 「全鮮主敎會議 決議條項 抄」.

『가톨릭소년』을 한국천주교회의 공식 기관지로 인정한다는 주교회의의 의결이었다. 그러나 재정문제에 대해서는 아무런 조치 없이, 교구장들이 편집책임을 지는 것으로 되었다. 이 의결은 『가톨릭청년』의 폐간을 가져 왔는데, 『가톨릭청년』 1936년 11월호에 실린 「폐간에 제際하야」에 의하면, "지금까지 비합법적으로 지내오던 『가톨릭연구』와 『가톨릭소년』이 5교구 의 공인기관으로 승격되는 것이다"라고 지적하였다. 이 문제는 교회 내의 갈등과 무관하지 않은 것으로 생각되지만,[31] 연길교구에서 간행한 『가톨 릭소년』은 교회 내의 합법적 지위를 획득한 것이었다.

천주교회의 정식 기관지로 성장하며, 자체 인쇄시설을 준비하고 있던 가톨릭소년사에서는 그 편집을 황덕영 개인에게만 부담지울 수 없었다. 황 덕영은 창문사 편집부의 도움을 받아 편집을 맡다가, 이즈음에 새로운 편집 부원을 충원받을 수 있었다. 즉 1936년 9월 18일자로 편집부에 조관호趙琯 톳가 입사하였다.[32] 조관호는 조선광업회사 문천文川출장소에 근무중 메이 데이 격문에 관련되어 체포된 바 있던 인물로, 소년 문사와 화가로 알려져 있었고 천주교를 연구하였다고 한다.[33] 1935년 11월부터 1936년 4월까지 동아일보사 고원高原 지국의 주재기자로도 활동하였으며,[34] 천주교 관계 잡지에 자주 글을 투고하던 이였다. 『가톨릭소년』에 참여하기 전인 1936 년 7월호부터 소년소설 「새길」을 연재하고, 동시 「파랑새」도 발표한 바 있 었다. 따라서 편집을 맡은 그는 표지와 삽화, 또는 필요한 글들을 『가톨릭 소년』을 통하여 발표하였다.

1937년 1월호부터 『가톨릭소년』은 연길에 설립된 가톨릭소년사 직영

---

31) 이에 관해서는 김수태, 「1930년대 평양교구의 가톨릭운동」, 『교회사연구』 19, 2002와 「1930년대 천주교 평양교구의 문서선교」, 『한국민족운동사연구』 47, 2006 을 참고할 것.

32) 『가톨릭소년』 1936년 10월호, 20쪽 「사고」.

33) 『조선중앙일보』 1934년 7월 23일자, 1936년 4월 8일자 ; 『동아일보』 1934년 7월 24일자.

34) 『동아일보』 1935년 11월 3일자, 1936년 4월 8일자.

인쇄부에서 인쇄하였다.[35] 편집실도 용정에서 연길로 옮겼는데, 그 곳은
연길교구 중앙본부관리소가 있어 교회사용의 발전소를 설치한 다음, 각종
기관을 옮겨왔다. 가톨릭소년사도 편집실과 인쇄부가 연길延吉街로 이전
하였다.[36] 그렇지만 별도의 사옥이 있던 것은 아니어서, 1937년 6월경부터
새로 사옥을 짓기 시작하였다.[37] 이 사옥이 완성되었다는 기록은 찾아지
지 않는다.

인쇄부가 설치된 이후 가톨릭소년사의 상근직원은 12인이었다.

> 本社에 명의를 가지고 잇는 임원을 다 합하면 二十名이나 됩니다 마
> 는 날마다 전문으로 일하는 이는 편즙부에 二人 印刷部에 七人 發送部
> 에 三人입니다[38]

즉 가톨릭소년사의 직책을 가진 인원은 20명에 이르나, 상근직원은 편
집부에 2인, 인쇄부에 7인, 발송부에 3인이었다. 따라서 제작비 이외에도
인건비가 적지 않게 소요되어, 재정적으로 어려웠다. 잡지 1부에 8전인데,
매월 300원 이상의 적자를 감수해야만 하였다. 매월 3,500부를 간행하였다
면, 구독료가 280원에 지나지 않았다. 1만부를 소화한다고 해도 800원에
불과한데, 구독료가 제대로 걷히지 않아 잡지사에서는 종종 구독료 납부를
종용하기도 하고, 미수금이 있는 경우에는 발송을 중지하겠다는 사고를 게
재하기도 하였다.[39] 가톨릭소년사에서는 독자의 질문에 답변하면서, "어째
손해가 없겟소이까? 지금은 매월 300원 이상의 손해가 납니다"라고,[40] 1개
월 적자가 300원에 달한다고 밝혔다. 재정적으로 잡지 간행이 난관에 부닥

35) 『가톨릭소년』 1937년 12월호, 56쪽 「사고」, 76쪽 「특고」.
36) 『가톨릭소년』 1937년 3월호, 14~16쪽 「本社를 옴기고」.
37) 『가톨릭소년』 1937년 7월호, 77쪽 「편즙을 맛치고」.
38) 『가톨릭소년』 1937년 8·9월호, 73쪽 「讀者放送室」.
39) 『가톨릭소년』 1937년 1월호, 56쪽 「사고」.
40) 『가톨릭소년』 1937년 8·9월호, 73쪽 「讀者放送室」.

쳤음을 알 수 있다. 매월 300원의 적자를 해소하려면, 4,000부 이상의 신규 판매가 가능해야만 하였다. 『가톨릭소년』은 매호 국판 80쪽 전후로 발간 되었으며, 창간 초기에는 광고를 포함하면 100쪽 전후인 경우도 있었다.

광고는 대개가 천주교회와 관련된 성당이나 단체, 학교 등이 주를 이루 었다. 물론 상점이나 서점 또는 서적 광고도 보이지만, 광고료 수입이 운영 에 큰 도움이 되기는 어려웠을 것이다. 가톨릭소년사의 지사는 간도에 용 정·연길·도문·팔도구·두도구, 그리고 진남포·평양·용천·신천의 평안·황 해도 지역, 북청·청진의 함경도 지역, 철원·복계(평강)의 강원도 지역에 있 었다. 그리고 경상도의 대구와 상주에도 지사가 설치되었다.[41] 지사는 모 집된 것이었으므로, 일반서점이나 통신판매도 가능하여, 지역적으로 간도 나 국내 뿐 아니라 일본에까지 판매가 되고 있었다. 그러나 간도에서 발행 되는 지역적인 한계는 이름 있는 아동문학가들도 『가톨릭소년』의 창간을 한참 뒤에나 알았다는 사실에서 확인할 수 있다. 예컨대 강승한康承翰·한 후남韓後男은 몇 달 뒤에, 송창일宋昌一은 원고 청탁을 받은 뒤에서야 그 창 간을 알았다고 하였다.[42] 또 교회 단체나 관련자들이 맡았을 지사의 활동 이 그리 활발할 수는 없었을 것이다. 다만 청진지사의 경우에는 200부도 부족하였다는 보고를 해오고 있었다.[43]

편집진의 변동도 재정문제와 무관하지 않았을 것이다. 이유는 정확하게 드러나지 않지만, 편집원 조관호는 1937년 11월호를 마지막으로 잡지사를 사임하였다.[44] 전 아동문예사 주간 한상진韓相震이 편집을 도와준 것은 그 러한 사정 때문이었다.[45] 가톨릭소년사에서는 조관호의 후임으로 바로 11 월에 오삭조吳朔朝를 충원하였다.[46] 오삭조는 덕원신학교 신학생 출신으

---

41) 『가톨릭소년』1936년 6·8·12월호, 1937년 4·8·9월호 지사 관련광고.
42) 『가톨릭소년』1938년 4월호, 60~62쪽「本誌 創刊의 報를 드르시고 느끼신 感想」.
43) 『가톨릭소년』1937년 10월호, 43쪽「讀者通信欄」.
44) 『가톨릭소년』1937년 11월호,「고별인사」, 49쪽「사고」.
45) 『가톨릭소년』1937년 11월호, 77쪽「뒤엣말」.
46) 『가톨릭소년』1937년 12월호, 72쪽「新任社員紹介」.

로,47) 『가톨릭소년』 1937년 7월호부터 소성小星이라는 필명으로 「사랑의 승리」를 번역하여 연재한 바 있었다.

편집원 문제가 해결된 지 얼마 되지 않은 1938년 1월 15일자로 주간 황덕영이 잡지사를 사임하는 일이 일어났다.48) 그는 가톨릭소년사를 사임한 뒤에, 봉천시공서奉天市公署에 취직하여 만주국 관리라는 전혀 다른 길로 옮겨갔던 것이다.49) 오삭조가 황덕영의 후임 주간으로 취임하였으나,50) 창간 제2주년을 앞두고 사원 전체가 교체되었다.

　　이번 二週年記念號만은 한번 굉장히 하여 여러분을 만족식히려 하엿삽더니 이 記念號를 앞두고 前 社員 全體가 갈리우게 되엇슴으로 그만 보시는 바와 같이 요모양이 되엇습니다.
　　그러나 五月號부터는 面目을 一新하려 하오니 놀래지는 마소서. 이번 편즙에 各方面으로 도와주신 德源神大學生 金時鐸君에게 眞心으로 감사하는 바입니다. 小星51)

어떠한 이유로 사원 전체가 교체되었는지는 알 수 없지만, 조관호에 이어 황덕영이 사임한 지 얼마 되지 않아 이러한 일이 있었다는 사실은 가톨릭소년사의 운영이 순조롭지 않았음을 짐작하게 한다. 무엇보다도 재정문제가 해결되지 않았기 때문일 것이다.

---

47) 그는 덕원신학교의 교지『신우』에 글을 발표하기도 하였다. 즉 제1호(1933. 4)에, 「준주성범의 한 구절」을, 제2호(1934.5)에 「心理學上으로 본 人間과 動物과의 本質的 差異」가 그것이다, 또 그는 신학생 시절 "자기를 잇고 고통을 무릅쓰고 주야로 동분서주하며 낙심치 않고 항구히 애쓰는 열심한 신부가 되려합니다. 아니 원하고 빌고 힘씁니다"라는 포부를 밝힌 바 있었다(『신우』1 49~50쪽 「修養時期에 在한 神生들이 現在와 將來에 무엇을 要望하는가」).
48) 『가톨릭소년』 1938년 2월호, 「悲報」.
49) 『가톨릭소년』 1938년 8월호, 화보사진.
50) 『가톨릭소년』 1938년 4월호, 11쪽 「二週年을 當하야」.
51) 『가톨릭소년』 1938년 4월호, 77쪽 「편즙후기」.

『가톨릭소년』은 1938년 8월호, 통권 제28호로 폐간되었다. 그런데 이 폐간조치는 갑자기 결정되었던 것으로 보인다. 그것은 8월호에 실린 광고들이 모두 '축 가톨릭소년 발전'이라는 제목으로 게재되었을 뿐 아니라, 오삭조가 집필한 「편즙후기」에 방학에 관련된 내용으로만 되어 있기 때문이다. 바꾸어 말하면 8월호가 조판된 뒤에 갑자기 폐간이 결정되어, 간지의 형태로 사장의 「본지폐간사」가 들어갔던 것이다. 이 잡지의 간기는 8월 1일자였지만, 폐간사가 8월 19일로 되어 있으므로 8월 20일 이전에 배부되지는 못하였을 것으로 생각된다.

배광피 신부의 폐간사의 전문은 다음과 같다.

　　敬愛하는 本誌 執筆家 諸位 先생任과 밋 本誌 愛讀者 諸位께 眞實로 眞實로 미安하고 섭섭하고 또 쓰라린 消息을 드리지 않을 수 없게 되었읍니다.

　　이러한 일이 없기를 哀를 썻고 盡力을 해왓스나 그러나 大勢에는 不得已 하는 수 없엇읍니다.

　　길게 말슴드리지 않겠읍니다. 길게 말슴드린 힘과 용기가 없읍니다.

　　사랑하는 여러분, 이번 八月號로써 本誌 가톨릭少年은 끝을 매잣습니다.

　　어떠한 理由로 廢刊을 한다는 것도 말슴을 드리지 않겠읍니다. 말슴드리지 않아도 여러분께서는 잘 아시겠음으로.

　　오직 여러분과 한 가지로 눈물을 흘리며 붓대를 꺽습니다.

　　先納하신 讀者께는 남은 돈을 全部 返送하여드리겠읍니다. 따라서 滯納되신 분도 생각해주시기 바랍니다.

　　끝으로 여러분의 끝임없는 奮鬪와 勞力을 빔니다.

康德 五年 八月 十九日

가톨릭少年社

社長 裵 光 被

사장 배 신부는 대세의 부득이함을 들어 잡지의 폐간을 결정하였다고 밝히면서도, 폐간의 이유는 언급하지 않았다. 언급하지 않아도 독자들이 잘 아실 것이라는 단서가 따라 있을 뿐이었다. 가장 중요한 이유는 재정문제였을 것이다. 이 문제는 가톨릭소년사에 국한된 것이 아니었다. 『가톨릭소년』의 폐간에 이어 평양교구에서 발간하던 『가톨릭조선』도 그 해 12월호를 마지막으로 폐간되었는데, 평양교구장대리 메리놀외방전교회의 부문화William Booth, 夫文化 신부는 그 「폐간의 변」에서 재정적 원인을 가장 큰 이유로 들고 있었다. 그러면서도 부 신부는 한국교회가 편집진이 기대한 수준까지 이르지 못하였다는 점을 지적하였다. 그런데 그는 마지막 부분에서 "머지않은 장래에는 더욱 찬란하고 더욱 아름다운 새날이 오리라고 확신하고 있습니다. 나나 편집자나 애독자 여러분들이 갈망하고 기대하는 그 기쁨과 희망과 광명의 날이 반드시 오게 될 것입니다. 그러면 우리는 그말을 바라고 기다림으로써 오늘의 이 쓴 잔을 가치 난호아 되씹으며 빛날 명일의 토대를 닥거야 할 것입니다"라 하였다. 해석하기 나름이겠지만, 부 신부의 이 폐간사는 『가톨릭조선』의 폐간이 강제된 조치였음을 시사하고 있다. 바로 이때가 일제가 신사참배를 비롯하여 조선어 과목의 폐지 등, 이른바 내선일체를 구현하고자 하는 황민화 정책을 강압적으로 실시하기 시작한 시기였다. 이러한 점에서 천주교회가 공식적으로 인정한 두 잡지가 몇 달을 사이에 두고 폐간되었다는 사실은, 재정적 이유 이외에 그 배후에 일제의 강제적인 압력이 존재하였을 것으로 보인다. 다음의 기록은 그러한 분위기를 알려준다.

 … 조선총독부와 경찰이 청소년과 민중들로 하여금 일본의 정신, 정책 및 전쟁수행에 관심을 갖도록 하는 기고문을 잡지에 받아들이도록 편집부에 요구해왔다. 또한 그들은 이에 상응하는 그림들의 발행을 두둔하였다. …[52]

조선총독부가 황민화정책에 부응하는 기사의 게재를 요구하였다는 것
이다.

이러한 이유와 함께『가톨릭소년』의 폐간 이유로 제기되는 것이 일본에
서 발행되던 잡지인『빛光』과 관련해서 논의가 있다.『빛』은 일본에서
1937년 2월 벨기에 출신 파리외방전교회원인 갈성열Raphaël Collard, 葛聖烈 신
부가 한글로 간행하였는데, 그는 한국에서 2·3년 활동하다가 일본으로 옮
겨 주로 재일동포 사목에 진력하며 잡지도 발간하였다. 아동잡지인『빛』은
격월간으로 46배판의 크기로 4전 가격에 25,000부를 발행하였다고 한다.53)
이 잡지가 국내에 저가로 뿌려지면서『가톨릭소년』이 타격을 받아, 서울
에서의 통합발간을 논의하다가 결렬되어 결국 폐간하게 되었다는 것이
다.54) 이 점은 현재 확인할 수 없지만 가능성이 없지는 않다. 그러나 현재
확인되는『빛』으로 미루어, 이 잡지가 아동만을 대상으로 하였는지는 알
수 없다.55)

5.『가톨릭소년』의 내용

『가톨릭소년』의 내용을 알기 위해서는 먼저 창간호를 살펴보는 것이 편
리하리라 생각된다. 창간호에는 화보로 총장인 백화동 아빠스와 사장인 배
광피 신부, 사옥 전경, 그리고 성화를 실었다. 읽을거리[讀物]로 동화·이야

---

52) *Hwan Gab*, S.126.
53) 李錫鉉, 「『가톨릭소년』과『빛』의 두 雜誌」 및 양인성, 「콜라르, 라파엘」, 『한국
    가톨릭대사전』 11, 2005, 8505쪽.
54) *Hwan Gab*, S.126.
55) 현재 한국교회사연구소에 소장된『빛』1939년 6·7·8·9월 합호 복사본에는 갈 신
    부가 와병 중이어서 새로 편집을 받은 바오로출판전교회 바오로 발체리노 신부의
    「新編輯者의 말」이 실려 있는데, 그는 "15만 조선신도의 생명의『빛』자"라는 표
    현을 쓰고 있었다. 이를 보면『빛』은 아동만을 대상으로 하지 않았을 수도 있다고
    생각된다.

기·일화·실화·우화·수신으로 나눠 1편씩을 수록하였고, 소녀소설로 김독영
金獨影의 「아가다의 죽엄」, 아동극으로 안수길安壽吉의 「꽃과 나비」, 문예란
에 강안숙의 시 등과, 방수룡方壽龍의 동시를 실었다. 또 소년문예란을 두어
소년, 소녀들의 투고한 작품을 동화·동요·동시로 분류하여 게재하였다. 그
밖에 '과학란'과 '만화페이지'가 있었다. 창간호에 실린 「투고환영」을 보면,
투고 장르가 소년소설·동화·동시·동요·전설·기담奇談·만담·만화·취미독
물·소년회 소개·우슴꺼리·기타로 되어 있었다. 아마도 『탈시시오회보』도
이와 비슷하였을 것이고, 다른 소년잡지 역시 크게 다르지 않았다. 즉 『가
톨릭소년』의 지면은 사진화보를 앞에 배치하고, 아동문학가의 소설과 동시,
동요, 아동극 등을 비롯한 작품이나 전기, 수필류 등을 수록하였으며, 독자
문단 등의 명칭으로 아동작품을 게재하였다. 과학 관련기사나 만화 등도 빠
지지 않았다. 또 필요한 경우에는 명사들의 앙케이트를 받아 실었다.

 『가톨릭소년』은 전교의 성격을 일정하게 지니고 있었지만, 동시에 아동
잡지였다. 따라서 다른 아동잡지들과 다르지 않은 편집이 이루어져야 하였
다. 자연과학에 관련된 상식을 소개하는 '과학란'을 두어 사장 배광피 신부
가 연재를 맡았지만, 몇 차례 계속되다가 중단되었다. 현상문제나 숨은 그
림 찾기, 퍼즐과 같은 지면은 독자를 끌기 위한 아동잡지의 일반적인 편집
이었다. 또 만화나 삽화의 분량이 적지 않은 것도 같았다. 구본웅이나 조관
호·이주훈李柱訓·오봉협吳鳳恊 등이 만화와 삽화를 맡았다. 전래동화나 전
기, 일화나 소화笑話·실화 등의 표현으로 이야기 거리를 배치한 것이나, 소
년소설·소녀비애소설·소년탐정소설 등의 표현으로 소설을 연재한 것도 특
별한 편집은 아니었다.

 그렇다면 『가톨릭소년』 편집의 특징은 그 내용에 있었다고 하겠다. 사
진화보가 잡지 매호의 앞에 들어가는데, 그 대부분은 연길교구나 기타 천
주교회의 행사나 성당, 교회 관련인물의 사진, 그리고 성화 등이었다. 독일
베데딕도회 오틸리엔 소신학교 학생들의 일상을 사진으로 소개하기까지

하였다. 독자들이 보내온 개인사진도 실렸지만, 그 경우에도 이 점은 표지화가 종교적인 분위기를 배제해 간 것과는 달랐다. 물론 전체적으로 종교적인 분위기가 드러나면서도, 개별적인 작품의 상당 부분에서는 그러한 인상을 배제하려는 노력을 보인 것이 인정된다.

그렇지만 천주교회의 전교를 『가톨릭소년』을 통하여 추진하는 일을 등한히 하지는 않았다. 천주교가 추구하는 덕목을 갖춘 소년을 주인공으로 한 글들을 소개한 것이 그러한 시도였다. 그 대표적인 경우가 1937년과 1938년에 연재된 「귀도소년」이었다. 「귀도소년」은 귀도 드 퐁갈랑Guido de Fontgalland(1913~1925)이라는 당시 시복운동이 전개되던 어린이에 대한 전기로, 아이슬란드 출신의 예수회 신부이며 아동문학가로 저명한 존 스윈슨 Jon Svensson이 1930년 저술한 *Die Geschichte des kleinen Guido: Erzählung für die katholische Jugend*을 번역한 것이었다.[56] 번역자인 신원信園과 신언화申彥化는 덕원신학교의 신학생으로, 신원은 김성환金成煥의 필명이었다.[57] 「귀도소년」의 연재는 영성적인 소년을 통하여 소년들의 교화를 목적으로 하지 않았나 생각된다. 이 잡지가 천주교회에서 간행된다는 점을 염두에 둔다면, 가장 효과적인 소년 교화책이라고 할 수 있었다. 이 연재는 1937년 5월호부터 1938년 4월호까지 9회에 걸쳐 이루어졌는데, 스윈슨 신부로부터 연재에 감사하는 편지까지 받았다. 또 「사랑의 승리」는 1937년 7월호부터 폐간될 때까지 연재가 끝나지 않았는데, 주간 오석조가 소성이라는 필명으로 번역하였다. 13세기 십자군전쟁 시기 베드로 롤라스코Piet Ronolasco가 세운 '자비의 성모 마리아 수도회'의 수도사와 노예시장 등에 관련된 이야기였다. 이 또한 같은 목적에서 연재되었다.

『가톨릭소년』이 일반 아동잡지를 지향하면서도 천주교 전도라는 두 가

---

56) http://de.wikipedia.org/wiki/J%C3%B3n_Sveinsson.
57) 『가톨릭소년』 1937년 8·9월호, 21쪽 「사랑스런 少年 여러분에게!」(쫀 스윈손). 김성환은 1940년 연길교구 사제로 서품된 뒤, 월남 후 대구대교구 김천 성의중학교·성의상업고등학교·성의여자중학교·성의여자상업고등학교의 교장을 오래 역임하였다.

지 목적을 추구하자, 독자의 관점에 따라서는 한 부분이 지나치게 강조된다는 생각을 하지 않을 수 없었다. 천주교 전도의 성격이 강하다고 느낀 아동문학가들이 그 편집방침에 불만을 토로한 것은 그러한 이유에서였다. 아동극연구협회의 김상덕金相德은 창간 제2주년을 맞는 1938년 4월호의 축하 앙케이트에서 '본지 창간의 보報를 드르시고 느끼신 감상'의 답변으로,

> 종교색채를 많이 띠웟습니다. 그보다도 우리 대중을 생각해 주십시오. 다만 종교잡지에 한하지 말고 더 나아가 소년계몽운동에 한 기관이 되어주십시오. 처음에도 이런 기대를 가젓습니다.

라고 하였다. 창간 2주년에 이르기까지 종교색채가 두드러진다는 평가는 결국 『가톨릭소년』을 소년 계몽운동 기관으로서가 아니라, 종교잡지로 인식한다는 의미였다. 그 점은 이미 창간 1주년 기념호인 1937년 4월호에도 『가톨릭소년』의 단점으로 지적된 바 있었다. 즉 서울의 보통학교 교원으로 아동문학가였던 이강세李康世는 "귀지는 너무 교훈지역에서 버서나지 못한 감이 잇습니다. 그리고 화보에 종교가들의 면영面影을 거듭 내는 것보다 더 아름다운 그림을 뵈여주엇스면 하는 생각이 잇습니다"라고 하였다.[58]

　그러나 천주교계 인사들의 관점은 달랐다. 김상덕과 같은 앙케이트에 대하여 연길교구 최초의 방인 사제 가운데 한 사람인 한윤승韓允勝 신부는,

> 이름이 가톨릭소년인 만큼 그 당시에는 敎會信者 兒童을 대상으로 할 줄 알앗지오. 그러나 요지음 와서는 이름보다 내용이 너무 兒童文藝만을 모토로 하는 感을 느겻습니다.
> 이는 본인이 하는 일이 信徒兒童 指導와 傳道인데서 나온 感想인지는 몰라도 이왕 『가톨릭少年』인바야 그 本意를 더 농후이 드러냇스면 합니다.[59]

---

58) 『가톨릭소년』 1937년 4월호, 47쪽 「先輩들로부터 주시는 말슴」.
59) 『가톨릭소년』 1938년 4월호, 62쪽 「本誌 創刊의 報를 드르시고 느끼신 感想」.

라고 답변하였던 것이다. 그렇다면 천주교회 관여자들은 『가톨릭소년』이
지나치게 아동문학 쪽으로 경도되었다는 불만이 있었고, 아동문학을 하는
이들에게는 종교색이 너무 강조된 잡지로 보았다고 하겠다.

사실 『가톨릭소년』이 창간된 시기는 아동문학 잡지들이 크게 위축된 시
기였다. 따라서 "비록 가톨릭교를 배경 삼아 색채를 좀 달리 나온 것이나
그래도 아동잡지의 극도로 굶주린 그때로 보아 무엇보다도 감사한 일이라
생각하엿습니다"라고,[60] 1930년대 후반에 아동잡지를 간행하였다는 그 자
체가 의의를 갖는다고 한 아동문학가 고장환高長煥의 견해가 당시 천주교
회 밖 아동문학가들의 공통된 견해가 아닐까 한다. 현재 연변 학계에서도
고장환과 유사한 견해를 내고 있다.[61]

아무튼 이 잡지가 연길교구에서 간행된 만큼, 그 내용은 천주교적인 분
위기일 수밖에 없었다. 이미 지적한 대로 실제 『가톨릭소년』에는 천주교
회와 관련된 예화가 적지 않았으며, 동화나 우화 등에 꼭 필요한 부분이
아닌데도 세례명을 사용한 경우가 적지 않았다. 예컨대 창간호만 하더라도
한윤승이 창간호에 발표한 우화 「게름뱅이 세 아이」를 보면, 세 아이의 이
름이 요안, 베드루, 아고보였다. 또 김독영이 쓴 소녀소설도 「아가다의 죽
엄」이었으며, 만화페이지의 「작난꾸럭이 요안과 뚱뚱보 영감」에도 요안과
바오로가 등장하였다. 이것은 단지 창간호에 국한된 일이 아니었다. 물론
그럴 수 있는 배경은 필자들 가운데 천주교 신자가 많았기 때문일 것이다.
그렇기는 하나 『가톨릭소년』이 전국적인 아동잡지로 성장하는데 이러한

---

60) 『가톨릭소년』 1938년 4월호, 60쪽 「本誌 創刊의 報를 드르시고 느끼신 感想」.
61) 김만석, 『중국조선족아동문학사』(연변대학출판사, 1994), 13쪽에 "… 그(백화동
   교구장)가 가톨릭 기발을 들고 잡지를 꾸린 것은 기독교를 전파하려는 것이 주관
   적인 목적이였겠지만 오늘에 와서 객관적으로 분석해 보면 그것은 죽어가는 우리
   말과 스러져가는 아동문학을 건지고 살리는데서 마멸할 수 없는 력사적 공훈을
   세운 것으로 된다. 『가톨릭소년』지의 출간은 우리 중국 조선족 아동문학 작가들
   (물론 조선 아동문학 작가들도 포함)의 작품 발표원지를 해결하는 것으로 되었
   다.…"라고 『가톨릭소년』의 출간을 설명하고 있다.

점은 장애요인이 아닐 수 없었다. 아마도 베네딕도회가 관할한 연길교구의 성격상 한국적인 천주교의 토착화와 발전에 대한 인식이 부족하였다고 하겠다. 그러면서도 탈시시오회에 관련된 내용이 거의 보이지 않는 점에서, 연길교구가 이 잡지를 단순히 『탈시시오회보』의 연장선상으로 이해하지는 않았다는 사실을 알 수 있다.

기본적으로 『가톨릭소년』의 독자는 소년소녀 아동들, 대체로 초등학교 고학년이나 중등학생들을 대상으로 하였다. 동시에 그들을 필자로 만드는 작업에도 관심을 가지고, 독자투고를 양성화하였다. 특히 1936년 7월호부터 2, 3개월에 한 차례 '목양아牧羊兒'라는 필명으로 투고된 동시나 동요를 품평하는 '시평'란을 설치하여 운영하였다. 목양아라는 필명을 쓴 이는 길림국립사범학교에 재학 중인 강영달康永達이었다.[62] 아울러 아동문학의 발전과 신인 양성을 위하여 '아동문학강좌'를 여러 차례 연재하였다. 예컨대 김옥분金玉粉의 「동요를 희곡화하는 방법」을 6회에 걸쳐, 천청송千靑松의 「조선동요의 소묘」를 3회, 송창일의 「아동문학강좌」는 폐간될 때까지 7회 연재 중이었다. 아동문학에 대한 이론적인 연재가 계속되었다는 사실은 그러한 시도가 독자들의 관심을 끌었던 것으로 판단된다.

『가톨릭소년』의 필자에는 이름 높은 아동문학가들도 적지 않았지만, 가톨릭 관련인사들 또한 적지 않았다. 한상진이 『가톨릭소년』의 단점으로, "솔직하게 말한다면 아동문학 전문연구가의 작품이 적은 것입니다"라고 한 것은 그러한 실정을 보여준다고 하겠다.[63] 언 듯 보면 이 잡지에 원고를 게재한 바 있던 윤극영尹克榮·강소천姜小泉·김영일金英一·안수길·박영종朴泳鍾(木月)·김상덕·이구조李龜祚·송창일·김옥분·천청송·김태오金泰午·강승한·노양근盧良根·김독영·최인화崔仁化·최병화崔秉和·엄달호·육일신睦一新 등은 당시 여러 곳에 작품을 발표하던 알려진 아동문학가들이었다. 특히 윤극영이나 강소천, 김영일 등은 아동문학계의 대표적인 작가들이었다.
그리고 박경종朴京鍾과 권오순權五順, 전상옥全霜玉, 이주훈 등은 다른 매체
에도 동시를 발표하였지만, 『가톨릭소년』을 통하여 이름이 알려지거나 이
후 문단에 등단한 작가였다. 강안숙·방수룡·김구정金九鼎·김독영·오기순吳
基順·오기선吳基先·김성환·임화길林和吉·황성준黃聖準·조관호 등은 천주교
계통의 매체에 글을 자주 발표한 교계인사였다. 그 가운데에는 사제도 있
었고, 신학생도 있었다. 또 앙케에트만 보내왔지만 이병기나 김환태金煥泰
같은 중앙문단의 인사들도 없지 않았다.

  그런데도 서울의 한상진이 아동문학 전문가가 적다고 한 것은 두 가지
이유에서가 아닐까 한다. 하나는 『가톨릭소년』의 필진 가운데 간도나 함
경도 출신자들이 많아, 중앙문단에 크게 알려지지 않은 경우가 많았다. 또
하나는 일반 문단보다 천주교 문단의 인사들이 많았다는 점이다. 이 관계
는 『가톨릭소년』이 출발할 때부터 지니고 있는 한계일 수 있었다. 한정동韓
晶東이나 윤석중·이정호李定鎬·이원수李元壽·연성흠延星欽·이주홍李周洪·정인
섭鄭寅燮 등과 같이 당대 대표적인 아동문학가들의 참여가 부족한 것도 사
실이었다. 서울에도 적지 않은 아동잡지가 간행되던 시기에, 간도의 아동잡
지가 관심을 끄는 것에는 한계가 있었음은 이미 몇 사례를 지적한 바 있다.

  『가톨릭소년』은 정치적으로 문제가 될 만한 작품이나 기사를 억제하였
던 것으로 보인다. 1937년 5월호에 용어문제로 두 곳이 삭제된 부분이 나
오지만, 특별히 검열로 인해 압수나 정간을 당한 경우는 없었다. 기본적으
로 아동잡지이기 때문에 지니는 한계일 수도 있으며, 또 주간을 맡았던 황
덕영이나 오삭조가 신학생 출신이었던 사실로도 민족문제에 대한 인식이
투철하지 못하였을 것이다. 황덕영은 만주국의 하급관리로 전신하였던 점
으로도 짐작되는 일이다. 오히려 독일인들이 주도한 연길교구는 독일과 일
본이 동맹국이라는 면에서도, 일본의 한국통치나 만주통치에 저항하기는
어려웠을 것이다. 1938년 6월호에 뭇솔리니와 히틀러의 사진을 게재한 것

을 보더라도, 『가톨릭소년』은 적극적이지는 않지만 일본의 정치적 이익을 지지하는 수준이었다. 바꾸어 말하면 일본의 지배나 정책에 반대하여 정치적인 문제를 일으키는 일은 하지 않는다는 원칙을 견지하였던 것 같다.

아무튼 『가톨릭소년』에 발표된 많은 작품과 작가들을 평가하는 것은 국문학계의 과제가 될 것이다. 이 글에서는 『가톨릭소년』에 작품을 발표한 특기할 만한 인물이나 작품을 몇 편 소개하는데 그치고자 한다.

『가톨릭소년』을 편집하기도 한 이상이 1936년 5월호에 표지화를 그리고, 동시 1편을 게재한 것은 의외의 일이었다. 그는 1933년 『가톨릭청년』에 「꽃나무」 등 여러 편의 시를 발표한 바 있는데, 구인회 회원인 정지용鄭芝溶의 주선으로 가능한 일이었다. 1934년부터 이상도 구인회에 참여하지만, 아무튼 그가 관련이 없던 천주교와도 시 발표를 통하여 교분을 가질 수 있었다. 『가톨릭소년』에 그린 표지화는 아기 예수를 안고 있는 성모상으로, 뒤에 아기 천사들이 왕관을 들고 있는 모습이었다. 창문사 출판부에 근무하며 이상은 『가톨릭소년』을 편집하다가 '해경'이라는 이름으로 동시 「목장」을 발표하였다. 그 전문은 아래와 같다.

송아지는 저마다
먼산바래기

할말이 잇는데두
고개 숙이구
입을 다믈구

새김질 싸각싸각
하다 멈추다

그래두 어머니가
못잊어라구

못잊어라구

가다가 엄매--
놀다가두 엄매--

산에 둥실
구름이가구
구름이오구

송아지는 영 영
먼산바래기[64]

또한 윤동주의 동시와 동요도 여러 편 수록되었다. 그는 1935년 9월 용
정의 은진중학교恩眞中學校에서 평양의 숭실중학교崇實中學校로 전학하였다
가, 1936년 3월 숭실중학교가 신사참배 거부로 폐교에 이르자 다시 용정의
광명중학교光明中學校 4학년에 편입한 상태였다. 1938년 4월 연희전문학교
문과에 입학하여 서울로 떠날 때까지 용정에 머무르며『가톨릭소년』에 투
고하였던 것이다.[65] 그는 1936년 11월호부터 1937년 10월호까지 1년 동안
에 5차례, 7편의 동시 또는 동요를 발표하였다. 『가톨릭소년』에 그의 글이
처음 실린 것은 1936년 11월호의 동요 「병아리」였다. 12월호에는 「비ㅅ자
루」라는 동시가 게재되었다. 이어 1937년 1·2월 합병 신년호에는 「오좀싸
개 지도地圖」가, 3월호에는 동요 「무얼 먹구 사나」, 4월호에는 동시 「눈 삼
제三題」라 하여, 「눈」·「개」·「이불」의 세 편이 실렸다. 이 시들은 모두 윤
동주尹童柱라는 이름으로 발표되었다. 그리고 마지막으로 10월호 독자문단
에 윤동주尹童舟라는 필명으로 「거즛뿌리」가 실렸다. 윤동주의 자필 시고
가 남아 있는데, 이 시들은 모두 시고에 수록되어 있다.[66] 그리고 그는 자

---

64) 『가톨릭소년』 1936년 5월호, 62~63쪽 「목장」(해경).
65) 왕신영 외 편, 『사진판 윤동주 자필 시고전집』(민음사, 1999) 연보.

신이 발표한 시를 스크랩해 두었는데, 「눈 삼제」만은 빠져 있어, 그간 이 시들이 『가톨릭소년』에 발표된 사실은 알려지지 않았다. 그리고 시고에는 「니불」이란 제목이 역시 「눈」으로 수정되어 있지만, 본래 「니불」이 맞을 것이란 견해가 있다.[67) 시고와 발표된 시를 대조해 보면, 표기법의 차이가 간혹 보이고, 한두 마디 수정되거나, 한 줄 정도 빠지거나 삭제 또는 수정 된 경우가 있다.

소설가로 이름 높았던 안수길이 『가톨릭소년』에 「꽃과 나비」라는 아동 극을 썼고, '안상安祥'이라는 필명으로 어린이소설 「떡보」를 연재하였다.[68) 1936년 4·5월호에 실린 「꽃과 나비」는 용정시내 동아학교東亞學校 기념제 에서 공연한 연극의 극본이기도 하였다.[69) 안수길은 1936년 용정의 한국어 신문인 『간도일보間島日報』의 기자로 있었고, 그것이 『만선일보滿鮮日報』로 확장된 뒤에는 신경新京으로 옮겨갔다.

뒤에 널리 알려진 『가톨릭소년』 게재 작품으로는 권오순의 「구슬비」가 있다. 1938년 1·2월 합병 신년호에 실린 이 동요의 전문은 다음과 같다.

> 송알송알 싸리잎에 은구슬
> 조롱조롱 거미줄에 옥구슬
> 대롱대롱 풀잎마다 촘촘촘
> 방긋웃는 꽃잎마다 송송송
> 공이공이 오색실에 꿰여서
> 달빛새는 창문가에 두라고
> 포슬포슬 구슬비는 온종일

---

66) 왕신영 외 편, 『사진판 윤동주 자필 시고전집』에 윤동주의 시고가 그대로 영인 되어 있다.

67) 홍장학, 『정본 윤동주전집 원전 연구』(문학과지성사, 2004), 148쪽.

68) 安祥이 안수길의 필명인 것은 『가톨릭소년』 1936년 9월호, 29쪽 「독자실」에서 확 인된다.

69) 『가톨릭소년』 1936년 5월호, 53쪽 「꽃과 나비」.

에쁜구슬 매치면서 솔솔솔

이 동요는 일제시기 이름 높은 예술인이었던 안석주安碩柱의 아들로 「우리의 소원」(1947년)을 작곡한 바 있던 안병원安丙元이 1948년에 동요로 작곡한 뒤, 교과서에 수록되면서 널리 알려졌다.

6. 맺는말

1936년 4월호부터 1938년 8월호까지 연길교구에서 발간한 『가톨릭소년』에 관련된 문제들을 살펴보았다. 주로 그 발간을 둘러싼 문제, 운영과 내용 등에 관한 검토였다.

『가톨릭소년』은 연길교구 소년운동의 하나로 전개된 탈시시오소년회가 발전하며 간행한 『탈시시오회보』를 그 전신으로 하고 있었다. 이 단체는 복사회를 개편한 것인 만큼 천주교 신심단체의 성격이 강하였다. 1934년 전조선주교회의에서는 연길교구에 아동잡지의 간행을 권유하였고, 결국 1936년 전후 연길교구에서는 『탈시시오회보』를 『가톨릭소년』으로 개편하는 형식을 취하며 그 창간을 준비하였다. 사장은 연길 탈시시오소년회연합회 총재인 배광피 신부가, 주간은 황덕영이 맡았으며, 인쇄는 자체 인쇄부가 설치되는 1936년 말까지 서울의 창문사에서 담당하였다.

『가톨릭소년』의 편집은 초기에는 주간 이외에 창문사의 이상과 구본웅의 협조가 있었으며, 이어 조관호가 충원되었다. 조관호가 1937년 사임한 뒤에는 오삭조가 보충되었으며, 1938년 초에 황덕영이 사임하여 오삭조가 주간을 맡았다. 표지와 삽화는 장발과 이상, 구본웅이 맡았다가, 조관호와 이주훈, 오봉협 등이 담당하였다. 자체 인쇄부가 설치된 이후에는 편집부 2인, 발송부 3인, 인쇄부 7인 등 12인의 인원으로 운영되었다. 그 발행부수를 정확히 알 수 없지만, 3,500부 이상 1만부 이내가 아니었을까 짐작된다.

잡지는 연길교구의 지원으로 간행하였지만, 매월 300원 이상의 적자가 날 만큼 수지가 맞지 않았다. 이 재정 부족은 결국 폐간의 가장 큰 이유가 되고 말았다.

천주교 전교와 일반 아동잡지를 동시에 추구한 『가톨릭소년』은 1936년 6월 한국천주교회의 공식 기관지로 인정받았으며, 결국 천주교적인 종교 색이 만연한 아동잡지가 될 수밖에 없었다. 전체적인 편집은 일반 아동잡지와 크게 차이가 없었지만, 그 내용에서는 드러날 정도로 천주교의 전교와 호교론적인 기사들로 채워졌다. 물론 천주교와 무관한 아동문학가나 독자들의 작품도 많이 게재되었으나, 천주교계 문사나 독자들의 작품이 적지 않았다. 그것은 『가톨릭소년』이 간도에서 발행되기 때문에 전국성이 부족하였고, 동시에 천주교 문사들의 참여가 두드러졌기 때문에 지닌 한계이기도 하였다. 따라서 『가톨릭소년』의 간행으로 천주교회가 천주교 전교와 일반 아동잡지를 추구하고자 한 간행목적을 만족하기는 어려웠겠지만, 상당 부분 달성하였다고 보아도 좋을 것이다. 동시에 정치색을 배제하고자 노력하였다.

『가톨릭소년』은 1938년 8월호로 갑자기 폐간되었는데, 무엇보다도 재정 적자가 그 이유였다. 하지만 황민화정책을 추구하던 일제의 압력을 극복하기 어려웠던 것도 그 다른 원인이었던 것으로 보인다. 이미 1938년에 이르면 초등학교에서까지 조선어 시간이 폐지된 상황이었으므로, 한글 아동잡지의 간행은 그만큼 지난한 일이었다.

특기할 것은 앞으로 국문학계 또는 아동문학계에서 다루어야 할 문제이지만, 『가톨릭소년』에는 지금까지 알려지지 않은 이상의 동시 「목장」이 실려 있다. 알려진 윤동주의 동시·동요 가운데 이 잡지에 실린 것이 확인되는 세 편이 있으며, 안수길의 아동극과 소년소설 역시 지금까지 알려지지 않았던 것으로 생각된다.

『가톨릭소년』은 1930년대 한국천주교회에서 공식적으로 발간한 아동잡

지로, 한국어의 사용과 그 발전에 일정한 기여가 있었다고 생각된다. 그것
이 비록 간도에서 발간되었기 때문에 지니는 한계도 있었지만, 연길교구를
관할한 베네딕도회의 문서선교 및 소년운동을 알려주는 중요한 자료이기
도 하다. 앞으로 『가톨릭소년』이 자료로 이용되어 간도지역의 천주교회,
연길교구 및 베네딕도회의 사목·교육·문학·소년운동·문서선교 등에 관련
된 많은 연구를 기대한다. *

---

* 이 논문이 발표된 뒤 박금숙, 「1930년대 『가톨릭소년』지의 아동문학 양상 연구」,
  『한국아동문학연구』 34, 2018과 장명선, 「1930년대 연길교구의 가톨릭 소년운동」,
  『서강인문논총』 59, 2020이 아동문학과 가톨릭 소년운동의 관점에서 『가톨릭소년』
  을 검토하였다.

발표지(원제)

제1부

「한말 법관양성소의 운영과 교육」, 『한국근현대사연구』 16, 2001
「한말 '국민'과 '민족'에 대한 인식」, 『나라사랑 독립정신』(국가보훈처, 2005)

제2부

「언론의 구국투쟁」, 『한국사』 46 : 신문화운동 II(국사편찬위원회, 2000)
「한말 이준의 정치·계몽활동과 민족운동」, 『한국독립운동사연구』 29, 2007
「한말 최광옥의 교육활동과 국권회복운동」, 『한국근현대사연구』 34, 2005

제3부

「1910년대 국내외 국학 연구의 동향」, 『한국사학사학보』 21, 2010
「정열모의 생애와 어문민족주의」, 『한국근현대사연구』 25, 2003

제4부

「김구와 기독교」, 『한국기독교와 역사』 37, 2012
「뮈텔 주교의 한국인식과 한국천주교회 : 『뮈텔 주교 일기』를 읽다」, 『교회사연구』 37, 2011
「1930년대 『가톨릭소년』의 발간과 운영」, 『교회사연구』 33, 2009

찾아보기

최기영崔起榮

서강대학교 사학과 및 동 대학원 졸업(문학박사).

주로 한말 계몽운동과 독립운동사에 관심을 가지고 공부하였으며, 한국근현대사학회와
한국사상사학회의 회장을 맡았었다.

현재 서강대학교 사학과 교수이다.

『한국근대계몽운동연구』·『한국근대계몽사상연구』·『중국관내 한국독립운동가의 삶과 투쟁』
등의 저서가 있다.

한국 근대문화와 민족운동

초판 1쇄 발행   2021년 12월 30일
초판 2쇄 발행   2022년 10월 12일

지 은 이   최기영
발 행 인   한정희
발 행 처   경인문화사
편   집   김지선 유지혜 한주연 이다빈 김윤진
마 케 팅   전병관 유인순 하재일
출 판 번 호   406-1973-000003호
주   소   파주시 회동길 445-1 경인빌딩 B동 4층
전   화   031-955-9300 팩   스   031-955-9310
홈 페 이 지   www.kyunginp.co.kr
이 메 일   kyungin@kyunginp.co.kr

ISBN   978-89-499-6610-6 93910
값 27,000원